LA RENAISSANCE

LA RENAISSANCE

CHARLES McCORQUODALE

GRÜND

REMERCIEMENTS DE L'AUTEUR

Je tiens à remercier plus particulièrement Caroline Bugler,
mon éditeur, et Julien Brown, mon directeur artistique,
pour leur soutien, leur professionnalisme et leur efficacité
sans lesquels cet ouvrage n'aurait pas vu le jour.
Je tiens aussi à remercier les équipes de l'Institut Courtault
et des bibliothèques Witt qui m'ont aidé à résoudre des problèmes
de dernière minute, ainsi que celles de la Villa I Tatti
et du Kunsthistorisches Institut de Florence qui, depuis des années,
ont su nourrir mon amour pour la peinture de la Renaissance.

GARANTIE DE L'ÉDITEUR

Pour vous parvenir à son plus juste prix, cet ouvrage a fait l'objet
d'un gros tirage. Malgré tous les soins apportés à sa fabrication,
il est malheureusement possible qu'il comporte un défaut d'impression
ou de façonnage. Dans ce cas, ce livre vous sera échangé sans frais.
Veuillez à cet effet le rapporter au libraire qui vous l'a vendu
ou nous écrire à l'adresse ci-dessous en nous précisant la nature
du défaut constaté. Dans l'un ou l'autre cas, il sera immédiatement
fait droit à votre réclamation.
Librairie Gründ - 60, rue Mazarine - 75006 Paris

Adaptation française de Françoise Guiramand
Texte original de Charles McCorquodale
Secrétariat d'édition : Sylvie Patry

Première édition française 1995 par Librairie Gründ, Paris
© 1995 Librairie Gründ pour l'adaptation française
ISBN : 2-7000-2042-1
Dépôt légal : septembre 1995
Édition originale 1994 par Studio Editions
sous le titre original *The Renaissance - European Painting 1400-1600*
© 1994, Studio Editions
Photocomposition *CMB* Graphic, Saint-Herblain
Imprimé chez G. Canale & C. S.p.A. en Italie

Sommaire

Avant-propos

Lorsque l'on me proposa d'écrire ce livre, ma première réaction fut l'incrédulité : l'art de la Renaissance est un domaine tellement vaste. Très vite, cependant, je me rendis compte qu'il suffisait d'entrer pleinement dans le sujet pour en cerner les contours. En outre, il n'existait pas de livre qui présentât toute cette époque à travers l'Europe, donnant une vue ample, globale et exhaustive du sujet. J'ai donc pris le pari de combler cette lacune.

Dans cet ouvrage, je me propose de comparer les objectifs, les thèmes et les styles nés de la Renaissance tels qu'ils se sont développés et ont évolué dans les différents pays d'Europe.

Pour que pareil ouvrage atteigne le but que je m'étais fixé, il fallait que la sélection des reproductions destinées à l'illustrer soit la plus vaste possible. Mais comment satisfaire tous les lecteurs ? Certains d'entre eux, connaissant déjà bien l'art de la Renaissance, souhaitent retrouver des œuvres connues ; d'autres, n'ayant pas d'idées préconçues sur le sujet, apprécient un choix éclectique. Je me suis donc efforcé de rassembler des œuvres en fonction de leur importance historique, de la lumière particulière qu'elles jettent sur le travail d'un artiste, ou encore, plus simplement de leur beauté.

Ce livre est l'aboutissement d'un important travail de recherches et si son élaboration fut essentiellement solitaire, je tiens à témoigner ma profonde gratitude à mes éditeurs, dont la compétence, la patience et le tact m'ont été une aide inestimable. J'espère que les lecteurs prendront autant de plaisir à lire cet ouvrage que j'en ai eu moi-même à le réaliser.

Charles McCorquodale

Chapitre 1

Le contexte historique
de la Renaissance

La Renaissance couvre une période de plus de deux siècles et s'est diffusée dans toute l'Europe, de l'Espagne à la Sicile, d'Édimbourg à Anvers ou de Bruxelles jusqu'à Vienne et Prague. À cette époque, la carte politique de l'Europe était en perpétuelle évolution, et les frontières que nous connaissons aujourd'hui ont peu de rapport avec celles d'alors. L'Allemagne et l'Italie de la Renaissance étaient constituées de cités-États, duchés et principautés qui dépendaient d'un pouvoir supérieur, souvent celui du Saint Empire romain germanique.

Cet empire fut fondé par Othon le Grand en 962, et on ne le nomma ainsi qu'au milieu du XIIIᵉ siècle. Des provinces et duchés italiens tombaient souvent sous la domination de l'Allemagne, car les empereurs de cet immense territoire aux frontières mouvantes s'efforçaient de contrôler les politiques des cités ou duchés italiens. En vérité, le rêve des empereurs qui se succédèrent aux XVᵉ et XVIᵉ siècles était de régner sur l'Europe entière, depuis l'Allemagne. Ambition que réalisa à peu près Charles Quint entre 1519 et 1556. C'est ce qui explique que, durant la Renaissance, tout artiste ait désiré travailler pour l'Empereur, mécène dont la puissance n'avait d'égale que celle du Pape.

Le pouvoir impérial était alors, sur une plus vaste échelle, le reflet des aspirations politiques de certaines grandes familles françaises et italiennes en particulier : ainsi, les Valois et les Médicis détinrent un pouvoir politique local et international qu'ils orientèrent longtemps à leur profit. Ces familles n'en entretenaient pas moins des rapports de bonne intelligence avec l'empereur afin de s'assurer son soutien militaire ainsi que la garantie des nom-

breux privilèges dont elles jouissaient. Ces alliances n'étaient pas sans comporter certains risques, comme l'a montré le sac de Rome par les troupes impériales en 1527.

L'extraordinaire épanouissement artistique de la Renaissance, nous fait facilement oublier les guerres et les désastres, tels que la famine et la peste, qui endeuillèrent ces deux siècles de façon répétée. Durant tout le XIVᵉ siècle, l'Europe fut le théâtre d'agitations sociales souvent violentes, comme les révoltes paysannes, et dut répondre aux exigences tumultueuses d'une bourgeoisie naissante. La peste noire, dramatique épidémie qui ravagea l'Europe à partir de 1347, décima près d'un tiers de la population d'Europe occidentale, provoquant de profonds bouleversements sociaux. Le poète Boccace, dans la préface du *Décaméron*, publié vers 1350, décrit avec beaucoup de réalisme les horreurs de la peste : il montre clairement le rôle déterminant des inégalités sociales face à un fléau que les plus fortunés pouvaient fuir, en quittant les villes où il sévissait.

À la fin du XIVᵉ siècle, l'Europe entière connut des troubles sociaux, mais ils furent plus marqués en France et en Italie. À Florence, en 1378, un soulèvement des ouvriers de la laine, la révolte des Ciompi, contribua à accélérer l'instauration d'un régime oligarchique en fragilisant le pouvoir, d'abord sous la domination des Albizzi, puis sous celle des Médicis. Vers 1380, des soulèvements eurent lieu à Bruges et à Gand, des troubles agitèrent le sud de l'Angleterre. Pourtant, ces événements tragiques affectèrent peu la vie des cours et l'épanouissement extraordinaire des lettres et des arts.

L'un des changements les plus spectaculaires, durant cette période, fut l'amélioration du statut social des artistes. Sans doute faut-il attribuer ce phénomène à la prospérité économique et à la diffusion d'une nouvelle conception du rôle de l'artiste. C'est en Italie que le statut de l'artiste commença à changer. Déjà Giotto avait accédé à une reconnaissance sociale inconnue à son époque, mais il fallut attendre la fin du XVᵉ siècle pour que des artistes tels que Léonard de Vinci ou Raphaël soient considérés non plus comme de simples artisans, mais comme des hommes de cour à part entière.

1 RAPHAËL, Portrait de Jules II, vers 1512
Comme Titien, Raphaël peignit la plupart des personnages éminents de son temps, dont le pape Jules II de la famille Della Rovere. Jules fut un grand mécène : cette tradition de mécénat papal se poursuivit jusqu'à la période baroque. Rome lui doit son magnifique héritage religieux en matière de peinture et d'architecture. Par la façon dont l'artiste a su rendre la personnalité de son modèle, ce portrait est étonnamment humain tout en demeurant respectueux et grandiose.

Comme au Moyen Âge, l'art était le plus grand luxe que procurait la richesse, et les princes de la Renaissance se montrèrent des mécènes et amateurs éclairés. Ils surent s'entourer d'artistes exceptionnels, architectes, sculpteurs, peintres, dont ils achetèrent généreusement les « services », et s'ils ne trouvaient pas assez d'artistes talentueux chez eux, ils les faisaient venir d'ailleurs, essentiellement d'Italie. Ce phénomène se généralisa au XVIᵉ siècle. Ainsi, Titien travailla pour Charles Quint, Holbein le Jeune, fils de Holbein le Vieux, s'installa à Londres, et des artistes italiens furent appelés à Fontainebleau. Les œuvres d'art servaient souvent de présents diplomatiques et la mode d'échanger des portraits entre futurs époux fournit un travail supplémentaire aux peintres portraitistes.

2 AGNOLO BRONZINO, Le duc Cosme Iᵉʳ de Médicis en armure, vers 1545

Ce portrait du jeune duc de Florence, peint presque à la manière d'une icône, constitue un exemple frappant de la froide élégance qui caractérise les portraits de cour de Bronzino. Cosme, dont le règne fut l'un des plus longs de la Renaissance, entretint d'excellentes relations avec l'empereur Charles Quint. Fondateur de l'Académie en 1561, il inaugura une sorte de monopole d'État sur la vie et la production artistiques, politique qui devait connaître son apogée en France sous le règne de Louis XIV. On notera le regard froid et distant de Cosme qui avouait, dit-on, y voir le reflet de sa manière de régner.

L'Italie

Au XIXᵉ siècle, pour Klemens Metternich, l'Italie était « une expression géographique ». L'unification de l'Italie date en effet de la seconde moitié du XIXᵉ siècle : depuis le Moyen Âge, l'Italie était constituée de cités-États indépendantes. Ce morcellement fut au fil des siècles, à la fois une faiblesse et une force dont l'art et la culture bénéficièrent d'une manière prodigieuse. En effet, l'art refléta la très grande diversité politique et culturelle de l'Italie et donna naissance à des écoles locales. Et c'est durant la Renaissance que ce phénomène apparut dans tout l'éclat de sa splendeur.

Rétrospectivement, Florence apparaît bien sûr comme le centre artistique majeur des XVᵉ et XVIᵉ siècles, et ce sans doute à cause des événements politiques qui bouleversèrent le reste de l'Italie. Durant cette période en effet, le Nord, du fait de sa proximité avec la France, l'Allemagne et l'Autriche connut une instabilité constante à laquelle seule Venise résista. Naples et la Sicile, d'abord sous domination aragonaise puis sous celle des Habsbourg, furent profondément marquées par ces deux influences culturelles. Quant aux ambitions du pape, elles eurent pour résultat la modification constante des frontières des territoires lui appartenant. En Toscane aussi les frontières changèrent : des villes indépendantes, comme Sienne et Lucques, tombèrent sous la domination de Florence, dont Cosme Iᵉʳ de Médicis (Pl. 2) prit la direction politique, soutenu par le Saint Empire.

Plusieurs raisons expliquent le rôle prépondérant de Florence dans le développement des arts en Italie au XVᵉ siècle. Dès les XIIIᵉ et XIVᵉ siècles, les Florentins avaient su établir des liens commerciaux très forts avec le reste de l'Europe et s'assurer une position économique dominante. Florence était donc riche, mais aussi ouverte aux idées nouvelles ainsi qu'aux expressions novatrices de l'art. Autre fait important, la ville avait toujours gardé ses distances avec le pape et la hiérarchie ecclésiastique. Déjà, au milieu des années 1370 (1376-1378 guerre contre Grégoire XI), Florence était en guerre ouverte avec Rome, et cet antagonisme demeura, donnant lieu sporadiquement à des conflits ouverts.

Ce scepticisme vis-à-vis des institutions ecclésiastiques était bien ancré à Florence : on le retrouve déjà au XIᵉ siècle, chez Giovanni Gualberto, le fondateur de l'ordre bénédictin de Vallombrosa. À l'exception de la cathédrale Sainte-Marie-des-Fleurs, les grandes églises de Florence furent toutes des églises « réformées », c'est-à-dire non soumises à la juridiction papale, et ceci constitue une des grandes originalités de la ville. L'importance croissante des franciscains qui, à partir du début du XIIIᵉ siècle, construisirent d'imposantes églises ornées de grands cycles de fresques, mais aussi des couvents, à Florence, Pise, Lucques, Arezzo, Sienne et Assise, fut capitale pour le développement de la peinture.

La richesse de Florence provenait du commerce d'articles manufacturés sur place à partir de laine et de soie importées. Il faut y voir la raison des multiples contacts que la

3 JUSTUS VAN UTENS, *La villa Médicis à Poggio a Caiano,*
après 1598
Laurent le Magnifique acheta une villa près de Florence vers 1480,
et en confia la reconstruction et le réaménagement à Giuliano
da Sangallo. Il créa un nouveau type de villa, représentative
du goût de la Renaissance pour les citations antiques. Cette villa
était censée constituer le cadre parfait d'une vie conforme
aux idéaux humanistes. On en trouve de nombreuses répliques
dans ces villas florentines qui se multiplièrent dans la campagne
toscane aux XV *et XVI* *siècles. Les splendides villas de Palladio*
en Vénétie en sont l'apogée. Celle que l'on voit ici fut une
des résidences favorites des Médicis, et ses appartements sont décorés
de fresques d'Andrea del Sarto, du Franciabigio, du Pontormo
et d'Alessandro Allori.

ville italienne entretenait avec les Flandres et les Pays-Bas,
liens commerciaux qui eurent des répercutions artistiques
essentielles. Pour assurer son indépendance économique,
Florence mit au point très rapidement un réseau financier
élaboré. Les établissements bancaires florentins avaient des
succursales jusqu'à Londres, Paris, Bruges et Jérusalem. La
monnaie dont les Florentins se servaient pour les échanges
était le florin, qui à certains moments fut la principale
monnaie en cours en Europe. C'est dans ce contexte de
richesse économique que se développa l'art de la Renaissance.

Le début du XIV siècle vit l'émergence puis l'ascension de
familles devenues très puissantes grâce à leur réussite financière. L'une d'elle, celle des Médicis, s'imposa peu à peu
comme la première de toutes. Sa prééminence politique et

financière commença avec Giovanni di Bicci (1360-1429),
dont le fils, Cosme l'Ancien (1389-1464) reprit les rennes
du pouvoir en 1434, à son retour d'exil. Salué à sa mort
comme le « Père de la Patrie », Cosme possédait le génie de
la finance, que servit admirablement le réseau bancaire
international de sa famille. Il mena une politique artistique
soutenue et novatrice, participa à la vie intellectuelle de son
temps. Il protégea le philosophe Marsile Ficin, s'adjoignit
les services de l'architecte Michelozzo et du sculpteur
Donatello. Cosme créa la bibliothèque de San Marco, celle
de la Badia Fiesolana ainsi que la Laurentienne.

Avec Cosme, le nom des Médicis devint synonyme de
mécénat généreux et éclairé, il sut être à la fois un financier,
un homme politique et un diplomate, équilibre qui
demeura un modèle pour tous les Médicis.

Le petit-fils de Cosme, Laurent le Magnifique (1449-
1492) réalisa les ambitions artistiques de la famille au
XV siècle. Il succéda à Pierre de Médicis, dit le Goutteux
(1414-1469), et eut une influence déterminante sur la civilisation européenne. Sous sa domination, Florence fut le
principal foyer de la Renaissance et sa capitale intellectuelle, grâce à des artistes comme Botticelli, Filippino
Lippi, Ghirlandaio, Verrochio, ainsi que Léonard de Vinci,
et Michel-Ange. Les goûts personnels de Laurent le
Magnifique l'amenèrent à enrichir les collections d'objets
précieux de Cosme : camées, perles et pierres précieuses,
vases d'or ou d'argent incrustés de pierreries. Tous les
Médicis devaient garder une prédilection pour cette forme
d'art, qui constitue aujourd'hui l'essentiel des grandes
collections que l'on peut voir à Florence.

Laurent aimait aussi la campagne : témoin cette superbe villa médicéenne, l'une des plus belles sans doute, (Pl. 3), qu'il fit reconstruire à Poggio a Caiano par l'architecte Giuliano da Sangallo, et que décorèrent des artistes comme Della Robbia, et plus tard, Andrea del Sarto, Pontormo et Alessandro Allori. La *villeggiatura,* ou l'installation en été dans un domaine à la campagne où il fait plus frais, devint pour les classes fortunées, une habitude très prisée, un « must » dirait-on aujourd'hui. On éleva alors de magnifiques villas agrémentées de jardins non moins admirables. Ce goût pour une vie moins urbaine trouve ses échos en peinture et l'*Allégorie du printemps* de Botticelli (Pl. 115) en est la plus belle illustration.

Laurent, qui était un poète talentueux, sut s'entourer d'humanistes et de philosophes comme Marsile Ficin (1433-1499), le plus représentant de la philosophie néo-platonicienne, Pic de la Mirandole (1463-1494), Luigi Pulci (1432-1484) et Ange Politien (1454-1494). Ces intellectuels jouèrent un rôle capital dans l'intérêt que Laurent porta aux arts plastiques, et partant dans le développement de ceux-ci. Grands penseurs, ils partageaient des idéaux humanistes, selon lesquels l'homme, et non plus Dieu, est le centre de l'univers, et prônaient l'individualisme. Tournés vers l'Antiquité, qu'ils contribuèrent à redécouvrir, ils valorisèrent l'enseignement des « humanités » comme la rhétorique, la grammaire ou la didactique.

Le principat de Laurent jouit d'une période de paix relative, et l'on parla longtemps de cet « âge d'or » avec une certaine nostalgie. Néanmoins par ses valeurs hédonistes, la société de Laurent s'attira les attaques violentes du moine dominicain Jérôme Savonarole (1452-1498). Celui-ci entreprit une croisade morale contre la décadence de ses contemporains, et réussit à détourner, un temps, les Florentins de leur recherche constante du plaisir. Il eut de ce fait une influence certaine sur les arts.

Après la mort de Laurent, Florence, que stigmatisaient les prédications de Savonarole, connut une période tourmentée et frôla la guerre civile. Les héritiers du Prince furent chassés de la ville et Savonarole, que le pape Alexandre VI excommunia malgré le soutien provisoire des envahisseurs français, finit par être condamné à mort (Pl. 4). Après une longue période d'exil, les Médicis revinrent au pouvoir en 1512 avec Julien (1478-1516), puis définitivement en 1530, avec Alexandre (v. 1510-1537), puis Cosme Ier (1519-1574), qui devint en 1569 le premier grand-duc de Toscane, et fut le dernier des grands mécènes florentins de la Renaissance (Pl. 2). Il faut aussi mentionner l'importance considérable des deux papes Médicis, Léon X (1475-1521) et Clément VII (1478-1534) dans la réussite de leur famille.

Si les Médicis dominèrent l'histoire de l'Italie durant la Renaissance, il ne faut pas sous-estimer le rôle que jouèrent d'autres grandes familles. Des liens solides existaient entre toutes ces familles dominantes : liens par le mariage, liens aussi par les artistes et humanistes qui travaillaient pour ces mécènes et princes de cités différentes, dont les cours donnaient le ton à toute l'Europe.

Grâce au soutien de Cosme l'Ancien, la dynastie des Sforza, avec Francesco Ier, duc de Milan (1401-1466) à partir de 1450 domina toute la Lombardie.

Cet homme fut l'exemple-type – le premier du genre – de l'aventurier-*condottiere* ayant réussi à s'élever au rang de prince respecté. En 1480, Ludovic, dit le More (1451-1508), que l'historien Burckhardt devait décrire comme le « despote parfait », s'empare de Milan : il fut un mécène exceptionnel, qui s'intéressa à tous les arts, y compris la musique et le théâtre. Très admiré par Balthazar Castiglione, l'auteur du *Parfait Courtisan,* Ludovic eut l'astuce de marier sa nièce Bianca Sforza à son protecteur, l'empereur Maximilien Ier. Pendant son règne, Ludovic s'attacha les services de Léonard de Vinci qui peignit *La Cène* pour le réfectoire de Sainte-Marie-des-Grâces (Pl. 41), et de Bramante.

Castiglione s'était inspiré pour *Le Parfait Courtisan* de sa vie à la cour d'Urbino, au début du XVIe siècle. Les Montefeltro, qui détenaient le duché d'Urbino, connurent une éclatante fortune sous le duc Federico (1422-1482) et son épouse Battista, née Sforza (Pl. 101 et 102). Dans leur somptueux palais, œuvre de l'architecte Luciano Laurana, travaillèrent des artistes tels que Piero della Francesca, Melozzo da Forli et Francesco di Giorgio Martini, autant de peintres qui eurent une influence déterminante sur le jeune Raphaël, originaire d'Urbino.

La dynastie des Gonzague, à Mantoue marqua beaucoup aussi la Renaissance italienne (Pl. 105). La famille régnait sur Mantoue depuis 1328, et le titre de duc de Mantoue leur fut accordé en 1530 par l'empereur Charles Quint. Le plus célèbre des Gonzague, Ludovic (1414-1478) fut un grand homme d'État, et régna à partir de 1444. Il s'intéressa aussi à l'art et à l'architecture, invita à Mantoue Mantegna et Leon Battista Alberti, et se fit le protecteur de nombreux humanistes et philosophes. Allié du duc Francesco Sforza et des Médicis, Ludovic participa au financement de la grande église Santissima Annunziata, à Florence, construite par Michelozzo et achevée par Alberti.

Isabelle d'Este (1474-1539), de célèbre mémoire, épousa Gian Francesco II Gonzague, et donna à la cour de Mantoue un faste artistique d'un raffinement extrême. Différents en cela des Sforza et de nombreuses autres grandes familles régnantes d'Italie, les Este conservèrent le pouvoir à Ferrare et à Modène durant une période exceptionnellement longue, d'abord parce qu'ils étaient des politiciens et diplomates éclairés, ensuite parce que dès le XVe siècle, ils surent s'allier par le mariage aux plus grandes familles italiennes, françaises et allemandes. Ils prirent le pouvoir à Ferrare en 1264, et depuis lors, accrurent peu à peu leur domination jusqu'à Modène et Reggio, puis Rovigo, au nord.

Le frère d'Isabelle, Alphonse Ier (né en 1476) fut duc de Ferrare de 1505 à 1534 ; il épousa en secondes noces Lucrèce Borgia, fille du pape Alexandre VI. Cette dernière donna beaucoup de raffinement à la cour de Ferrare. Alphonse et son frère, le cardinal Hippolyte Ier, furent les protecteurs de l'Arioste (1474-1533) qui dédia au cardinal d'Este son poème héroï-comique *Orlando furioso.* La gloire de la famille d'Este, et les fastes de sa cour inspirèrent plus tard de nombreux artistes et musiciens.

Outre ces cours locales, Venise et les États pontificaux exerçaient aussi un rayonnement artistique. La papauté, dont le siège était à Rome demeura très influente aux XVᵉ et XVIᵉ siècles. Une bonne partie de l'Italie continuait d'être sous le contrôle du pape. Par ailleurs, grâce à des structures efficaces, l'Église entretenait des rapports très étroits avec l'Europe catholique. La Réforme protestante et l'anglicanisme en Angleterre avaient porté un coup terrible au pouvoir papal. Celui-ci lança une Réforme catholique au milieu du XVIᵉ siècle afin de reconquérir son influence et réaffirmer sa puissance. Par ce biais, l'Église eut une profonde influence sur les arts, d'autant que les papes s'intéressaient de plus en plus personnellement aux arts et à la culture.

4 ARTISTE TOSCAN, Le Martyre de Savonarole, 1498
Est représentée ici l'exécution du frère dominicain Jérôme Savonarole, sur la place de la Seigneurie à Florence. Ses virulentes attaques contre les Médicis, leur matérialisme et leurs abus de pouvoir valurent à Savonarole d'être publiquement mis à mort.

On a souvent qualifié les papes et les princes de cette époque de machiavéliques. Nicolas Machiavel (1469-1527) était florentin, et il fut le grand théoricien politique de son temps, mais il écrivit aussi des poèmes et des comédies. Les Médicis lui confièrent des missions diplomatiques à la cour de France, en Allemagne, mais aussi auprès des papes Jules II et Alexandre VI. Son œuvre majeure, *Le Prince,* fut publiée après sa mort, en 1532. Machiavel y analyse la nature de l'homme d'État et l'art de gouverner, en affirmant que la fin justifie les moyens. Ainsi est né le machiavélisme.

Si Florence domina le monde artistique au XVᵉ siècle, d'importants événements lui firent perdre cette suprématie au profit de Rome qui, au début du XVIᵉ siècle, devint le centre des arts et des lettres. Plusieurs raisons expliquent ce changement. Rome était le siège de l'Église catholique romaine, dont le pouvoir depuis peu avait été raffermi par deux papes puissants, Jules II (1503-1513) et Léon X (1513-1521). L'Église allait donc engager toute sa force grâce au concile de Trente pour combattre la Réforme protestante qui avait gagné du terrain en Europe du Nord. Rome était aussi le lieu idéal pour étudier directement

nuité et un équilibre sans précédent dans la péninsule italienne. Jusqu'à la gigantesque expansion coloniale de l'Espagne et du Portugal, Venise avait été la seule puissance en Europe à se constituer un empire colonial : ce mélange des cultures orientales et occidentales que l'on trouvait à Venise était unique et explique ce singulier exotisme propre à l'art vénitien.

Le système de gouvernement de Venise et ses institutions firent l'admiration de l'Europe. En 1297, la fameuse *serrata* avait interdit aux non-patriciens de devenir membres du Grand Conseil. Les patriciens, représentant quelque deux cents familles dont les membres étaient décrétés tels par droit de naissance, jouissaient de ce privilège jusqu'à leur mort, et avaient leur nom inscrit au *Livre d'or*. En d'autres

5 Léonard de Vinci, Isabelle d'Este, 1500
Le peintre avait fait grande impression sur Isabelle d'Este qui ne cessa de vouloir le faire travailler. Il s'agit là d'une esquisse maintes fois retouchée, et si elle aboutit à un tableau, celui-ci a aujourd'hui disparu. Isabelle (1474-1539), l'un des mécènes les plus éclairés et les plus cultivés de la Renaissance, s'intéressa autant aux arts plastiques qu'à la littérature et à la musique. Elle avait en outre l'étoffe d'un homme d'État. Fille d'Hercule d'Este et d'Éléonore d'Aragon, elle avait épousé François de Gonzague, marquis de Mantoue à l'âge de seize ans, et toute sa vie durant entretint des contacts étroits avec les grands artistes et les grands humanistes de son temps.

l'architecture antique. L'archéologie qui n'en était encore qu'à ses balbutiements, malgré l'intérêt sans cesse accru qu'on lui portait, depuis que le XVᵉ siècle avait remis à l'honneur l'Antiquité. À Rome enfin, se trouvaient deux des plus importantes réalisations artistiques de l'histoire européenne : les fresques du plafond de la chapelle Sixtine, peintes par Michel-Ange, (Pl. 218), et celles des loges du Vatican, exécutées par Raphaël (Pl. 195 et 196).

Venise en Italie, occupait une position unique. La Sérénissime, comme on l'appelait depuis 1117, était en butte à des conflits extérieurs, et son empire ainsi que son économie déclinaient, mais elle sut maintenir une stabilité intérieure durant toute la Renaissance. C'est cette stabilité qui assura à sa vie politique, artistique et sociale une conti-

6 Antonio Pisanello, Lionel d'Este, 1441-1444
Fils naturel de Niccolo d'Este, Lionel lui succéda avec le titre de marquis de Ferrare. Grâce à sa parfaite éducation classique, sa cour acquit vite une grande notoriété pour son raffinement, comme en témoignent les médailles qu'exécuta pour lui Pisanello entre 1443 et 1444. Lionel s'intéressait beaucoup à l'alchimie et à l'occultisme, et il entretint avec les grands penseurs et les artistes de son temps une correspondance pleine d'enseignement sur les relations entre les différentes cours européennes.

termes, le peuple était exclu du pouvoir. C'est à ce système de Grand Conseil que l'on attribuait la légendaire stabilité politique de Venise. Existait en outre le Sénat, assemblée chargée de gouverner, à la tête de laquelle se trouvait le doge. Celui-ci était élu selon une procédure fort compliquée et le jeu complexe des institutions l'empêchait de détourner le pouvoir à des fins personnelles.

Le doge était le prince des mécènes vénitiens, et son palais était d'autant plus fastueux qu'il devait témoigner de la gloire de la République sérénissime. Les autres sources de mécénat à Venise étaient les *scuole,* organisations sociales et religieuses de secours et de bienfaisance liées à une église, les églises et la noblesse. Institutions charitables, les *scuole* vénitiennes se consacraient à l'aide et à l'assistance : chaque confrérie était placée sous le patronage d'un saint, et les services qu'elle rendait allait des soins médicaux à l'assistance financière auprès des plus nécessiteux. À Venise, les *scuole* étaient très riches. Elles avaient aussi pour particularité d'être très liées à l'État. Autre singularité, elles commandèrent des œuvres d'art – surtout des peintures – et acquirent ainsi une célébrité certaine hors de Venise. La *Légende de sainte Ursule* fut peinte par Carpaccio pour la scuola di Sant'Ursula : on peut la voir aujourd'hui à la galerie de l'Académie (Pl. 80). Le gigantesque cycle du Tintoret à la scuola di San Rocco est un autre exemple d'œuvres d'art commanditées par les *scuole.* En 1500, la Sérénissime comptait plus de deux cents petites *scuole,* et six *scuole grandi.*

La Flandre

Aux XVᵉ et XVIᵉ siècles, l'histoire du territoire que l'on appelait la Flandre est extrêmement complexe. Ce territoire en effet, après s'être sans cesse accru durant le XIVᵉ siècle, se trouva réduit ensuite sous Charles Quint pour être englobé dans le Saint Empire romain germanique.

Au XVᵉ siècle, la Flandre était une des seules régions d'Europe où la population était majoritairement urbaine, encore que ce phénomène fût vrai aussi dans une moindre mesure en certains endroits d'Italie. Bruges était la ville flamande la plus importante, c'était aussi le centre commercial et le port le plus actif d'Europe du Nord. En 1435, le traité d'Arras favorisa une prospérité nouvelle dans les Pays-Bas du Sud. La cour séjournait souvent à Bruxelles, et la fortune toujours croissante de Bruges attirait de nombreux artistes. Également importantes étaient les villes de Gan et d'Ypres, et plus tard, Anvers et Louvain. Dans les textes français de la fin du Moyen Âge, étaient flamands tous les artistes venant des territoires nord-est de la France. Jan Van Eyck en faisait donc partie puisqu'il était né près de Maastricht, de même les frères Limbourg, originaires du duché de Gueldre.

En 1384, la Flandre et les Pays-Bas passèrent à la Bourgogne. Les Pays-Bas bourguignons comprenaient non seulement la Hollande actuelle, mais également la Belgique, une bonne partie du nord de la France et le grand-duché du Luxembourg. C'était un pays fabuleusement riche depuis le Moyen Âge où se trouvaient d'importants centres d'industries.

Malgré des liens de parenté avec la dynastie des Valois qui régnait en France, les ducs de Bourgogne au XVᵉ siècle s'affrontèrent avec les rois de France. Ils prônaient aussi ce que l'on a appelé l'étiquette de cour espagnole, et qui en fait ne toucha l'Espagne que par l'intermédiaire de la succession Habsbourg, et de là, finit par gagner l'Italie. La rigidité de cette étiquette de cour se retrouve dans les portraits de cour faits à l'époque. En vérité, la riche bourgeoisie bourguignonne cherchait à imiter ce qu'elle considérait comme l'idéal de conduite espagnol, qui était en fait l'héritage de la chevalerie médiévale. Or, paradoxe amusant, les ducs de Bourgogne régnaient sur des populations qui parlaient essentiellement hollandais ou flamand, voire allemand, et dont le seul lien entre elles était bien souvent leur souverain.

La cour de Bourgogne manifesta très vite une grande passion pour l'art, passion que ne tarda pas à partager une bourgeoisie naissante mais déjà fort riche, constituée de marchands et de banquiers. C'est Philippe le Hardi (1342-1404) qui instaura la tradition du mécénat à la cour. Dès lors, on consacra des fortunes à des réalisations architecturales, des commandes de tableaux, sculptures, tapisseries et manuscrits. La musique fut encouragée à la cour et dans les cercles aristocratiques. L'art pouvait constituer un moyen de progression dans la hiérarchie sociale, et l'élite comptait de nombreux mécènes-collectionneurs, comme le chancelier Nicolas Rolin (Pl. 142), David, évêque d'Utrecht, Antoine de Bourgogne et Philippe de Clèves.

La cour de Bourgogne ne se contentait pas de collectionner des œuvres d'art, comme toutes les cours d'Europe, elle commanditait aussi des travaux pour des décorations temporaires. Ces architectures et ornements éphémères occupèrent de nombreux artistes, mais il n'en reste rien ou presque. On commandait ces travaux chaque fois que survenait un événement important, comme un mariage ducal, des funérailles, ou la visite officielle du duc dans une ville. Les commandes étaient d'importance, arcs de triomphe, décorations de rues, tableaux vivants. L'une des décorations dont l'écho du faste nous est parvenu est celle de Bruges pour l'entrée officielle dans la ville de Charles le Téméraire et de Marguerite d'York, en 1468.

Au XVᵉ siècle, l'église catholique continua d'être grande protectrice et mécène des arts. Non contente de commander tableaux et retables, elle faisait faire aussi de magnifiques manuscrits enluminés. À cette époque, dans les pays du nord de l'Europe, de riches laïcs commandaient aussi des tableaux pour leur église. Les plus fortunés s'assuraient les services des meilleurs artistes qui les faisaient fréquemment figurer sur les volets latéraux des triptyques. On voyait ainsi tel mécène représenté adorant la Vierge ou les saints, et de ce fait immortalisé pour la postérité, à la fois dans une attitude de dévotion, et pour sa générosité. Beaucoup de ces tableaux ont pour nom celui de leur donateur.

Les guildes jouèrent un grand rôle dans la vie et l'art flamands. Elles se consacraient en partie aux œuvres charitables, afin de s'occuper de leurs membres lorsqu'ils étaient vieux ou dans le besoin. Elles exigeaient de leurs compagnons une longue période d'apprentissage, surveillaient de façon très stricte la qualité du travail fourni, afin d'en maintenir le niveau très élevé. Grâce à une forme de protectionnisme régi par des lois, elles contrôlaient la qualité et les quantités de produits importés.

Vers 1430, provinces et principautés de Bourgogne séparaient le royaume de France du Saint-Empire. Le duché de Brabant était l'État le plus important avec ses deux principaux centres : Louvain et Bruxelles. Au cœur de la Flandre se trouvait Gand, une cité de taille et d'importance moyennes. Tous ces territoires échurent à Philippe le Bon, car la plupart des membres de sa famille n'eurent pas d'héritiers. Il s'en trouva du même coup l'un des plus riches souverains d'Europe occidentale, plus riche encore que l'empereur.

Philippe le Bon voyageait beaucoup entre ses nombreuses résidences de Bruxelles, Gand, Arras, Bruges, La Haye et Lille, mais peu à peu Bruxelles s'affirma comme la capitale du grand territoire sur lequel il régnait. Une cour s'y constitua, et la noblesse acquit des propriétés dans le Brabant, aux alentours immédiats de Bruxelles, et fit construire dans cette ville de belles maisons ou « hôtels ». Dans l'espoir d'unifier cette aristocratie disparate, Philippe créa un ordre, celui de la Toison d'or, une étiquette de cour, une monnaie « nationale », ainsi que des assemblées où se retrouvaient les représentants des différentes provinces. C'est ainsi que d'une noblesse bourguignonne de cultures et de traditions différentes, naquit une aristocratie plus homogène : les générations suivantes passèrent par l'université de Louvain. Les Bourguignons, devenus des hommes de la Renaissance, jouèrent un rôle capital dans le développement et le soutien des arts.

Philippe se passionna tellement pour les arts que son règne coïncida avec une sorte d'âge d'or semblable à celui qu'avait instauré Laurent le Magnifique à Florence. Il fit construire la plus importante bibliothèque de son temps, et, à l'instar des Médicis, fut un collectionneur éclairé de peintures, sculptures, tapisseries, objets d'orfèvrerie, joyaux et manuscrits. Il aimait aussi passionnément la musique.

Au début du XVe siècle, de nombreuses villes qui avaient une grande autonomie au Moyen Âge commencèrent à se dépeupler. Le commerce du textile qui avait fait la fortune de villes comme Bruges, Ypres, Douai, Arras et Rouen subit la rude concurrence de cités italiennes spécialisées dans les produits de luxe, comme Florence, Sienne, Lucques, et Arezzo. Le protectionnisme en vigueur dans les centres de production urbains conduisit les marchands à s'établir dans des villes de moindre importance et même à la campagne, provoquant ainsi des déséquilibres économiques graves dans les anciens centres producteurs.

La cour de Bourgogne tirait sa richesse du commerce du drap, de revenus fonciers urbains et agricoles. Bruges était le grand port d'importation des marchandises, y compris celles destinées aux clients lointains des provinces germaniques. C'était également un port d'exportation, et de ce fait, la ville devint extrêmement riche. On importait des tissus précieux en provenance d'Italie : velours, soies, damas et satins. Le lin aussi était prisé, ainsi que les produits manufacturés en métal, surtout ceux en cuivre, très demandés dans toute l'Europe.

C'est en Bourgogne enfin que se développa un art qui allait devenir l'un des plus appréciés de l'époque, la tapisserie. Arras fut rapidement un grand centre de tissage, auquel Philippe le Bon commanda de célèbres tapisseries, de même son fils, Charles le Téméraire qui régna de 1467 à 1477. Toutes les cours d'Europe voulaient des tapisseries, et la production bourguignonne ne fut que très tardivement concurrencée, par exemple par Florence du temps de Cosme Ier.

Tué à la bataille de Nancy, Charles le Téméraire laissait une seule héritière, sa fille Marie. Louis XI, roi de France, saisit l'occasion pour envahir la Bourgogne, mais s'il réussit à prendre l'Alsace et la Lorraine, les Pays-Bas demeurèrent fidèles à Marie. Bien que cette dernière mourût à l'âge de vingt-cinq ans, elle exerça avec sa belle-mère, Marguerite d'York, un mécénat. Marie avait épousé Maximilien d'Autriche, fils de l'empereur Frédéric III, auquel il succéda en 1493. Pour conserver ses droits sur les Pays-Bas, Maximilien dut affronter des guerres civiles ruineuses. En 1495, le fils qu'il avait eu de Marie de Bourgogne, Philippe le Beau, prit le pouvoir et bénéficia du soutien des vieilles familles bourguignonnes.

Afin de mettre sur pieds une alliance contre le roi de France, Maximilien organisa le mariage de son fils Philippe le Beau avec Jeanne, fille de Ferdinand d'Aragon et d'Isabelle la Catholique, dite Jeanne la Folle. À la mort d'Isabelle la Catholique en 1504, Philippe le Beau voulut faire valoir ses droits comme gendre, au trône de Castille et d'Aragon. À sa mort, son fils Charles Quint devint roi d'Aragon et de Castille, régnant ainsi sur l'Espagne et son empire colonial immense et extrêmement riche, aux Amériques.

En 1506 Charles Quint hérita de la Franche-Comté, d'une partie des Pays-Bas, et en 1519, à la mort de Maximilien, il entra en possession des terres des Habsbourg en Allemagne et en Autriche, puis, par le mariage de sa sœur Marie de Habsbourg à Louis II de Hongrie (1506-1526), il obtint aussi la Hongrie. Son royaume s'étendait donc de la Sicile et de l'Espagne à la mer du Nord, et la charge de soucis et de tracas qu'entraînait pareille responsabilité se lit dans l'expression de son visage, tel que l'a peint Titien (Pl. 7). Charles Quint abdiquera en 1556.

Avec l'installation de la cour de Bourgogne en Espagne, la carte politique de l'Europe fut redessinée. Quand vint la fin du règne de Charles Quint, les rôles s'inversèrent et les Pays-Bas furent sous domination d'un monarque espagnol. La Bourgogne qui depuis le XIVe siècle s'était patiemment édifiée en un vaste État indépendant, n'était plus qu'un territoire appartenant à un empire immense.

7 TITIEN, *Portrait équestre de Charles Quint à la bataille de Mühlberg, 1548*
L'empereur Charles Quint (1500-1558) régna sur l'Autriche, l'Allemagne, les Pays-Bas, le royaume de Naples et de Sicile, ainsi que sur l'Espagne et ses possessions d'Amérique. Titien peignit ce portrait pour commémorer la victoire de l'empereur sur les protestants allemands en 1547. Ce tableau devint un modèle de référence pour les portraits équestres. Pour Charles Quint, qui était un fervent catholique, cette victoire eut une grande importance. On notera l'image de la Madone sur l'armure qui protège sa poitrine.

La France

Alors que la Renaissance se faisait jour en Italie, la France était déchirée par la guerre de Cent Ans (1377-1453) qui opposait les partisans de la dynastie des Valois et ceux des rois d'Angleterre.

Le règne de Charles VII fut capital pour la constitution de la France moderne, même si à l'époque, son royaume ne recouvrait que la partie centrale du territoire français actuel. Philippe le Bon, duc de Bourgogne, cherchait toujours à conquérir de nouveaux territoires sur la France, quand au nord de la Loire, il était sous domination anglaise.

Par le traité d'Arras de 1435, Charles VII et Philippe le Bon se réconcilièrent et unirent leurs forces pour combattre les Anglais, qu'ils chassèrent de Paris l'année suivante. Charles fit alors son entrée solennelle dans la ville, et peu à peu les Anglais abandonnèrent l'Ile-de-France pour se replier en Normandie. En 1453, seule la ville de Calais demeurait sous domination anglaise. Ainsi se terminait la guerre de Cent Ans : Charles VII était le souverain d'un

territoire qui correspondait à peu près à la France actuelle. Argentier et conseiller du roi, Jacques Cœur fut le premier à symboliser l'émergence d'une nouvelle bourgeoisie très fortunée.

Louis XI (1423-1483) qui régna à partir de 1461, avait épousé en premières noces Marguerite Stuart d'Écosse, instaurant ainsi des relations franco-écossaises qui devaient avoir un effet durable sur la culture écossaise. En 1465, la noblesse forma contre lui la ligue du Bien public, espérant ainsi s'approprier le pouvoir à ses dépens. Louis XI fut obligé de faire des concessions, mais les nobles n'eurent pas gain de cause. Le roi était en avance sur son temps. La France connut une période de prospérité économique : elle commerçait avec l'étranger, exportait vers l'Angleterre, malgré les reprises récurrentes des combats. Louis XI favorisa l'implantation d'un commerce de produits de luxe, comme les soieries de Lyon et de Tour. Hélas, à cause de ses efforts ruineux et répétés pour reprendre les Pays-Bas, ce grand roi laissa à sa mort les finances du pays en mauvais état.

L'un des artistes les plus remarquables de la Renaissance, Jean Fouquet, fut peintre à la cour de Charles VII (Pl. 8) et de Louis XI.

Les successeurs de Louis XI, son fils Charles VIII et Louis XII se lancèrent dans des guerres désastreuses en Italie, dont le seul résultat bénéfique fut la pénétration en France des idées de la Renaissance italienne.

La mort du roi Ferdinand Ier de Naples, en janvier 1494, décida Charles VIII à se lancer dans sa campagne d'Italie. Il commença par libérer Pise des Médicis, puis soutint Savonarole à Florence, et fit son entrée dans Rome en décembre 1494. Le pape Alexandre VI se vit contraint de négocier avec lui, et en février 1495, Charles était couronné roi de Naples, de Sicile et de Jérusalem. Dès le mois de mars, cependant, il dut affronter la ligue de Venise. Celle-ci comprenait le pape, la république de Venise, le duc de Milan, Ludovic le More, Maximilien d'Autriche et Ferdinand d'Aragon. Charles VIII dut battre en retraite et regagner la France, puis il ouvrit des pourparlers avec Florence et contraint Ludovic le More à signer la paix de Verceuil. La France dut restituer la ville de Novare. En 1497, les troupes françaises capitulèrent. Le 25 novembre 1497, Charles VIII signa un traité d'alliance avec l'Espagne pour préparer une nouvelle expédition en Italie dans le but de la démembrer, mais la cause était déjà perdue. Il mourut l'année suivante d'un stupide accident (il heurte du front le linteau d'une porte basse du château d'Amboise), et dès lors, avec son successeur Louis XII, les ambitions françaises en Italie prirent une orientation différente.

Les événements qui succédèrent à la mort de Charles VIII furent dans l'ensemble assez catastrophiques. Durant les deux décades qui suivirent, la syphilis fit sa première apparition. Il y eut aussi le conflit entre les Habsbourg et les Valois, les honteuses exactions des Borgia, l'invasion des mercenaires suisses, le sac de Rome et le siège de Florence. Ces deux derniers événements eurent des conséquences très préjudiciables sur l'art, mais la désaffection de Rome

8 JEAN FOUQUET, Charles VII, roi de France, vers 1447
Il s'agit du premier des portraits de rois faits par Fouquet qui nous soit parvenu. Le peintre l'exécuta vers 1447, à son retour de Rome, où son excellente réputation lui avait valu la commande d'un portrait, perdu, du pape Eugène IV avec deux dignitaires. Le portrait ci-dessus montre le roi affaibli et malade dont le règne (1422-1461) correspondit à la reconquête de la France et à la réorganisation du royaume. Fouquet a su allier réalisme et monumentalité dans une œuvre qui montre combien Fouquet était familiarisé avec les techniques picturales des peintres italiens. C'est l'un des plus beaux portraits de cette époque.

par les peintres et les artistes favorisa le développement d'autres écoles de peinture en Italie et en France, à Fontainebleau, ce qui eut une importance déterminante sur l'art français.

Au début du XVIᵉ siècle, les relations de la France avec le reste de l'Europe furent constamment envenimées par les manœuvres diplomatiques de Louis XII, qui régna de 1498 à 1515. Il prétendait au titre de duc de Milan, bien que Ludovic Sforza le fût depuis 1494. Louis occupa donc le Milanais d'août à octobre 1499, puis le perdit. À nouveau, l'unique bénéfice que la France tira de cette campagne fut une plus grande pénétration des idées de la Renaissance italienne. Les rivalités avec l'empereur aboutirent à la paix de Cambrai, signée en 1529 entre Louise de Savoie représentant son fils et successeur de Louis XII, François Iᵉʳ et Marguerite d'Autriche pour Charles Quint. Elle permit au roi de France de se rapprocher des protestants allemands. Trente ans plus tard, en 1559, la paix de Cateau-Cambrésis,

signée entre Henri II roi de France et Philippe II roi d'Espagne, mettait fin aux guerres d'Italie. Cosme Iᵉʳ de Médicis prenait le contrôle de Sienne, accroissant ainsi les possessions de la famille en Toscane. Un peu avant, un traité avait été signé avec Élisabeth d'Angleterre qui reconnaissait la reconquête de Calais en 1558 par les Français.

Louis XII était mort en 1515 sans laisser d'héritier mâle, et c'est un lointain cousin, François Iᵉʳ (1494-1547), (Pl. 16) qui lui succéda. Il avait épousé la fille de Louis XII et joua un rôle essentiel dans le développement des idées de la Renaissance en France. C'est lui qui fit venir à sa cour le célèbre architecte et théoricien Sebastiano Serlio, ainsi que les peintres Léonard de Vinci, Andrea del Sarto, Rosso Fiorentino et le Primatice.

En 1533, son fils Henri, qui devait régner sous le nom de Henri II de 1547 à 1559, épousa Catherine de Médicis, l'arrière-petite-fille de Laurent le Magnifique, et la nièce du pape Clément VII. François Iᵉʳ à la suite de sa victoire à Marignan reprit le Milanais au fils de Ludovic Sforza, ainsi que Gênes, et il signa un traité avec le pape Léon X. Avec lui, la puissance française en Italie connut son apogée.

Par le concordat de Bologne que François Iᵉʳ avait signé avec Léon X en 1516, le roi de France avait désormais tout contrôle sur les nominations des hauts dignitaires de clergé en France : c'était un pouvoir vital puisqu'il soumettait l'Église à l'État, et les rois de France devaient le conserver durant tout l'Ancien Régime. De la sorte, François put lutter contre le protestantisme en France. Les idées de Luther avaient commencé à s'infiltrer dans le pays en 1518, et dès 1528, la Sorbonne les avait condamnées. Mais l'Église catholique demeura puissante en France, fait important pour les arts, car elle continuait à soutenir et à commander des œuvres aux artistes. À l'instar du roi, et de la noblesse, elle le fit sans faillir jusqu'à la Révolution.

Dès le début de la Réforme, les protestants furent persécutés en France. Les nuits des 17 et 18 octobre 1534, les protestants placardèrent des pamphlets contre la messe dans tout le pays. Une répression terrible s'ensuivit. Pourtant le roi, par une belle hypocrisie politique, avait fait alliance avec les protestants des États germaniques. Ce devait être le ferment des futures guerres de Religion, avec le fils de François Iᵉʳ, Henri II qui se révélerait l'ennemi le plus implacable des protestants de France.

François Iᵉʳ aurait aimé devenir empereur : ses rivalités s'accentuèrent avec Charles Quint quand celui-ci fut élu empereur en 1519. François Iᵉʳ tenta alors de s'allier avec le roi d'Angleterre lors du Camp du Drap d'or en 1520. Dans une vaine tentative pour sauver ses possessions italiennes, François Iᵉʳ fut fait prisonnier à la bataille de Pavie en 1525, emmené en Espagne et relâché seulement en 1526, après la signature du traité de Madrid aux termes duquel il abandonnait le Milanais, la Flandre et l'Artois, accroissant ainsi les territoires de Charles Quint.

Henri II régna de 1547 à 1559 et vécut sous la menace constante de Charles Quint, puis de Philippe II. Il dut faire face à la montée du protestantisme, aux ambitions naissantes de la famille catholique des Guise ainsi qu'aux intrigues de cour de sa femme, l'italienne Catherine de Médicis. En 1548, François de Guise, toujours menaçant pour le roi de France, obtint la main de sa nièce, Marie Stuart, reine d'Écosse, pour le fils d'Henri II et de Catherine de Médicis, le futur François II dont le règne devait être très bref. Les problèmes complexes qu'eurent à affronter les rois qui suivirent et en particulier Henri II et surtout Henri IV, qui mourut en 1610, n'empêchèrent pas le prodigieux développement des arts et des lettres en France.

Le Saint Empire romain germanique

D'après Voltaire, le Saint Empire romain n'était ni saint, ni romain et ce n'était pas un empire. Depuis le Xᵉ siècle, en théorie au moins, l'empereur exerçait sa souveraineté sur tous les royaumes, principautés et États « germaniques » constituant l'« empire ». En théorie aussi, il était élu, mais dans les faits, depuis le Moyen Âge, la dynastie des Habsbourg était en place. Maximilien Iᵉʳ, puis son petit-fils Charles Quint, s'appuyèrent largement sur l'argent de la banque Fugger d'Augsbourg qui contribua à maintenir les Habsbourg à la tête de l'empire. Pendant la Réforme, l'empereur perdit de son influence sur les territoires qui correspondent à l'Allemagne actuelle, mais l'empire s'étendit à l'est, englobant la Hongrie, la Bohème, les Balkans et le sud de la Pologne. Enfin l'Italie du Nord passa aussi sous le contrôle de l'empereur.

À cette époque, le sud de l'Allemagne commençait à prospérer. Il en résulta bien sûr le développement de grandes villes comme Augsbourg, Nuremberg, Ratisbonne et Ulm, et des familles, comme les Fugger par exemple, s'enrichirent énormément grâce à leurs activités bancaires, commerciales et industrielles. Leur fortune immense leur permit d'accéder à des positions importantes dans l'empire.

Au règne de l'empereur Maximilien Iᵉʳ, de 1493 à 1519, correspondit en Allemagne le plein épanouissement de la Renaissance, un « âge d'or » comparable à celui qu'avaient connu les Pays-Bas bourguignons sous Philippe le Hardi et Philippe le Bon. C'est l'époque où vécurent Érasme (Pl. 14) et Dürer (Pl. 19). Durant les vingt dernières années de sa vie, Maximilien manifesta un grand intérêt pour l'art, et sollicita les meilleurs artistes allemands pour illustrer de gravures sur bois des livres dont il avait décidé la publication.

Son second mariage en 1493 avec Bianca Sforza, nièce de Ludovic le More, combla un temps ses rêves de conquêtes italiennes. La ville impériale d'Augsbourg, située en plein cœur de l'empire, poursuivait son développement, en même temps que d'autres villes comme Cologne, Francfort, Bâle et Ratisbonne.

Le règne de Charles Quint eut un caractère international sans précédent : il couvrit la première moitié du XVIᵉ siècle, de 1519 à 1556. L'immensité et la diversité des territoires impériaux devaient affecter les politiques européennes durant des siècles. Un des grands actes de mécénat de Charles Quint fut de s'attacher Titien dès 1533 (Pl. 7).

Après l'abdication de son père, Philippe II d'Espagne continuera à commander au Titien des tableaux qui comptent parmi ses chefs-d'œuvre.

La Réforme fut douloureuse en Allemagne, et l'Autriche, demeurant farouchement catholique, prit ses distances vis-à-vis des États germaniques. C'est Martin Luther avec ses « 95 thèses » qui déclencha la Réforme.

Placardées en 1517 sur les portes du château de Wittenberg, ces « 95 thèses », prenant position contre la vente des Indulgences, remettaient en cause le caractère sacré des sacrements et du pouvoir intemporel du pape, successeur de saint Pierre. Autant de positions inadmissibles pour l'Église catholique puisqu'elles ébranlaient les fondements même de son dogme et de son culte. Après avoir pris connaissance des « thèses », le pape Léon X convoqua Luther à Rome en 1518 afin qu'il y soit interrogé puis confondu par les hauts dignitaires du clergé. Luther fut excommunié en 1520. À la même période, vers 1518, le pape, en mécène éclairé, commanda au peintre Raphaël,

9 CHRISTOPHE AMBERGER, Christoph Fugger, 1540
Fils du puissant et richissime marchand d'Augsbourg, Raymond Fugger, Christoph (1520-1579) est représenté ici avec de discrètes réminiscences maniéristes. Ce genre de portrait est le pendant germanique des portraits aristocratiques de Bronzino à Florence, mais ici la clientèle est bourgeoise, fait caractéristique de leur pouvoir dans l'Allemagne de l'époque. Les Fugger faisaient partie des plus grandes familles allemandes non aristocratiques, et furent les premiers à commander des portraits à des artistes célèbres, en particulier Dürer, Holbein, Burgkmair, Bellini et Catena.

son célèbre tableau, la *Transfiguration* (Pl. 248) pour la cathédrale de Narbonne.

En 1521, Charles Quint convoqua la diète de Worms pour dénoncer la Réforme. En vain, car des réformes religieuses autant que sociales paraissaient inévitables dans beaucoup des États allemands. En outre l'empereur connaissait des difficultés en de multiples lieux de son empire. La guerre des Paysans, en 1524-1525, toucha tous les États allemands du sud-ouest et du centre, et fut réprimée avec une violence qui horrifia Luther bien qu'il en eût demandé la répression. On prit cependant conscience que des changements étaient nécessaires. Ces changements se révélèrent beaucoup plus radicaux que Luther ne l'avait jamais envisagé, et il fallut attendre la *Confession d'Augsbourg*, en 1530, pour que l'Allemagne retrouve un calme social relatif.

L'Angleterre et l'Écosse

La Renaissance gagna très tard les îles Britanniques, et c'est en Écosse que l'on en trouve les premières manifestations architecturales, avec le palais Falkland construit au début du XVIᵉ siècle. En peinture, la Renaissance apparut en Angleterre sous le règne de Henri VIII, mais il faut préciser qu'il s'agissait de peintres étrangers dont Holbein le Jeune fut certainement le plus grand. En 1534, Henri VIII Tudor fut reconnu chef suprême de l'Église d'Angleterre par le synode de Canterbury. Ceci mit un terme dans les faits à toute expression artistique des thèmes catholiques, et l'archevêque Thomas Cranmer ainsi que le concile tenu sous Édouard VI, fils d'Henri VIII Tudor, ordonnèrent que l'on supprime tous les tableaux religieux. L'art se trouva ainsi sécularisé du jour au lendemain.

Le règne de la fille catholique d'Henri, Marie (1553-1558), fut trop court pour que réapparaisse l'art religieux, et d'ailleurs, la plupart des œuvres d'art religieuses avaient été détruites. Ce fut sous le règne de la fille protestante d'Henri, Élisabeth Iᵉ (Pl. 17) que la Renaissance anglaise trouva enfin une forme d'épanouissement. Les limites qu'imposaient des représentations presque exclusivement laïques étaient étroites et réduisaient aussi les sources de mécénat tout comme les sujets d'inspiration : elles contribuèrent au développement du portrait. La peinture était donc centrée presque uniquement sur la cour, et glorifiait le roi ou la reine. Le portrait-miniature connut une grande fortune sous la dynastie des Tudor.

En Écosse, le catholicisme fut peu atteint par les réformes jusqu'en 1560, moment où l'Église écossaise fut radicalement réorganisée. Marie, reine d'Écosse, qui était catholique, fut la dernière représentante de la dynastie des Stuart à régner – brièvement il est vrai – sur une Écosse indépendante. Les monastères en Écosse étaient riches d'œuvres d'art merveilleuses, mais l'iconoclasme de la Réforme porta atteinte à cet héritage artistique religieux. En partie parce que les souverains d'Écosse contractèrent souvent des mariages avec des familles étrangères, le

10 LUCAS CRANACH L'ANCIEN, Martin Luther en Junker Jorg, après 1521

Cette gravure sur bois représente Luther vêtu du déguisement qu'il adopta pour se rendre à Wittenberg. Cranach était le seul qu'il avait informé de sa détention probable afin d'être à l'abri de la vindicte de certains, après sa mise au ban par la diète de Worms en 1520. Une amitié très étroite liait le père de la Réforme et le peintre, et Luther mentionne souvent Cranach dans ses lettres. Dürer, lui aussi, fut très marqué par le destin de Luther.

pays fut très ouvert aux grands courants de civilisation européens.

Des œuvres d'art sublimes comme le petit portrait de Marie de Guise, attribué à Corneille de Lyon (Édimbourg, National Portrait Gallery), ou des portraits miniatures français, lorsqu'ils arrivèrent en Écosse, durent remplir d'admiration les peintres et artistes locaux. Des liens commerciaux assez suivis existaient depuis longtemps entre l'Écosse et les Pays-Bas : voilà qui explique qu'un des chefs-d'œuvre de l'art flamand, un tryptique de Hugo Van der Goes, soit aujourd'hui conservé en Écosse (Pl. 133 et 134).

Marie Stuart, reine d'Écosse, parce qu'elle avait été brièvement reine de France en tant qu'épouse de François II, avait été en contact avec l'art de la Renaissance en Europe continentale. Quand elle regagna l'Écosse pour y régner en 1561, elle aurait pu appeler des artistes français, mais elle eut un règne trop perturbé. Le maniérisme cependant gagna l'Écosse, comme en témoigne le superbe portrait, attribué à Adrian Vanson, du fidèle ami et soutien de Marie, George Seton, 5ᵉ lord Seton, peint vers la fin des années

1570 (Édimbourg, National Portrait Gallery). Il faudra attendre le XVIIIe siècle pour que la peinture refleurisse en Écosse.

L'Espagne

Parce qu'elle régnait sur le royaume de Naples, l'Espagne entretenait des liens étroits avec l'Italie : par ce biais, l'influence de la Renaissance gagna peu à peu la péninsule Ibérique. L'art flamand exerça toujours une grande influence en Espagne et cette double influence conféra à l'art espagnol une authentique particularité. Il régnait aussi en Espagne, durant cette période de la Renaissance, une ferveur religieuse bien supérieure à celle que l'on trouvait ailleurs en Europe. En outre, les Espagnols se sentaient investis d'une mission morale dans la croisade contre l'Infidèle. Notons pour mémoire qu'à cette époque, la menace turque avait remplacé celle des Maures, qui n'avaient été chassés d'Espagne qu'au XIIIe siècle. Depuis le milieu du XIIe siècle, les trois principaux États de la péninsule Ibérique étaient la Castille, l'Aragon et le Portugal, et la société et la culture espagnole étaient déjà en plein épanouissement.

La lutte pour le pouvoir entre les différentes dynasties chrétiennes connut une trêve relative en 1412, lorsque le castillan Ferdinand fut choisi pour régner sur l'Aragon. L'Aragon et la Castille se trouvèrent donc réunis sous une même autorité royale jusqu'à ce que les Habsbourg en la personne de Charles Quint en héritent, et intègrent les deux royaumes au Saint Empire. Le fils de Ferdinand, Alphonse V le Magnifique (1416-1458), roi d'Aragon et de Sicile conserva le royaume de Naples conquis en 1442, ce qui, dans le domaine artistique, devait avoir une grande importance en Italie comme en Espagne.

En 1469, Isabelle de Castille épousa Ferdinand II d'Aragon, et de ce fait, les deux royaumes ne firent plus qu'un, après une violente guerre civile en Castille. L'Espagne entra alors dans une ère nouvelle, avec un pouvoir centralisé et un développement des arts accru grâce à un important mécénat de cour, soutenu par l'argent qui arrivait à profusion des toutes nouvelles colonies des Amériques. Le pape donna aux souverains espagnols le titre de « Rois Catholiques », car ils menèrent une politique religieuse très ferme. La royauté et l'Église étaient davantage liés en Espagne que dans tout autre pays d'Europe.

L'année 1478 marqua l'installation d'un tribunal inquisitorial en Espagne : son but initial était de confondre les juifs faussement convertis au catholicisme, et non les protestants. Cette nouvelle Inquisition fit des milliers de victimes, et beaucoup de juifs émigrèrent à l'étranger. L'Espagne connut alors le règne de la terreur, terreur qu'il ne faut pas oublier au profit de la découverte de l'Amérique par Christophe Colomb, en 1492, et de la prospérité qui s'ensuivit. Cette même année 1492, la ville de Grenade tomba, et les juifs furent chassés d'Espagne. L'austère ferveur religieuse de la royauté et l'oppression de la toute puissante Inquisition ont trouvé leur expression dans une certaine intensité morbide de la peinture religieuse espagnole.

11 AGNOLO BRONZINO, Éléonore de Tolède, vers 1545
Bien qu'il n'ait pas été exécuté pour être le pendant du portrait
du mari d'Éléonore, Cosme Ier de Médicis, ce tableau n'en est pas
moins réalisé dans la même veine. Bronzino donne à la superbe robe
et aux bijoux d'Éléonore la même raideur que celle de l'armure
de son mari. On notera le tendre geste de protection de la jeune

femme pour son fils, Giovanni. La duchesse appartenait à cette
catégorie de femmes actives et intelligentes qui ont marqué
la Renaissance. Très pieuse, elle s'occupait beaucoup des questions
religieuses, mais n'en participa pas moins de façon efficace
aux affaires financières de son mari.

12 RAPHAËL, Balthazar Castiglione, 1514-1515

Balthazar Castiglione (1478-1529) fut, à la fin de la Renaissance,
l'un des poètes et hommes de lettres les plus appréciés. Il fut aussi
l'ami et le conseiller de Raphaël. Dépêché à Milan, à la cour
de Ludovic Sforza, il y gagna vite la réputation d'un remarquable
stratège militaire autant que politique, et jouit de positions

très importantes à la cour de Mantoue comme à celle d'Urbino.
En 1528, son livre Le Parfait Courtisan fut publié à Venise.
Inspiré de la cour d'Urbino, l'ouvrage expose les usages
et les raffinements des cours et du gentilhomme accompli.

15 PEDRO BERRUGUETE, Federico da Montefeltro et son fils Guidobaldo, sans date
Federico (1422-1482) fut seigneur d'Urbino en 1444, et devint duc d'Urbino en 1474. Il fut le premier de sa famille à créer un État stable et durable. Son fils Guidobaldo mourut sans héritier en 1508, et le duché passa à Francesco Maria della Rovere. Au palais ducal d'Urbino, le studiolo de Federico fut sans doute l'une des plus somptueuses réalisations de son temps. Il était décoré de tableaux d'inspiration païenne autant que religieuse, et de portraits d'hommes célèbres choisis parmi les scientifiques, les juristes, les hommes de lettres ou les théologiens. Ce studiolo fut peut-être conçu par l'architecte Bramante, et décoré de marqueteries en trompe-l'œil sans doute dessinées par Botticelli.

13 SÉBASTIANO DEL PIOMBO, Christophe Colomb, 1519
Il s'agit du portrait posthume du grand explorateur de la Renaissance, qui mourut en 1506. Ce tableau montre la grande maturité artistique du peintre et témoigne de ce goût naissant pour le portrait qui devait marquer tout le XVIe siècle. On peignait alors souvent des portraits posthumes d'individus célèbres, avec parfois une intention moralisatrice, comme la série des Hommes illustres du studiolo du palais ducal d'Urbino, ou la série des Empereurs romains de Titien, pour la cour de Mantoue.

14 HANS HOLBEIN LE JEUNE, Érasme de Rotterdam, 1523
Holbein et Érasme sont les représentants typiques de la Renaissance germanique. Ces deux hommes s'estimaient infiniment l'un l'autre. Érasme s'était établi à Bâle à partir de 1521. Bâle était un centre de développement de l'imprimerie naissante, qui permettait de diffuser les idées dans toute l'Europe. L'image que nous avons d'Érasme tient essentiellement aux trois portraits que Holbein fit de lui, et qui sont à ce point pénétrants que l'on a, en les regardant, l'impression de saisir l'âme de l'humaniste. Quand, à cause des troubles entre catholiques et protestants, Holbein quitta Bâle définitivement pour l'Angleterre en 1531, il avait une lettre d'introduction d'Érasme auprès de Thomas More.

16 JEAN CLOUET, François Ier, vers 1530 (?)
Le portrait et le modèle symbolisent la façon dont l'influence de la
Renaissance italienne a pénétré dans les cours d'Europe. L'intérêt
immense que François Ier portait à l'Italie et à tout ce qui en venait
l'amena à appeler en France des artistes italiens, et à
collectionner et acquérir de nombreuses œuvres d'art italiennes.
C'est par ce biais que des peintres français comme Jean Clouet
apprirent à rivaliser avec leurs confrères italiens.
François Ier fonda une nouvelle école de peinture franco-italienne,
l'école de Fontainebleau, qui permit à l'art français de s'élever
à un niveau international. Clouet, qui faisait parti des peintres
de la cour en 1516, était un remarquable portraitiste, et son fils
François lui succéda comme peintre du roi en 1541.

17 Attribué à ROBERT PEAKE, Éliza Triomphas, vers 1600
C'est pendant le règne de la reine Élisabeth Ire que la Renaissance
connut son plein essor en Angleterre. Robert Peake (1557-1619)
fut très influencé par Nicholas Hilliard, et la palette du premier
ainsi que son approche linéaire des formes évoquent les couleurs
pastel et la technique du second. Ce tableau représente la reine fêtée
par son maître équestre Edward Somerset, comte de Worcester.
Celui-ci se tient devant la reine, tenant une paire de gants
dans sa main droite. Le tableau, dans son organisation,
semble inspiré de ces tableaux représentant un triomphe impérial
à Rome.

Chapitre 2

Les techniques du dessin
et de la peinture à la Renaissance

Le dessin

Les progrès de la maîtrise technique du dessin est au cœur des arts de la Renaissance. Au XVᵉ siècle, les peintres profitèrent d'améliorations techniques et firent du dessin une pratique et un exercice essentiels à leur art. Au XVIᵉ siècle, le dessin avait acquis ses lettres de noblesse. Il n'avait plus seulement un rôle fonctionnel et préparatoire, c'était un art à part entière, reconnaissance qui allait s'affirmer au cours des siècles à venir. Au milieu du XVIᵉ siècle, Vasari définit le dessin comme « le père de tous les arts ».

Les grands peintres de la Renaissance furent pour la plupart de fabuleux dessinateurs. Mentionnons à titre d'exemples les admirables illustrations de Botticelli pour les œuvres de Dante, la somme gigantesque de dessins et études exécutés par Léonard de Vinci, la perfection et la diversité sans égale des dessins de Raphaël et Michel-Ange ou les trésors du Corrège.

Hors d'Italie, l'art du dessin atteignit son apogée en France avec ces merveilleux portraits tout en finesse de François Clouet (Pl. 20), et ailleurs, avec des artistes comme Hans Holbein le Jeune (Pl. 27). Les dessins de Dürer sont de la même qualité que ses tableaux et ses gravures ; à l'instar de ses contemporains allemands, il sut utiliser le dessin à des fins très diverses. Durant la Renaissance, en Angleterre, la distinction est infime entre dessin et peinture dans cette forme d'art qui fleurit alors : le portrait-miniature (Pl. 169).

L'accroissement impressionnant de la production de dessins et la variété de l'usage qui en est fait à partir de

18 Hendrich Goltzius, Sans Cérès et Bacchus, Vénus se morfond, 1599-1602

Le sujet est tiré de la comédie L'Eunuque, écrite par le poète comique Térence. On voit Vénus s'éveiller d'un profond sommeil en sentant la présence symbolique de Cérès et Bacchus. Cupidon, qui se tourne vers nous, illumine la scène de sa torche. La virtuosité de ses dessins à la plume et à l'encre avec des rehauts de pinceau et de peinture à l'huile, sur des toiles gris-bleu, valut à Goltzius l'admiration de tous.

1400 s'expliquent par la nouvelle diversité des sujets traités par les artistes. Au Moyen Âge, la représentation du corps humain nu inspirait de la crainte, pire, de la répulsion. Dès le début de la Renaissance, les artistes au contraire copièrent des modèles vivants, et redécouvrirent les beautés de la sculpture antique ainsi que la philosophie qui les avait inspirées. Comme l'on redécouvrait aussi les auteurs classiques anciens, et qu'on leur redonnait la place d'honneur à laquelle ils avaient droit, il était normal que la sculpture – l'un des héritages les plus tangibles et les plus riches de la Rome ancienne – devînt une référence pour la statuaire de la Renaissance. La sculpture antique eut également une importance considérable sur des innovateurs de génie comme Donatello. Le corps humain n'était plus seulement l'enveloppe charnelle de l'âme chrétienne, il redevenait, comme dans l'Antiquité, source de beauté à part entière.

L'apparition et le développement de nouvelles techniques au XVᵉ siècle correspondaient à une période d'interrogation et de remises en question intellectuelle, et cette attitude conduisit les artistes à explorer tous les aspects du monde visible. Dès lors, le dessin devint l'instrument et le support majeurs des recherches dans le domaine des représentations artistiques. Il simplifiait en effet certaines expérimentations qu'il eût été très difficile de conduire dans d'autres disciplines picturales. Une évidence qui apparaît clairement dans les essais que fit Léonard de Vinci pour représenter des tempêtes et des déluges au moyen de diagrammes. Toutes ces expériences conduites par le moyen du dessin firent beaucoup progresser la peinture.

À l'origine, seuls les peintres et les architectes dessinaient, mais le dessin exerça vite une fascination sur tous ceux qui s'intéressaient aux arts visuels, et il devint un outil commun à la sculpture, la peinture et l'architecture. C'est grâce à lui que l'on put jeter les bases de la perspective linéaire. Cette notion de perspective devait, à partir de 1420, bouleverser la conception de la représentation visuelle, et fut théorisée tout au long du XVᵉ siècle, en particulier dans les *Commentaires* de Ghiberti et les traités d'Alberti. Le traité sur la perspective de Piero della

19 ALBRECHT DÜRER, Autoportrait, 1491-1492
Les autoportraits de Dürer occupent une place à part dans l'art pictural de la Renaissance : on y trouve la détermination de l'artiste à représenter non seulement les détails de la réalité visible, mais aussi de nombreux aspects de sa nature profonde. On voit sur ce dessin combien cette approche était nouvelle, et combien ce souci de donner à voir une réalité intérieure s'inspire d'une certaine tradition allemande de la quête de la vérité.

Francesca, *De Prospectiva pingendi,* était illustré de gravures exécutées d'après ses propres dessins. Une œuvre essentielle sur le sujet, bien qu'inachevée, fut écrite par Léonard de Vinci sur la peinture et le dessin. Cette somme est intitulée *Trattato della pittura (Traité sur la peinture).*

Le dessin en effet constituait une méthode plus rapide que la peinture pour explorer et vérifier certaines idées. La liberté qu'il donnait offrait aux artistes un moyen efficace de tester des conceptions nouvelles qui autrement seraient demeurées abstraites. Le dessin, enfin, permettait à l'artiste de conserver un contrôle certain sur ses élèves. Par ce biais, il pouvait leur imposer un style, s'assurer que leur travail serait homogène, et que collectivement, ils pourraient peindre un tableau unique qui serait signé par le maître seul et aurait bien le cachet de l'atelier. Il suffit de considérer les tout premiers travaux de grands maîtres de la Renaissance, comme Masaccio ou Raphaël, pour se rendre compte que leur génie exceptionnel leur permit de se libérer de la tutelle de leurs maîtres, leur évitant ainsi de produire des œuvres collectives dans un style convenu. Notons au passage que les différents ateliers et les artistes échangeaient beaucoup de dessins, ce qui permit aux idées et aux techniques nouvelles de se propager rapidement.

Vers 1400, la plupart des ateliers possédaient des livres d'apprentissage. Ces ouvrages précieux en parchemin de grande qualité étaient des recueils de dessins qu'il s'agissait de copier avec la plus grande fidélité. Pourtant les idées proposées par Cennino Cennini (1370 ?-1440 ?) dans son livre *Libro dell'Arte,* le premier traité en langue vulgaire de la Renaissance destiné aux artistes, et qui parut vers 1390-1400, remettaient en cause cette pratique contraignante, qui consistait à copier sans originalité des modèles

21 LÉONARD DE VINCI, Anatomie d'une épaule, vers 1510
(À droite) Les études anatomiques de Léonard de Vinci sont méticuleuses jusqu'à l'exactitude scientifique. Elles illustrent bien l'importance que ces études de l'anatomie humaine revêtaient pour les artistes de la Renaissance. Léonard, en outre, s'y intéressa sous un angle beaucoup plus vaste, philosophique et cosmologique.

20 FRANÇOIS CLOUET, François II, vers 1553
(Ci-dessous) Ce dessin fut réalisé avant le mariage, à l'âge de quatorze ans, de François avec Marie Stuart. François, qui devint roi de France à seize ans, mourut l'année suivante. Les portraits dessinés de Clouet occupent une place particulière dans l'art du dessin en Europe car ils furent parmi les premiers à être considérés comme des œuvres d'art à part entière. Clouet cherchait toujours à rendre une plus grande finesse et des modulations raffinées dans ses dessins. Pour cela, il utilisait des pastels dont il combinait savamment l'usage, et obtenait un rendu plus « intime » que celui de portraits peints.

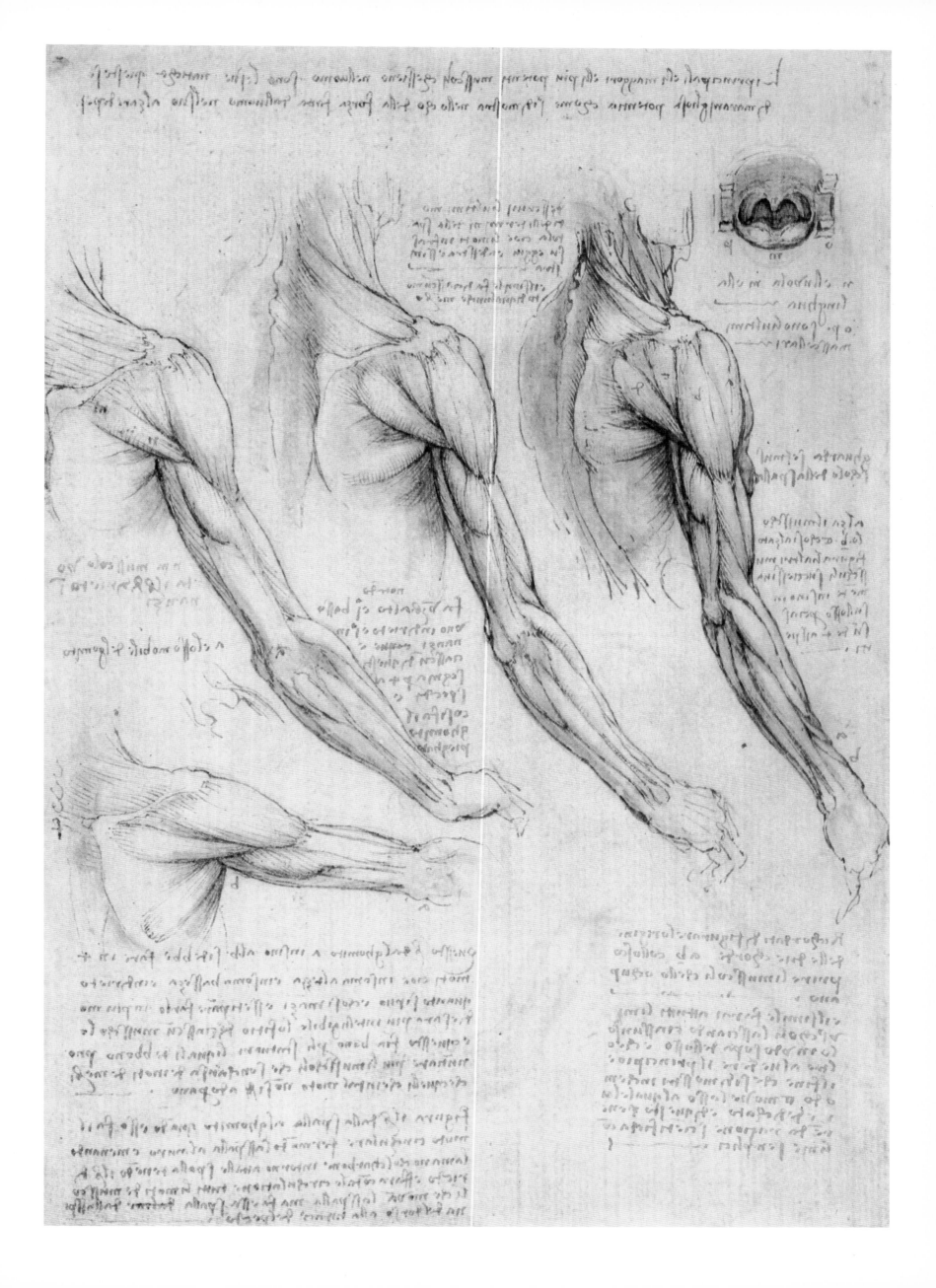

23 Disciple d'Antonello de Messine, *Cinq études, sans date*
*Ces dessins sont intéressants car ils montrent des compositions
caractéristiques des différentes périodes de la carrière d'Antonello.
Ce n'est pas lui qui les a dessinés, mais sans doute un des artistes
qui travaillait dans son atelier. Ces dessins sont des esquisses
préparatoires du Retable de San Cassiano (en partie au
Kunsthistorisches Museum de Vienne), d'un tableau, aujourd'hui
disparu, intitulé La Dispute de San Tommaso, et d'une autre
œuvre également disparue. Cette feuille sans doute appartenait
au cahier d'esquisses dont l'artiste se servait constamment.
Ces dessins qui ont été exécutés à la plume, ont été faits très vite
comme le montre leur côté informel, et sans doute ont-ils été tracés
de mémoire, peut-être pour servir de référence.*

22 Agostino Veneziano, *L'Académie de Baccio Bandinelli,
vers 1531*
*Cette gravure montre un groupe d'artistes travaillant autour d'une
table à la lueur d'une chandelle. Deux dessinent tandis qu'un autre
examine ce qui semble être une statuette de Vénus. Dans le fond,
sont exposées d'autres statuettes inspirées de modèles antiques.
Bandinelli, qui travailla beaucoup pour les Médicis, s'inspira
énormément de la statuaire antique. En 1531, il appela son école
« Académie », et cette gravure montre bien le rôle fondamental
qu'il accordait au dessin d'après l'antique dans son enseignement :
il forma toute une génération de sculpteurs florentins.*

imposés. Cennini préconisait au contraire un dessin
authentique et créatif, et par là même, il en revenait à la
façon dont Giotto faisait travailler ses élèves au début du
XIVᵉ siècle. On voit ainsi l'importance que revêtait encore
Giotto à une époque.

Les théories de Cennini contribuèrent à ce que, dans les
ateliers, le cahier d'esquisses remplaçât le livre de modèles.
Dans un des passages les plus originaux de son traité,
Cennini explique que « la peinture [...] demande de l'imagination et de l'habileté manuelle afin de découvrir des
réalités cachées, celles qui se dissimulent derrière l'ombre
des objets réels ». Cennini, on le voit, anticipait sur les
grandes théories de Léonard de Vinci concernant les possibilités immenses de la peinture.

Cette liberté du dessin explique le plaisir croissant que
prirent les peintres du XVᵉ siècle à exprimer leur vision du
monde matériel et spirituel. On trouve un bon exemple de
cette approche nouvelle dans le *Codex Vallardi*, qui se
trouve au musée du Louvre, et qui est une sorte de compi-
lation des cahiers d'esquisses de Pisanello. Ce dernier, qui
s'appelait Antonio Pisano (1395-1455), eut une carrière
très mouvementée qui le mena à travailler pour les cours
de Ferrare, Mantoue, Milan, Naples et Rimini. Il dut sur-
prendre et intriguer ses commanditaires, par l'exactitude

et la précision de ses dessins de nus, de paysages, d'oiseaux, d'animaux, de costumes, d'ornements et de ses portraits.

Les progrès techniques

Au XVe siècle, en Italie, les techniques du dessin firent des progrès considérables. Jusqu'au milieu du siècle, le vélin et le parchemin demeurèrent les supports les plus prisés. Mais le vélin coûtait cher parce que fabriqué avec des peaux de veau qu'il fallait ensuite apprêter afin d'obtenir une surface lisse apte à y recevoir le dessin. Le développement croissant de la fabrication du papier profita bien sûr aux livres, qui permirent la diffusion des connaissances, mais le papier servit aussi à l'art du dessin. Quand ils y furent habitués, les artistes se sentirent plus libres et dessinèrent davantage, même si certains restèrent fidèles au vélin.

Le dessin à la mine d'argent, que Cennini considérait comme le type de dessin le plus accompli, se faisait avec un stylet d'argent qui, lorsqu'on le passait sur le support préalablement apprêté, laissait une infime poussière d'argent. Grise, celle-ci, en s'oxydant, brunissait. De la même manière, on utilisait l'or, le plomb et le cuivre. La sûreté du trait était capitale car le tracé était définitif, et c'est sans doute pourquoi Cennini considérait les dessins à la pointe d'argent comme le moyen le plus sûr d'évaluer le métier d'un jeune artiste, et en préconisait l'usage sur des tablettes en bois. Chez les artistes flamands du XVe siècle, Rogier Van der Weyden, Jan Van Eyck et Gérard David furent de ceux qui travaillèrent à la mine d'argent, et cette technique continua d'être très prisée au XVIe siècle, comme le prouvent les extraordinaires dessins à la pointe d'argent que l'on doit à Dürer et à Holbein.

Les dessins à la plume et au lavis

De plus en plus le dessin à l'encre et à la plume d'oie remplaça la technique de la mine d'argent. La plume traduisait la personnalité de l'artiste et sa singularité beaucoup plus subtilement que le trait uniforme d'une pointe de métal. Par ailleurs, on pouvait retravailler le dessin à la plume avec un pinceau, mais la fluidité du résultat ne séduisit pas les artistes italiens qui demeuraient attachés à la tradition de dessiner des contours nets et des ombres.

Le papier présentait l'avantage de ne pas demander de préparation particulière pour le dessin contrairement à la technique de la pointe d'argent ou d'or, encore que souvent on y appliquait une base de couleur. À partir du XVe siècle, on commença à utiliser du papier de couleur, gris ou bleu. On rehaussait aussi les effets du trait à la plume par du blanc, et cette technique connut une vogue croissante tout au long du XVIe siècle. En Allemagne, c'est au début de ce siècle que furent exécutés les plus beaux dessins de ce style, en particulier ceux de Hans Baldung Grien, Urs Graf

24 Atelier de MASO FINIGUERRA, Jeune homme assis en train de dessiner, vers 1450 (?)
Ce jeune artiste dessine probablement à la pointe d'argent sur un petit panneau de bois préalablement apprêté, peut-être du buis, exercice indispensable que Cennino Cennini préconisait à tout artiste débutant. Tous les peintres florentins du Quattrocento ont travaillé ainsi quand ils étaient jeunes apprentis dans l'atelier de leur maître, avant de faire leur propre carrière. À Florence, Maso Finiguerra était un orfèvre ; il fut surtout connu pour ses gravures. Ainsi peut-être le jeune homme ci-dessus est-il en train de travailler une plaque de métal. Ce magnifique dessin d'un dessinateur à l'œuvre est aujourd'hui au musée des Offices à Florence.

et Albrecht Altdorfer dont les paysages fantastiques, fortement rehaussés de blanc, comptent parmi les plus saisissants du genre.

Les lavis grisés à l'encre de Chine eurent une importance considérable dans l'art du dessin de la Renaissance. Ils apparurent en Italie dès la seconde moitié du XVe siècle. Vasari décrit Léonard de Vinci utilisant cette technique pour ses études de drapé sur des figurines d'argile. Avec le lavis, parfois, la limite entre le dessin et la peinture devient floue. Mantegna utilisait l'encre sur un apprêt camaïeu, ou monochrome. L'apprêt de plâtre blanc est encore bien visible sur le tableau inachevé de Cima da Conegliano, *La Vierge à l'Enfant avec saint André et saint Pierre* (Pl. 25).

Les dessins avec lavis d'encre diluée appliquée au pinceau connurent une grande vogue chez les maniéristes, en particulier avec Bernardo Buontalenti, le Parmesan et Perin del Vaga en Italie, Jacques de Bellange en France, et parmi les Hollandais et les Flamands, citons Joachim Wtewael, Bernard Van Orley et Bartholomeus Spranger. Il faudra attendre la période baroque pour que les lavis bistre

25 CIMA DA CONEGLIANO, La Vierge à l'Enfant avec saint André et saint Pierre, vers 1490

« Cima » venait du métier du père du peintre : il était cimatore di panni, ce qui signifie tisseur de drap. Conegliano était le nom du village où il était né vers 1459, au nord de Venise. L'artiste peignit surtout des retables : l'œuvre reproduite ci-dessous est de petite taille, probablement s'agit-il d'un tableau de dévotion destiné à un particulier. À cette époque, les peintres vénitiens utilisaient de plus en plus la toile comme support pour leurs tableaux, mais ici, Cima s'est servi d'un support en bois de tilleul. L'enduit au plâtre de Paris, est clairement visible ici, dans les parties inachevées du tableau. Après des études préparatoires pour chacun des personnages, Cima dessina l'ensemble de sa composition sur l'enduit au plâtre au moyen d'un fin pinceau et d'une encre noire qui aujourd'hui a viré au brun-bistre. On le voit bien dans le tracé de l'arbre et la silhouette de saint Pierre. Ce retable illustre également le croisement de deux techniques : la tempera pour mettre en place la composition, couche sur laquelle on applique des surpeints à l'huile.

devennent très à la mode, mais déjà certains maniéristes italiens, comme Nicolo Dell'Abbate et le Parmesan, les utilisaient.

Pierre noire, sanguine et fusain

Cennini parle des crayons et pastels, mais on s'en servit peu de son temps, et leur usage ne se répandit qu'au XVIᵉ siècle. La pierre noire est un schiste argileux taillé en bâtonnet qui apparut à la fin du XVᵉ siècle, surtout à Florence, où elle servit essentiellement aux croquis préliminaires d'œuvres de grandes dimensions, comme les cartons de fresques par exemple. Durant la haute Renaissance, nombreux furent les artistes, et parmi les plus grands, à utiliser la pierre noire. Celle-ci cependant, contrairement à la sanguine, ne donne pas une grande subtilité de dessin. La sanguine, qui provient d'un oxyde de fer appelé hématite, permet un tracé fin, délicat qui allait dans le sens du raffinement toujours croissant que recherchaient les artistes de la Renaissance, en particulier les maniéristes. Ils utilisaient la sanguine avec d'autres techniques comme la plume et l'encre bistre, ou avec la craie blanche et la pierre noire (dessin aux trois crayons), afin d'atteindre la plus grande délicatesse de rendu possible. Ces techniques permettaient les nuances et les modulations les plus fines, tout en assurant au trait la fermeté et la rigueur indispensable à un bon dessin. L'école toscane, en particulier Léonard de Vinci, Michel-Ange, Fra Bartolomeo, Andrea del Sarto et Pontormo en usèrent avec virtuosité. Le Corrège manifesta toujours une prédilection pour la sanguine qu'il utilisa de façon sublime. On notera que tous ces artistes étaient de ceux qui effectuaient beaucoup de dessins préliminaires avant d'entreprendre un tableau.

Les portraitistes du Nord se servirent aussi de crayons et pastels, et en acquirent une maîtrise parfaite. Contentons-nous de mentionner les Holbein et les Clouet dont la finesse des dessins au pastel reste inégalée. Les maniéristes apprécièrent la richesse de couleur des différents pastels utilisés ensemble. Citons Hendrick Goltzius, et en Italie, les frères Federico et Taddeo Zuccari, ainsi que Le Baroche, célèbre pour ses effets particulièrement suaves.

Le fusain, dont Cennini décrit la préparation par carbonisation du bois de saule, était également très utilisé car il a l'avantage de s'effacer facilement. Il se révélait donc très utile pour les cartons de préparation de fresques.

L'aquarelle et la gouache

Deux techniques encore permirent au dessin d'évoluer considérablement durant la dernière partie de la Renaissance : l'aquarelle et la gouache. Les progrès et l'usage croissant de ces deux moyens sont étroitement liés à l'élargissement des sujets de représentation au XVIᵉ siècle, surtout dans la peinture au nord de l'Europe.

26 ANDREA DEL VERROCCHIO, *Tête de femme, sans date*
Il s'agit là d'un des plus merveilleux dessins à la pierre noire du Quattrocento, qui nous soit parvenu ; les retouches à la plume furent ajoutées plus tard. Ce dessin fait partie d'une série de cartons exécutés par Verrocchio à la pierre noire, pour être reproduits sur des panneaux en bois et y être peints, comme le montrent les petits points visibles sur les contours (le nez, le front). Ce dessin montre bien la liberté d'exécution que permet la pierre noire, qui traduit bien la fluidité des lignes (ainsi les cheveux et le drapé), permet d'estomper (en particulier sur les joues) ou d'obtenir des traits plus nets comme le nez, les yeux et la bouche. Le rendu des volumes, et leur douceur rappellent que Verrocchio était un merveilleux sculpteur.

L'aquarelle est composée de pigments finement broyés auxquels on adjoint un liant, généralement de la gomme arabique : on les dilue dans de l'eau. On utilise cette technique sur du papier blanc car l'aquarelle a pour singularité de laisser voir par transparence la brillance du papier. À la Renaissance, les maniéristes ont été des adeptes de l'aquarelle, en particulier pour leurs projets de décors de théâtre et de fêtes (ainsi les célèbres dessins de Buontalenti pour les fêtes de cour des Médicis).

L'aquarelle a connu de remarquables applications en Allemagne à la fin du XVᵉ siècle, dans le paysage et la nature morte. Ainsi cet ensemble fabuleux d'une quinzaine de paysages à l'aquarelle et à la gouache qu'exécuta Dürer dans les Alpes tyroliennes, lorsqu'il regagna Nuremberg en 1495, après un séjour à Venise (Pl. 35). Plus tard, l'aquarelle devint la technique de prédilection des paysagistes : le matériel fut plus facilement transportable et s'accordait avec les effets atmosphériques que recherchaient les peintres. En outre, cette technique donnait un rendu de la couleur et de la lumière inimitable, comme en témoignent les célèbres natures mortes, souvent rehaussées de gouache de Lucas Cranach l'Ancien.

Quand l'artiste recherchait un fini particulièrement velouté, il utilisait l'aquarelle sur du vélin. Il obtenait ainsi un effet d'un raffinement exceptionnel, et ses couleurs prenaient l'éclat et la profondeur de pierres précieuses. Dans certains cas, l'intensité de la couleur créait presque un effet de trompe-l'œil, qu'appréciaient au plus haut point les artistes de la fin de la Renaissance, adeptes de la peinture de miniatures, comme Giulio Clovio, miniaturiste consommé (Pl. 259) ou, en Europe du Nord, les Hoefnagel et les De Gheyn ainsi que le Français Jacques Lemoyne de Morgues. Le XVIᵉ siècle, qui avait un goût immodéré pour les objets précieux, prisait ces miniatures représentant des plantes, des insectes et des animaux, sujets qui correspondaient aux découvertes et aux progrès des sciences naturelles de l'époque.

La gouache (du mot italien *guazzo* qui signifie détrempe) est aussi une peinture à l'eau mais que l'on rend opaque en y ajoutant des pigments blancs. On l'utilisa beaucoup dès le XVᵉ siècle à la fois pour les miniatures et pour les enluminures de manuscrits. Lorsqu'elle est sèche, la gouache prend un aspect beaucoup plus léger que lorsqu'elle est appliquée, si bien qu'il faut du doigté et de l'expérience pour en prévoir le résultat sur l'œuvre finie. De plus, elle change de couleur. Quand on l'utilise avec de l'aquarelle, on obtient de riches effets de contraste.

L'utilisation conjointe de ces différents procédés eut une importance capitale dans l'évolution de la peinture. Les nouvelles techniques de dessin contribuèrent à l'émergence du naturalisme au XVᵉ siècle, au merveilleux équilibre que trouvèrent les arts de la Renaissance, et enfin au raffinement qui caractérisa le maniérisme.

Du dessin
à l'œuvre achevée

On peut étudier l'évolution d'un tableau par différents moyens. D'abord son examen à l'œil nu. Parfois les changements décidés en cours de composition de l'œuvre apparaissent avec le temps, quand les couches de peinture superficielles prennent de la transparence. C'est ce que l'on appelle un repentir. D'autres procédés sont plus scientifiques, exigent des examens aux rayons et des analyses chimiques à la fois des composants de la peinture et du support (toile ou bois). Une troisième méthode consiste à étudier les dessins et esquisses préparatoires de l'artiste. On peut ainsi suivre la démarche intellectuelle du peintre depuis le moment où germa la première idée du tableau jusqu'au stade de sa réalisation sur la toile ou le bois.

Ce n'est qu'à la fin de la Renaissance que l'on découvrit l'importance des dessins préparatoires pour la compréhension du processus créatif. C'est précisément à cette époque

FAMILIA THOMÆ MORI ANGL : CANCELL :

Thomas Morus Æ 50. Alicia Thomæ Mori uxor Æ 57. Iohannes Morus pater Æ 76. Iohannes Morus Thomæ filius Æ 19. Anna Grifacria Iohannis Mori Sponfa Æ 15. Margareta Ropera Thomæ Mori filia Æ 22. Elisabeta Danea Thomæ Mori filia Æ 21. Cæcilia Heroina Thomæ Mori filia Æ 20. Margareta Giga Clementis uxor Mori filiabus Condiscipula et cognata Æ 22. Henricus Patenfonius Thomæ Mori morio Æ 40.

27 HANS HOLBEIN LE JEUNE, Portrait de la famille de Thomas More, 1526-1527

Ce dessin particulièrement intéressant révèle la méthode qu'adopta Holbein pour ce qui semble avoir été le premier portrait de groupe de la Renaissance en Europe du Nord. Le dessin comporte des indications de changements à apporter, après en avoir parlé avec More. Ainsi est-il précisé qu'Alice Middleton, l'épouse de Thomas More (à l'extrême droite) doit être représentée à genoux. Ce n'est certainement pas le seul dessin que fit Holbein pour le tableau qui devait suivre, mais parvenu à ce degré de perfection, l'artiste poursuivit son travail avec des études des visages de chacun des personnages. Sept de ceux-ci sont conservés au château de Windsor. Le tableau définitif qui a été perdu avait probablement été commandé par More pour son cinquantième anniversaire.

que l'on commença à collectionner les dessins pour leur valeur artistique propre. Vasari (*cf.* chapitres 3 et 8) fut sans doute le premier collectionneur de ce type, et à sa mort, en 1574, il avait rassemblé une production de dessins qui couvrait plus de trois siècles. Il les avait réunis dans son *Livre des dessins* ; ils constituent en outre une importante partie de son étude sur l'art italien (Pl. 37). La valeur artistique que l'on reconnut à cette époque au dessin est parfaitement illustrée par une lettre de l'Arétin à Michel-Ange dans laquelle il dit que deux traits de fusain de Michel-Ange

sur un bout de papier ont plus de prix qu'un cadeau royal ou un joyau précieux.

La taille d'un tableau et le nombre de personnages qui s'y trouvent n'ont aucun rapport avec la quantité de dessins préparatoires nécessaires. Le tableau du Baroche, *La Visitation*, en fournit un exemple significatif : il comporte cinq personnages principaux seulement, mais fit l'objet d'un travail préparatoire intensif. On retrouve le même souci et un énorme travail de préparation chez Andrea del Sarto, Raphaël et tous les peintres florentins, qui firent d'innombrables dessins et esquisses avant de commencer à peindre leurs tableaux.

Les fresques

La fresque est toujours associée à l'Italie où les artistes du XIIIe siècle au XVIIIe siècle la pratiquèrent avec succès. En fait, la « géographie » des fresques est liée aux contraintes d'une technique qui ne supporte pas l'humidité et donc un climat pluvieux. C'est pour cette raison qu'il n'y en eut jamais en Europe du Nord. Venise qui est construite sur l'eau et dont l'atmosphère est très salée n'est pas non plus une région idéale pour la fresque. Les Vénitiens en ont cependant fait peindre, même en décoration extérieure, ainsi celles de Giorgione, aujourd'hui disparues, du *Fondaco dei Tedeschi*. On essaya cependant de mettre au point un enduit à base de plâtre conçu spécialement pour résister à l'humidité.

La technique de la fresque comporte des difficultés propres, en particulier on ne peut pas y apporter de modifications de dernière minute. Ainsi pour Vasari, la fresque était le meilleur moyen de juger de la maîtrise d'un artiste. *Fresco* en italien signifie « frais », et la fresque la plus exigeante techniquement est dite *buon fresco*, c'est-à-dire la « vraie » fresque à l'italienne : on peint en effet avec des pigments dilués dans l'eau des portions de surface murale recouvertes d'un enduit fraîchement appliqué et encore humide, appelé *intonaco*. Cet enduit est un mélange très lisse de chaux, de sable fin et parfois de poudre de marbre. En séchant, la couleur s'intègre à l'enduit et les deux se mêlent intimement. Les fresques sont souvent des œuvres vulnérables : parmi celles qui ont le plus admirablement résisté au temps, citons le cycle de Giotto dans la chapelle des Scrovegni à Padoue (Pl. 56), et celui de Masaccio, dans la chapelle Brancacci à Florence (Pl. 70). Ces deux cycles sont aussi parmi les œuvres d'art les plus accomplies de la peinture occidentale.

On appliquait l'*intonaco* en une couche très fine sur un enduit de plâtre plus grossier, l'*arricio,* et sur lequel on dessinait à grands traits le dessin qui devait servir de base à la fresque. On utilisait habituellement pour ce dessin un pigment comme l'hématite rouge ou oxyde de fer que l'on appelait *sinopia*, d'où le nom de *sinopia* qui est donné à ce dessin préparatoire (de Sinope, la ville d'Asie Mineure) (Pl. 38). On dispose maintenant de techniques très éprouvées pour décoller les fresques des murs, et ce faisant on a accès à la *sinopia* et on découvre des repentirs. À Avignon, la *Vierge d'humilité*, peinte par Simone Martini comporte par endroits quatre couches superposées de plâtre, portant des repentirs. Les repentirs sont souvent révélateurs des intentions initiales de l'artiste.

La couche d'*intonaco* séchant très rapidement, on préparait et l'on peignait une portion de surface chaque jour, et l'on appelait ces portions des « journées » (*giornate*). Leur dimension dépendant de la rapidité de l'artiste. Les jointures entre les différentes « journées », qui à leur limite se chevauchaient légèrement, permettent souvent de reconstituer la façon dont la fresque a été composée et le temps qu'il a fallu pour la réaliser. Ainsi les « journées » se distinguent clairement dans la *Trinité* de Masaccio (Pl. 93), et dans les fresques de la Chambre dite de la Signature de Raphaël au Vatican (Pl. 196), ainsi que dans celles du plafond de la chapelle Sixtine peintes par Michel-Ange (Pl. 40).

Pour peindre à fresque, il était indispensable de bien cerner tous les problèmes que posait cette technique. Ainsi il fallait connaître les propriétés de certains pigments qui pouvaient se révéler désastreux : la céruse ou blanc de plomb, par exemple, en s'oxydant devient noire, comme cela s'est produit pour les fresques de Cimabue, du transept de la basilique Saint-François à Assise. Cennini déconseillait également l'usage du vermillon, de l'azurite très vulnérable, du vert-de-gris, du minium et du jaune d'arsenic.

On pouvait apporter de légères modifications à la fresque, par le moyen d'un procédé dit de fresque *a secco*. On utilisait alors des couleurs mélangées grâce à un liant organique, comme des colles animales ou végétales : on appliquait de petites touches sur les portions de fresques lorsqu'elles avaient séché. Certaines couleurs, en particulier l'azurite, qui servait souvent pour peindre les vêtements de la Vierge, ne pouvaient s'utiliser qu'à sec. Parfois on dorait à la feuille les détails les plus somptueux. Il semble que Mantegna ait ajouté de nombreux éléments « à sec » à ses fresques de la Chambre des époux du palais de Mantoue, dont beaucoup se sont malheureusement détériorées (Pl. 105). On a souvent restauré les fresques de la Renaissance « à sec », fréquemment hélas avec des résultats désastreux : ainsi la « restauration » par Carlo Maratti des fresques que Raphaël peignit pour la *Loge de Psyché*, à la Villa de la Farnésine à Rome. Il semble que Léonard de Vinci ait expérimenté plusieurs techniques de fresques « à sec » pour la *Cène* afin d'exécuter l'œuvre plus rapidement. Le résultat fut que celle-ci se détériora très vite (Pl. 41).

28 GIOVANNI DA MILANO, La Légende de la Vierge et de Madeleine (détail), vers 1365
Les fresques de la chapelle Rinuccini dans l'église de Santa Croce à Florence sont un des cycles du XIVᵉ siècle les mieux conservés qui nous soient parvenus. L'intonaco, ou enduit sur lequel on appliquait les pigments, est fait de chaux, de sable très fin et parfois de poussière de marbre, bien mélangés jusqu'à obtention d'une pâte lisse. On appliquait cet enduit sur le mur à décorer par portions appelées « journées » (giornate), car chaque portion représentait le travail d'une journée.

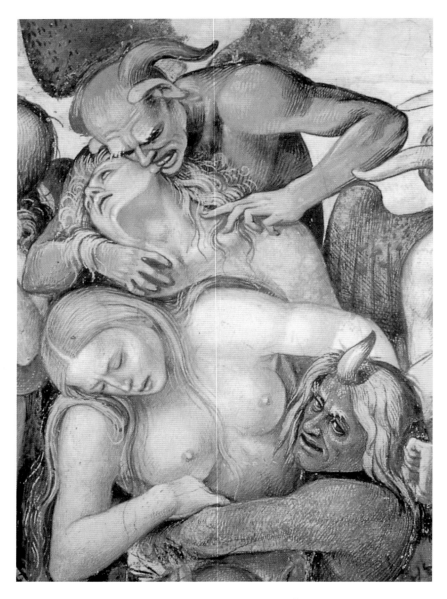

29 Luca Signorelli, *Les Damnés en enfer*, 1499-1504
*Voici un bon exemple d'une fresque de très grande taille,
exécutée pour être vue de loin dans la chapelle Saint-Brice
de la cathédrale d'Orvieto. On notera les détails apportés
« à sec », comme les hachures destinées à accentuer le relief
des formes des personnages. Par temps chaud, ce procédé
a secco sèche extrêmement vite ; il permettait donc à l'artiste
de travailler, de modifier les contrastes recherchés et de donner
des effets de modelé et de lumière. Signorelli avait une conception
très sculpturale des formes humaines : Michel-Ange étudia
longuement ses fresques.*

Les cartons

La préparation de la peinture des fresques exigeait des
dessins et parfois un *modello*, qui amenait à l'exécution d'un
carton (du mot italien *cartone* désignant une grande feuille
de papier). Dès la fin du XVe siècle, on faisait couramment
des cartons préparatoires pour les fresques, les panneaux
peints, et même certains tissus brodés.

Les tout premiers *modelli* étaient des petits dessins
montrant la composition complète de l'œuvre prévue : les
premiers exemples datent sans doute des années 1400. Plus
tard, à la fin de la Renaissance, et surtout à l'époque

baroque, le mot désigne souvent des petites esquisses à
l'huile représentant les œuvres terminées. Le carton avait
pour support soit un parchemin, soit du papier très fin, et
sur celui-ci on traçait à l'estompe ou au fusain le dessin, en
détail et à l'échelle, de l'œuvre que l'on voulait réaliser. En
général, on élaborait ce dessin à l'échelle grâce à une mise
au carreau qui consiste à reporter un dessin préalablement
quadrillé sur une feuille, elle aussi quadrillée. On conservait ainsi en agrandissant les bonnes proportions. Les
cartons de plus petites dimensions étaient souvent exécutés
à l'encre et à la plume, à l'aquarelle et au pinceau ou même
à la mine d'argent. Lorsque le carton était terminé, on
piquetait les contours du dessin avec un poinçon, puis on
plaçait le carton contre le mur ou la surface à décorer et on
le recouvrait de poudre de charbon ou de rouge de Sinope
que l'on faisait pénétrer par le piquetage afin de décalquer
le dessin : on retrouvait alors sur le plâtre les contours
reproduits en poudre noire ou rouge (Pl. 30).

Pour les fresques, le carton était précieux car il constituait une trace du processus créatif de l'artiste, trace qui
avait été perdue lorsque le dessin reproduit sur le plâtre
avait été recouvert par l'*intonaco* et le pigment. Grâce au
carton, le peintre pouvait vérifier que l'exécution de la
fresque était fidèle à son intention de départ. Par ailleurs,
comme ce fut le cas avec le carton de la célèbre *Bataille de
Cascina* (1503) de Michel-Ange, c'était une manière d'apprendre aux élèves les différents stades d'exécution d'une
fresque.

Le piquetage des cartons pour décalquer les dessins
rendait les supports très fragiles. En moyenne, ces feuilles,
appelées *reale*, mesuraient 44,5 cm × 61,5 cm. Suivant les
cas, il était donc nécessaire d'en juxtaposer plusieurs
ensemble pour obtenir une surface correspondant à la taille
de l'œuvre commandée. C'est une des raisons qui expliquent que la majorité des grands cartons ne nous soient pas
parvenus. Il existe une exception, cependant : les cartons
de Raphaël pour les tapisseries de la chapelle Sixtine
(Pl. 205).

Entre 1470 et 1520, la technique du décalquage du
carton évolua, et l'on se servit de plus en plus de poinçons
pour tracer les dessins. Après 1520, la méthode qui consistait à infiltrer de la poudre de charbon par des petits trous
ne s'utilisa pratiquement plus que lorsqu'on voulait dessiner des décorations de détail ou des frises. En revanche la
technique avec un stylet ou tout outil contondant permettait, dans le cas des fresques, de reproduire les contours du
dessin grâce à des lignes profondes qui s'inscrivaient dans
l'enduit humide posé sur le mur. Ces signes se voient
souvent encore très bien à la surface des fresques, comme
pour *L'École d'Athènes* de Raphaël (Pl. 196). S'agissant de
tableaux, que leur support soit en bois ou en toile, on
décalquait le carton à partir de poudre de charbon placée
sur l'envers du carton et que l'on appuyait légèrement sur
la surface à peindre afin de l'abîmer le moins possible.

Les peintures sur bois et sur toile

Jusqu'au XVᵉ siècle, on peignait les tableaux sur bois le plus souvent *a tempera*, c'est-à-dire à la détrempe. Pour cela, on mélangeait des pigments broyés avec un liant, généralement du jaune d'œuf, afin de pouvoir les appliquer plus commodément sur la surface de bois adéquatement préparée. La détrempe séchait vite, mais ce faisant, la couleur perdait plusieurs degrés d'intensité. Avec la découverte de l'huile pour lier les pigments, on obtint des couleurs d'une plus grande richesse à la fois de tons et d'intensité. C'est en Flandres que se développa initialement cette technique au tout début du XVᵉ siècle, mais elle se répandit très vite en Italie, et à Venise en particulier, où on l'adopta avec enthousiasme : les peintres vénitiens en exploitèrent très rapidement toutes les nouvelles possibilités. À la Renaissance, peindre une toile ou une surface de bois nécessitait une préparation encore plus minutieuse que celle d'une surface murale pour des fresques. Le résultat en est cependant la conservation extraordinaire de nombreux tableaux de cette époque, dont l'équilibre entre les couleurs n'a pratiquement pas varié. L'œuvre est ainsi encore fidèle à la splendeur de ses couleurs d'origine.

En Europe, on peignait au XVᵉ siècle essentiellement sur des panneaux de bois, support que l'on continua longtemps à utiliser en Europe du Nord, mais qu'apprécièrent aussi certains peintres italiens jusqu'au milieu du XVIᵉ siècle. En Toscane, le bois était très prisé. On appelait d'ailleurs parfois le support *albero* qui désigne l'arbre. Il s'agissait le plus souvent de bois de peuplier. Il y eut bien sûr des exceptions : ainsi Mantegna peignit-il parfois sur des tissus très fins ou de la toile *a tempera*, puis il vernissait suivant les cas pour obtenir un fini comme vitrifié.

Grâce au traité de Cennini, on sait comment les artistes peignaient sur bois. Il décrit en détail tout le travail de préparation de la surface du bois, qu'il s'agisse de peuplier, de saule ou de tilleul. Bien apprêté, le panneau de bois ne devait plus comporter de nœuds ou d'aspérités. Toutes ses imperfections devaient être corrigées au moyen de sciure que l'on avait rendue très lisse et douce en la faisant bouillir dans de la glu. Les clous qui tenaient le panneau ne devaient pas abîmer la peinture en rouillant. On préparait ensuite à chaud, un mélange de craie ou de plâtre et de colle de peau. Cennini décrit :

> Vérifiez la contexture de cet enduit en vous en passant sur les mains. Si celles-ci collent l'une à l'autre, c'est que l'enduit est à point. Travaillez-le encore un peu. Puis prélevez-en une partie que vous ferez bouillir avec un tiers de son volume d'eau. Une fois refroidi, appliquez cet enduit dilué sur votre surface de bois à l'aide d'un gros pinceau très souple. Reprenez ensuite le reste d'enduit qui n'a pas été dilué, et appliquez-en deux couches supplémentaires. Vous verrez comme cet enduit plus épais adhère bien à votre surface. En vérité, le premier enduit dilué rend votre bois apte à recevoir le second, plus fort et plus dense, et ensuite les couches d'enduit à base de plâtre.

30 LUCA SIGNORELLI, Trois cavaliers, sans date
Il s'agit d'un magnifique et rare exemple de carton de préparation pour une fresque. On remarquera que l'artiste a piqueté les contours pour reporter le dessin initial à la poussière de charbon de bois sur la surface de plâtre du mur à décorer, afin que la fresque finie, soit fidèle à l'intention de départ. Ce carton montre clairement le piquetage des lignes tracées au crayon, mais aussi le tracé du cheval à droite presque uniquement obtenu par piquetage. Cette technique servit au tout début aux enluminures de manuscrits. Les fresques de Signorelli pour la cathédrale d'Orvieto montrent combien l'artiste maîtrisait parfaitement cette technique.

Le plâtre de Paris avec lequel on confectionnait ce dernier enduit venait de la région de Volterra. On le chauffait et on le travaillait à la main, puis à l'aide d'une spatule, on l'appliquait sur la surface, avant d'y ajouter une couche de plâtre en poudre également chauffé. On laissait ensuite sécher la surface ainsi préparée deux ou trois jours, avant de la poncer pour la rendre bien lisse. On passait ensuite une nouvelle couche très fine de plâtre de Paris. Celui-ci avait été conservé dans de l'eau durant un mois, afin de former des concrétions à mesure que l'eau s'évaporait et qu'il séchait. Ces concrétions étaient pilées sur une sorte de meule, mélangées à de l'eau puis mêlées à l'enduit précédent dans un récipient très propre, de préférence en verre. On chauffait alors le tout au bain-marie, puis on enduisait la surface du bois. Quelquefois, on appliquait un linge très fin sur la première couche d'enduit au plâtre, avant de repasser une ou plusieurs autres couches. On étendait ensuite une couche extrêmement fine que l'on appliquait souvent par pression du pouce, et enfin l'on passait au pinceau pas moins de huit couches supplémentaires de cet enduit. La surface finie ainsi préparée séchait ensuite au soleil ; on la ponçait et la polissait ensuite avec une agate, pour qu'elle soit lisse comme de l'ivoire. Le panneau de bois était enfin prêt à recevoir la peinture !

La préparation de l'enduction, parce qu'elle permettait un travail au pinceau aussi fin et délicat qu'un dessin à la mine d'argent, était une des préoccupations essentielles des artistes de la Renaissance, aussi bien en Europe du Nord qu'en Italie. Bronzino qui était un remarquable technicien utilisait des panneaux de bois très soigneusement préparés pour obtenir certains effets copiés de l'art flamand, et c'est un support qu'il privilégia toute sa vie. Même après que les Vénitiens eurent adopté la toile à grosse trame, pour les effets spectaculaires qu'elle permettait, beaucoup de peintres toscans et romains demeurèrent fidèles aux panneaux de bois méticuleusement préparés du Quattrocento.

En Italie, la toile commença à concurrencer nettement le bois dans la dernière décade du XVᵉ siècle : on en apprécia immédiatement les avantages. Elle était meilleur marché, même si le lin, couramment utilisé, demeurait cher (plus tard, le coton, le chanvre et le jute seraient moins onéreux). La toile était plus maniable et facilement transportable, même tendue sur un châssis de bois, et plus souple, lorsqu'elle était enduite et peinte. Cette dernière qualité était d'une grande importance quand un tableau était soumis à de très forts écarts de température, car les œuvres sur bois, plus fragiles, pouvaient se fendre et de ce fait, la peinture craqueler irrémédiablement.

L'utilisation de la toile permit aussi de peindre des tableaux de très grandes dimensions, puisqu'il était facile de coudre plusieurs morceaux de toile ensemble, si besoin était. On le fit beaucoup à la fin de la Renaissance, à Venise en particulier, où Tintoret et Véronèse peignirent des tableaux immenses. À Venise aussi, Titien fut le premier à laisser apparaître la trame de certaines de ses toiles à travers enduits et couleurs, pour obtenir de nouveaux effets d'expression. Il accentuait ainsi les effets visuels si appréciés à Venise et que l'on obtenait en composant des tableaux par taches de couleur et de lumière, plutôt que par le dessin linéaire. La toile par sa souplesse, permit aussi l'utilisation d'empâtements plus importants, un procédé que Giovanni Bellini avait déjà commencé à expérimenter sur bois en 1501, quand il peignit le Doge Leonardo Loredan (Pl. 106).

La gravure

À tous les échelons de la production artistique, la gravure prit une nouvelle importance à la Renaissance. En Allemagne au XVᵉ siècle, l'impression et la gravure, davantage que la peinture, préparèrent l'éclosion des grandes réalisations de la Renaissance allemande avec Dürer. La gravure

fut un terrain d'expérimentations novatrices, auxquelles les artistes apportèrent tous leurs soins, mais aussi un exceptionnel moyen de diffusion.

La gravure sur bois semble avoir été la toute première méthode pour imprimer des gravures : on en connaît le procédé depuis le Vᵉ siècle, mais à l'origine, il servait à imprimer des motifs sur des tissus. Son nouvel usage à des fins d'illustration apparut en Europe au tout début du XVᵉ siècle, les premières gravures sur bois remontant aux années 1380-1400. Dürer porta à sa perfection ce moyen d'expression à la Renaissance.

Pour préparer le bois qui servira à la gravure, on le scie dans le sens des fibres de façon à obtenir une surface bien lisse. Sur celle-ci, l'artiste tracera son dessin qu'il sculptera ensuite à la gouge, de sorte que certains éléments soient très en relief, si bien que les parties creuses apparaîtront en blanc à l'impression. On passe ensuite à l'encre les éléments en relief de la surface sculptée, et l'on presse celle-ci sur le papier. On obtient alors une impression du dessin inversée par rapport à la sculpture sur le bois. C'est une notion qu'il faut bien garder à l'esprit lorsque l'on conçoit le dessin sur le bois. La gravure polychrome sur bois s'obtient en préparant un bois différent pour chaque couleur, et en superposant l'impression de chaque plaque de bois sur la feuille.

La gravure au burin se développa en Allemagne vers le milieu du XVᵉ siècle, sans doute dans l'atelier des armuriers et des orfèvres, et gagna l'Italie peu après. Martin Schongauer suivit la voie d'artistes allemands comme le maître chez lequel il se forma, qui signait E.S. et apposa sur ses gravures ses seules initiales. Avec Schongauer, cette forme d'art atteignit la perfection, comme avec Dürer et Lucas de Leyde. En Italie, on doit les gravures les plus achevées à Marcantonio Raimondi qui, en outre, fut le premier à reproduire par le procédé de la gravure des œuvres d'autres artistes comme Raphaël, permettant ainsi de les diffuser largement.

La gravure au burin permet un travail plus fin que la technique du bois sculpté. L'artiste utilise une fine plaque de cuivre sur laquelle il grave son dessin en faisant un sillon en « V », prenant soin que son trait soit très égal et sa ligne parfaitement continue. Quand parfois les bords du sillon ne sont pas impeccablement lisses, il les ponce, car la plus infime imperfection compromettra la qualité de la plaque gravée. De multiples ressources techniques comme les contre-hachures permettent d'enrichir l'effet parfois un peu sévère des simples lignes, et de suggérer les ombres et les modelés. Le procédé de l'impression est celui inverse de la gravure au bois sculpté puisque l'encre emplit les sillons tandis que les surfaces planes sont vierges.

La gravure à l'eau-forte est encore un autre procédé. L'eau-forte permet plus de spontanéité que la gravure au burin, et en Italie, le Parmesan, grâce à cette technique où il était passé maître, obtint des effets similaires à ceux de l'esquisse dessinée. Dürer fit les premières expérimentations à l'eau-forte avec six gravures sur fer. En Allemagne, Graf et Altdorfer l'imitèrent, comme aux Pays-Bas, Lucas de Leyde, qui à son tour influencera fortement Rembrandt.

31 Atelier de Francesco di Giorgio Martini (?), Salomon et la Reine de Saba, vers 1470-1480
La peinture sur bois peints constitue l'un des domaines d'expression les plus riches de la Renaissance en Italie. C'était un travail très proche du dessin et de la miniature. Une bonne part était produite pour les cassoni ou coffres de mariage, qui à Florence étaient peints plutôt que sculptés. Ces coffres ont été souvent dépecés et traités comme des panneaux autonomes. Ils eurent une importance non négligeable pour la peinture florentine et les plus grands, comme Botticelli, ont peint des cassoni, qui occupaient une place de choix dans le défilé nuptial et la chambre des époux.

Pour graver à l'eau-forte, on prend une plaque de métal, généralement en cuivre ; on enduit sa surface d'un mélange de bitume, de cire et de résine, qui résiste à l'acide. On chauffe la plaque, que l'on enduit du vernis avec un rouleau. On noircit ensuite la surface ainsi préparée à la flamme de bougie, puis, à l'aide d'une pointe d'acier, l'artiste dessine en incisant l'enduit pour laisser apparaître le métal selon les lignes du dessin prévu. Ensuite, les bords de la plaque ainsi que son « envers », sont recouverts d'un vernis inaltérable à l'acide, puis la plaque est immergée dans l'acide *(acqua fortis)* : l'artiste fait « mordre la planche ». Ce bain attaque le cuivre aux endroits qui ne sont pas protégés (donc le tracé), mais pas le vernis. Pour varier les effets, on peut après avoir sorti la plaque de son bain, en protéger d'autres parties, et l'immerger de nouveau. Le bain d'acide attaquera plus profondément les parties restées libres. C'est ainsi que l'on obtient des eaux-fortes au dessin d'autant plus subtile que cette technique peut être aussi combinée avec d'autres procédés comme le burin. L'eau-forte, plus accessible que la gravure au burin, restera en faveur jusqu'au XIXᵉ siècle.

34 JAN VAN EYCK, *Sainte Barbara, vers 1437*
(À droite) Il s'agit peut-être d'un dessin préparatoire à un tableau, encore que beaucoup d'experts estiment que l'œuvre est trop achevée pour cela. L'œuvre porte l'inscription « Johes de Eyck me fecit - 1437 », qui ne renseigne pas avec certitude sur la date car il était courant à l'époque d'apposer une signature datée avant que le tableau ne soit achevé. Sainte Barbara, qui tient la palme du martyre, est représentée devant la tour en construction où elle fut emprisonnée, et qui évoque les cathédrales gothiques allemandes.

32 MICHEL-ANGE, *Tête divine, 1533-1534*
Dans son récit de la vie de Properzia di Rossi, Vasari raconte qu'en 1562, Tommaso de Cavalieri offrit au duc Cosme Ier de Médicis un dessin du « divin Michel-Ange, représentant Cléopâtre ». On pense qu'il s'agit de celui-ci. La reine d'Égypte est ici idéalisée avec un visage typique de ceux qu'affectionnait Michel-Ange. L'arrangement subtil de la chevelure, et les mèches qui encadrent le visage jouent non sans ambiguïté avec le serpent autour du cou, dont la morsure, dit-on, tua Cléopâtre.

33 JAN VAN EYCK, *Niccolo Albergati, vers 1431*
(Ci-dessous) Quand le cardinal Albergati visita Bruges en décembre 1431, Van Eyck fit de lui ce portrait à la pointe d'argent. En dépit de sa maîtrise technique et de son fini remarquable, ce magnifique dessin était de toute évidence, pour l'artiste, une esquisse rapide qui servirait plus tard à peindre le superbe portrait du cardinal que l'on peut voir au Kunsthistorisches Museum de Vienne. Van Eyck avait même pris des notes sur les couleurs et sur toutes sortes de points, qu'il avait inscrites au bas du dessin. Ce dernier est d'un réalisme saisissant et montre combien l'artiste était à l'aise, même avec un moyen d'expression relativement limité comme la mine d'argent.

35 ALBRECHT DÜRER, Vue du val d'Arco, 1495

Cette aquarelle représente la saisissante forteresse d'Arco, à l'extrémité nord du lac de Garde, non loin de la frontière de la Vénétie. L'artiste a sans doute peint ce tableau au cours de son voyage de retour d'Italie, au printemps 1495. La technique utilisée ici et la façon dont est représenté ce paysage donnent à cette aquarelle une place unique à la fois dans l'œuvre de Dürer, dans l'histoire du paysage et dans celle de l'aquarelle. Dürer s'est inspiré des paysages qui forment le fond de certains tableaux de Bellini, Carpaccio, Cima da Conegliano et Mantegna, mais il a préféré l'aquarelle à la détrempe ou même à la peinture à l'huile, pour mieux rendre la transparence de la lumière et de l'atmosphère.

36 VÉRONÈSE, *Allégorie de la Bataille de Lépante*, 1581-1582
On voit ici un exemple magnifique de modello, *un dessin très
achevé, proche du tableau initialement prévu par le peintre, et qui se
trouve au palais des Doges, à Venise. Le* modello *était généralement
exécuté une fois terminés tous les dessins préparatoires et permettait
de mettre en place à la fois la composition générale du tableau et les
détails. Très souvent, ces* modelli *étaient présentés au
commanditaire du tableau, qui pouvait alors donner son avis et
indiquer à l'artiste les modifications qu'il désirait, le cas échéant.*

37 GIORGIO VASARI, page du *Livre des dessins*, sans date
*Vasari fut le premier collectionneur, à proprement parler, de dessins
exécutés par d'autres maîtres que lui, même si certains peintres
avant lui collectionnèrent sans doute aussi des dessins qu'ils
gardaient à titre de référence pour les élèves de leur atelier.
Vasari présentait ses dessins au recto et au verso de grandes feuilles
de même taille et les entourait ensuite d'un cadre ornemental
qu'il dessinait à même le papier. La feuille que l'on voit ci-contre est
l'une des rares qui nous soient parvenues intactes : il s'agit
de dessins attribués à Filippo Lippi et à Raffaellino del Garbo
(disciple de Botticelli). À la mort de Vasari, en 1574, son Livre
des dessins comportait entre huit et douze volumes qui
représentaient trois siècles de dessins.*

38 et 39 Andrea del Castagno,
La Résurrection, 1445-1550
(Ci-dessus et à droite)
La Résurrection *est l'une des trois*
scènes de la Passion que l'artiste
peignit sur le mur nord du réfectoire
de Sant'Apollonia, au-dessus de sa
fresque représentant La Cène.
Ces peintures murales furent
recouvertes d'un enduit de chaux en
1890, et l'on découvrit les sinopies
que l'on enleva en 1953. La sinopie
de la Résurrection *est la seule*
comportant des personnages
exactement conformes à ceux de la
fresque, et son trait très ferme et
bien affirmé est un excellent
exemple de la façon dont un maître
organisait une fresque de grande
dimension.

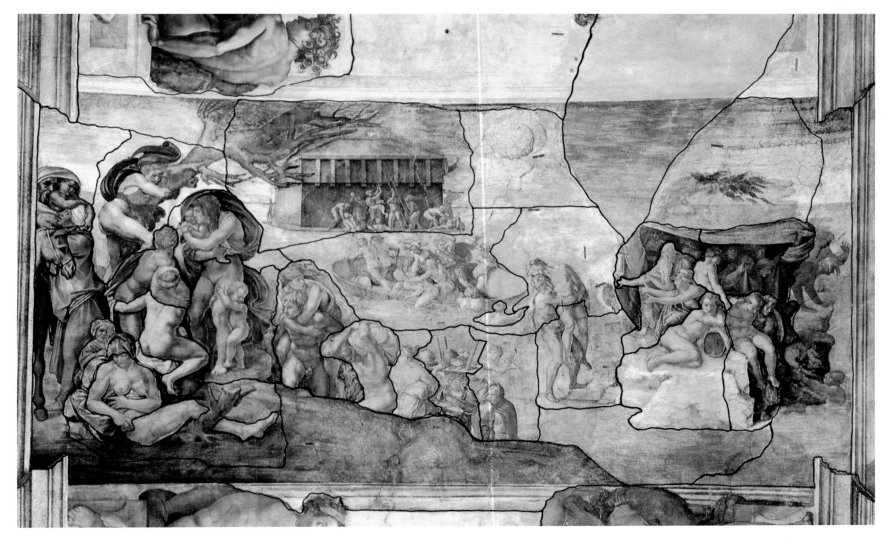

40 MICHEL-ANGE, Le Déluge, vers 1508
(Ci-dessus) C'est sans doute la première des scènes que peignit Michel-Ange pour le plafond de la chapelle Sixtine. Les giornate, ou portions devant être peintes chaque jour, sont délimitées en noir. La scène de la chute puis de l'expulsion du jardin d'Éden fut exécutée en huit ou neuf jours. Il fallut consulter l'architecte Giuliano da Sangallo pour des problèmes de salpêtre : l'enduit de la fresque n'avait pas séché assez vite.

41 LÉONARD DE VINCI, La Cène, 1495-1497
(Ci-dessous) La Cène de Léonard de Vinci est en fait un grand échec technique de l'art occidental. L'artiste voulut utiliser la détrempe sur un mur préparé avec un mortier à base de colle et de plâtre, à la manière de la peinture de retable plutôt que de peindre à fresque. Erreur tragique, car l'œuvre se détériora très rapidement. Cette œuvre fragile et très endommagée a fait l'objet d'une récente restauration (en 1985). Les dessins et esquisses préliminaires permettent de comprendre l'impact qu'eut La Cène sur les artistes de son temps.

42 ROGIER VAN DER WEYDEN, Le Retable de sainte Colombe, vers 1435

Exécutée pour l'église de Sainte-Colombe, à Cologne, ce retable est une des œuvres maîtresses de la dernière période du peintre. Il témoigne d'un style et d'une maîtrise technique parfaitement accomplis. Rogier Van der Weyden peignit ce tableau sur un panneau de chêne. On admirera la merveilleuse gamme de couleurs dont disposaient déjà à cette époque les peintres flamands. Van Eyck avait perfectionné la technique de préparation des panneaux de bois, appliquant par-dessus les multiples enduits à base de plâtre de Paris, un nombre incalculable de couches de peinture à l'huile. Cette préparation donnait aux couleurs définitives une extraordinaire transparence, surtout par rapport à la détrempe, beaucoup plus opaque par définition. Ce travail préparatoire ainsi que la transparence des couleurs permettaient de faire ressortir des détails d'une extrême finesse.

43 ALBRECHT DÜRER, Le Chevalier, la mort et le diable, vers 1513

Voici une des plus célèbres et des plus saisissantes gravures sur cuivre du maître. Avec le Saint Jérôme dans sa cellule, et La Mélancolie, toutes deux exécutées la même année, en 1514, il s'agit d'œuvres gravées extrêmement ambitieuses. La mort fixe le chevalier, et le diable attend pour se saisir de l'homme s'il venait à tomber. Mais ce dernier poursuit sa chevauchée sans se troubler. Dürer, en digne héritier de Schongauer, réussit ici d'exceptionnels effets d'ombre, de lumière et de volume, malgré les contraintes du procédé de la gravure sur cuivre. Sa manière de juxtaposer les formes en une composition très dense devait avoir une influence considérable sur la peinture en Europe. Rappelons aussi que Dürer avait été très influencé par les gravures de Mantegna.

Chapitre 3

1250-1400 : Le renouveau
de la peinture en Italie

La redécouverte des primitifs

C'est au XIXe siècle que l'on redécouvrit l'art des « primitifs », ces peintres italiens du XIIIe et XIVe siècles (Duecento et Trecento). On le voit, ces artistes connurent un long oubli, contrairement à ceux de la Renaissance que les collectionneurs et connaisseurs ne cessèrent pratiquement jamais d'apprécier. En vérité, il tient du miracle que de si nombreuses œuvres des XIIIe et XIVe siècles nous soient parvenues indemnes, compte tenu de l'état d'esprit dans laquelle les tenaient les générations des XVIIe et XVIIIe siècles. On blanchit alors à la chaux des cycles de fresques ou on les détruisit totalement, on jeta au feu des panneaux de bois peints car l'art des « primitifs » ne satisfaisait guère aux nouvelles exigences de l'architecture et de l'esthétique. Sans un historien éclairé de Padoue, le marquis Pietro Selvatico, l'Arena décorée des célèbres fresques de Giotto (Pl. 56) aurait été rasée : or cette chapelle est l'équivalent pour son époque, le XIVe siècle, de la chapelle Sixtine.

Les idéaux de Duecento et du début du Trecento peuvent paraître très éloignés de la Renaissance, mais Giorgio Vasari (1511-1574) dans ses *Vies* fut le premier à mettre en lumière avec perspicacité le lien qui unit le travail de Giotto et celui de Fra Angelico, par exemple : à juste titre, il fait alors de Giotto l'initiateur du renouveau de l'art dans son pays. Hélas, contrairement à ce qu'il a écrit sur l'art de son époque, les informations qu'il donne sur les artistes de la période précédente manquent souvent de précision et de fiabilité. Heureusement, certaines sources ont été conservées : on peut en particulier consulter des contrats de commandes passées aux artistes et les paiements, ainsi que

44 PIETRO CAVALLINI, Anges, Jugement dernier (détail), 1293
La fresque de Cavallini, le Jugement dernier, *exécutée pour l'église Santa Cecilia du Trastevere est malheureusement très endommagée, mais la netteté du tracé des formes et la personnalisation des visages sont typiques du style si vigoureux de Cavallini. La maîtrise dont dénote cette œuvre aboutie confirme que l'artiste est un des meilleurs peintres et mosaïstes de Rome en son temps. On comprend que son art novateur ait inspiré Giotto, dont Cavallini est ici très proche.*

les *Commentaires* du sculpteur florentin Lorenzo Ghiberti (1378-1455). Ce gros manuscrit malheureusement inachevé contient, entre autres, beaucoup de détails sur les peintres et les sculpteurs du Trecento italien.

L'Église : commanditaire et source d'inspiration

En Italie comme en Europe, la peinture, à partir de la fin du Moyen Âge, était essentiellement religieuse : l'Église était un important commanditaire pour les artistes. À de très rares exceptions près, comme les *Effets du bon et du mauvais gouvernement en ville et à la campagne* d'Ambrogio Lorenzetti (Pl. 64), les grandes fresques publiques représentaient presque toujours des thèmes religieux, et tout à fait à la fin du siècle des allégories à connotations religieuses. Autre type de commandes dont vivaient les artistes : les retables. Cadres et tableaux sont alors inséparables, parfois au sens matériel du terme, car ils sont conçus comme un ensemble, souvent par un même artiste ou son atelier. Le cadre très souvent servait de support à plusieurs panneaux peints, articulés aux moyens de charnières de façon à former des diptyques (deux volets latéraux), triptyques, ou polyptyques. En Italie, les cadres des retables de cette période reprenaient souvent le vocabulaire architectural gothique lui empruntant la forme de l'arc brisé, les pignons ou les clochetons flamboyants. Les cadres étaient fréquemment peints et avec infiniment de soin, ce que l'on a pu considérer comme un acte de vénération envers les images qu'ils encadraient.

En Italie, l'Église demeura le plus grand pourvoyeur de commandes pour les artistes de la fin du Moyen Âge jusqu'à l'époque baroque, même si le mécénat laïc tendait à se développer à la Renaissance. En outre, aux XVe et XVIe siècles, de grosses commandes privées provinrent souvent de membres de familles papales nouvellement enrichis.

Le renouveau religieux de la fin de Moyen Âge eut une importance capitale sur le développement des écoles de

45 GIOTTO, Saint François recevant les stigmates, vers 1325
Dans la grande église franciscaine de Santa Croce, à Florence,
Giotto décora à fresque au moins trois chapelles, seules deux d'entre
elles nous sont parvenues. Les fresques de la chapelle Peruzzi
illustrent la vie de saint Jean l'Évangéliste et de saint Jean-Baptiste.
Le cycle de la chapelle Bardi narre sept épisodes de la vie de
saint François d'Assise. La scène ci-dessus montre saint François
à genoux qui reçoit les stigmates que lui donne un ange.

peinture en Italie. Citons pour commencer saint François d'Assise (v. 1181-1226), fondateur de l'ordre des franciscains et qui fut canonisé en 1228. On peut dire de saint François qu'il a donné au catholicisme de la fin de Moyen Âge, un nouveau visage humain, visage si merveilleusement représenté dans les peintures italiennes du Trecento. Prédicateur castillan qui se distinguait lui aussi par son austérité et sa pauvreté, saint Dominique (1170-1221) fonda l'ordre des dominicains, l'implanta en France et en Angleterre, et fut canonisé en 1234. La spiritualité de saint François, sa dévotion particulière à la Sainte Croix et à la Vierge donnèrent matière à de nouveaux sujets de représentation, et sa vie inspira à Giotto deux de ses plus grandes œuvres, la *Légende de saint François,* dans l'église supérieure d'Assise et des *Scènes* de la vie de saint François dans l'église Santa Croce à Florence (Pl. 45). Très vite, les images peintes prirent une importance grandissante, non seulement comme source d'inspiration pour la prière et la foi, mais aussi parce qu'on leur accordait des pouvoirs miraculeux. Ainsi un crucifix avait, disait-on, parlé à saint François, lui ordonnant de fonder son ordre.

Certaines œuvres écrites exercèrent également une grande influence sur l'iconographie religieuse, comme par exemple les *Méditations sur la vie du Christ,* sans doute écrites par John de Caulibus, de San Gimigniano, vers la fin du XIIIe siècle. Cet ouvrage amorce le processus de

visualisation qui devait trouver son achèvement dans les *Exercices spirituels* de saint Ignace de Loyola, publiés en 1548. Ces exercices avaient pour but d'aider le lecteur, lorsqu'il méditait, à se représenter des images mentales de scènes religieuses afin que leur symbolisme et leur signification profonde laissent en lui une empreinte plus forte. Un autre ouvrage religieux, écrit au XIIIe siècle, devait avoir une énorme influence, *La Légende dorée* de Jacques de Voragine : les artistes puisèrent nombre de leur sujet dans ce véritable recueil de la vie de saints, comme Piero della Francesca pour la *Légende de la Sainte Croix* à Arezzo.

Les formes stylisées et extrêmement codifiées de la peinture byzantine ne convenaient plus à des peintres qui recherchaient un mode d'expression nouveau de leur spiritualité. Mais sans doute avaient-ils aussi du mal à se débarrasser de la croyance, qui avait toujours guidé leurs prédécesseurs, en la puissance de l'image-type, c'est-à-dire ne comportant que peu ou pas de caractéristiques et de détails individuels. C'est en sculpture que les idées nouvelles commencèrent à prendre corps, et ce, dans les villes de Pise, Sienne et Pistoia où se fit jour le souci d'un rendu plus naturaliste et expressif, sous l'influence de la sculpture antique. Les chefs de ce mouvement étaient Nicola Pisano (v. 1220-1284) et son fils Giovanni, né entre 1245 et 1250 et mort à Sienne après 1314. La première œuvre connue de Nicola est la chaire du baptistère de Pise, signée et datée de 1260, qui, comme les trois autres chaires exécutées après par les Pisani père et fils, est clairement inspirée par des sculptures romaines d'époque tardive.

L'expression des visages, le rendu de la profondeur et l'utilisation des drapés pour souligner les mouvements des corps sont autant d'éléments stylistiques caractéristiques en revanche de la sculpture romane de son époque. Cette synthèse de l'art antique et de l'iconographie chrétienne devait trouver son apogée en peinture avec Giotto et ses contemporains, et il faut y voir aussi un courant annonciateur de certains idéaux de l'art de la Renaissance.

C'est dans les cités toscanes de Florence, Sienne, Lucques et Pise qu'apparurent les premières expressions d'un style de peinture nouveau, plus réaliste, et qui commençait à se libérer des conventions rigides de l'art byzantin. Les mosaïques du Baptistère de Florence résument parfaitement l'évolution artistique de cette époque. D'après Vasari, ces mosaïques seraient l'œuvre d'un artiste grec du nom d'Apollonio Greco, et d'Andrea Tafi, que mentionne également le poète Boccace. Mais on sait que de nombreux artistes se sont succédés sur ce chantier entrepris au milieu du XIIIe siècle et achevé au XIVe siècle : parmi eux, il faut citer le célèbre Cimabue. Un Christ terrible, d'obédience byzantine, que l'on retrouve à Daphni en Grèce, domine la composition. Même si la conception de ce décor est encore fortement byzantine, la représentation et l'expression des personnages sont de style toscan, et devaient beaucoup influencer les futurs artistes, en particulier Giotto. On pourrait d'ailleurs rapprocher le *Jugement dernier* de Giotto, à la chapelle de l'Arena, du Jugement du Baptistère.

Cimabue

La tradition, à la suite de Vasari, a fait de Cimabue (Cenni di Pepo - v. 1240-1302), le dernier représentant de la tradition byzantine mais aussi l'initiateur du « renouvellement de la peinture ». Cimabue, dont le surnom signifie « tête de bœuf », jouit d'une réputation dont rend compte son contemporain, Dante qui témoigne de sa célébrité dans la *Divine Comédie :*

En matière de peinture, Cimabue pensait tenir le devant de la scène, or, à présent, c'est le nom de Giotto que l'on trouve sur toutes les lèvres.

Certes, ce propos de Dante voulait surtout illustrer la vanité des ambitions terrestres, néanmoins on attribua

46 CIMABUE, Crucifix, vers 1288-1298
On ne conteste plus aujourd'hui l'attribution de ce Christ à Cimabue.
On voit ici le crucifix avant qu'il n'ait été si tragiquement
endommagé à la suite des inondations de Florence en 1966.
La beauté de cette œuvre tient à ce que Cimabue, délibérément,
a donné du Christ, l'image d'un être humain souffrant sur la croix,
et non pas celle d'un Dieu triomphant de la souffrance.
Cette approche nouvelle d'un Christ plus humain est également
présente dans la Crucifixion, fresque que Cimabue exécuta dans
l'église supérieure de Saint-François à Assise. Elle annonce
le renouveau de l'art religieux que connaîtra le XVe siècle.

longtemps une valeur historique à ce jugement sur Cimabue. Les auteurs ultérieurs, de Ghiberti à Vasari, continuèrent à assurer que Giotto était l'élève de Cimabue. Vasari y trouvait un argument de plus pour démontrer que l'art, en Italie, avait définitivement dépassé *la maniera greca,* c'est-à-dire byzantine, pour accéder à *la buona maniera moderna* grâce à Giotto, Masaccio et Michel-Ange. Vasari ne se trompait pas en voyant en Cimabue le dernier représentant de tendances relevant de la tradition byzantine. De ce merveilleux artiste, il ne nous est parvenu qu'une seule œuvre dont nous soyons sûrs qu'il est l'auteur, le *Saint Jean* en mosaïque de la cathédrale de Pise, daté de 1301. Cependant, il existe trois œuvres maîtresses que l'on attribue à Cimabue, et qui témoignent de son exceptionnel talent artistique. D'abord le célèbre *Crucifix* de l'église Santa Crose, à Florence (Pl. 46), la *Maestà,* aujourd'hui conservée aux Offices à Florence (Pl. 58), et enfin la *Crucifixion,* qui fait partie d'une fresque de l'église supérieure de Saint-François, à Assise. Le blanc de plomb qu'utilisa Cimabue pour les effets de lumière s'est oxydé, virant ainsi au noir, si bien que les détails, de même que l'éclat d'origine ont disparu. On notera cependant que la scène n'a rien perdu de son intensité extraordinairement dramatique : ce souci nouveau d'une plus grande expressivité des formes constitue une part essentielle de l'héritage que Cimabue a pu transmettre à ses élèves.

Pietro Cavallini

Pietro Cavallini (documenté entre 1273 et 1321) nous permet de mesurer l'importance de l'art de la mosaïque au Duecento et au début du Trecento. Plus tard, à la Renaissance, seule Venise poursuivra la tradition de cet art. Pietro Cavallini était romain : mosaïste, il était également peintre. Comme Giotto, il contribua à renouveler profondément l'art au XIIIe siècle. Il fut en son temps, l'un des peintres les plus importants de Rome, puis vers 1308 de Naples, où Giotto travaillera également entre 1329 et 1333. Son style alliait l'inspiration antique aux nouvelles idées gothiques qu'avaient inaugurées en sculpture à Rome, l'élève de Nicola Pisano, Arnolfo di Cambio (mort en 1302). Arnolfo travailla à Bologne, Sienne, Orvieto et Rome. À la fois architecte et sculpteur, on lui confia à Florence la conception et la décoration du Dôme et le projet de Santa Croce.

La vie itinérante des artistes renforçait leur notoriété et leur permettait de diffuser leurs idées et d'exercer une influence sur les écoles locales, phénomène qui devait avoir beaucoup d'importance pour l'art de la Renaissance.

Le pape Nicolas III favorisa beaucoup la carrière de Cavallini. Il lui commanda en effet de grands cycles de fresques pour l'ancienne basilique vaticane, ainsi que pour l'église de Saint-Paul-hors-les-Murs à Rome. Hélas, ces fresques ont disparu ou sont très altérées : ce que nous en connaissons provient de dessins et de peintures exécutés ultérieurement. Nous savons par Ghiberti que Cavallini en était l'auteur. Des fragments de fresques qu'il fit pour Santa Cecilia du Trastevere (Pl. 44), et qui ont été préservés, montrent bien la maîtrise que possédait Cavallini dans l'art de jouer des ombres et de la lumière et de créer des perspectives, autant de techniques que l'on retrouve chez Giotto. Cimabue, qui vint à Rome en 1272, a sans doute été influencé par Cavallini.

Giotto

Dans une certaine mesure, on saisit la difficulté de Vasari à comprendre cette période : il fit de Giotto l'élève de Cavallini, ce dont nous ne sommes pas certains. Sur un point cependant, il ne se trompait pas : il considérait Giotto

47 GIOTTO, Enrico Scrovegni offrant sa chapelle à la Vierge, 1304-1306
On voit ici un détail du Jugement dernier, *fresque du mur d'entrée de la chapelle de l'Arena à Padoue. On remarquera les extraordinaires portraits de profil y compris celui du généreux donateur, qui paya l'intégralité de la chapelle, dans l'espoir d'expier ou de faire pardonner par Dieu le métier d'usurier qu'avait exercé son père, et d'où il tirait sa considérable fortune. Dans cette même composition, on voit des usuriers pendus en enfer par le cordon de leur bourse. Sans doute Giotto confia-t-il une partie de l'exécution de cette fresque à ses assistants, mais ce détail-là est de sa main.*

(Giotto di Bondone, v. 1266-1337) comme l'artiste le plus important de son temps :

> Il a su rompre avec la tradition rigide de la manière grecque (c'est-à-dire byzantine) pour atteindre à une représentation moderne du monde dont les personnages avaient une ressemblance avec les êtres humains vivants.

Les contemporains étaient conscients du génie de Giotto, à commencer par Dante et Boccace. Pour Cennini, « Giotto a traduit l'art de la peinture du grec en latin ». Politien et Léonard de Vinci étaient du même avis. Pétrarque qui possédait une *Vierge à l'Enfant* de Giotto assurait que même un ignorant pouvait en apprécier la beauté, une beauté qui stupéfiera aussi ceux qui comprenaient l'art.

Vers le milieu du siècle, Giotto était le seul artiste à figurer sur la liste des « grands citoyens » de Florence. Il est intéressant de noter que Giotto, grâce à son art, amassa une fortune considérable. Au contraire de Cimabue qui ne s'éleva jamais au-dessus du statut d'artisan, Giotto possédait des maisons à Rome et à Florence, ainsi que des propriétés à la campagne. Il fut en contact avec l'art romain sous toutes ses formes peu après 1300 lorsqu'il travailla à la *Navicella,* ou nef des Apôtres, mosaïque de la basilique Saint-Pierre dont il ne reste pratiquement plus rien.

On retrouve trace de Giotto à Florence dès 1301. Sa première œuvre que l'on peut dater avec certitude est aussi la plus belle : les fresques de la chapelle d'Enrico Scrovegni dite de l'Arena, à Padoue, exécutées entre 1304 et 1306 (Pl. 47 et 56). Fort heureusement, elles sont parmi les mieux conservées de cette époque, et eussent-elles été la seule œuvre de Giotto à nous parvenir, elles auraient suffi à nous donner la mesure de son génie. Clairement, elles sont le travail d'un artiste en pleine maturité, et sûr de lui, ce qui indique que Giotto avait déjà une grande expérience de la technique de la fresque. Le cycle de Padoue témoigne d'une conception picturale révolutionnaire et formidablement originale pour l'époque.

Bien que l'on ne puisse pas toujours très précisément évaluer quelle part prenait Giotto aux fresques qui lui sont attribuées, on a de bonnes raisons de penser qu'il travailla à celles de l'église supérieure de Saint-François, à Assise (Pl. 48), mais l'importance de sa contribution à ces fresques est controversée. D'après certains, telle scène ne peut être que de lui. D'autres assurent le contraire. Le chroniqueur Riccobaldo Farrarese affirme en 1312, que Giotto travailla à Assise, sans spécifier ce qu'il y faisait, et Ghiberti, qui écrivit au milieu du XVᵉ siècle, soutient que l'artiste peignit presque toutes les fresques de la partie inférieure de l'église supérieure. Dans tous les cas, il aura emboîté le pas à Cimabue qui travailla sans doute à Assise vers 1280.

La main de Giotto est encore visible dans certains épisodes de l'Ancien et du Nouveau Testaments, en haut des murs de la nef à droite et à gauche ; mais également pour certains docteurs de l'Église et quelques saints de la voûte et des arches. On peut aussi attribuer à Giotto, et de

48 ASSISE, Vue générale de l'église supérieure de Saint-François
*L'église ne comporte qu'une nef dont la décoration commença vers
1290. À l'origine, Vasari avait attribué à Giotto les vingt-huit
épisodes du cycle représentant la vie de saint François. En vérité, ces
fresques et ces décorations sont une œuvre collective : les historiens
d'art polémiquent encore aujourd'hui pour évaluer la contribution
personnelle de Giotto à cet ensemble : appelé en 1300 à Rome,
l'artiste s'est en effet probablement entouré de nombreux assistants
pour achever la décoration. L'iconographie du cycle suit le récit de
saint Bonaventure, dont la Legenda maior repose sur la tradition
orale et des biographies plus anciennes de saint François.*

manière plus sûre les scènes de la *Légende de saint François*,
soit vingt-huit épisodes scindés par groupes de trois, correspondant au soubassement des grandes baies de l'église.
On peut voir en effet dans ces scènes des effets nouveaux
que Giotto perfectionnera à l'Arena de Padoue : portraits
individualisés, utilisation habile de l'espace, perspective
architecturale très étudiée et un sens extraordinaire de
la composition et des personnages en relation avec leur
environnement.

Ce qui frappe le plus dans les personnages des fresques
de la chapelle Arena, c'est la plasticité de leur volume qui
leur confère réalité et vie. Ces personnages sont comme
soumis à la loi de la pesanteur, à l'inverse des formes aplaties, sans poids ni volume que donnait à voir la peinture
byzantine. C'est dans les fresques de Padoue que l'on se
rend le mieux compte de l'extraordinaire talent narratif que
possédait Giotto. Signalons au passage les somptueux enca-
drements de ces fresques, peints en trompe-l'œil, imitant le

marbre et les incrustations de pierres semi-précieuses. Bien
que Giotto n'échappe pas complètement à l'influence de
l'art byzantin, autant dans la forme que dans l'iconographie, la nouveauté de son réalisme apparaît clairement dans
chaque scène. En outre, il possède l'inimitable talent de
résumer certaines histoires en quelques traits essentiels et
d'en faire ressortir une profonde humanité, ainsi la *Déposition*, toute de désespoir et d'affliction. Elle est née du génie
de l'artiste pour l'abstraction et de sa parfaite connaissance
de la sculpture romaine. Il est vrai que durant le Trecento,
sculpteurs et peintres s'inspirèrent de la statuaire romaine.

Les nouvelles approches de Giotto allaient être reprises
par la majorité des peintres occidentaux, et de ce fait, son
travail marque une étape importante dans l'histoire de l'art.
Il fut le premier à exploiter tous les effets spectaculaires
d'une représentation en trois dimensions de personnages,
ainsi sainte Anne, dans *L'Annonce faite à sainte Anne*, l'un
des épisodes de l'Arena. *La Fuite en Égypte* est aussi un chef-
d'œuvre de composition, qui annonce le monde de Fra
Angelico.

La couleur joue aussi un rôle essentiel dans l'intensité
dramatique des scènes de Giotto : il l'utilise comme un lien
de composition qui va guider l'œil parmi un groupe de
personnages, ou au contraire pour rehausser un élément de
la composition et lui donner ainsi une valeur symbolique
plus forte : le manteau de Judas, par exemple, est jaune,
couleur qui représente le mal. L'unité que Giotto a su
donner à chacune de ses scènes, et partant à l'ensemble du
cycle, est un tour de force qui suscita l'admiration de
nombreux peintres. Citons Van Gogh qui écrivait non sans

49 GIOTTO, Polyptyque Stefaneschi, vers 1300
*Bien que ce tableau porte la signature de Giotto, il peut s'agir
simplement d'une garantie que l'œuvre ait bien été exécutée par
son atelier. Ce retable est fait de trois panneaux et d'une prédelle,
chaque compartiment est également peint au revers. Aujourd'hui,
seules ont disparu deux peintures au revers de la prédelle. Il s'agit
d'une œuvre tardive, probablement commandée par le cardinal
Jacopo Caetini Stefaneschi, et destinée à décorer le maître-autel
de l'ancienne basilique Saint-Pierre à Rome. On s'accorde à dater
l'œuvre des années 1300 : peut-être faut-il y voir, à l'instar de
la Nacella, une volonté d'affirmer le primat de Rome, face à l'exil
des papes à Avignon. Le panneau central montre le Christ
en majesté, entouré d'anges, ainsi que le donateur agenouillé devant
lui. Le panneau de gauche représente la Crucifixion de saint
Pierre, et le volet de droite, la Décollation de saint Paul. La haute
qualité du portrait de Stefaneschi, dans le panneau central, n'a
d'égale que celle de Scrovegni, de l'Arena (Pl. 47). Quant à
la prédelle, on voit en son centre la Madone, entourée de saints.
Sur le revers du panneau central, le cardinal Stefaneschi offre
le polyptyque, dont le cadre est admirablement travaillé, à saint
Pierre, installé sur un trône splendide.*

nostalgie que Giotto appartenait à un monde d'harmonie,
au contraire de celui dans lequel lui-même vivait.

Giotto fut le premier peintre des temps modernes à
tenter de créer dans ses tableaux l'illusion de la réalité.
Conscient que dans la nature nous voyons une juxtaposi-
tion d'éléments, il savait qu'il fallait montrer chacun de
ceux-ci sans jamais perdre le sens de l'ensemble. Giotto
enfin innova dans sa façon d'organiser l'espace dans lequel
évoluaient ses personnages, de telle sorte que l'on pût les
voir respirer autant que bouger.

La chronologie de l'exécution des œuvres de Giotto fait
encore l'objet de vives controverses. Ainsi le *Polyptyque
Stefaneschi*, conservé à la pinacothèque du Vatican, fut pour
certains peint au début de sa carrière et pour d'autres, à la
fin. On lui doit aussi certaines décorations d'édifices civils,
aujourd'hui détruites, en particulier une *Allégorie de la
vanité*, datée de 1335, pour le palais Visconti de Milan, et
des thèmes astrologiques pour le Palazzo della Ragione de
Padoue (v. 1306-1312).

Les disciples de Giotto

La puissance narrative de Giotto, son naturalisme, sa perspicacité psychologique et son art unique de rendre expressifs les traits et les attitudes de ses personnages, sa conception de l'homme comme individu, tous ces traits novateurs et révolutionnaires séduisirent les peintres en quête d'une nouvelle manière de s'exprimer.

Son gendre, assistant et élève, Taddeo Gaddi (v. 1300-1366) fut le chef de file des émules de Giotto à Florence. En 1347, on parlait de Gaddi comme du meilleur peintre de la ville. On lui doit des chefs-d'œuvre tels que les fresques de l'ancien réfectoire de Santa Croce, le polyptyque de San Giovanni Fuorcivitas à Pistoia qu'il exécuta avant 1345, et le cycle de fresques de la chapelle Baroncelli de Santa Croce, qui fut sans doute exécuté après 1328 (Pl. 50). Cette œuvre révèle clairement ce qu'il emprunta à son maître, et ce qu'il sut créer lui-même. Car il est faux de dire que Gaddi se contenta d'imiter Giotto. Il sut aller plus loin. Hélas, par une ironie tragique du sort pour un peintre qui savait si bien utiliser les jeux de la lumière, Gaddi perdit en partie la vue en regardant une éclipse du soleil.

50 TADDEO GADDI, *Histoire de la Vierge* (détail), vers 1332-1338
Il est possible que Giotto ait tracé la composition de ce cycle de fresques racontant la vie de la Vierge Marie et qui décore les parois de la chapelle Baroncelli, dans l'église de Santa Croce de Florence. Tout comme sur celles de la chapelle Bardi, on retrouve dans ces fresques la marque du style tardif de Giotto, mais on notera néanmoins que les personnages sont représentés de façon moins naturalistes, et ce peut-être à cause de l'influence des écrits de l'ami de Gaddi, Fra Simone Fidati, un religieux appartenant à l'ordre des augustins. La scène ci-dessous relate la rencontre des parents de la Vierge, Joachim et Anne, devant la porte d'Or ; elle symbolise la conception de la Vierge.

Parmi les autres disciples de Giotto à Florence, il faut citer Andrea Orcagna (Andrea di Cione, qui mourut vers 1368), Bernardo Daddi (actif entre 1290 et 1349 environ) (Pl. 60), et Maso di Banco. Maso qui travailla essentiellement durant la première moitié du XIVᵉ siècle fut complètement ignoré par Vasari. En revanche Ghiberti parle de ses fresques de la *Légende de saint Sylvestre* (1341) dans la chapelle Bardi de Santa Croce. On lui attribue également d'autres œuvres, mais sans autant de certitude. On retrouve la trace de Maso à Florence entre 1343 et 1350, et l'on pense qu'il façonna son style en s'inspirant de la *Légende des deux saints Jean* de Giotto dans la chapelle Peruzzi de Santa Croce. À l'instar de Gaddi, il semble que Maso n'ait pas su exprimer l'intensité dramatique de Giotto, mais avec les peintres qui allaient suivre, il ouvrirait la voie à des expressions plus mystiques des thèmes religieux. Le chef-d'œuvre de Maso est son merveilleux *Saint Sylvestre domptant le dragon*, où l'on discerne déjà une interprétation plus délicate de la représentation du personnage et de son environnement.

L'art siennois

Du milieu du XIVᵉ siècle au milieu du XVIᵉ siècle, Sienne eut une histoire troublée et mouvementée, la ville de Florence essayant sans arrêt d'en acquérir le contrôle. À Sienne, tout comme à Florence, la peste de 1348 fut terrible : elle décima les deux tiers de la population et contribua à une prise de conscience aiguë de la mort. D'où un regain sans cesse accru de la vénération des saints qui s'étaient occupés des malades : Sébastien et Roch (Rocco). Le premier s'était consacré à cette tâche parce qu'il avait miraculeusement survécu aux blessures des flèches. Le second fut très souvent représenté avec un bubon sur la face intérieure de la cuisse.

C'était aussi l'époque où vécut sainte Catherine de Sienne (1347-1380). Elle participa avec une ardeur mystique aux affaires religieuses et politiques de sa ville (elle entretint une correspondance suivie avec les papes, mais aussi avec le condottiere anglais sir John Hawkwood (Pl. 75). Elle illustre bien la ferveur religieuse qui régnait alors à Sienne. En partie à cause de l'influence des franciscains, les Siennois vouèrent un culte grandissant à la Vierge Marie, et l'on considéra Sienne comme « l'ancienne ville de la Vierge ». La *Maestà* de Duccio (Pl. 59) est sans doute un des sommets de la représentation de la Vierge en Majesté. Lorsque le panneau fut achevé, on le porta en procession dans les rues de la ville au son d'une musique triomphale, tandis que toutes les cloches des églises sonnaient.

L'art siennois de cette époque, par son élégance, ses prodigieuses qualités décoratives, et la spiritualité qu'il révèle, se distingue nettement de la peinture florentine. Les artistes siennois gardèrent toujours leur singularité. Ainsi au XVIᵉ siècle, il n'y a pas d'équivalent florentin à un peintre comme Domenico Beccafumi : l'intensité religieuse si particulière de ses œuvres a certainement trouvé sa source dans l'art siennois du XIVᵉ siècle.

Duccio

Duccio (Duccio du Buoninsegna, actif entre 1278 et 1319) fut durant le Trecento, le chef de file des artistes siennois, et l'équivalent de Giotto. Néanmoins, à l'inverse de ce dernier, il n'était pas spécialiste de fresque, et sur bien des plans, il se rapproche de Cimabue. Nous savons peu de choses de sa vie, mais il semble qu'il ait été condamné pour plusieurs délits criminels mineurs, dont probablement des actes de sorcellerie. Les sculptures de Giovanni Pisano eurent une grande influence sur Duccio, dont l'œuvre capitale est sans aucun doute la *Maestà* ou *Madone Rucellai*, commandée en 1285 pour la chapelle du même nom à Santa Maria Novella (Pl. 51). Cette œuvre magnifique, si différente du travail de Giotto, d'une facture très élégante et raffinée, témoigne de l'influence encore persistante de l'art byzantin. Les conceptions picturales de Duccio s'attachent à l'unité de la compo-

51 DUCCIO, La Madone Rucellai, vers 1285
Exécutée pour la chapelle Rucellai de l'église Santa Maria Novella, la grande église dominicaine de Florence, ce tableau rappelle beaucoup le travail de Cimabue, et témoigne ainsi des liens étroits qui existaient au XIII᷎ siècle entre la peinture florentine et l'art siennois.

52 DUCCIO, Maestà (détail), 1308-1311
Cette Maestà, *qui désigne la représentation de la Vierge en Majesté avec l'Enfant, fut commandée en octobre 1308 pour le maître-autel de la cathédrale de Sienne. Le panneau central représente la Vierge et l'Enfant, entourés de saints, d'anges et d'apôtres. La prédelle se compose de sept scènes, racontant les premières années de la vie du Christ ; le couronnement est orné de scènes représentant les derniers jours de la Vierge. Les panneaux de revers des volets latéraux et de la prédelle illustrent des scènes de la vie du Christ adulte, tandis que le revers du panneau central dépeint les vingt-six Épisodes de la Passion, depuis l'Entrée à Jérusalem jusqu'à l'Apparition à Emmaüs.*

sition, si bien que les décors, particulièrement les intérieurs, ont autant d'importance que les personnages. C'est un parti pris différent de celui de Giotto qui, tout en maintenant un équilibre, privilégiait toujours les personnages.

Cependant la *Madone Rucellai* de Duccio (Pl. 51) ainsi que le panneau central de la *Maestà* de Sienne (Pl. 52, 59) montrent combien le peintre était doué pour les grands formats préférant traiter des formes amples plutôt que d'accumuler les détails. Si l'on compare la *Madone Rucellai* et la *Maestà* (Pl. 58) de Cimabue elle aussi conservée aux Offices de Florence, certaines similitudes d'intention sont frappantes, même s'il manque à Cimabue la chaleur, le charme et le souci décoratif de Duccio. Ce dernier fut certainement très sensible à la sensualité des enluminures des manuscrits gothiques français, peut-être aussi aux vitraux. Sa *Madone Rucellai* se distingue par un mélange de couleurs lumineuses et étincelantes. Bien qu'il ne se fût pas encore dégagé de l'influence des formes byzantines, Duccio avait la passion de l'étude des détails d'après nature, et sa façon de rendre l'expression des visages le place sans aucun doute parmi les peintres novateurs au même titre que Giotto.

Simone Martini

Quatre ans avant la mort de Duccio, Simone Martini (v. 1285-1344) signait lui aussi une *Maestà* (Pl. 61) en 1315, une immense fresque dans la salle du conseil du palais communal de Sienne. Avec Simone Martini, les artistes siennois rompent avec la monumentalité de l'art florentin. Désormais les peintres siennois affectionneront des lignes, des formes, des couleurs plus douces, plus délicates. Cette tendance, déjà sensible chez Duccio, s'accentuera sous l'influence du gothique international.

En 1317, sur la demande du roi Robert d'Anjou, Martini se rendit à sa cour de Naples. Là, il fut fait chevalier, on lui versa une pension et on lui passa commande du *Saint Louis de Toulouse couronnant Robert d'Anjou* en 1317 (aujourd'hui au musée national de Capodimonte, à Naples). Cette œuvre, qui est l'une des représentations les plus saisissantes de la royauté, avait pour objet de commémorer la canonisation du frère du roi, Louis d'Anjou, évêque de Toulouse. Robert en effet désirait faire connaître cet événement afin d'établir la suprématie angevine ainsi que son droit divin sur le centre de l'Italie. La splendeur véritablement royale de ce tableau se trouve en partie dans le cycle à fresque qui narre en dix épisodes la *Légende de saint Martin* dans la chapelle Saint-Martin de l'église inférieure de Saint-François, à Assise. L'épisode de *Saint Martin renonçant à l'épée* montre la passion qu'éprouvait Martini pour les riches étoffes et les armures somptueusement travaillées. On retrouve ce même goût dans la célèbre *Annonciation* que Simone peignit en 1333 avec son aide et beau-frère, Lippo Memmi (actif entre 1317 et 1356), qui, comme Simone, travailla pour la cour papale d'Avignon. Il ne subsiste pas grand-chose des fresques de Simone à Avignon, mais il est certain qu'elles eurent un impact important sur l'art

français et sur le développement du gothique international en Europe.

En 1328, Simone Martini peignit l'un des premiers portraits équestres jamais faits depuis l'Antiquité, au palais communal de Sienne, il s'agit du condottiere Guidoriccio da Fogliano, peint à fresque en face de la *Maestà*. Les villes de Montemassi et de Sassoforte qu'avaient libérées Guidoriccio apparaissent en fond ; l'ensemble relie harmonieusement le personnage et le décor.

Pietro et Ambrogio Lorenzetti

Pietro et Ambrogio Lorenzetti, deux frères vivant à Sienne, sont les seuls peintres dont le travail, par sa qualité et son inspiration, peut se comparer à celui de Martini. Les deux Lorenzetti moururent probablement de la peste noire en 1348. Ils travaillèrent souvent ensemble à des œuvres de

53 SIMONE MARTINI, L'Apothéose de Virgile, 1340
Il s'agit du frontispice du Virgile de Pétrarque. Pour le poète qu'il avait rencontré à Avignon et dont il devint l'ami, Simone peignit aussi le portrait de la femme qu'il aimait, Laure. Le portrait, hélas, a aujourd'hui disparu, mais Pétrarque le mentionne dans un de ses sonnets. Pétrarque avait également un tableau de Giotto.

commande. Pour Vasari, Pietro était encore plus talentueux que Giotto. Il est certain en tout cas que les deux frères entretenaient des liens avec les artistes de Florence, et probablement y firent connaître les nouveaux développements de la peinture siennoise. Pietro qui possédait, sans doute aucun, un talent créatif exceptionnel, se doublait d'un merveilleux coloriste. On le voit dans son tableau *La Nativité de la Vierge* (Pl. 62). Mais c'est Ambrogio qui a laissé le chef-d'œuvre le plus marquant, capital pour l'histoire de l'art car il donne une importance inédite en Europe au paysage, les immenses fresques représentant les *Allégories* et les *Effets du bon et du mauvais gouvernement,* qui se trouvent au palais communal de Sienne (Pl. 54, 64). Cette œuvre puise son inspiration dans des sources étonnamment variées. À un sarcophage romain du palais communal même, Ambrogio a emprunté sa magnifique personnification de la Paix, et la Sécurité est directement inspirée d'une Victoire antique. La composition, l'inventivité et la perfection des paysages restèrent inégalées pendant longtemps.

La fin du Trecento

La peinture toscane, durant la seconde moitié du Trecento, ne laisse guère imaginer l'extraordinaire foisonnement qu'allait connaître cet art au Quattrocento. À partir de 1340, les désastres se succédèrent en Italie. En 1340, huit ans avant l'apparition de la peste noire, une épidémie non identifiée fit 15 000 victimes à Florence, déjà fort éprouvée par le feu et un interminable siège au siècle précédent. La faillite de certaines grandes banques à Sienne et à Florence (en particulier celle des familles Peruzzi et Bardi, en 1343 et 1345) provoqua un chaos économique grave. L'Église en profita pour culpabiliser les populations déjà terrifiées par l'anarchie qui régnait en certains endroits, et sous l'emprise de la terreur, prêcha le repentir et la pénitence.

Giovanni Villani (v. 1276-1348), qui mourut de la peste, est l'auteur de la *Nouvelle Chronique,* qui recense les faits économiques et sociaux de l'histoire florentine des origines à 1348. On y découvre avec une clarté terrifiante combien les hommes vivaient alors dans une atmosphère d'épouvante, redoutant un châtiment divin à la mesure de leurs « monstrueux » péchés. Ceci explique en partie la popularité subite du thème du triomphe de la mort, si présent dans l'art italien (Pl. 63). On sent également cette épouvante dans les fresques inspirées de Dante, par Nardo di

Cione, qui représenta notamment l'*Enfer* dans la chapelle Strozzi de Santa Maria à Florence.

À la fin du Trecento, les artistes qui eurent le plus d'influence à Florence furent Andrea Orcagna et ses frères, Jacopo di Cione (actif entre 1365 et 1398), et Nardo di Cione (mort v. 1366). On retrouve le style d'Orcagna dans l'œuvre du fils de Taddeo Gaddi, Agnolo Gaddi qui mourut en 1396. Les tableaux d'Agnolo Gaddi ont en effet pour singularité des contours très nets, des formes aplaties avec un rendu assez éloigné de la réalité. Parmi les élèves d'Agnolo Gaddi, il faut mentionner Spinello Aretino (actif entre 1373 et 1410) et Cennino Cennini, célèbre pour son traité sur la peinture (*cf.* Chapitre 2).

Durant le Trecento, l'histoire de la peinture se limite essentiellement à la Toscane, et quand cet art fleurit ailleurs, c'est généralement parce que des peintres toscans vont travailler dans d'autres villes. Ainsi Giotto ou Simone Martini. Exception à signaler : Pietro Cavallini à Rome, et c'est la présence de Giotto à Rimini un peu avant 1302 qui influença les peintres d'Émilie et de Romagne. Bologne, connue pour ses peintres miniaturistes, eut un chef de file en la personne de Vitale de Bologna (actif entre 1330 et 1359), quant à Tommaso da Modena (v. 1325-1376), sans doute eut-il beaucoup d'influence en transmettant les nouvelles conceptions picturales italiennes dans le nord de l'Europe. Vers 1360, il peignit deux polyptyques pour l'empereur Charles IV, à Karlstein, près de Prague, et ces tableaux à leur tour influencèrent Maître Théodoric de Prague.

Pétrarque considérait la république de Venise comme un « monde à part » et, par rapport à l'extraordinaire explosion de talents et de peintres de génie qui caractérisa le Quattrocento et Cinquecento vénitiens, le Trecento a laissé peu de noms. Citons cependant Paolo Veneziano, qui mourut vers 1362 et fut le peintre officiel de la république de Venise ainsi qu'Altichiero (actif entre 1369 et 1384), originaire de Zevio, près de Vérone. Altichiero est un artiste méconnu dont les œuvres pleines de charme (Pl. 65) et la passion pour le détail botanique observé dans la nature annoncent le monde de Pisanello, au Quattrocento. Veneziano ou « Maître Paolo » fut surtout influencé par la peinture de Padoue et de Florence, en particulier celle de Giotto, bien qu'il ait toujours conservé certaines caractéristiques héritées de la tradition byzantine. On le voit clairement dans la célèbre *Pala d'oro* ou *Retable d'or* (Pl. 67), dont la préciosité, si typique de la période qui suit Giotto, allait être violemment rejetée par la Renaissance.

54 AMBROGIO LORENZETTI, Allégories du bon et du mauvais gouvernement, 1338-1339

Les fresques allégoriques de Lorenzetti sur le thème du bon et du mauvais gouvernement couvrent trois des murs de la salle de la Paix, ou salle du conseil, au palais communal de Sienne. L'intention de l'œuvre est clairement didactique. Lorenzetti exécute ici un cycle politique et moral exceptionnel tant pour l'intérêt iconographique et documentaire qu'il présente que pour les qualités esthétiques dont il témoigne.

55 AMBROGIO LORENZETTI, La Présentation au Temple, 1342

Ce somptueux ensemble que forment le tableau et son cadre (qui à l'origine faisait partie d'un triptyque destiné à l'autel de San Crescenzio, à la cathédrale de Sienne) est l'une des œuvres les plus splendides qui nous soient parvenues du Trecento siennois. On notera la façon admirable dont l'artiste rend la perspective et la profondeur, avec presque un siècle d'avance sur son époque. La même année, le frère d'Ambrogio, Pietro, travaillait à rendre la même profondeur dans le triptyque de La Nativité de la Vierge (Pl. 62). Ambrogio, cependant, possédait un art plus consommé pour représenter des personnages en groupe, parfaitement intégrés dans leur environnement, et annonçait ainsi avec une maîtrise étonnante les recherches que mèneraient le Quattrocento.

56 GIOTTO, Chapelle de l'Arena, Padoue, 1304-1306
*Giotto a sans doute conçu les plans de la chapelle, dont l'architecture
intérieure ne présente aucun caractère exceptionnel. En revanche, il
s'est probablement fait aider, même modestement, pour en effectuer
la décoration. L'iconographie des fresques est nouvelle pour l'époque,
et fort complexe. Elle rappelle d'abord, bien sûr, les raisons de
l'édification de cette chapelle, et évoque aussi que sur ce site dédié à
la Vierge, existait antérieurement une église. Le style adopté par
Giotto pour ces fresques a peut-être été influencé par les écrits de
l'évêque Sicard (v. 1155-1215) qui préconisait une représentation
plus réaliste dans les églises de l'humanité, afin que les fidèles
puissent mieux visualiser le présent et le choix entre le Vice et la
Vertu, mais aussi l'avenir, le châtiment ou la rédemption. Dans cette
chapelle, les fresques, qui s'organisent en trois bandes transversales,
illustrent la vie de la Vierge et celle du Christ. Une Annonciation y
symbolise l'irruption de la providence divine dans la vie de l'homme.*

57 GIOTTO, La Madone Ognissanti, vers 1305-1310
*Bien que cette œuvre admirable ne soit pas signée, et que l'on n'ait
retrouvé à son sujet aucun document l'authentifiant, elle est
aujourd'hui unanimement considérée comme l'un des chefs-d'œuvre
de Giotto. La majesté, la grandeur et la sculpturalité de la Vierge
sont remarquables. La seule peinture sur bois de Giotto dont la
qualité se mesure à celle de cette œuvre est le Crucifix de Santa
Maria Novella, à Florence. La monumentalité exceptionnelle de la
Vierge eût été inconcevable si le peintre n'avait pas été habitué à
exécuter des fresques de très grandes dimensions. On sera sensible,
en regardant cette magnifique peinture sur bois, à la puissance
souveraine que dégage la Vierge, et par contraste, à la finesse éthérée
des anges qui entourent son trône de style purement gothique.*

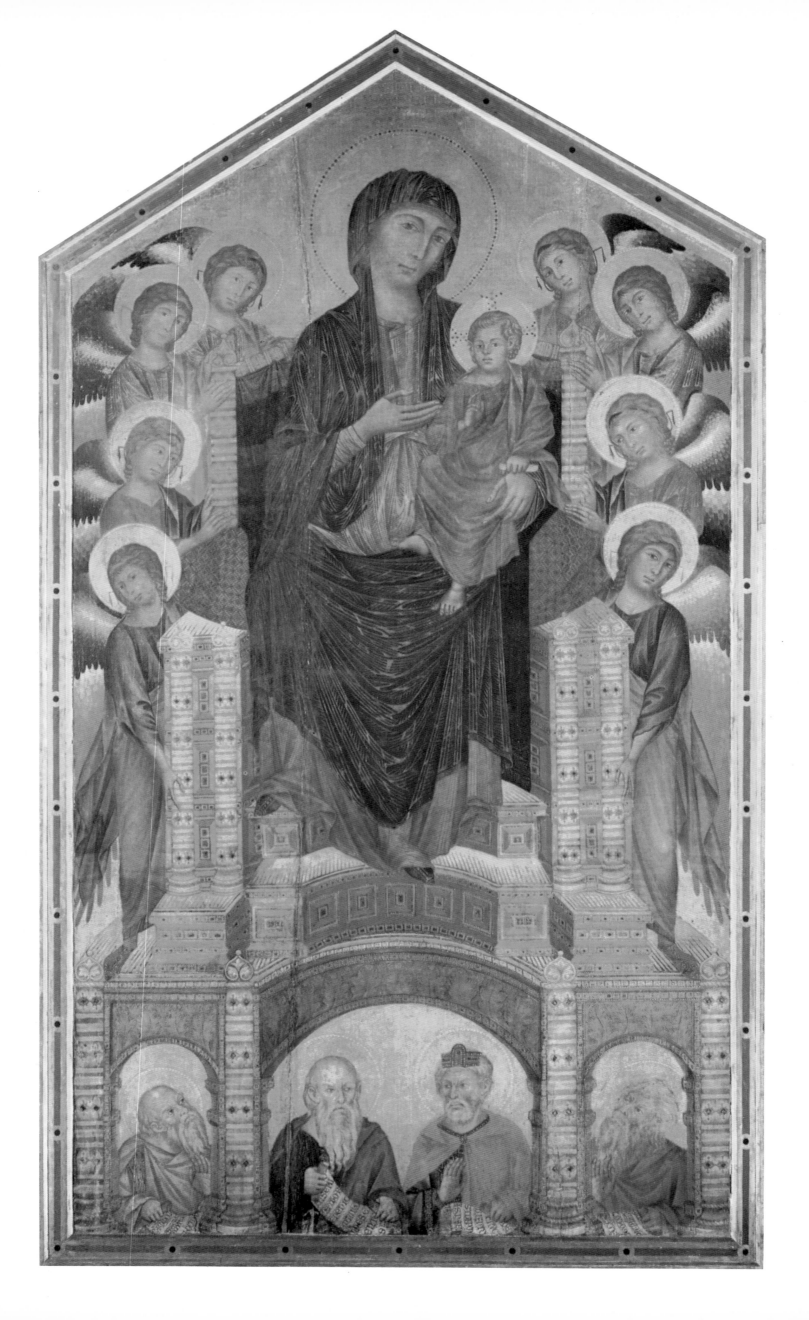

58 CIMABUE, La Maestà, 1275
(À gauche) L'artiste peignit cette œuvre pour le maître-autel de
l'église de Santa Trinità, à Florence. Avec son trône très élaboré,
et le drapé stylisé de son vêtement, cette Vierge est bien
conforme aux représentations byzantines. Sa composition évoque
la Madone Rucellai de Duccio. Au pied du trône, sont
portraiturés Jérémie, Abraham, David et Isaïe.

59 DUCCIO, Maestà (détail), 1308-1311
(Ci-dessus) Il s'agit du panneau central de la Maestà, commandé à
Duccio en octobre 1308, pour le maître-autel de la cathédrale de
Sienne. Après la bataille de Montaperti qui avait vu la victoire des
Siennois sur les Florentins, la ville de Sienne avait été placée sous la
protection de la Vierge : la « reine du ciel » devint du même coup la
« reine de Sienne ». Le retable de Duccio nous est parvenu
pratiquement intact à l'exception de la prédelle et du couronnement
dont il ne reste que des fragments. Le revers du retable, aujourd'hui
séparé de l'autre face représentée ci-dessus, comporte plus de
quarante panneaux illustrant la vie du Christ. La Maestà fut
la fierté des Siennois.

60 BERNARDO DADDI, Madonna delle Grazie, 1346-1347
(À droite) Abritée dans le célèbre tabernacle d'Andrea Orcagna, en
marbre incrusté de mosaïque d'or, ce tableau remplaça l'image
miraculeuse de la Vierge, détruite par le feu, à laquelle le tabernacle
était destiné. Cette Madone, à l'élégance exquise et à la pureté
suave, est l'une des plus merveilleuses manifestations du génie de
Daddi. On n'y trouve pas la grandeur de Giotto, en revanche, on
comprend pourquoi Daddi a exécuté de nombreuses commandes
privées : les tableaux de décoration, au format plus réduit, lui
permettaient d'exprimer une approche plus intimiste de la foi. On
remarquera aussi combien est émouvante l'attitude de l'Enfant qui
caresse la joue de la Vierge.

61 Simone Martini, Maestà, vers 1315

*Il s'agit du chef-d'œuvre de Simone : ce travail est en outre très
caractéristique de l'évolution de la peinture siennoise après la mort
de Duccio. La Vierge a un air lointain, intouchable, typiquement
byzantin, mais elle est emprunte d'une monumentalité alliée à une
élégance toute gothique. On sent également le désir de donner de la
réalité à la scène par l'étude de la perspective et les jeux de la
lumière. La façon de représenter le dais, vu en perspective, et les
faisceaux de lumière sur les côtés contribuent à agrandir l'espace de
la fresque. La Vierge est ici représentée dans son double rôle de
« reine du ciel » et de « reine de Sienne ». L'inscription sur la base
du trône affirme que la sagesse et la justice doivent prévaloir dans la
cité : « Les fleurs angéliques, roses et lis, qui embaument la prairie
céleste, m'enchantent moins qu'une grande sagesse. Mais j'en vois
certains qui, pour suivre leurs turpitudes, me méprisent, et ruinent
leur propre villes. »*

62 PIETRO LORENZETTI, La Nativité de la Vierge, 1342
*Cette œuvre destinée à la cathédrale de Sienne, comme La
Présentation au Temple réalisée par son frère, Ambrogio, et peinte
la même année (Pl. 55) constituent deux exemples remarquables du
rendu de la perspective. Ici, Pietro évoque avec une touchante vérité,
l'intérieur d'une maison dont on admirera le sol joliment dallé,
les tentures au mur, et le lit, typique de ce temps, surélevé sur
une estrade de bois décoré. La profondeur de l'espace est
remarquable pour chacun des panneaux du triptyque. Le
compartiment central et le panneau latéral de droite représentent la
naissance de la Vierge, tandis que le volet gauche, dépeint l'anxieuse
attente des hommes, avec un sens admirable de la mise en scène.*

63 LE MAÎTRE DU TRIOMPHE DE LA MORT, *Le Triomphe de la Mort* (détail), avant 1348

On ne sait pas avec certitude qui est l'auteur du Triomphe de la Mort, fresque du cimetière de Pise, le Camposanto. L'iconographie en est novatrice, surtout dans le soin apporté à la représentation de l'enfer. On pensa à un moment que la grande épidémie de peste de 1348 avait inspiré ces fresques, mais on estime aujourd'hui qu'elles lui sont antérieures. On voit ci-dessus un jardin empreint d'une atmosphère digne du Décaméron, des jeunes gens élégants se divertissent, oublieux du sort horrible, tout proche, qui les attend. Deux Amours ailés, d'un style directement inspiré de l'Antiquité, sont peut-être une allusion à l'éphémère des amours humaines. La précarité de la vie à cette époque confère à cette scène un caractère poignant.

64 AMBROGIO LORENZETTI, *Les Effets du bon et du mauvais gouvernement, en ville et à la campagne,* 1338-1339

Lorenzetti mêle ici avec brio l'allégorie et la réalité : la représentation de la ville de Sienne est précise et se ressent d'un souci presque documentaire de dépeindre l'environnement urbain médiéval. À gauche, les Effets du mauvais gouvernement montre une Justice enchaînée par les Vices, contrairement à l'Allégorie du bon gouvernement où le roi est assisté des Vertus : le peintre s'y fait l'écho de son temps puisqu'on y retrouve représenté le parti des Guelfes.

65 ALTICHIERO, *La Crucifixion,* vers 1379

Avec cette œuvre, Altichiero fait le lien entre le travail novateur de Giotto et les puissantes mises en scène de Masaccio : les expressions et la gestuelle sont rendues par un dessin formidablement assuré, quant à la composition, elle est l'une des plus « modernes » de son époque.

66 ANDREA BONAIUTI (ANDREA DA FIRENZE), Le Triomphe de l'Église, 1365-1367

Voilà la plus connue des fresques de la chapelle des Espagnols de Santa Maria Novella. Les dominicains de Florence utilisaient cette chapelle comme salle de conseil. L'Église ici est symbolisée par la cathédrale de Florence achevée, et surmontée de sa coupole, avant même que Brunelleschi ne l'ait construite. Le pape et les membres du clergé sont placés devant l'église, et au premier plan, des chiens noirs et blancs, que les dominicains affectionnaient et qu'ils appelaient les « chiens de Dieu », sauvent de la voracité des loups des brebis égarées. Vêtus de noir et de blanc, des moines dominicains apportent la bonne parole au peuple et le conduisent aux portes du paradis. En haut de la composition se trouve le Rédempteur entouré par des anges.

67 PAOLO VENEZIANO, Le Corps de saint Marc transporté à Venise, sans date

C'est l'un des panneaux de bois peints destiné à couvrir la Pala d'oro, le Retable d'or somptueusement décoré d'émaux et de pierres précieuses, à la basilique Saint-Marc de Venise. L'œuvre de Paolo Veneziano est pétrie de références à l'art classique. La scène que l'on voit ici illustre l'un des épisodes les plus connus de la légende de saint Marc, celui où son corps est ramené par bateau à Venise. Paolo Veneziano affectionnait les couleurs chaudes qu'il associait à des personnages dont les traits et les attitudes évoquent le passé byzantin de Venise.

Chapitre 4

La peinture en Italie au XVe siècle

Le XVe siècle italien – le Quattrocento – a vu les premières réalisations des idéaux de la Renaissance. L'histoire de l'Europe et de sa culture traversa des moments de faste et de prodigieuse activité, mais jamais période ne connut l'extraordinaire puissance créatrice qui caractérisa le Quattrocento, et donna des chefs-d'œuvre rarement égalés. Il suffit de citer quelques noms de peintres et s'impose immédiatement à l'esprit l'image de la richesse artistique qui caractérisa cette période : songeons à Masaccio, Fra Angelico, Botticelli, Mantegna, Piero della Francesca, Giovanni Bellini et Léonard de Vinci.

L'héritage classique

Si l'on n'avait jamais totalement oublié l'architecture et la sculpture classiques en Italie (comment aurait-on pu ignorer le passé artistique de Rome toujours si présent par ses monuments antiques et ses sculptures, même endommagés ?), c'est au Quattrocento que le passé classique commença à exercer une fascination grandissante sur les artistes. Plus tard, pendant la période dite de la haute Renaissance, les artistes amélioreront encore leur connaissance de l'art antique, mais dès le XVe siècle, les représentations de l'homme s'inspirèrent des modèles de la statuaire antique. On mena dès le XVIe siècle des fouilles à Rome, même s'il fallut attendre le XVIIIe siècle pour que des sites

68 Bernardo Pinturicchio, *Scènes de la vie de Pie II* (détail), 1502-1509

La bibliothèque Piccolomini de la cathédrale de Sienne fut fondée en 1495 par Francesco Todeschini Piccolomini, qui deviendrait plus tard le pape Pie III. Cette bibliothèque abritait des manuscrits qu'avait collectionnés l'oncle de Francesco, Enea Silvio Piccolomini (1405-1464), devenu le pape Pie II. Pinturicchio décora la pièce avec des fresques racontant la vie de Pie II, avant et après son élection à la tête de l'Église. Ces peintures très narratives sont bien dans la tradition du Quattrocento dans le sens où de nombreux groupes de personnages se découpent sur des paysages en fond.

comme Herculanum et Pompéi soient dégagés et le XIXe siècle pour qu'ils soient systématiquement fouillés.

Au début de la Renaissance, donc, la connaissance que l'on avait de la peinture antique était encore approximative et essentiellement textuelle : voilà qui explique que des œuvres aussi différentes que la *Sagesse victorieuse des vices* de Mantegna (Pl. 87) et l'*Allégorie du printemps* de Botticelli (Pl. 115) puissent se réclamer toutes deux de l'Antiquité. Cette connaissance, les artistes la tiraient des auteurs classiques comme Pline l'Ancien. Son extraordinaire *Histoire naturelle,* véritable encyclopédie, comportait – ce sont ses dires – « 20 000 sujets dignes d'intérêt », dont bien entendu la peinture. La partie consacrée à l'art fut traduite en italien en 1473. Les peintres et théoriciens de l'art du Quattrocento tenaient Pline en haute estime, tandis que les architectes étudièrent davantage le traité de Vitruve *De Architectura,* que l'on avait redécouvert au tout début du siècle en 1414. Pline résumait ainsi ce que l'on était en droit d'exiger d'un bon peintre : il devait savoir créer l'illusion de la réalité en s'aidant des proportions, de l'harmonie et surtout des mathématiques sans lesquelles aucun art ne « pouvait atteindre à la perfection ». Les mathématiques bien sûr, étaient indispensables à cette science qui fut à la base de l'art de la Renaissance : la perspective.

Les traités de Leon-Battista Alberti (1404-1472) devinrent à leur tour, au même titre que l'ouvrage de Cennino Cennini, de nouvelles références, à l'égal de ceux de Pline et de Vitruve. Alberti, par l'étendue de sa culture et son exceptionnelle curiosité d'esprit, fut le précurseur de Léonard de Vinci, un « homme universel », tels que se voulaient les hommes de cette époque. Il eut une influence énorme sur le Quattrocento par sa conception de l'architecture, ses théories sur l'art et sa confiance en la raison. À la différence des écrits de Léonard de Vinci, ses écrits furent publiés et largement diffusés. Alberti était né à Gênes en 1404. Issu d'une riche famille florentine en exil, il reçut une éducation classique, apprit le droit canon et les mathématiques, et fit tout naturellement carrière entre 1432 et 1464, à la cour du pape, à Rome. Là, il put à loisir développer ses goûts pour les humanités et l'architecture. En 1428, il accompagna le futur pape Eugène IV en visite à Florence, ce qui renforça son intérêt pour le renouveau des grands principes du classicisme. Il fut en contact direct avec les travaux de l'architecte florentin Filippo Brunelleschi (1377-1446), vit des œuvres de Donatello et de Masaccio, et en 1435, écrivit *Della Pittura*, dédié à Brunelleschi, qu'il traduisit ensuite du latin en italien.

Les écrits d'Alberti sont importants car ils rompent avec les fondements théologiques qui présidaient à la conception de l'art au Moyen Âge. Alberti définit la peinture comme une fenêtre ouverte sur le monde et suggère que la plus haute aspiration de l'homme est de servir le bien public. Cette approche humaniste est fondamentale pour saisir le lien entre l'art et le sens civique durant le Quattrocento. Pour Alberti, l'artiste n'est plus un artisan au service de l'Église, mais un être créatif et indépendant, libre de représenter le monde tel qu'il le voit, dans un esprit religieux ou au contraire profane. Alberti pensait que l'homme, par sa volonté, pouvait accomplir ce qu'il souhaitait. Certes, avec le recul des siècles, on peut le taxer d'idéalisme, mais la hauteur même des ambitions assignées à l'art illustre bien l'autonomie qu'il conquiert à l'époque. Alberti écrivit deux autres traités, l'un sur l'architecture : *De re aedificatoria* comprend dix livres, commencés vers 1443-1445 ; il est dédié à Laurent de Médicis. *De statua* expose les idées d'Alberti sur la sculpture, ainsi que sur la place que l'homme devrait occuper dans une structure sociale idéale. Notons que son rationalisme le distingue de ses contemporains néo-platoniciens beaucoup plus mystiques.

La question du néo-platonisme et ses rapports avec l'art du Quattrocento a fait l'objet de beaucoup d'interrogations, et sans en exagérer l'importance, il ne faut pas non plus la sous-estimer. La redécouverte de Platon en Italie, ou plus exactement d'une nouvelle approche de sa philosophie, moins mystique et plus individualiste, se fit jour autour de 1400, lorsqu'arrivèrent de Constantinople les manuscrits de ses écrits. Dès 1484, on pouvait se procurer la traduction intégrale de Marsile Ficin en italien.

Platon, l'un des philosophes les plus importants de l'Antiquité, est l'auteur d'une trentaine d'ouvrages. La rationalité, mais aussi la spiritualité de sa philosophie, alliées à un langage poétique ne pouvaient que séduire l'homme nouveau de la Renaissance. La pensée de Platon allait influencer profondément les arts. Chez Platon, les thèmes de l'harmonie et de l'inspiration poétique sont omniprésents, et les mathématiques essentielles à la compréhension de la nature. Ce dernier principe ne pouvait manquer de fasciner les artistes du Quattrocento si préoccupés du sens des proportions et de la perspective, comme en témoignent Masaccio, Donatello, Brunelleschi et bien d'autres.

Le néo-platonisme florentin fut essentiellement la recherche d'une symbiose entre la philosophie de Platon et la théologie chrétienne. Marsile Ficin ouvrit la voie, fondant son Académie platonicienne près de Florence dans la villa de Careggi que lui avait donné Cosme en 1462. Ficin bénéficia du soutien des plus grands mécènes de l'époque, Cosme de Médicis, puis Laurent le Magnifique, son petit-fils. Entre 1469 et 1474, Ficin écrivit sa *Théologie platonicienne* sur l'immortalité de l'âme : il y explique que l'objectif de la vie est de libérer l'âme des contraintes physiques du corps pour la rapprocher de Dieu. Ses grands thèmes philosophiques ainsi que ceux de ses émules, dont Pic de la Mirandole, se retrouvent dans certaines œuvres de la seconde moitié du siècle qui illustrent au moyen de symboles et d'allégories des thèses néo-platoniciennes. L'alliance de ces idées philosophiques avec des formes et des modes de représentation issus de l'art antique contribuait à enrichir et à renouveler l'iconographie religieuse traditionnelle.

La peinture en Toscane

En 1396, l'humaniste padouan Pier Paolo Vergerio (1370-1444) notait que parmi ses contemporains peintres, Giotto était le plus exemplaire, or ce dernier était mort quelque soixante ans plus tôt. Agnolo Gaddi mourut vers 1396, laissant pour ultime héritage ses célèbres fresques de la chapelle de la Sacra Cintola, dans la cathédrale de Prato. Aussi imposantes soient-elles, celles-ci montrent que la peinture toscane avait besoin d'une vitalité nouvelle. En vérité, beaucoup d'artistes ont dû juger impossible de surpasser ou seulement d'égaler Giotto. Tous ou presque ont directement ou indirectement subi l'influence giottesque, même si certains se détournèrent délibérément de son exemple (*cf.* chapitre 3).

Le Quattrocento, suivant en cela Giotto, fut un âge d'or de la fresque avec des artistes comme Masaccio, Uccello, Gozzoli, Andrea del Castagno, Fra Filippo et Filippino Lippi, Piero della Francesca ou Ghirlandaio auxquels on doit tant d'incomparables merveilles. Pourtant sur le plan technique, ce ne fut pas une époque de grandes innovations : que l'on songe aux efforts de Léonard de Vinci pour retrouver les secrets des peintures murales antiques, et des déboires que connut la *Cène* (Pl. 41). La Toscane fut la terre d'élection des chefs-d'œuvre de la fresque. Deux des œuvres les plus originales de ce Quattrocento sont les fresques de la chapelle Brancacci (Pl. 70) et de la *Trinité* (Pl. 93) peintes par Masaccio. Elles illustrent bien la vitalité d'une technique. Extrêmement délicate, celle-ci exigeait de l'artiste un savoir-faire immense ; elle était donc considérée comme la preuve irréfutable de son talent.

On a souvent accusé Vasari de s'intéresser exclusivement aux artistes toscans, au détriment des autres, mais on peut difficilement nier que Florence et les villes avoisinantes, Sienne, Pise et Arezzo furent le grand foyer artistique du Quattrocento. Les peintres florentins se déplaçaient entre ces villes, mais allaient également à Rome, Venise ou Urbino. Il en résultait un échange d'idées dont il est difficile de mesurer l'ampleur exacte. Les artistes les plus connus se voyaient confier des commandes dans des villes alors d'importance artistique moindre, et dès leur arrivée, les peintres locaux s'efforçaient de les imiter. Ainsi un retable peint par Masaccio ou Fra Angelico dans une petite

69 GENTILE DA FABRIANO, Adoration des Mages, 1423
Gentile da Fabriano peignit ce tableau pour la chapelle Strozzi de l'église Santa Trinità durant son séjour à Florence, entre 1420 et 1423. Il s'agit de la plus belle œuvre du peintre, et on y trouve les principaux éléments caractéristiques de son style. Gentile affectionnait les riches étoffes et les éléments hautement décoratifs : il tenait ce goût de l'art vénitien et siennois. Ici, le superbe paysage qui sert de fond au tableau est essentiellement un décor et ne porte pas la marque des tendances modernistes, qui se développent à Florence à l'époque.

ville pouvait avoir une influence énorme sur le style local. Il en fut de même avec l'arrivée à Florence de peintures contemporaines flamandes et étrangères. Des peintres étrangers vinrent également en Italie : ainsi, le Portugais Alvaro Pirez qui travailla à Pise, Lucques et Volterra entre 1410 et 1435 et le Catalan Jacomart Baço furent appelés à Naples par le roi Alphonse d'Aragon. L'art flamand se répandit rapidement en Italie. En 1437, Michele Giustiniani, issu d'une grande famille génoise, commanda un petit triptyque à Jan Van Eyck. Au XVIe siècle, l'amateur d'art Marcantonio Michiel mentionne la présence à Venise d'œuvres flamandes de valeur dont une importante *Crucifixion* à la Ca' d'Oro. En outre, grâce aux liens commerciaux actifs entre les Pays-Bas et l'Italie, les commandes d'œuvres d'art se multipliaient entre les deux pays, et la présence de banquiers italiens dans le nord de l'Europe facilitait encore ces transactions. Entre 1460 et 1463, Zanetto Bugatto, portraitiste à la cour de Milan, partit travailler dans l'atelier de Rogier Van der Weyden à Bruxelles, à l'instigation de Bianca Maria Sforza. Sans doute Van der Weyden s'est-il rendu à la cour de Ferrare en 1450, au cours de son voyage en Italie, et le peintre français Jean Fouquet y a sans doute peint son merveilleux portrait du *Bouffon Gonella* (Pl. 176).

On considère généralement que le concours lancé pour la porte Nord du Baptistère de Florence en 1401 marque les débuts de la sculpture de la Renaissance. En peinture en revanche, les repères sont moins précis. Une nouvelle conception de la peinture naît à Florence dans les années

1420, alors qu'à Sienne, Taddeo di Bartolo (v. 1362-1422) est à l'apogée de son art. Citons parmi les peintres qui travaillèrent à Florence Antonio Veneziano, dont on peut penser aujourd'hui qu'il vécut jusqu'en 1419 environ, Lorenzo Monaco (v. 1370-v. 1425), Starnina (actif approximativement entre 1390 et 1414) et Giovanni del Ponte (v. 1385-1437). De tous ces peintres, Lorenzo Monaco est sans doute le plus émouvant.

70 MASACCIO, MASOLINO et FILIPPINO LIPPI, chapelle Brancacci (détail), 1424-1425, 1426-1427, 1485
La chapelle Brancacci se situe à l'extrémité du transept droit de l'église du Carmine à Florence. Masolino la décora dans un premier temps en collaboration avec Masaccio. Filippino acheva le travail vers 1485. La Chute de l'homme *de Masolino fait face à* Adam et Ève chassés du Paradis terrestre *de Masaccio (à gauche, sur la reproduction). Les épisodes de la vie de saint Pierre symbolisent la rédemption de l'homme après la Chute. La fresque supérieure, très célèbre, illustre le* Paiement du tribut.

Gentile da Fabriano

Gentile da Fabriano (v. 1370-1427) fut sans doute l'un des artistes les plus représentatifs de son temps. Il fut aussi l'un des plus attachants. Il arriva à Florence vers 1420 après avoir déjà réalisé de prestigieuses commandes pour d'autres cours et pour le palais des Doges de Venise en 1409. Plus tard, il travailla à Saint-Jean-de-Latran à Rome où il exécuta des fresques qu'acheva Antonio Pisanello. Sa période de formation demeure mal connue ; il quitta sa ville natale Fabriano pour Venise, mais travailla aussi à Brescia, Florence, Sienne et Orvieto. Sa peinture surpassait largement ce qui se faisait alors à Florence. Son amour pour les riches étoffes, les effets de draperies, les jeux de lumière et l'élégance suprême de sa ligne expliquent l'énorme influence qu'il eut sur les peintres d'alors. Gentile fut l'un des premiers Italiens à peindre les ombres des figures, grand pas en avant vers un rendu plus subtil, un effet de relief et un réalisme de la représentation. Son chef-d'œuvre, l'*Adoration des Mages* (Pl. 69) date de sa période florentine.

71 MASOLINO DA PANICALE, Scènes de la vie de saint
Jean-Baptiste (détail), 1435
*Ce tableau appartient à un très grand cycle de fresques de Masolino,
illustrant les* Scènes de la vie de saint Jean-Baptiste *qu'il effectua
pour le cardinal Branda Castiglione, dans une chapelle (appelée
baptistère) de la collégiale de Castiglione Olona, près de Varèse.
Cette scène montre le moment où Salomé demande la tête de saint
Jean-Baptiste. On a trouvé dans ce tableau de nombreuses
ressemblances avec des personnages contemporains. Ainsi Hérode
aurait, pour certains, les traits du cardinal Branda lui-même, pour
d'autres, ceux de l'empereur Sigismond, ou encore de Niccolo d'Este.
Quant au jeune homme à droite, il serait Pippo Spano, le mécène
italien de Masolino quand ce dernier séjourna en Hongrie. Pour sa
composition, Masolino s'inspira d'un des reliefs en bronze d'Andrea
Pisano pour le Baptistère de Florence.*

Nombreux furent les peintres qui se sentirent davantage
d'affinités avec ce style délicat et décoratif qu'avec
l'approche plus monumentale de Masaccio. Le naturalisme
mêlé d'élégance de Gentile eut, après la mort de l'artiste,
des émules comme Antonio Pisanello (v. 1380-v. 1455)
qui poursuivit sa carrière à Rome. Pisanello, qui était un

excellent portraitiste, se fit une grande réputation comme
graveur de médailles.

Le style gothique tardif de Gentile trouve son pendant en
sculpture avec Lorenzo Ghiberti (1378-1455). Tout comme
les peintres du Trecento furent curieux de l'évolution de la
sculpture et s'en inspirèrent, de même Lorenzo Ghiberti
chercha de nouvelles sources d'inspiration dans l'art venu
du Nord, et dans le traité qu'il écrivit, *Commentaires*, il s'intéressa au travail d'un orfèvre de Cologne, Maître Gusmin.
Ghiberti, en sculptant ses draperies en haut-relief, eut une
influence considérable sur les peintres d'alors. Ces drapés
volumineux sont un trait que l'on retrouvera longtemps
dans la peinture florentine, de même que le tracé délicat
des ornementations de Gentile da Fabriano. Plus encore
que celle de Ghiberti, l'influence des sculpteurs Donatello
(Donato di Niccolo, 1386-1466) et Nanni di Banco
(v. 1386-1421) fut immense sur les peintres du Quattrocento. L'extraordinaire naturalisme de Donatello que l'on
accusa même de faire des moulages sur nature, la vitalité et
le réalisme qu'il retira de l'étude de la sculpture antique
ne laissèrent indifférent aucun peintre. Avec son célèbre
Saint Georges en marbre qu'il exécuta entre 1416 et 1420,

conservé au musée du Bargello de Florence, Donatello affine encore les innovations de Brunelleschi qui avait découvert la perspective. Cette œuvre marque une étape essentielle dans l'histoire de l'art car Donatello met en place une construction en perspective organisée autour d'un point de fuite, afin de créer l'illusion que les personnages existent en trois dimensions. Masaccio fut le premier à intégrer cette technique dans sa peinture.

Masolino et Masaccio

Les vies de Tommaso di Cristoforo Fini, surnommé Masolino da Panicali, (v. 1383-v. 1447) et de Masaccio (Tommaso di Ser Giovanni di Mone Cassai, 1401-1428) sont étroitement liées, mais l'on estime en général que Masaccio a eu un impact plus fort sur la peinture de son temps. Masolino est considéré comme un peintre secondaire au regard de Masaccio, et pourtant c'était un peintre doté d'un merveilleux talent. On ne possède ni preuve ni trace qu'ils aient jamais travaillé ensemble pour les mêmes commanditaires, mais ils ont collaboré professionnellement, cela ne fait aucun doute. Masolino fut sans doute un élève d'Agnolo Gaddi, et d'après Vasari, il fit aussi des merveilles dans l'atelier du sculpteur Ghiberti, exemple s'il en fallait de la pluridisciplinarité des artistes de la Renaissance.

Vasari a souvent confondu Masolino et Masaccio, attribuant à l'un des œuvres de l'autre et inversement. Peut-être aussi n'a-t-il pas su évaluer l'ampleur exacte de la collaboration entre les deux artistes. Ainsi la *Sainte Anne,* conservée à la galerie des Offices à Florence, date sans doute de 1424 et est un bon exemple de leur travail commun. Masolino passa un peu plus d'une année en Hongrie où il travailla pour le chef militaire florentin Pippo Spano. On le retrouve ensuite à Florence à la fin de 1427. Probablement les deux peintres se rendirent-ils ensemble à Rome en mai 1428. C'est là que mourut Masaccio. En apprenant la nouvelle, Brunelleschi se serait exclamé : « Nous avons subi une grande perte. »

Masaccio dut commencer à peindre dès l'âge de dix-sept ans. À vingt ans, en avril 1422, lorsqu'il signa le triptyque récemment retrouvé dans l'église San Giovenale à Cascia (Arezzo), il était déjà un artiste accompli. On n'a aucune preuve, contrairement à ce que consigne Vasari, qu'il ait été l'élève de Masolino. Ses œuvres sont hélas mal documentées ; même la monumentale *Trinité* (Pl. 93) et les fresques de la chapelle Brancacci demeurent encore entourées de mystère. En huit ans d'activité, il a été l'un des plus grands artistes de son époque, mais apparemment son talent ne lui rapporta jamais beaucoup d'argent. Peut-être s'associa-t-il à Masolino, à la fin de 1422 ou au début de 1423, dans l'espoir de mieux réussir sa carrière à Florence.

Il est donc fort possible que Masaccio ait été « l'employé » de Masolino, qui, plus âgé et plus connu, recevait d'importantes commandes. Leur première œuvre commune est sans doute un retable exécuté en 1423, aujourd'hui démantelé. Et leur dernière œuvre fut la décoration de la chapelle Brancacci. La commande de la famille Brancacci avait été confiée à Masolino en 1424, mais c'est à Masaccio que l'on doit le caractère monumental et bouleversant de certaines fresques, ainsi que les premiers essais de perspective. Ainsi la *Chute* exécutée par Masolino n'a ni le dynamisme ni la force du célèbre *Adam et Ève chassés du Paradis terrestre* (Pl. 70) peinte par Masaccio. Peut-être Masolino était-il moins réceptif que Masaccio aux grandes innovations de la sculpture contemporaine, et en particulier à celles que Donatello mit en lumière avec le *Saint Jean l'Évangéliste,* et le *Jérémie,* tous deux conservés au musée de l'Œuvre de la cathédrale de Florence. Peut-être aussi est-il resté insensible à l'approche novatrice de Masaccio, adaptant simplement sa manière à celle de son « employé », lorsqu'ils travaillaient à une œuvre commune afin d'obtenir une unité visuelle, car après la mort de Masaccio, il retrouva très vite son propre style, moins incisif et moins novateur (Pl. 71).

Fra Angelico

Si Masaccio avait vécu plus longtemps, nul doute que son influence aurait été plus profonde et plus durable. Mais, à cause de sa mort précoce, le style précieux et finement ornementé de Gentile da Fabriano continua d'influencer de nombreux peintres florentins. Fra Angelico, en particulier, fut de ceux-ci, et il fut aussi parmi les artistes de la Renaissance, le plus bel exemple d'un peintre sachant allier un sentiment religieux très personnel, d'une exceptionnelle intensité, à une maîtrise artistique rarement égalée. Angelico (Guido di Pietro, v. 1400-1455) entra au couvent des dominicains de Fiesole, près de Florence, vers 1418. Il en devint prieur en 1449. Vasari décrit Angelico comme « un homme simple et un saint homme ». Quant à John Ruskin, il n'hésita pas à dire que « plus qu'un artiste au sens strict, c'était un saint inspiré. » Bien qu'on l'ait longtemps surnommé *il Beato* (« le Bienheureux »), il ne fut officiellement béatifié qu'en 1984.

Dès ses début, alors qu'il travaillait dans l'atelier de Lorenzo Monaco vers 1417, Angelico fut un artiste prolifique. Ses tout premiers travaux furent sans doute des enluminures de manuscrits, art qui connaissait une grande vogue à Florence à cause de la collection de manuscrits européens qu'avaient constituée les Médicis. Le style gothique très travaillé de Gentile da Fabriano dut paraître au moine dominicain particulièrement adapté à la minutieuse technique de l'enluminure. Angelico put ainsi satisfaire son désir de mettre l'art au service de la religion.

Outre son travail de peintre, Fra Angelico s'occupa d'affaires religieuses et prit part aux mouvements d'idées et aux controverses de son temps, conciliant son art et ses exigences intellectuelles. En 1446, il se rendit à Rome pour décorer une chapelle du Vatican à la demande du pape Nicolas V, qu'il connaissait. À Florence, Fra Angelico était très proche d'Antonino Pierozzi ; celui-ci, archevêque de Florence et également, depuis 1436, prieur du couvent San

Marco deviendrait saint Antonin. Le couvent de San Marco avait en grande partie été rebâti par l'architecte Michelozzo, aux frais de Cosme de Médicis.

À San Marco, Fra Angelico et ses assistants, en particulier Zanobi Strozzi, peignirent une série de quarante-cinq fresques (entre 1438 et 1446), ainsi que d'autres tableaux (Pl. 72, 94 et 95) dont la pureté et l'esprit de dévotion demeurent inégalées. San Marco devint un centre très actif du nouvel humanisme, et Fra Angelico réussit à concilier ces valeurs novatrices avec la piété médiévale. Ceci transparaît dans le *Jugement dernier,* peint vers 1431, qui est conservé au musée de San Marco, à Florence. L'œuvre illustre la séparation entre les élus et les damnés. Dans ce tableau, Fra Angelico utilisa les techniques les plus récentes pour le rendu de la lumière et la perspective mais en respectant la tradition iconographique que préconisait son ordre.

Selon Vasari, Angelico travailla aussi avec Masaccio à l'église Santa Maria del Carmine de Florence. L'influence de Masaccio devait prendre beaucoup d'importance dans les œuvres tardives du dominicain, en particulier dans ses fresques du Vatican racontant les *Vies des saints Étienne et Laurent* (1445-1450). Véritable œuvre de maturité, le cycle témoigne du génie d'Angelico : les personnages ont une plasticité impressionnante, et les scènes sont empreintes d'une intensité dramatique qu'accentue le réalisme des détails. Mais on y trouve toujours cette douceur si caractéristique du peintre et qui devait exercer une grande influence sur des artistes comme le Pérugin.

Masaccio et Fra Angelico eurent un impact considérable sur la peinture italienne du Quattrocento, impact que l'on retrouve chez l'élève d'Angelico, Benozzo Gozzoli (Benozzo di Lese, v. 1421-1497), qui travailla avec son maître à Orvieto et à Rome. On doit à Gozzoli le cycle à fresque de la chapelle du palais Médicis, daté de 1459-1460 et qui représente l'*Adoration des Anges et la Procession des Mages* (Pl. 114). Dans cette œuvre merveilleuse, on retrouve harmonieusement intégrés des éléments de l'art français et flamand que l'artiste découvrit à travers le travail de Jean Fouquet et de Rogier Van der Weyden. Le cycle se signale par l'introduction de portraits de ses contemporains sous l'aspect de personnages religieux et par la richesse des détails minutieusement rendus.

Filippo Lippi

À la vie exemplaire de Fra Angelico, on oppose tout naturellement celle de Fra Filippo Lippi (v. 1406-1469) qu'a dépeinte Vasari de façon si pittoresque, et dont les dérèglements de tous ordres amusèrent beaucoup la postérité. En 1421, il prononça ses vœux et devint frère à Florence au couvent du Carmine où il avait été élevé en tant qu'enfant trouvé. Cela ne l'empêcha pas d'avoir une liaison tumultueuse, pour le plus grand bonheur de ses contemporains, avec une religieuse qui fut aussi son modèle, Lucrezia Butti. Elle lui donna un fils, peintre lui aussi, Filippino

72 Fra Angelico, Retable de San Marco, 1438-1440

Ce retable, l'un des plus somptueux du Quattrocento, fut réalisé pour le maître-autel de l'église de San Marco à Florence ; il est dédié aux saints Côme et Damien. Il s'agit d'une Vierge à l'Enfant sur un trône entouré d'anges, avec saint Côme, saint Damien, saint Laurent, saint Jean l'Évangéliste, saint Marc, saint Dominique, saint François et saint Pierre. Cette œuvre a toujours été considérée comme l'un des chefs-d'œuvre de Fra Angelico. Vasari, qui souligna son exceptionnelle beauté, disait de cette madone qu'elle inspirait la dévotion à qui la contemplait, et que, dans sa simplicité, on ne pouvait rien imaginer de plus beau ni de mieux exécuté. Hélas la prédelle de ce retable n'existe plus, probablement démantelée puis dispersée, le retable lui-même a été un peu trop nettoyé et restauré. Cosme de Médicis décida en 1438 d'envoyer à Cortone un triptyque de Lorenzo di Niccolo qui se trouvait sur le maître-autel et que devait remplacer le tableau de Fra Angelico.

La grandeur de la composition de ce retable montre bien l'influence de Masaccio sur Fra Angelico : Vierge magnifique, au centre d'un groupe de personnages dont les silhouettes se découpent avec solennité sur un fond de cyprès. Ces cyprès, d'ailleurs, de même que les palmes et les guirlandes de roses font allusion à un passage de la Bible où la Vierge est comparée au cèdre du Liban, au cyprès de Sion, à la palme de Cade et à la rose de Jéricho. Saint Marc tient ouvert le livre de son évangile à la page qui décrit le Christ enseignant dans la synagogue. Saint Côme, à genoux à gauche, est peut-être un portrait de Cosme de Médicis, et saint Damien, agenouillé à droite, serait Lorenzo, frère de Cosme de Médicis qui mourut en septembre 1440.

(Pl. 73) et une fille, Alessandra. Les deux amants furent déliés de leurs vœux grâce à l'intervention de Cosme de Médicis, et autorisés ensuite à se marier. Lippi connut également quelques mésaventures pour avoir extorqué de l'argent à l'un de ses assistants et s'échappa du palais Médicis où il était gardé sous « haute protection » en liant ses draps pour en faire une corde ! Ce caractère d'aventurier se reflète peut-être dans ses tableaux. La carrière de Lippi dura plus de trente ans, et ses peintures portent la marque d'une spontanéité et d'une vitalité qui ne s'embarrassent pas des règles nouvelles de la perspective, moins encore des concepts esthétiques humanistes. En revanche, Lippi traita des sujets plus difficiles et plus originaux que ses contemporains.

La première œuvre de Lippi, que l'on peut dater avec une relative certitude, fut exécutée à fresque vers la fin des années 1420 : il s'agit de la *Confirmation de la règle des carmélites,* peintes au couvent du Carmine. D'après Vasari, c'est Masaccio qui a inspiré Lippi car à cette époque il décorait la chapelle Brancacci qui jouxtait le couvent. La *Vierge de l'Humilité,* conservée au Fitzwilliam Museum de Cambridge, qui date de la même époque, possède déjà certains des éléments qu'il copia de Masaccio, en particulier la sculpturalité des volumes des personnages. En revanche, ceux-ci ont des visages très caractéristiques, que Lippi affectionnera toujours, et dont le meilleur exemple est l'Enfant Jésus aux joues rebondies et au regard étonné : vers 1437, lorsqu'il peignit ce *Retable Barbadori,* qui se trouve au musée du Louvre, Lippi avait atteint la maturité de son style, et savait parfaitement situer ses sujets, généralement dans des décors de niches et d'arcades.

L'intérêt que Lippi portait à l'architecture se retrouve dans son admiration pour Donatello dont l'*Annonciation* de Santa Croce inspira au peintre le tableau sur le même thème qui se trouve aujourd'hui à la Galleria Nazionale de Rome. Cela dit, ce sont sans doute ses Madones si touchantes et ses adorables *bambini* joufflus qui symbolisent son style pour la postérité. De ces Madones, l'une des plus émouvantes est sans doute la *Vierge à l'Enfant et Histoire de sainte Anne,* œuvre peinte en 1460 et conservée à la Galleria Palatina du palais Pitti, à Florence.

Les deux grands cycles de fresques que Lippi exécuta pour la cathédrale de Spolète et celle de Prato (Pl. 97) montrent combien le peintre était à l'aise dans les grandes compositions. La subtilité de son trait est une caractéristique que l'on retrouvera chez Botticelli qui fut sans doute l'élève de Lippi et sut apprécier l'intensité de ses derniers tableaux, comme la *Mise au tombeau* (Musée Thomas Henry, Cherbourg), dont le critique Bernard Berenson pensa même à un moment qu'il était une œuvre de jeunesse de l'auteur de l'*Allégorie du printemps.* Quoi qu'il en soit, on peut suivre le processus de la création de l'artiste grâce aux nombreux dessins qu'il a laissés et dont beaucoup sont en rapport direct avec ses peintures.

73 FILIPPINO LIPPI, Apparition de la Vierge à saint Bernard, vers 1482-1486

Ce tableau, sans doute l'un des plus achevés de Filippino Lippi, lui avait été commandé par Piero di Francesco del Pugliese, qui figure de profil, en bas à droite de la composition, avec les mains jointes. Il était fréquent que la Vierge et les anges soient des portraits de la femme et des enfants de l'artiste. Lippi associe ici une extraordinaire richesse de couleur à un sens du détail tout à fait admirable, et l'on notera dans le fond, les moines dans leur étonnant décor. Les textes des livres se réfèrent tous à la Vierge.

Paolo Uccello

Paolo Uccello (Paolo di Dono, 1397-1475) fut, comme beaucoup de ces artistes très curieux et fervents adeptes de l'expérimentation, un passionné de la perspective (ce qui en un certain sens, limita son talent), comme le rappelle Vasari :

> Pour lui, il n'existait pas de plus grand bonheur que de s'essayer dans certains domaines extrêmement difficiles pour ne pas dire impossibles de la perspective.

Et Ruskin de conclure que « ses obsessions lui faisaient perdre la tête ». Vasari raconte aussi cette anecdote selon laquelle un soir qu'il travaillait très tard, il répondit à sa femme qui le pressait de venir se coucher, que la perspective était une « maîtresse si exquise » !

On sait que Paolo Uccello travailla d'abord dans l'atelier de Ghiberti en 1407, et qu'il y apprit les théories les plus récentes sur les lois de la perspective. En 1425, il se rendit à Venise pour y travailler comme mosaïste (on n'a cependant identifié aucune mosaïque dont il serait l'auteur), il retourna ensuite à Florence en 1430. La première œuvre qui nous soit parvenue et que l'on peut lui attribuer avec certitude est l'immense portrait à fresque, dans la cathédrale de Florence, représentant le condottiere anglais sir John Hawkwood (Pl. 75).

L'œuvre peinte à fresque la plus importante est une série de scènes tirées de l'Ancien Testament, que Paolo exécuta pour le Chiostro verde (Cloître vert) de Santa Maria Novella, à Florence. Là, il appliqua les lois de la perspective exposées dans d'anciens traités, comme ceux de la géométrie d'Euclide. À l'instar de la plupart des peintres de son temps, Uccello s'inspira aussi des portes du Baptistère, chefs-d'œuvre de Ghiberti, qui appliquait aussi des lois de la perspective, lois qu'il consigna dans son traité.

Des fresques du Chiostro verde, la plus spectaculaire est celle, si célèbre, intitulée *Déluge et Récession des eaux* (Pl. 74), composition dans laquelle Uccello montre sa dextérité en matière de rendu de perspective. Il parvient à créer un réalisme spatial, afin de donner à la scène plus d'intensité dramatique. Ainsi, a-t-il ici choisi deux points de fuite dont les lignes se croisent de manière à donner une impression de chaos bien en accord avec son sujet.

D'un certain point de vue, l'œuvre d'Uccello marquerait presque un recul par rapport à celle de Masaccio dans la mesure où, hormis dans ses dernières réalisations, le peintre, épris de construction géométrique, ne montra jamais beaucoup d'intérêt à restituer une atmosphère. Domaine dans lequel Masaccio en revanche excellait : il savait situer ses personnages de telle sorte qu'ils habitaient littéralement l'espace qui leur était imparti. Masolino aussi, grâce à son sens de la couleur, parvenait à créer une atmosphère et à donner vie à la scène. Uccello, lui, s'attachait essentiellement aux lignes amenant l'œil au centre du tableau ; les éléments de la composition paraissent ainsi souvent suspendus dans l'espace de manière très irréaliste, d'autant que leur couleur est sans rapport aucun avec la réalité. Néanmoins, c'est très précisément ce climat d'irréalité, associé à un rendu vigoureux des volumes, qui séduisit le jeune Piero della Francesca.

La manière d'Uccello plut un temps aux Médicis et vers 1450-1456, Cosme de Médicis commanda au peintre trois panneaux intitulés *La Bataille de San Romano,* destinés à décorer une salle du palais Médicis. Les trois tableaux sont aujourd'hui séparés et se trouvent à la National Gallery de Londres, au Louvre, et aux Offices de Florence. Celui de Londres, qui a été hélas trop nettoyé, montre cependant qu'Uccello soumettait aux lois de la perspective linéaire jusqu'aux formes et aux volumes arrondis, comme les flancs des chevaux, par exemple.

Uccello fut l'un des premiers peintres italiens à travailler sur toile, en particulier dans ses derniers tableaux comme le *Saint Georges et le Dragon* de la National Gallery de Londres. Parmi ses tableaux sur bois, citons l'exceptionnelle *Chasse nocturne,* conservée à l'Ashmolean Museum

d'Oxford et dont l'atmosphère magique est inoubliable. L'œuvre fut exécutée autour de 1470, à peu près à la même époque que l'exquis *Miracle de l'hostie profanée* de la Galleria Nazionale d'Urbino. La *Chasse,* par la finesse, la subtilité de sa composition et de ses personnages montre que vers la fin de sa vie, Uccello abandonna partiellement son obsession de la stricte application des lois de la perspective pour une peinture plus humaine. Vasari explique aussi que dans ses dernières années, l'artiste était dans un état psychologique très attristant. Il vivait isolé, obsédé par sa peinture et hypocondriaque, passant parfois des semaines et des mois sans voir personne.

Andrea del Castagno

Contrairement à Uccello, Andrea del Castagno (Andrea di Bartolo di Bargilla, v. 1421-1457) réussit à peindre des personnages dotés d'une grande puissance avec une relative économie de moyens. Il est un des représentants majeurs de l'art florentin de son époque. Dans ses œuvres, les silhouettes sculptées de Donatello ne sont jamais bien loin, et la noblesse toute classique de ses personnages annonce Mantegna. Comme Uccello, Castagno visita Venise avant de revenir à Florence en 1444, où il peignit en 1456 l'effigie équestre de Niccolo di Tolentino qui est le pendant de celle de Hawkwood à Santa Maria del Fiore. Le chef-d'œuvre de Castagno est le cycle de fresques qu'il exécuta à Sant'Apollonia, à Florence, et dont le célèbre épisode de la *Cène* est à la fois plus prosaïque et moins troublant que le travail d'Uccello, bien que la perspective y soit travaillée avec plus de subtilité. Castagno donna une certaine unité aux scènes de la *Résurrection,* de la *Crucifixion* et de la *Mise au tombeau,* unité encore renforcée par un sens très délicat des couleurs, et qui confère à l'ensemble beaucoup de grandeur.

C'est peut-être la « présence » si convaincante de ses personnages qui lui valut une macabre commande de Cosme de Médicis. Il s'agissait de représenter le supplice infligé à des rebelles qui s'étaient dressés contre les Médicis, et furent condamnés à être pendus par les talons. Andrea exécuta la fresque pour la façade du palais du Podestat (palais Bargello) de sorte qu'elle constituait une sorte de funeste avertissement. La peinture a aujourd'hui disparu mais on peut en imaginer le réalisme, quand on voit la puissance des personnages des *Hommes et Femmes illustres,* à la villa Carducci, à Legnaia près de Florence. Le thème des personnages historiques exemplaires, auxquels on mêlait volontiers des personnages contemporains comme pour bien lier le passé et le présent, était très en vogue dans l'Italie du Quattrocento.

Pour Vasari, Castagno excellait à montrer ses personnages en mouvement, et donnait aux visages d'inquiétantes expressions. Vasari pensait que Castagno avait assassiné le peintre Domenico Veneziano (mort en 1461), mais nous savons aujourd'hui que Castagno mourut avant lui, victime de la peste.

74 PAOLO UCCELLO, Scènes de la vie de Noé (détail),
1446-1448
(Ci-dessus) Il s'agit sans doute d'une des œuvres les plus abouties
d'Uccello, lorsqu'il était au sommet de la maîtrise de son art. Cette
fresque appartient au cycle du Chiostro Verde de Santa Maria
Novella, cloître que l'on appelait ainsi car le vert prédominait dans
ses fresques. De cette scène, Déluge et Récession des eaux, Vasari
loue le rendu de la tempête et des forces qu'elle déchaîne, ainsi que la
frayeur qu'affichent les personnages. Tout le monde n'est pas
d'accord sur le type de perspective qu'utilisa ici Uccello, mais il
apparaît clairement qu'il fut très fortement influencé par le travail
de son ami Donatello à Padoue, travail qu'il avait vu lors d'une visite
qu'il fit dans cette ville entre 1443 et 1453. Il a donc probablement
assigné différents points de fuite à sa composition pour accentuer
l'effet dramatique de la scène, et peut-être connaissait-il certaines
théories concernant les distorsions visuelles qui peuvent se produire
en cas de violentes tempêtes.

75 PAOLO UCCELLO, Monument équestre de sir John
Hawkwood, 1436
(Ci-contre) Hawkwood était un condottiere anglais auquel les
Florentins devaient leur victoire à Cascina (1434). Avant même la
mort du condottiere, la Seigneurie florentine décida de manifester sa
reconnaissance et d'élever un monument à sa gloire. On reconnaît
clairement ici l'influence des chevaux de Saint-Marc, à Venise, ainsi
que celles de Ghiberti et de Luca della Robia. Toutes trois concourent
à donner l'une des plus belles images équestres du Quattrocento. Le
choix d'imiter le bronze devait notamment influencer Donatello.

Antonio Pollaiuolo

Vasari parle aussi de l'intérêt que Castagno portait aux *scorti*, c'est-à-dire aux écorchés et plus précisément aux dissections de cadavres. Ceci le rapproche de l'un des artistes les plus actifs de son temps qui eut une influence très importante dans les dernières décades du Quattrocento, Pollaiuolo (Antonio di Jacopo Benci, v. 1432-1498). D'après Vasari, Pollaiuolo assista à plusieurs dissections afin de voir l'agencement de l'anatomie humaine, qui, chez lui, devint presque une obsession, comme la perspective l'avait été pour Uccello. À travers le travail de Pollaiuolo se dégage une nouvelle prise de conscience de la puissance expressive du corps humain, nu et en mouvement. Ceci est particulièrement vrai dans la fameuse estampe, la *Bataille des dix*

76 ANDREA DEL CASTAGNO, Cène, 1445-1450
Depuis le tout début du XIVᵉ siècle, la Cène était un sujet traditionnel pour décorer l'un des murs du réfectoire d'un couvent. Castagno peignit la saisissante fresque ci-dessous comme si elle était éclairée par les vraies fenêtres du réfectoire, tout en se déroulant dans un cadre architectural qui lui est propre. On notera l'effet de perspective absolument parfait.
La Cène occupe toute la longueur du mur dans sa partie basse ; dans les parties supérieures, Andrea del Castagno peignit la Crucifixion, puis la Déposition et enfin la Résurrection, cette dernière scène conférant à l'ensemble une note plus optimiste. Les deux sphinx représentés aux extrémités des bancs sont certainement les gardiens du mystère de l'Eucharistie, mystère qu'instaura la dernière Cène, selon les Évangiles. On sait en effet que les sphinx sont les gardiens des mystères de la religion.
Castagno a utilisé les couleurs de façon symbolique, en particulier dans la façon dont il a agencé les différents panneaux de marbre polychrome en fond des personnages. On sait aussi que l'artiste fit un carton pour chacun des personnages.

hommes nus (Pl. 77). Pollaiuolo était également un sculpteur talentueux, doublé d'un orfèvre, d'un graveur et d'un excellent dessinateur et il collabora à de nombreux projets avec son frère Piero Pollaiuolo moins connu.

C'est avec lui qu'il exécuta la commande de Pierre de Médicis qui lui demanda vers 1460, de peindre les *Travaux d'Hercule* pour la chambre du jeune Laurent de Médicis, au palais Médicis. Ces peintures, aujourd'hui disparues, nous sont connues par des copies de Pollaiuolo et d'autres artistes, et l'on peut imaginer la puissance de ces œuvres en regardant le *Martyre de saint Sébastien* de la National Gallery de Londres. Sur ce tableau, la représentation du corps masculin nu ou vêtu, dans des poses variées, comme dans la *Bataille des dix hommes nus,* préfigure l'évolution future de la peinture florentine. En outre, le paysage en fond de scène du *Saint Sébastien*, avec l'Arno, sera très souvent repris par les peintres florentins.

Comme Castagno à Sant'Apollonia, Pollaiuolo exploita l'illusion de l'espace peint comme une extension de l'espace réel, et ce en particulier dans son retable pour la chapelle du cardinal de Portugal à San Miniato, à Florence dont l'original se trouve aujourd'hui au musée des Offices. Ce retable montre au premier plan trois saints debout sur un pavement de marbre polychrome, avec à l'arrière-plan, la chapelle qui s'inscrit dans un vaste paysage. La composition est l'illustration parfaite de la façon dont Alberti considérait la peinture, à savoir une « fenêtre » sur le monde, où espace réel et imaginé se mêlent.

C'est sans doute par ses dessins et gravures que Pollaiuolo apporta sa plus grande contribution à l'art pictural de son temps. En particulier, il sut se servir du dessin à la plume pour suggérer le volume par le seul recours du trait et de la ligne. Dans cette mesure, on peut dire sans exagération qu'il eut une influence comparable à celle de Léonard de Vinci sur l'art de la haute Renaissance.

Domenico Ghirlandaio

Domenico Ghirlandaio (1449-1494) fut probablement l'un des derniers grands peintres narrateurs florentins du Quattrocento. Ses fresques apportent un témoignage sur l'ambiance mondaine en Toscane sous Laurent de Médicis. On a souvent mésestimé Ghirlandaio, en effet, ses œuvres manquent parfois de vigueur et ne sont pas novatrices, mais elles sont aimables et des plus attrayantes (Pl. 98). Son art est serein, paisible, loin des recherches inquiétantes

77 Antonio Pollaiuolo, Bataille des dix hommes nus, après 1483 (?)

Cette gravure fut sans doute conçue à l'origine comme une sorte de catalogue de référence où chaque personnage pourrait être copié ultérieurement. À l'époque, on appréciait beaucoup les scènes de bataille parce qu'elles permettaient de juger l'habileté d'un artiste à montrer des personnages dans une infinité de postures. Cet art connut son apogée avec la Bataille de Cascina (Pl. 209) de Michel-Ange et la Bataille d'Anghiari de Léonard de Vinci, pour le Palazzo Vecchio (palais de la Seigneurie) de Florence. La tradition du dessin de nus remonte au tout début du Quattrocento, et la musculature un peu outrée ici des personnages laisse à penser que Pollaiuolo travailla d'après un modèle vivant.

d'un Pollaiuolo et de l'élégance fébrile des personnages de Botticelli. La peinture de Botticelli est toujours très intellectualisée ; Ghirlandaio semble pour sa part beaucoup plus préoccupé de recherches formelles et esthétiques et s'attache surtout à représenter un monde centré sur la cour des Médicis et le riche milieu de la finance.

La première œuvre documentée de Ghirlandaio sont les figures des *Saints* au prieuré de Cercina : elles évoquent Castagno par leur côté monumental et paisible. Pourtant, d'après Vasari, Ghirlandaio travailla avec Alessio Baldovinetti (vers 1426-1499). Le style très élaboré de ce dernier s'inspirait de Domenico Veneziano, de Fra Angelico et de Gozzoli, et vers 1460, Baldovinetti passait pour l'un des meilleurs peintres de Florence. En 1481-1482, Ghirlandaio travailla avec le Pérugin et Botticelli à la chapelle Sixtine, et c'est à ces grandes fresques qu'il doit sa réputation.

Ghirlandaio était aussi un portraitiste de talent comme le montre le touchant *Portrait d'un vieillard et d'un jeune garçon* (Pl. 103). Son fils Ridolfo (1483-1561) poursuivit cette carrière de portraitiste avec succès et talent. Les fresques les plus remarquables de Domenico furent celles qu'il effectua pour la chapelle Sassetti, et les églises Santa Trinità (entre 1483 et 1485), et Santa Maria Novella à Florence (Pl. 98). Il exécuta aussi le cycle moins connu, mais charmant, de la

Vie de sainte Fine pour la collégiale de San Gimignano, où il abandonna le faste de mise à Florence pour une vision pleine d'une délicate candeur. Pour toutes ces œuvres, Domenico travailla avec les assistants de son atelier devenu très célèbre, et auquel étaient associés ses frères Benedetto (1458-1497) et Davide (1452-1525).

En 1483, le *triptyque Portinari* (Pl. 151) arrivait à Florence. Il avait été commandé par Tommaso Portinari, représentant de la banque Médicis à Bruges, au peintre flamand Hugo Van der Goes. L'œuvre, des plus remarquables, fit sensation et occupa d'emblée une place de choix dans les collections de peintures étrangères qui avaient commencé à se constituer à Florence quelque cinquante ans plus tôt. On retrouve certains aspects de l'influence flamande dans l'œuvre de Lippi, ainsi que dans celles de Domenico Veneziano, Baldovinetti, Pollaiuolo et bien d'autres. Ghirlandaio s'inspira du fameux *triptyque Portinari* pour un groupe entier de personnages de son retable, exécuté en 1485 pour la chapelle Sassetti.

La peinture de Ghirlandaio est narrative et met en scène des personnages célèbres qui lui étaient contemporains d'une manière tout à fait reconnaissable, et qu'il situe dans des environnements également identifiables, comme par exemple la place de la Seigneurie de Florence. Aujourd'hui, on trouverait choquant sans doute d'intégrer ainsi des gens connus dans des œuvres religieuses et visibles par tout le monde, mais il n'en était rien alors. Botticelli et de nombreux autres artistes en firent autant. Il semble assez probable aussi que des peintres comme Andrea del Sarto, Michel-Ange et Raphaël (un ami proche de Ghirlandaio) étudièrent de près les compositions de Domenico Ghirlandaio : elles préfigurent le classicisme de la haute Renaissance qu'ils incarnèrent ensuite. Ainsi, existe-t-il un parallèle certain entre la fresque que fit Ghirlandaio pour l'église Santa Maria Novella, la *Naissance de la Vierge,* et la façon dont Andrea del Sarto traita le même thème à la Santissima Annunziata de Florence. Mentionnons également que Ghirlandaio était un excellent professeur : il compta parmi ses élèves Michel-Ange, mais aussi Francesco Granacci (1469-1543) qui fut un temps son assistant pour le plafond de la Sixtine, ainsi que Giuliano Bugiardini (1475-1554). Michel-Ange lui emprunta la technique des hachures pour suggérer le modelé dans les dessins et la transposa en sculpture avec l'usage qu'il fit de la gradine pour modeler les visages notamment.

Luca Signorelli

L'influence de Luca Signorelli (v. 1441-1523) vient surtout des grandes fresques qu'il effectua dans la cathédrale d'Orvieto (Pl. 96). Comme celle de Pollaiuolo, son œuvre est essentielle dans l'histoire de la peinture italienne car on lui doit l'évolution de la représentation du corps humain, vers une plus grande théâtralisation. Comme dans le cas de Botticelli, Signorelli fut un peintre admiré de son vivant et des peintres des générations suivantes. Vasari souligne que

« Michel-Ange le louait beaucoup », et il semble fort probable que ce dernier, pour l'un des *ignudi* (des nus) de la chapelle Sixtine, s'inspira de fresques que Signorelli y avait exécutées antérieurement. Le génie de Signorelli allie un sens prodigieux du raccourci à une passion pour la représentation du nu.

Né à Cortone, Signorelli travailla dans toute l'Italie centrale, et en particulier à Rome, Florence, Arezzo et Pérouse. D'après Vasari, il fut l'élève de Piero della Francesca, et cela semble plausible quand on voit le modelé puissant de ses personnages. Néanmoins, aux formes presque irréelles et comme surgies d'un autre monde qu'affectionnait Piero, Signorelli préféra représenter les formes humaines de façon plus tangible, et pour ce faire, donna souvent aux corps une sorte d'éclat métallique, procédé qu'il emprunta sans doute à certaines petites sculptures de Pollaiuolo.

En 1483, il fut chargé de terminer des peintures de la chapelle Sixtine commencées par d'autres, et en particulier par le Pérugin. Il y peignit le *Testament* et la *Mort de Moïse.* Qu'on l'ait choisi, lui, montre bien le prestige dont il jouissait parmi ses contemporains, car à la chapelle Sixtine avaient déjà travaillé Botticelli, Cosimo Rosselli (1439-1507), Domenico Ghirlandaio et le Pérugin.

Quand, en 1499, Signorelli partit pour Orvieto peindre dans la cathédrale des fresques représentant la fin du monde ainsi que le jugement dernier (Pl. 96), sans doute était-il alors le seul peintre en Italie capable de mettre en scène autant de personnages avec une telle splendeur et une telle puissance. Michel-Ange se verra offrir semblable opportunité quelques années plus tard, mais sur une échelle plus réduite, puisqu'il s'agit des baigneurs du carton de la bataille de Cascina, peints pour le Palazzo Vecchio.

Signorelli était de toute évidence un homme d'affaires avisé car il arriva à Florence vers la fin des années 1480 avec deux tableaux qu'il offrit à Laurent le Magnifique : la splendide *Éducation de Pan,* qui se trouvait à Berlin et fut détruite durant la Seconde Guerre mondiale, et une *Madone à l'Enfant,* aujourd'hui aux Offices. Les deux œuvres étaient une allusion non déguisée à la puissance des Médicis. L'*Éducation de Pan* en particulier était une allégorie du règne de Laurent, dans un style cher aux néo-platoniciens.

Sandro Botticelli

Le dernier quart du Quattrocento vit l'émergence, à Florence, de trois génies bien différents, Botticelli, Léonard de Vinci et Michel-Ange. Les deux derniers allaient faire évoluer l'art vers ce qui deviendrait la haute Renaissance dans sa pleine maturité. Botticelli, en revanche, devait demeurer un pur « produit » de la culture et des valeurs esthétiques du Quattrocento. Alessandro di Mariano Filipepi (1445-1510) connu sous le nom de Botticelli (qui signifie petit tonneau, un surnom que lui avait donné sa famille), fut le seul des trois artistes dont la carrière se déroula presque entièrement à Florence. Seule exception, les travaux qu'il effectua à Rome en 1481-1482. Il apprit son

78 SANDRO BOTTICELLI, Adoration des Mages, vers 1475
*Contrairement à la plupart des tableaux de Botticelli, cette
Adoration ne cherche pas à exprimer quelque concept philosophique
ou religieux, mais illustre tout simplement un épisode du Nouveau
Testament. Il s'agit d'un des groupes de portraits les plus importants
de la Renaissance puisque l'on y retrouve au moins quatre membres
de la famille Médicis. L'artiste s'est représenté lui-même à l'extrême
droite, Laurent le Magnifique se tient debout, devant, à gauche,
Cosme l'Ancien est agenouillé devant la Vierge, et Pierre le Goutteux
est représenté de dos, vêtu de pourpre tandis que Julien se tient
devant le groupe de personnages de droite.*

métier dans l'atelier de Filippo Lippi, mais, contrairement à
ce que l'on aurait pu attendre, il ne suivit pas la tradition de
Masaccio. Botticelli, il faut le souligner, se tint à l'écart du
réalisme illustré par Lippi, Ghirlandaio et Cosimo Rosselli,
et perpétué par leurs élèves, Fra Bartolomeo (Pl. 206) et
Piero di Cosimo (Pl. 81, 112). On doit à Piero di Cosimo des
tableaux très originaux, mais hormis le récit haut en couleur
que fit Vasari de sa vie, on ne sait pas grand-chose de lui.

De même, on ne dispose que de peu d'informations sur
la vie de Botticelli. L'on sait cependant qu'il était un adepte
du néo-platonisme et d'autres courants philosophiques qui
jouèrent un rôle si important dans son art. Le XIXᵉ siècle,
avec Ruskin, privilégia son image de peintre de madones
merveilleuses, et ce faisant, il le tira d'un oubli qui avait
duré près de trois siècles. La réalité cependant est bien différente : Botticelli était, sans aucun doute possible, l'adepte
des grands courants intellectuels qui naissaient dans l'entourage de Laurent de Médicis. En 1475, l'artiste réalisa,
dit-on, une bannière (aujourd'hui perdue), que Laurent
arbora à une joute. Cette même année 1475, il peignit le
Triomphe de l'amour, tableau que Politien a décrit en détail
et qui révèle des sources d'inspiration néo-platoniciennes.
Botticelli représenta aussi l'idéal de l'amitié prôné par les
néo-platoniciens dans sa petite *Adoration des Mages*
(Pl. 78). Il exécuta ce tableau pour un banquier associé des
Médicis, et certains personnages sont des portraits de
contemporains, signe probable de l'amitié que leur portait
le peintre.

Tandis que Léonard de Vinci progressait dans l'étude de la perspective aérienne, durant toute sa carrière, Botticelli n'eut qu'une préoccupation : exploiter les richesses du trait. Et véritablement, il excella dans cet art. Le rapport étroit entre ses dessins et ses peintures demeure unique, le tracé des lignes étant à peu près similaire dans les deux techniques. Les grandes illustrations qu'il fit sur vélin blanc pour la *Divine Comédie* de Dante (qui se trouvent en partie au Vatican à Rome et au Cabinet des Estampes de Berlin) témoignent de son admirable maîtrise de la représentation linéaire.

79 SANDRO BOTTICELLI, Déploration et saint Jérôme, saint Paul et saint Pierre, vers 1490
Ce tableau intense et poignant est l'une des représentations les plus pathétiques de la fin du Quattrocento, et sans doute le plus bouleversant des tableaux tardifs de Botticelli. On le considère généralement comme l'expression directe de l'effet qu'eurent sur l'artiste les discours du moine Savonarole. Le groupe de personnages qui s'inscrit dans l'ouverture du tombeau comporte saint Jérôme et saint Paul qui tous deux n'assistèrent pas à la mort du Christ. Botticelli a sans doute choisi de les montrer pour indiquer qu'un tableau est une vision plutôt qu'une illustration fidèle d'une réalité livresque ou historique.

Bien qu'il parut peu s'intéresser aux nouveaux développements de l'art contemporain, Botticelli les connaissait parfaitement. Dans les différentes *Adoration des Mages* qu'il fit entre 1470 et le tout début des années 1480 (particulièrement celles de la National Gallery of Art de Washington et des Offices de Florence), Botticelli adopta une composition centrée ainsi que les formes pyramidales chères à Léonard de Vinci. Mais il n'en conserva pas moins son style propre. Ces années-là furent une période extrêmement féconde pour lui, et il créa alors des images puissantes et singulières telles que son *Allégorie du printemps* (Pl. 115), la *Naissance de Vénus* (Pl. 116) ou encore *Minerve et le Centaure* (Pl. 117). On voit bien dans *Allégorie du Printemps* et dans la *Naissance de Vénus,* combien la façon dont Botticelli traite les contours s'inspire davantage de l'art gothique (tel qu'on le trouve dans certaines enluminures) que de l'art classique dont se nourrissait tant Michel-Ange.

D'après Vasari, Botticelli aurait été influencé par Savonarole (qu'il connaissait sans doute très bien) et par souci de purification telle que la prônait le dominicain, il aurait renoncé à peindre, pour « expier » son péché d'avoir représenté des sujets païens. Ceci est faux car certains des plus beaux tableaux de Botticelli furent peints après que Savonarole eut été brûlé vif. Mentionnons en particulier la

tardive et si belle *Déploration* exécutée vers 1490 (Pl. 79), ainsi que la *Nativité*, peinte en 1500 et conservée à la National Gallery de Londres, qui multiplie les allusions à la fin du monde. Cependant, si l'on compare les dernières œuvres de Botticelli avec les Madones si harmonieuses de ses débuts, il est clair que l'artiste connut de profonds bouleversements spirituels et psychologiques.

Son grand atelier était très actif. Filippino Lippi était son meilleur assistant (Pl. 73) : nombreux furent les élèves de l'atelier qui apprenaient à reproduire avec des variantes les compositions qui avaient fait la célébrité du maître.

Les débuts de Léonard de Vinci et de Michel-Ange

Pour Léonard de Vinci (1452-1519), les arts confinaient à la philosophie :

> [...] ils traitent du mouvement des corps dans la rapidité de l'action, tout comme la philosophie se prolonge dans le monde du mouvement.

Cette affirmation se vérifie de façon évidente dans toutes les manifestations du talent extraordinaire et varié de l'artiste, qu'il s'agisse de son travail de peintre, de dessinateur, d'architecte, de sculpteur, d'homme de science, de musicien ou de philosophe.

Léonard de Vinci était le fils illégitime d'un notaire florentin et d'une paysanne, Caterina. Sa naissance a l'aura de mystère et de romanesque qui toujours entoura sa vie. En 1472, il était inscrit comme peintre à la Confrérie florentine

80 VITTORE CARPACCIO, Arrivée des ambassadeurs à la cour du roi de Bretagne, 1490-1494
(Ci-dessous) C'est le premier tableau des huit qui constituent le cycle de sainte Ursule. À gauche de la composition, les ambassadeurs anglais arrivent à la cour de Bretagne. Au centre, ils présentent la requête du prince Etherius qui demande à Nothus, roi chrétien de Bretagne, la main d'Ursule, et à droite, Ursule et son père discutent de la proposition. Cette scène est la plus élaborée de toutes et plusieurs visages sont sans doute des portraits de membres ou de bienfaiteurs de la scuola. La richesse des détails caractérise avec bonheur l'art de Carpaccio, depuis l'architecture du décor nettement inspiré du Pérugin jusqu'à l'émouvante servante d'Ursule, assise à droite en bas du tableau. La partie inférieure de la toile ménageait un emplacement pour une porte, au début du XVIᵉ siècle.

81 PIERO DI COSIMO, Simonetta Vespucci, v. 1485-1490
(Ci-contre) S'agit-il d'une représentation de Cléopâtre ou d'un portrait de Simonetta Vespucci, une célèbre beauté qu'aima Julien de Médicis ? Cette dernière hypothèse n'est pas du tout certaine car l'inscription qui figure au bas du tableau est postérieure à sa facture. Certains du reste le contestent. Simonetta Vespucci mourut de tuberculose à l'âge de vingt-trois ans, et le serpent lové autour de son cou pourrait être le symbole de l'immortalité, voire de l'éternité. Cependant, le contraste entre la coiffure très élaborée et les seins dénudés crée un effet d'érotisme peu en accord avec la réputation de chasteté de Simonetta.

SIMONETTA IANVENSIS VESPVCCIA

82 Léonard de Vinci, Adoration des Mages, 1481-1482
Quand il partit pour un premier séjour à Milan, Léonard de Vinci laissa ce tableau – sa première grande composition – inachevé, dans la maison d'Amerigo Benci, le père de Ginevra, dont le portrait que l'on attribue à l'artiste est à la National Gallery de Washington. En 1621, ce tableau appartenait à Antoine de Médicis et se trouvait dans le casino (pavillon de chasse) des Médicis à Florence. À l'origine, cette Adoration des Mages avait été commandée à l'artiste par les moines de San Donato a Scopeto, mais au bout de quinze ans, ces derniers chargèrent Filippino Lippi de leur exécuter une autre Adoration (que l'on peut voir aux Offices). Or le tableau de Lippi suit apparemment les dessins et esquisses préparatoires de Léonard de Vinci. Ce que l'on voit ci-dessous est, sur un fond ocre, un dessin à la terre d'ombre qui devait servir de base au tableau définitif. On a parlé de ce tableau inachevé comme « de la composition la plus révolutionnaire et la moins classique du XVᵉ siècle », et Vasari assure que Raphaël, en le voyant, serait resté sans voix. On peut voir aux Offices un dessin représentant Léonard de Vinci occupé à créer de complexes effets de perspective, qu'il atténue ensuite pour concentrer toute l'attention du regard sur le personnage central de la Vierge, vers laquelle convergent tous les autres éléments du tableau. La composition et les détails préfigurent les œuvres ultérieures de Léonard, dans lesquelles on retrouvera ce souci de caractériser la psychologie des personnages par leurs attitudes, ce même usage du sfumato et cette atmosphère de mystère.

de Saint-Luc et, comme quatre ans plus tard, il vivait chez Andrea del Verrochio (Andrea di Cione, vers 1435-1488), l'on peut penser qu'il fut son élève. Léonard participa au tableau de Verrochio, le *Baptême du Christ* (Pl. 83) : on lui doit la tête d'un des anges. Cette intervention, paraît-il, décida son maître à abandonner la peinture. Cette tête d'ange contient en germe tout ce que Léonard de Vinci peindra plus tard. On notera le réalisme raffiné et subtil des boucles et des yeux, ainsi que le regard étrangement direct et pourtant si lointain.

C'est peut-être l'importance extraordinaire qu'il conférait à l'art qui poussa Léonard à abandonner la Florence de Laurent de Médicis en 1482 pour offrir ses services au duc Ludovic Sforza (le More), à Milan, en tant qu'architecte et ingénieur militaire. On sait que Laurent envoya Léonard auprès de Ludovic avec une lyre spéciale dessinée par l'artiste. Il est vrai que Laurent envoya de nombreux artistes florentins dans les cours italiennes pour qu'ils y soient les ambassadeurs de la culture de Florence. C'est ainsi que les grands courants florentins d'avant-garde gagnèrent Milan, ville où Léonard devait réaliser son œuvre la plus surprenante : sa fameuse *Cène* (Pl. 41). À Florence, il avait laissé inachevée l'*Adoration des Mages* (Pl. 82), œuvre novatrice par la complexité de sa gestuelle et de ses expressions, mais qui propose aussi une organisation inédite de l'espace, si différente des principes de composition d'un tableau à cette époque, à Florence.

Léonard de Vinci séjourna par deux fois à Milan : de 1482 à 1499, année de l'invasion française par Louis XII, et de 1506 à 1513 (*cf.* chapitre 7). Durant son premier séjour, il peignit de nombreux portraits, en particulier *Portrait d'un musicien* (Pinacothèque Ambrosienne, Milan), ainsi que celui de la maîtresse du duc, Cecilia Gallerani (Pl. 118). Il s'essaya aussi à l'un de ses thèmes favoris, la Madone au milieu d'autres personnages. À cet égard, on peut opposer la fameuse *Vierge au rocher* (Pl. 191) et son adorable *Madonna Litta* du musée de l'Ermitage à Saint-Pétersbourg. Dans toutes ces œuvres, l'artiste par des prouesses techniques arrivait à rendre une transparence et un éclat qui confinaient à la perfection et qui ne tardèrent pas à subjuguer les autres artistes lombards. En mars de l'année 1500, Léonard se rendait à Venise, et en août de la même année, il était de retour à Florence où l'exposition publique en 1501 du carton de *Sainte Anne avec la Vierge, l'Enfant Jésus et saint Jean-Baptiste* (Pl. 208) marque sans doute le vrai point de départ de la haute Renaissance.

Au début de sa carrière florentine, Michelangelo Buonarroti, dit Michel-Ange (1475-1564) se préoccupait surtout de sculpture, et il faudra attendre le tout début du XVIᵉ siècle pour qu'il exécute ses premières œuvres peintes (*cf.* chapitre 7). Comme sa famille avait quitté Caprese pour Settignano, près de Florence, Michel-Ange entra dans l'atelier de Ghirlandaio en 1488. De 1489 à 1492, il étudia par le menu toutes les statues et sculptures antiques réunies par Laurent le Magnifique dans les jardins de San Marco. Laurent fit rapidement de l'artiste son protégé. En 1496, un autre mécène le reçut durant sa première visite à Rome,

83 ANDREA DEL VERROCHIO, Baptême du Christ, 1472-1475
(Ci-dessus) Orfèvre et surtout sculpteur, Verrochio n'en était pas
moins un peintre de talent, et pourtant, il semble avoir abandonné la
peinture après 1478. Son surnom signifie « œil vrai ». L'artiste
exécuta ce tableau pour l'église de San Salvi de Florence. Des sources
mentionnent que Léonard de Vinci participa à son exécution, et
Vasari le confirme. Il semblerait que l'on doive à Léonard l'ange qui
se trouve à l'extrême gauche de l'œuvre ainsi qu'une partie du
paysage. L'artiste vécut en effet dans la maison de Verrochio dont il
fut probablement l'élève. D'après Vasari, Verrochio renonça à
peindre après avoir vu l'ange de Léonard dans ce tableau. Il
s'indigna, précise Vasari « qu'un si jeune homme en connaisse
davantage sur l'art que lui-même ». Que cette anecdote soit vraie ou
fausse, le contraste entre les personnages assez rigides et convenus de
Verrochio et la fluidité du style de Léonard est évident, surtout dans
la façon dont sont représentés les cheveux de l'ange, et dans
l'expression de son visage. Cet ange annonce les tableaux ultérieurs
de l'artiste, et en particulier la Vierge aux rochers.

le cardinal Riario, et Michel-Ange ne revint à Florence
qu'en 1501. Il laissait dans la cité papale une sculpture
grandiose, la *Pietà* de Saint-Pierre. L'artiste était parvenu à
une maîtrise de son art qui allait lui permettre de donner
toute la mesure de son génie, en peinture comme en
sculpture.

Avec les débuts de Léonard de Vinci et de Michel-Ange,
la peinture florentine s'éloignait de façon significative des
recherches du Quattrocento, laissant certains peintres plus
âgés, dont Botticelli, poursuivre leur œuvre dans un style
qui, bien qu'un peu démodé et volontairement archaïque,
n'en demeurait pas moins très populaire.

La peinture en Ombrie

Aujourd'hui, à nos yeux, Piero della Francesca domine l'art
du Quattrocento en Ombrie. Pourtant, à l'époque, si on
avait interrogé ses contemporains, le Pérugin aurait sans
doute remporté la plupart des suffrages. Piero della Francesca et le Pérugin symbolisent les deux pôles de l'art
ombrien de cette période. Durant la première moitié du
Quattrocento, le meilleur peintre de la région est Ottaviano
Nelli (v. 1370-1444), natif de Gubbio. On retrouve sa trace
dès 1400, et il travailla à Rimini, Foligno, Fano, Città di
Castello ou Urbino. Son chef-d'œuvre est un cycle de
fresques représentant la *Vie de la Vierge*, qu'il exécuta en
1424 pour le palais Trinci de Foligno. On y retrouve tout ce

84 BARTOLOMEO DELLA GATTA, Les Stigmates de saint François,
1486
*(Ci-dessous) Piero d'Antonio Dei prit le nom de Bartolomeo della
Gatta quand il se fit moine. Dans la région d'Arezzo, il fut le
successeur le plus important de Piero della Francesca. La scène que
l'on voit ci-dessous est sans doute l'une des images les plus
saisissantes du Quattrocento italien, et pourtant elle est fort peu
connue. Les couleurs plutôt éteintes et les poses presque théâtrales
des personnages, dégagent une atmosphère presqu'irréelle qui n'est
pas sans évoquer les tableaux de certains artistes nordiques.
Saint François s'était retiré au mont La Verna. L'artiste a choisi le
moment où, alors que lui apparaissait une vision du Christ crucifié,
les stigmates de ce dernier s'imprimèrent sur son corps.
Bartolomeo consacra les dernières années de sa vie à l'architecture :
son goût pour des volumes architecturaux est sensible dans cette
composition qui agence savamment les différents espaces.*

qu'il doit à l'art florentin tardif du Trecento. On reconnaît le style de cour de Nelli dans l'œuvre d'un peintre surnommé le Maître du palais Trinci, dont les fresques charmantes trahissent l'influence de Pisanello et de Gentile da Fabriano. L'Ombrie eut des peintres très intéressants comme Bartolomeo Caporali ou Matteo di Gualdo.

Piero della Francesca

Piero della Francesca (Pietro di Benedetto dei Franceschi, v. 1416-1492), est l'une des redécouvertes majeures de l'histoire de l'art moderne. Il faut dire que ses formes très denses, massives, plaisent davantage à notre goût post-cubiste que celles, plus déliées, du Pérugin. La peinture très formelle de Piero témoigne d'un détachement admirable qu'accentue encore sa palette de couleurs pâles, presque délavées. Sa modernité eut sans doute un impact sur ses contemporains dans la mesure où elle offrait une solution mathématique à la représentation formelle. Quant au style de l'artiste, que nous trouvons aujourd'hui évocateur au point d'en être troublant, sans doute fut-il perçu de façon bien différente en son temps. Vasari eut du mal à trouver des informations sur Piero lorsqu'il décida d'écrire son livre sur la vie des artistes, mais il est à peu près sûr que les contemporains de Piero tombèrent sous son charme puisqu'il s'en fut travailler à Rome, Florence, Ferrare, Rimini et Arezzo.

85 École de PIERO DELLA FRANCESCA, *Vue de la cité idéale,* vers 1470
Les innovations architecturales de son temps jouèrent un grand rôle dans les derniers tableaux de Piero della Francesca. Bien que ce tableau n'ait probablement pas été exécuté par Piero lui-même (au XIXᵉ siècle, on le lui attribuait pourtant), sa conception du paysage urbain idéal et sa magnifique perspective classique renvoient directement à l'artiste et c'est lui certainement qui l'inspira ainsi que Luciano Laurana (auquel certains attribuent cette œuvre), l'architecte de la cour d'Urbino et Francesco di Giorgio Martini. On a dit aussi que ce tableau était peut-être destiné à la réalisation d'un décor de théâtre, ou encore qu'il illustrait le traité d'Alberti, De re aedificatoria, ou même de celui de Piero lui-même De Prospectiva pingendi.

Il n'en retourna pas moins régulièrement dans son village natal, Borgo San Sepolcro où il exécuta sa première œuvre réellement accomplie, le *Polyptyque de la Miséricorde* (Pinacothèque communale de San Sepolcro) qui lui avait été commandée en 1445, et qu'il mit près de dix ans à achever. On peut suivre d'ailleurs dans cette œuvre les progrès du style de l'artiste durant toutes ces années. Dans le même temps, il peignit certains de ses tableaux les plus connus comme le *Baptême du Christ* (National Gallery, Londres) et la *Flagellation du Christ,* (Pl. 100). Dans chacune de ces œuvres, l'essentiel de son style apparaît clairement.

On ne relève la trace de Piero della Francesca à Florence qu'en 1439, où il travaillait avec Domenico Veneziano, mais très certainement passa-t-il beaucoup de temps dans la cité des Médicis dans les années 1430. C'est là qu'il put mûrir les principaux éléments de son style si personnel, en étudiant les œuvres de peintres tels que Masaccio, Uccello et Filippo Lippi, ainsi que celles de sculpteurs comme Donatello. Les références classiques de Donatello attirèrent sans doute beaucoup Piero, de même qu'il s'inspira clairement de la façon vigoureuse dont Masolino traitait la couleur.

L'œuvre peinte de Piero constitue la parfaite illustration des théories de l'artiste sur les fondements mathématiques de la peinture et qu'il exprima dans ses deux traités : *De Prospectiva pingendi* (De la perspective en peinture) et *Libellus de quinque corporibus regularibus.* Dans ce dernier écrit, il démontre que, comme en architecture, toute partie d'un corps peut être soumise aux lois mathématiques de la perspective. On voit le résultat de cette théorie dans ses peintures, dont l'une des principales qualités est le côté très épuré. Comme Vitruve, Piero croyait que les proportions architecturales doivent suivre celles du corps humain (la colonne vertébrale, en particulier, définissant les proportions de la tête, des bras et des jambes). C'est ainsi qu'il put réaliser dans ses peintures un équilibre à proprement parler unique entre les personnages et l'architecture des décors dans lesquels il les plaçait. La *Vue de la cité idéale* qui est attribuée à son école (Pl. 85) est tout simplement une version sans personnage d'un des décors de Piero.

L'œuvre la plus grandiose de l'artiste et celle où il exprime le mieux ses idées, est le cycle de fresques de *La Légende de la vraie Croix* qu'il peignit dans le chœur de

86 Piero della Francesca, La Légende de la vraie Croix (détail)
1552-1562
*Le chœur de l'église San Francesco d'Arezzo est entièrement décoré
de fresques de Piero della Francesca illustrant la Légende de la
vraie Croix d'après Jacques de Voragine. Le Rêve de Constantin en
est l'un des épisodes : l'empereur est endormi sous sa tente et gardé
par des soldats. Du ciel, un ange lui apparaît et lui prédit sa victoire
contre Maxence.*

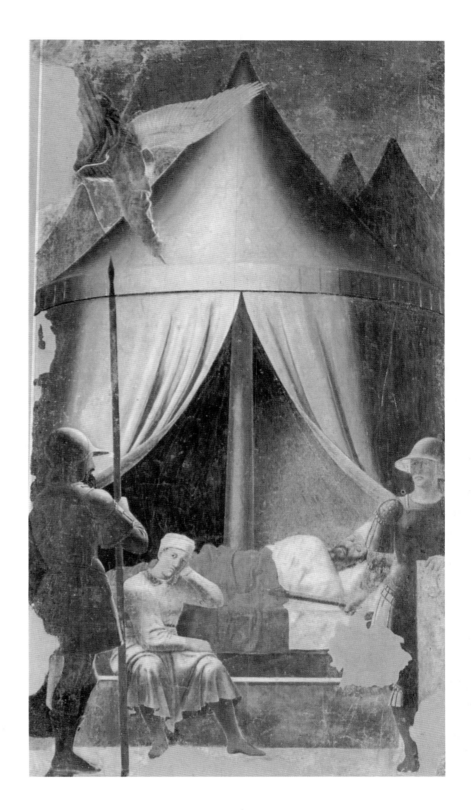

l'église San Francesco à Arezzo entre 1452 et 1462 (Pl. 86).
Là, on retrouve tout ce que Piero doit aux fresques de
Masaccio de la chapelle Brancacci, tout ce qu'il retira des
tableaux les plus techniquement novateurs de Paolo
Uccello, ainsi que cette impression d'espace qu'il emprunta
à Lippi. Il avait intégré tous ces éléments et pouvait maintenant grâce à eux composer des images d'une stupéfiante
simplicité, dans un style sobre qui n'a pas son égal dans la
peinture occidentale. Ces scènes crûment éclairées n'en
sont pas moins mystérieuses, et l'expression intemporelle
des personnages procure une émotion intense.

Piero sans aucun doute affina encore son style lors de son
séjour à Rome autour de 1458. Là, il rencontra, outre des
peintres flamands et espagnols, Melozzo da Forli (1438-
1494) et certainement aussi Antonello da Messina. Melozzo
venait de Forli, une petite ville de la province romagne. Son
style est une version adoucie de celui de Piero (Pl. 120). En
outre il possédait une maîtrise parfaite du rendu de la perspective. C'est durant ces années que Piero peignit son inoubliable *Résurrection du Christ* (Pinacothèque communale de
San Sepolcro) où la figure hiératique du Christ est placée au
centre d'une composition pyramidale. Enfin date aussi de
ces années l'une de ses œuvres les plus marquantes et les
plus originales de son temps : la *Madone Monterchi,* une
fresque exécutée pour la chapelle Santa Maria di Momen-
tana, à Monterchi. Il s'agit d'une œuvre à l'iconographie
tout à fait originale et à la beauté « sévère ».

Durant les dernières années de sa vie, Piero passa beaucoup de temps à Urbino, à la cour de Federico da Montefeltro. Il fit le portrait de ce dernier ainsi que celui de sa
femme (Pl. 101 et 102). Le courant humaniste qui régnait
à la cour d'Urbino dut beaucoup séduire Piero, d'autant
que les humanistes s'intéressaient à l'architecture et à la
peinture. La *Flagellation* est sans doute l'illustration des
idées alors en cours dans le cercle des Montefeltro. Après
ses dernières œuvres, une *Nativité* inachevée (National
Gallery, Londres) et le retable de Brera (Pl. 99), il est probable que l'artiste se consacra à la théorie, abandonnant
ainsi la pratique de son art. D'après Vasari, et probablement
faut-il le croire, Piero était devenu aveugle.

Le successeur de Piero dans la région d'Arezzo fut le
moine florentin, Bartolomeo della Gatta (1448-1502), qui
avait été l'élève de Pollaiuolo et de Verrochio avant d'entrer
dans l'atelier de Piero. Il connaissait bien l'art flamand, et
son style se distingue par un réalisme frappant (Pl. 84).

Pietro Perugino, dit le Pérugin

L'art du Pérugin (Pietro Vannucci v. 1445-1523), avec son
sentimentalisme parfois un peu facile, ne pouvait être plus
à l'opposé de celui de Piero. Son surnom lui vient de sa ville
natale, Pérouse (Perugia). C'est là qu'il déploya son inépuisable activité, produisant inlassablement des œuvres diffusées dans toute l'Italie. Il avait à Pérouse, signalons-le, un
important atelier. Vasari, parfois mauvaise langue, écrivit à
son sujet qu'il aurait fait n'importe quoi pour de l'argent.
En 1481, après avoir été l'élève de Verrochio à Florence, et
probablement celui de Piero della Francesca, il avait déjà
acquis suffisamment de notoriété pour qu'on lui demande
de se joindre à l'équipe qui travaillait à la chapelle Sixtine
(Pl. 113). C'est là qu'il élabora son style qui ne changerait

87 ANDREA MANTEGNA, La Sagesse victorieuse des vices, vers 1502

Il s'agit du second des deux tableaux que peignit Mantegna pour le studiolo d'Isabelle d'Este, au palais ducal de Mantoue. Le Parnasse est le thème de la seconde toile : l'ensemble est aujourd'hui conservé au Louvre. Les sujets ont peut-être été suggérés par Paride da Ceresara, le conseiller d'Isabelle. Ce sont les plus importants tableaux allégoriques de Mantegna. La longue inscription enroulée autour de l'arbre devait permettre de « lire » le tableau comme un récit. Surgie du côté gauche, Pallas Athéna, la Sagesse, se précipite dans le jardin de la Vertu, pour faire fuir l'essaim de cupidons armés. Elle met en fuite aussi les autres personnages. Celui sur la gauche, transformé en laurier, symbolise l'une des quatre vertus cardinales désertant le jardin. Les vices s'enfuient dans une mare fangeuse, conduits par l'Avarice qui aide l'Ingratitude à porter l'Ignorance obèse. Suit un satyre grotesque qui symbolise la Luxure. L'Oisiveté qui n'a pas de bras est tirée avec une corde par la Paresse. Un singe hermaphrodite représente la Haine, le Mensonge et la Malice, et porte des sacs contenant le Mal.

plus guère : les personnages sont généralement très épurés et d'une grande élégance, les poses plutôt conventionnelles, atteignant parfois à un réel pathétique, comme en témoigne la *Lamentation sur le Christ mort* du palais Pitti de Florence.

À ses débuts, le Pérugin allia l'influence de Piero et celle des peintres flamands, comme on le voit avec la magnifique *Adoration des Mages* de la Galleria nazionale dell'Umbria de Pérouse. Dès 1475, comme il avait déjà une certaine réputation locale, il se vit confier les fresques d'une salle du palais communal de Pérouse (aujourd'hui disparues), et il commença à participer à la décoration de la chapelle Sixtine. Dès lors il se déplaça constamment entre Pérouse, Florence et Rome, où il avait des commandes prestigieuses. De ces années-là, son œuvre la plus accomplie est certainement la *Vision de saint Bernard* probablement exécutée entre 1489 et 1490 (Alte Pinakothek, Munich). On y trouve un purisme qui évoque l'architecture de l'époque à Florence, et se situe complètement à l'opposé de la sophistication de Botticelli.

Le Pérugin s'établit à Florence en 1493, après avoir épousé la fille de l'architecte Luca Fancelli. Sa réputation commença à décliner en 1505 lorsque Isabelle d'Este manifesta son insatisfaction devant le tableau *Lutte entre l'Amour et la Chasteté* qu'elle lui avait commandé pour son *studiolo* et qui se trouve aujourd'hui au musée du Louvre. En 1508, Jules II le renvoya alors qu'il peignait la voûte de la chambre de l'Incendie du Bourg au Vatican. Il passa ses dernières années à travailler en Ombrie, où il mourut de la peste.

Pinturicchio (Bernardino di Betto, v. 1454-1513), qui fut sans doute l'élève du Pérugin, avait un style très décoratif qui n'est pas sans évoquer celui de son maître, avec une profusion de détails très colorés et des costumes splendides. Entre 1492 et 1495, il travailla aux appartements Borgia, au Vatican, mais son œuvre la plus accomplie est un cycle de fresques pour la bibliothèque Piccolomini de la cathédrale de Sienne, et qui illustrent la *Vie d'Enea Silvio Piccolomini* (le pape Pie II) (Pl. 68).

Mantegna à Padoue et Mantoue

Andrea Mantegna (1431-1506) grandit à Padoue, et cela eut une influence déterminante sur son art ainsi que sur sa passion de la sculpture et de l'archéologie. C'est au contact des fresques de Giotto de la chapelle de l'Arena et des œuvres de Donatello à Padoue que Mantegna grandit. Il reçut une éducation artistique grâce à son père adoptif, Francesco Squarcione. Ce dernier possédait en effet le seul atelier d'Italie du Nord où, assurait-il, on enseignait la peinture « selon les critères modernes », mais Mantegna, très vite, eut un style tout à fait personnel et fut le seul grand peintre à sortir de cet atelier. Lorsqu'il fit un rapide récapitulatif des plus grands artistes de son temps, le peintre de la cour d'Urbino, Giovanni Santi, le père de Raphaël, plaça Mantegna en tête de sa liste, avant Léonard de Vinci. Quant à Vasari, il dit de la première commande confiée à Mantegna, qui n'avait que seize ans – un retable aujourd'hui disparu – qu'on aurait pu penser que ce tableau avait été peint non pas par un jeune artiste, mais par un artiste confirmé doté d'une longue expérience.

Mantegna obtint sa première commande d'importance en 1448 : il s'agissait de fresques illustrant les vies de saint

Christophe et de saint Jacques pour la chapelle Overati de l'église des Eremitani à Padoue. Ces fresques furent en partie détruites durant la Seconde Guerre mondiale, mais on en conserve des photographies. Il est clair que, bien que très jeune, Mantegna possédait déjà la parfaite maîtrise de la perspective, passion qu'il gardera toute sa vie, car deux des scènes de la vie de saint Jacques présentaient un effet de raccourci impressionnant, comme si on les voyait par en dessous. Ce réalisme dans les effets de perspective n'était pas fréquent au Quattrocento, il annonce les œuvres que Mantegna exécutera plus tard à Mantoue (Pl. 104), qui elles-mêmes préfigurent les coupoles du Corrège (Pl. 222). Mantegna eut sur cet artiste une influence considérable, comme sur les peintres de plafonds baroques aux raccourcis si théâtraux.

Des fresques de l'église des Eremitani, se dégagent d'autres traits caractéristiques de son style, comme le tracé assez sec des contours et la façon très sculpturale de traiter le corps humain. De même, l'omniprésente architecture

88 ANDREA MANTEGNA, Le Christ soutenu par deux anges, vers 1500

Voici l'une des œuvres religieuses majeures que Mantegna peignit à la fin de sa vie, et fait très inhabituel, le Christ est représenté en entier. Le paysage en fond est absolument remarquable. Le Christ est assis sur le bord d'un sarcophage, all'antica, et deux anges le soutiennent. L'un a des ailes rouges et une robe de séraphin ; l'autre porte une tunique bleue, couleur traditionnellement associée aux chérubins. Dans le fond, à gauche du tableau, on distingue deux femmes qui marchent vers la tombe, le matin de Pâques, et Jérusalem se dessine dans le lointain. Le sarcophage symbolise l'autel, et le Christ, l'Eucharistie. Le décor de gauche renvoie à la mort du Christ, et celui de droite, à sa résurrection.

classique et l'arrière-plan de paysages rocheux, où chaque pierre est minutieusement dépeinte sont déjà présentes dans les fresques de l'Eremitani. Mantegna est un artiste qui a une idée de la beauté bien personnelle, et fait peu de cas des autres conceptions. Ses canons de la beauté sont parfaitement illustrés dans son admirable retable de saint Zeno qu'il exécuta pour l'église de San Zeno de Vérone, à la fin des années 1450. Ce triptyque s'inspire du retable sculpté de Donatello à l'église Saint-Antoine-de-Padoue et dont les panneaux sont aujourd'hui dispersés. Mantegna avait une passion pour les effets de marbre et la sculpture antique, et alla jusqu'à peindre certains de ses tableaux en trompe-l'œil, avec des personnages en grisaille placés sur des fonds de marbre de couleur : ainsi *L'Initiation au culte de Cybèle à Rome,* œuvre exécutée autour de 1505 et conservée à la National Gallery de Londres.

Mantegna eut la chance de trouver un mécène qui partageait son amour de l'archéologie et de l'art antique. À partir de 1460, il fut le peintre de la cour de Ludovic de Gonzague, marquis de Mantoue. En 1474, il achevait la décoration de la célèbre chambre des Époux du palais ducal des Gonzague, décoration qui comporte des portraits exceptionnels ainsi que des techniques de représentation de l'espace parfaitement novatrices (Pl. 104 et 105).

Toujours à Mantoue, Mantegna réalisa deux commandes de grande envergure. La première était une série de neuf toiles illustrant le *Triomphe de César* (Hampton Court Palace, collection royale). Peints entre 1480 et 1495, ces tableaux sont l'expression la plus poignante de la nostalgie qu'éprouvait Mantegna pour la Rome antique. Ils fourmillent de détails empruntés à des bas-reliefs anciens et autres sources antiques. L'artiste obtint la seconde commande en 1490, après deux ans d'absence à Rome. Il s'agissait de peindre plusieurs tableaux pour le *studiolo* de l'épouse de François de Gonzague, Isabelle d'Este. Cette dernière en effet cherchait à obtenir des œuvres de tous les plus grands artistes contemporains, dont le Pérugin et Giovanni Bellini. Les œuvres les plus achevées de Mantegna pour le *studiolo* sont *Le Parnasse* et *La Sagesse victorieuse des vices* (Pl. 87), tous deux conservés au musée du Louvre.

À la fin de sa vie, la position de Mantegna à Mantoue peut se comparer à celle de Botticelli à Florence, dans la mesure où dans ses dernières œuvres, il ne fit aucune concession de style, en dépit des innovations de ses contemporains. Mais, à l'instar de Botticelli, ses tableaux religieux prirent une intensité nouvelle ainsi qu'un sens achevé du pathétique (Pl. 88). Insensible au progrès des peintres vénitiens dans le travail de la couleur et le rendu de l'atmosphère, Mantegna conserva jusqu'à la fin ses lignes rudes, bien marquées, et ses couleurs vives mais froides. Il eut également une grande activité de graveur et fut le premier artiste à faire connaître ses compositions par les gravures qu'il en avait faites. Ses estampes contribuèrent à son succès auprès de ses contemporains, et influencèrent bon nombre d'artistes, dont Dürer, qui vouait une grande admiration au *Combat des dieux marins.*

89 ANTONELLO DA MESSINA, Vierge de l'Annonciation, vers 1476
Le voyage en Sicile du sculpteur Francesco Laurana au début des années 1470 a peut-être poussé Antonello da Messina à épurer ses formes. Le résultat est évident non seulement dans ses merveilleux portraits, mais aussi pour cette superbe Vierge. Il semble que le voile de la vierge ait d'abord été peint à la détrempe, puis repris à la peinture à l'huile. Il s'agit d'une représentation de la Vierge très originale pour l'époque. Le visage de paysanne et le contraste très simple entre son voile bleu et le fond sombre confèrent beaucoup d'intensité à cette œuvre. De nombreux portraits d'Antonello reprennent le regard étrange et obsédant de la Vierge.

La peinture à Venise

Si la Renaissance s'épanouit très tôt à Florence, à Venise, en revanche, il fallut attendre la seconde moitié du Quattrocento pour voir poindre pareille richesse de talents qui, il est vrai, devaient se multiplier ensuite tout au long du Cinquecento. La Toscane avait connu l'impact inestimable de la « pré-Renaissance » de Giotto et de son école. Bien que le chef-d'œuvre du peintre de Padoue soit la chapelle de l'Arena, si proche de Venise, les Vénitiens n'y avaient pas été sensibles. Pendant la première moitié du Quattrocento, Venise fit venir des artistes extérieurs comme Gentile da Fabriano (qui demeura à Venise entre 1408 et 1414), et Pisanello. On doit à ces deux peintres l'essentiel de la décoration du palais des Doges. Ce furent leurs admirateurs, en particulier Giambono, Jacobello del Fiore et Jacopo Bellini, père de Gentile qui furent les premiers grands peintres vénitiens.

Les Vivarini, et tout spécialement Bartolomeo (v. 1432-v. 1499) et Alvise (v. 1445-1503) exécutèrent surtout des polyptyques de style gothique, dans des cadres dorés. Ils donnent de leur talent une impression d'archaïsme. Bien que souvent timorée et répétitive, la peinture de Bartolomeo est une interprétation attrayante de Mantegna, comme le montre son chef-d'œuvre, la *Madone avec quatre saints* de la Galleria Nazionale de Capodimonte, de Naples. Alvise, lui, s'inspirait davantage de Giovanni Bellini.

Dans ce contexte, on comprend que les progrès de l'art vénitien entre 1450 et 1500 aient été d'une rapidité stupéfiante. Ils sont dus en grande partie à un peintre de génie, qui vécut étonnamment longtemps (plus de quatre-vingt-cinq ans) : Giovanni Bellini. De façon paradoxale, le développement de la peinture vénitienne coïncida avec le déclin économique de la ville qui avait connu l'apogée de sa puissance et de sa fortune au milieu du siècle. L'énorme empire que Venise avait constitué en Méditerranée orientale menaçait de s'effondrer avec la chute de Constantinople, en 1453. Cet empire avait toujours suscité l'envie des autres cités italiennes, qui formèrent provisoirement des alliances entre elles pour mettre en pièces la domination vénitienne sur le continent.

Vers 1470, puis en 1474, séjourna à Venise un peintre sicilien, Antonello da Messina (v. 1430-1479) ; ce dernier y joua un rôle décisif en introduisant la technique de la peinture à l'huile. Sans doute l'avait-il apprise des peintres flamands qu'il avait rencontrés à Naples ou à Milan, et non pas parce qu'il avait été l'élève de Jan Van Eyck, comme l'assure Vasari. La principale œuvre d'Antonello à Venise est le *Retable de San Cassiano,* en partie conservé au Kunsthistorisches Museum de Vienne : elle eut une influence considérable sur les contemporains du peintre.

La famille Bellini

Né vers 1430, Giovanni Bellini vécut jusqu'à 1516, longévité rare pour l'époque ; cette période couvre le passage du gothique tardif à la haute Renaissance. Son père, Jacopo (v. 1400-v. 1470), qui dirigeait un atelier florissant, était allé à Florence où il avait vu tout ce qui s'y faisait sur le plan artistique. Plus tard, il voyagea beaucoup et connut Uccello, Donatello et Alberti. En 1453, Mantegna épousa Nicolosia, la fille de Jacopo. Si la peinture de Jacopo a été peu influencée par les peintres qu'il rencontra, ses deux cahiers de dessins eux, sont importants. L'un se trouve aujourd'hui au musée du Louvre, et l'autre, au British Museum de Londres. Ces cahiers contiennent plus de 230 dessins et esquisses de paysages et de projets architecturaux (dont les premiers *capricci*, ou « folies » architecturales), ainsi que des essais de perspectives. C'est dans cet enthousiasme pour le monde visible que grandirent Giovanni et son frère Gentile (v. 1429-1507). Giovanni le premier

travailla la lumière et la couleur dans un style proprement vénitien, et bien différent du style pratiqué ailleurs en Italie.

Vasari dit clairement que Giovanni dominait la scène artistique vénitienne de son temps, et il est vrai que peu d'œuvres du Quattrocento égalèrent ses tableaux. Si l'on possède suffisamment d'informations sur Giovanni à partir de 1500, ses débuts demeurent obscurs, de même que la place qu'il occupa par rapport à son frère Gentile, compte tenu de leur différence d'âge et de statut. Peu d'œuvres de Giovanni sont datées. Quelques exceptions pourtant dont le « Portrait de Jörg Fugger » (Norton Simon Museum, Pasadena), exécuté en 1474. Même la date d'exécution du célèbre *Retable de San Giobbe* (Pl. 90) n'est pas certaine : on la situe entre 1477 et 1487.

L'atelier de Giovanni connut un grand essor dans les années 1490, preuve de son succès. Mais à cause des nombreux peintres qui y travaillèrent, il est difficile de lui attribuer avec certitude certaines œuvres. Comment imaginer en effet que la même main peignît des œuvres aussi différentes que les Madones de ses débuts, et la *Vénus au miroir* (Pl. 215), qu'il exécuta vers la fin de sa vie ? Les différences sont stupéfiantes autant sur le plan du choix du sujet que sur celui de la technique de travail. Aussi on peut dire que Giovanni innova iconographiquement, techniquement et formellement.

L'influence de Mantegna, son beau-frère, fut importante sur les débuts de Giovanni, pourtant si l'on compare leurs versions respectives de la *Prière au jardin des Oliviers,* peintes l'une et l'autre vers 1460 et conservées à la National Gallery de Londres, on remarque l'aisance de Giovanni et son approche tout à fait originale du paysage. Sa *Madone Davis* (Metropolitan Museum of Art, New York), qui date à peu près de la même époque, trahit l'influence de Donatello et laisse pressentir son évolution future.

La visite à Venise d'Antonello da Messina eut des répercussions importantes sur le style de Giovanni Bellini : le peintre abandonna la peinture sur bois à la détrempe pour la technique à l'huile sur toile et les contours souvent moins précis. Le portrait du doge Leonardo Loredan (Pl. 106), qui date d'environ 1501 (National Gallery, Londres), est l'une des premières peintures vénitiennes à exploiter les effets de l'*impasto.*

Le style tardif de Giovanni est sans doute le plus séduisant et montre sa faculté à constamment évoluer. Giovanni commença avec le *Baptême du Christ,* qu'il peignit vers 1502 (Santa Corona, à Vicence), et dont la qualité de transparence est tout à fait extraordinaire. On retrouve cette même qualité dans le *Retable de San Zaccaria* (Venise) daté de 1505, qui montre que le peintre avait assimilé les grands principes de la haute Renaissance.

On a moins de détails sur la carrière de Gentile Bellini, mais l'on sait de lui deux éléments importants : d'abord, il hérita des cahiers d'esquisses de son père Jacopo, et enfin il fut peintre à la cour de Constantinople entre 1479 et 1481. De cette période date le portrait tellement exotique du *Sultan Mehmet II* à la National Gallery de Londres. On sait aussi que Gentile était un peintre topographique et outre

Commandée pour l'église de San Giobbe à Venise, ce retable est l'œuvre maîtresse d'un artiste parvenu à la pleine maturité de son art. Les saints représentés sont saint François, saint Jean-Baptiste, Job, saint Dominique, saint Sébastien et saint Louis, et au pied du trône les anges jouent une musique céleste. Ce retable souleva l'enthousiasme au temps de Bellini, et il figurait sur les listes recensant les plus belles œuvres d'art de Venise. On y reconnaît clairement l'influence d'Antonello da Messina, et Vasari laisse entendre que c'est grâce à cette œuvre que Bellini obtint de travailler à la décoration du palais des Doges en 1479 où il exécuta des peintures hélas aujourd'hui détruites. On notera dans ce retable la remarquable utilisation de l'espace à l'intérieur d'une architecture de style lombard que prolongeait à l'origine le cadre du tableau, de style classique. On notera aussi la magie de la lumière non seulement sur les visages mais aussi sur la mosaïque.

cycles un caractère particulier car il était doté d'une imagination sans limite. Dans ces deux cycles, il a représenté des architectures magnifiques qu'anime une multitude de personnages richement vêtus, où l'on voit que chaque détail a été étudié avec amour. C'est sans doute ce sens du détail et ses qualités d'observation qui firent de Carpaccio un portraitiste très original (Pl. 111). Deux autres tableaux très célèbres, *Deux dames sur un balcon* et *Chasse dans la lagune* (Pl. 109 et 110) montrent bien aussi le sens d'observation de l'artiste.

Contemporain des Bellini, Giovanni Battista Cima da Conegliano (v. 1459-v. 1517) travailla un peu à la manière de Giovanni Bellini (Pl. 25). On lui doit des retables d'une très grande beauté, surtout par la qualité des paysages en arrière-plan, comme le *Baptême du Christ* à San Giovanni in Bragora à Venise.

La peinture à Ferrare

Sous le règne des Este qui devinrent duc en 1471, Ferrare devait s'épanouir durant trois siècles. Les Este tiraient leur puissance et leur fortune d'une économie rurale très riche (que reflètent d'ailleurs de nombreux tableaux), et ils firent de leur ville l'un des centres culturels de la Renaissance en Italie. Ainsi, à Ferrare, des peintres comme Cosme Tura, Francesco del Cossa, Ercole de'Roberti et plus tard, les frères Dossi (*cf.* chapitre 8) côtoyèrent de grands lettrés comme Arioste.

Cosme Tura (v. 1430-1495) est l'un des peintres les plus singuliers de l'époque (Pl. 91). Il représentait des personnages aux traits très marqués, aux poses étranges et outrées, dans des décors architecturaux fantaisistes. Pour cela, il utilisait une palette de couleurs très contrastées, tantôt criardes, tantôt ternes, créant ainsi un monde bien à lui.

Francesco del Cossa (v. 1435-v. 1477) est moins excentrique, mais comparé à celui d'autres peintres, son art dégage une atmosphère étrange et parfois troublante. Il fut influencé par Mantegna et Piero della Francesca. On le connaît surtout comme un portraitiste, dont l'œuvre la plus

une série de Villes célèbres, qu'il peignit pour François de Gonzague, à Mantoue, après 1493, il exécuta de nombreuses œuvres tout à fait remarquables sur la vie publique et l'aspect de Venise à l'époque (Pl. 121).

L'art de Gentile Bellini semble avoir eu une influence importante sur l'un des plus merveilleux peintres vénitiens Vittore Carpaccio (v. 1460-1526). Carpaccio est célèbre surtout pour deux de ses œuvres, la *Légende de sainte Ursule*, exécutée vers 1490 (galerie de l'Académie, Venise), et *les Scènes de la vie de saint Georges et saint Jérôme,* cycle réalisé entre 1502 et 1507 à la Scuola di San Giorgio degli Schiavoni, à Venise.

La peinture narrative comme celle de Carpaccio avait déjà un long passé à Venise, et remontait aux mosaïques byzantines de Saint-Marc. Mais Carpaccio sut donner à ses

91 Cosme Tura, *Vierge à l'Enfant*, 1470-1474

Il s'agit de la partie centrale d'un retable qui se trouvait à l'origine à San Giorgio Fuori le Mura de Ferrare. Les différents panneaux sont aujourd'hui dispersés entre des musées européens et américains comme la National Gallery de Londres, le musée du Louvre, la galerie Colonna de Rome et le Museum of Fine Arts, à San Diego. L'inscription sur la caisse de résonance de l'orgue renvoie à la famille Roverella, et l'on peut donc imaginer que les personnages agenouillés étaient des Roverella. Le trône est flanqué de deux plaques de marbre portant des inscriptions qui sont des extraits des Dix Commandements, en hébreu. On y voit aussi les symboles des quatre évangélistes : un aigle pour saint Jean, un bœuf pour saint Luc, un lion pour saint Marc, et l'homme de saint Mathieu. Bien que la manière de représenter les personnages soit typique de l'école de Ferrare, ce tableau porte la marque de l'influence de Mantegna. On notera aussi, très caractéristiques de Tura, les personnages longilignes avec leur larges fronts bombés, ainsi que le décor architectural plutôt fantastique. Le style de Tura, étrange autant qu'original, influença beaucoup les autres artistes de Ferrare.

célèbre, les fresques du palais Schifanoia à Ferrare, commandées par Borso d'Este montrent tout le talent. Il s'agit d'un cycle séduisant où l'on trouve à la fois des représentations astrologiques, des cycles des saisons et des symboles de la chevalerie. Tous ces motifs donnent à son œuvre un caractère décoratif unique à cette époque.

Lorenzo Costa (v. 1460-1535) fut très influencé par Tura, et en 1506, il succéda à Mantegna comme peintre à la cour de Mantoue. Là, il travailla pour Isabelle d'Este. Son style eut peut-être plus d'influence sur la peinture contemporaine que l'on a tendance à le croire et son *Concert* (Pl. 119) est sans doute le premier tableau d'une longue tradition picturale qui allait se développer en Italie.

Bien des idéaux du Quattrocento seraient repris au siècle suivant. La transition entre le Quattrocento et le Cinquecento, aujourd'hui évidente, l'était moins pour les gens de l'époque, même si tous ont eu conscience que leur monde était en pleine évolution. Léonard de Vinci, pur produit du Quattrocento fournit les principes de la haute Renaissance, alors que Michel-Ange, âgé de vingt-cinq ans en 1600, appartient déjà au Cinquecento. De nombreux peintres qui avaient commencé leur carrière au XVᵉ siècle, la poursuivirent au XVIᵉ. En bref, les grandes idées novatrices de la haute Renaissance n'eurent pas l'influence et la diffusion immédiate que nous imaginons aujourd'hui. On voit une fois de plus que les « vieilles » idées mettent longtemps à mourir, surtout dans les milieux éloignés des grands centres d'effervescence culturelle.

92 Antonio Pisanello, Saint Georges délivrant la princesse de
Trébizonde du dragon, 1437-1438
*(Ci-dessus) Il ne subsiste que cette partie de la fresque qu'exécuta
Pisanello dans la chapelle Giusti de San'Anastasia, à Vérone, et l'on
y sent nettement combien son style fut influencé par le séjour qu'il
passa à Rome. Le côté très délicat, presque recherché vient du style
gothique international qu'avait transmis à l'artiste son maître,
Gentile da Fabriano. On notera le réalisme des chevaux, des chiens,
des tours et des clochetons de la ville qui constitue le fond du tableau.
Il s'agit vraiment d'un des chefs-d'œuvre de la peinture naturaliste
d'Italie du Nord.*

93 Masaccio, Trinité, 1425-1428
*De cette fresque grandiose de Masaccio, il ne reste qu'une œuvre très
endommagée. La couche de peinture est mince, et d'après Vasari,
cette fresque fut peut-être peinte sur d'autres fresques qui au début
demeurèrent partiellement visibles, mais que les restaurations
successives ont fait disparaître tout en abîmant le travail de surface,
tel qu'on le voit ci-contre. On ignore qui commanda cette fresque.
Le commanditaire pourtant figure au bas de la scène, mais n'a
jamais été identifié. Masaccio allie ici l'image de la sainte Trinité à
l'histoire du Calvaire comme l'indique la présence de la Vierge et de
saint Jean l'Évangéliste. En fond, la chapelle peinte en perspective est
peut-être le symbole de l'Église comme on le trouve dans les tableaux
flamands.
L'architecture de la chapelle est fortement inspirée par Brunelleschi
et Donatello. La maîtrise du dessin, de la perspective, et le pouvoir
évocateur que possèdent les personnages laissent à penser que
Masaccio peignit cette Trinité après qu'il eut terminé les fresques de
la chapelle Brancacci (voir Pl. 70).*

95 Fra Angelico, Annonciation, vers 1445
(Ci-dessus) Cette fresque, face à l'escalier, accueille le visiteur qui se rend au premier étage où se succèdent les cellules des moines du couvent San Marco. Le cadre architectural de la scène, loggia de style classique, est visiblement inspiré de l'architecture choisie par Michelozzo pour le couvent, et les motifs corinthiens des chapiteaux des colonnes sont partiellement copiés sur ceux que Michelozzo utilisa pour les cloîtres de Santa Annonziata et San Marco. Cette scène est l'une des compositions les plus attachantes de Fra Angelico, et la lumière qui l'inonde est quasi miraculeuse. Si les personnages conservent certains éléments du style gothique, leur simplicité et leurs volumes traduisent l'influence de Masaccio. Les couleurs magnifiques des ailes de l'ange donnent une harmonie très douce à l'ensemble de l'œuvre.

94 Fra Angelico, Saint Dominique au pied de la croix, après 1442
(À gauche) Cette fresque accueille le visiteur lorsqu'il pénètre dans le cloître du couvent de San Marco, et sa simplicité ainsi que l'intensité spirituelle qui en émane en font une scène infiniment émouvante. Fra Angelico eut des assistants pour l'aider dans le travail énorme qu'il exécuta à San Marco, mais on ne possède aucune information sur eux. Certaines scènes comme celle-ci paraissent néanmoins avoir été peintes de sa main alors que les fresques des cellules des moines sont peut-être le travail de ses assistants.

GLORIOSVS·APOSTOLORVM·CHORVS·

96 Luca Signorelli, Les Élus, 1500-1504
(Ci-dessus) En 1447, Fra Angelico et Benozzo Gozzoli entreprirent
les fresque de la cathédrale d'Orvieto, mais la chapelle confiée à
Signorelli ne fut achevée qu'en 1499. Dans cette scène, les
Bienheureux sont couronnés par des anges tandis que d'autres anges
répandent des roses et jouent de la musique. Le nombre important de
personnages nus sont une caractéristique notoire de cette œuvre et un
fait sans précédent dans la peinture italienne. En cela, Signorelli
annonce Michel-Ange, qui admirait immensément la décoration de
cette chapelle.

98 Domenico Ghirlandaio, Naissance de saint Jean-Baptiste,
1485-1490
(À droite) Les célèbres fresques de Ghirlandaio pour l'église Santa
Maria Novella à Florence lui furent commandées par Giovanni
Tornabuoni. L'artiste les exécuta avec l'aide de son frère Davide, de
Sebastiano Mainardi et du très jeune Michel-Ange. Sur le mur de
gauche, se trouvent des scènes de la Vie de la Vierge, et sur le mur
de droite, celles de la Vie de saint Jean-Baptiste. Ces fresques, qui
comptent parmi les œuvres les plus réussies de la peinture narrative
de la Renaissance, insèrent dans une harmonie paisible les portraits
de nombreux personnages contemporains. Elles restituent des détails
de la vie quotidienne à Florence, dont les costumes et la décoration
intérieure des demeures.

97 FILIPPO LIPPI, Scènes de la vie de saint Jean-Baptiste (détail),
1452-1466
(Ci-dessus) Cette scène appartient au cycle de fresques que peignit
Lippi dans la chapelle principale de la cathédrale de Prato et qui
illustre la vie des saints Jean-Baptiste et saint Étienne, auquel la
cathédrale est dédiée. De multiples problèmes retardèrent le travail
de Lippi qui mit près de treize ans à l'achever, avec l'aide de

plusieurs assistants. Lippi retravaillait la surface à fresque avec de la
peinture a tempera, ce qui lui permettait d'ajouter une infinité de
détails et de nuances, et donnait à ses fresques la profondeur de
certaines peintures sur bois. La scène ci-dessus illustre trois épisodes :
la danse de Salomé, le moment où elle reçoit la tête de saint
Jean-Baptiste, et enfin le moment où elle la présente à sa mère,
Hérodiade.

99 Piero della Francesca, Sainte Conversation, 1472-1474

(Ci-contre) La Madone à l'Enfant, entourée de quatre anges et saints, est adorée par le duc Federico II da Montefeltro. Elle possède indiscutablement un caractère votif et fut sans doute commandée pour la naissance de Guidobaldo da Montefeltro, en 1472. L'œuf d'autruche suspendu au-dessus de la vierge est peut-être un symbole chrétien des quatre éléments ou le symbole de la création, en référence à la naissance de Guidobaldo. Le décor architectural était destiné à s'inscrire dans l'architecture de l'église San Bernardino à Urbino, et l'on y voit non seulement l'abside mais aussi le départ des transepts et l'amorce des murs d'une nef. Comme la Vierge dans une église (Pl. 125) de Van Eyck, la taille de la Madone de Piero est plus importante que celle des autres personnages du tableau : cette disproportion vise à mettre le plus possible la Vierge en valeur.

101 et 102 PIERO DELLA FRANCESCA, Federico da Montefeltro et Battista Sforza, 1465
(Ci-dessus, à gauche et à droite) À l'origine, ce diptyque était sans doute destiné à la chambre d'audience du palais ducal d'Urbino. Il arriva à Florence en 1631, avec l'héritage de la famille Della Rovere. Federico avait eu le nez cassé dans un tournoi, et Piero joue du contraste de ses traits durs avec la douceur qu'il confère au visage de sa femme. La caractéristique la plus étonnante de ces portraits est qu'ils semblent complètement intégrés dans les paysages qui leur servent de décor. Cette singularité rappelle les expériences semblables effectuées à Florence par Pollaiuolo et d'autres. On retrouve aussi dans ces deux portraits une forte influence flamande. Au revers de chacun des panneaux sont peints les « triomphes » du couple.

100 PIERO DELLA FRANCESCA, Flagellation du Christ, vers 1455
(À gauche) La tradition veut que le personnage central du groupe de trois, à droite de la scène, représente Oddantonio da Montefeltro, et qu'il soit entouré de ses ministres, Monfredo dei Pio et Tommaso dell'Agnelo, qui furent responsable de la mort du jeune prince en 1444. Pour certains critiques, cette peinture est une allégorie de la crise que traversa l'Église et qui connut son point culminant avec la chute de Constantinople, en 1453. On trouve dans ce tableau un des exemples les plus purs et les plus beaux de l'architecture de la Renaissance, et la disposition des personnages sur le pavement a peut-être une signification symbolique mathématique précise.

103 DOMENICO GHIRLANDAIO, Portrait d'un vieillard et d'un jeune garçon, vers 1488
(Ci-dessus) Il émane de ce tableau une intimité et un réalisme assez inhabituels. Et pourtant c'est une image toute simple de l'allégorie du cycle de la vie. L'enfance regarde avec étonnement la décrépitude du grand âge, et le regard du vieil homme est empli de compréhension et de compassion. Dans le paysage qui sert de fond, un chemin sinue entre les collines pour aller rejoindre une très haute montagne qui a peut-être une signification symbolique, qui sera très en faveur dans les milieux humanistes florentins.

104 ANDREA MANTEGNA, Chambre des Époux (détail du plafond), 1465-1474
(À droite, en haut) La chambre des Époux du palais ducal de Mantoue était destinée à abriter des objets d'art et des tableaux. Dans l'oculus du plafond, peint en trompe-l'œil et comme s'il était ouvert sur le ciel, des putti, des femmes et un paon semblent regarder à l'intérieur de la chambre par-dessus une balustrade, dont le dessin rappelle Donatello. En Italie, cet oculus est le premier exemple (ô combien audacieux) d'essai de perspective que l'on appelle sotto in su, *et où l'on raccourcit les personnages et les objets pour donner l'illusion qu'on les voit par en dessous.*

105 ANDREA MANTEGNA, Chambre des Époux (détail), 1465-1474
(À droite, en bas) Cette fresque de la chambre des Époux est l'une des rares représentations de la Renaissance montrant rassemblée la famille régnante d'une ville au complet. On a laissé entendre qu'il s'agissait de la réception donnée par la cour de Mantoue pour l'empereur Frédéric III et le roi du Danemark (bien que ces deux derniers ne soient pas représentés). Il peut s'agir aussi de la lettre du pape annonçant que le second fils de Ludovic, François, avait été nommé cardinal. On est en tout cas à peu près certain que le personnage central est Ludovic III de Gonzague, entouré de son secrétaire, Marsilio Andreasi, de sa femme, Barbara de Brandebourg de Bavière, de ses enfants et parents, ainsi que de membres de la cour.

108 ANTONELLO DA MESSINA, Saint Jérome dans un intérieur, 1474

(À droite) Antonello fut le plus grand peintre sicilien de la Renaissance. Vasari assure qu'il travailla avec Van Eyck, mais c'est sans doute faux, et probablement connut-il la peinture à l'huile par des peintres flamands qui séjournèrent à Naples ou à Milan. Ce tableau remarquable fut exécuté peu avant le séjour à Venise que fit Antonello vers 1475-1476, séjour durant lequel le peintre fut très influencé par Giovanni Bellini qu'il influença à son tour. En 1529, ce tableau faisait partie d'une collection vénitienne, et il fut suggéré qu'il était peut-être l'œuvre d'un peintre flamand. On a également laissé entendre qu'Antonello avait vu le triptyque Lomellino de Van Eyck aujourd'hui disparu, et dont on mentionne la présence à Naples en 1456. Le paysage qui sert de fond à ce tableau rappelle beaucoup les paysages des peintres nordiques.

106 GIOVANNI BELLINI, Le Doge Leonardo Loredan, vers 1501

(Ci-dessus) Loredan qui naquit en 1436 fut doge de 1501 à 1521. Vraisemblablement, ce portrait fut exécuté très rapidement après l'élection de Loredan. Le tableau, qui appartint un temps au richissime collectionneur anglais du XIXe siècle, William Beckford, représente l'apogée de talent de Bellini en tant que portraitiste. L'artiste a choisi de présenter son sujet derrière une balustrade comme pour mieux le séparer de ceux qui le contemplent, artifice qu'il utilisa souvent dans d'autres portraits et pour certaines de ses madones. Ici le but recherché est parfaitement atteint. On notera aussi la subtilité des couleurs et les harmonies d'or et d'argent pâli. C'est de ce type de portrait que s'inspira Titien pour ses premiers portraits.

107 GIOVANNI BELLINI, Giovanni Emo, vers 1475-1483

(Ci-contre) Le modèle du portrait ressemble à la statue de Giovanni Emo réalisée par Antonio Rizzo et conservée au musée civique de Vicence. Du reste, la polychromie de l'effigie sculptée a peut-être inspiré à Bellini la palette de couleurs qu'il utilisa ici. Emo (1425-1483) était sénateur vénitien et fut ambassadeur de Venise en Hongrie en 1474, puis à Constantinople, en 1475. Si ce portrait se ressent de l'influence d'Antonello da Messina, et aussi de celle de Mantegna dans le traitement des détails, il reste que l'on a l'impression de regarder un buste sculpté.

109 et 110 VITTORE CARPACCIO, Chasse dans la lagune *et* Deux dames sur un balcon, 1490-1496

(Ci-contre, en haut et en bas) Ces deux fragments appartiennent visiblement au même tableau ; le lis, en bas à gauche de la Chasse, *correspond exactement au vase posé sur la balustrade du tableau du bas. Le vase lui-même porte les armes d'une noble famille vénitienne, les Torella, et l'on peut penser que le tableau représentait deux nobles dames de la famille Torella qui regardaient la partie de chasse de la terrasse de leur palais. On a pensé à une époque qu'il s'agissait de deux courtisanes. Il a aussi été suggéré que le tableau contenait des références à Circé qui avait le pouvoir de métamorphoser les humains en animaux, mais il semble plus probable qu'il s'agit tout simplement d'une scène de genre dans laquelle sont inclus deux portraits.*

111 VITTORE CARPACCIO, Jeune chevalier (Francesco Maria Della Rovere, duc d'Urbino), 1510

(À droite) Le modèle est presque certainement le jeune duc d'Urbino (1490-1538), fils de Giovanni della Rovere et neveu du pape Jules II. Un faux monogramme fut apposé au tableau à une époque, pour laisser croire qu'il s'agissait d'une œuvre de Dürer, dont la gravure Le Chevalier, la Mort et le Diable *datant de 1514 (Pl. 43) a sans doute inspiré à Carpaccio la silhouette à cheval du second plan. Le séjour à Venise de Dürer entre 1505 et 1507 n'était pas passé inaperçu dans la communauté des artistes. Ce tableau, qui fourmille de références directes et indirectes au modèle et à sa famille, est un exemple parfait de la passion que l'on avait à la Renaissance pour les symboles et les allégories. Sans doute peut-on lire ici une allégorie chevaleresque du combat de l'âme chrétienne entre le bien et le mal, et voir dans le sujet la puissance et la faiblesse caractéristiques du chêne (Rovere signifiant chêne). Dans le décor, on distingue une hermine ainsi qu'une inscription en latin : « Meurs dans la douleur plutôt que de trahir ». Ces deux éléments font référence à l'ordre napolitain de l'Hermine et aussi aux ducs d'Urbino. Le cavalier à cheval porte un habit noir et or, les couleurs de la famille Urbino. Le tronc de chêne coupé, au premier plan, et le grand chêne dans le décor à l'arrière-plan suggèrent sans doute un lent processus de régénération, et renvoient probablement au rôle de Francesco Maria dans sa famille. Il avait été prénommé Maria parce qu'il était né le jour de l'Annonciation, et les lis et les iris toujours associés à la Vierge de l'Annonciation sont une référence de plus à cet événement. L'impression d'irréalité qui émane de ce tableau est encore accentuée par l'absence de perspective et d'ombre. Dans cette œuvre, tous les détails sont minutieusement observés et contribuent à lui donner son atmosphère figée comme hors du temps.*

112 PIERO DI COSIMO, Construction d'un palais, vers 1515-1520
(Ci-dessus) Bien qu'il ne donne pas de clé pour en comprendre le sens
profond, ce tableau est peut-être une simple allégorie du triomphe de
l'architecture, allégorie peut-être liée au souvenir de la famille
d'architectes Sangallo. Piero les connaissait et fit un mémorable
portrait de Giuliano da Sangallo vers 1500-1504, conservé au
Rijksmuseum d'Amsterdam. Ce bâtiment en construction que montre
le tableau est bien dans le style de Giuliano ; sa structure en deux
parties évoque le plan de la villa Médicis à Poggio a Caiano.

113 LE PÉRUGIN, Le Christ remettant les clés de l'Église à saint
Pierre, 1482
(Ci-dessous) Cette fresque fait partie d'un cycle de la chapelle Sixtine
commandé en 1481. Sa monumentalité tient à l'architecture des
édifices du fond, ainsi qu'à la position hiératique et très digne des
personnages, parmi lesquels sont portraiturés des contemporains.

114 BENOZZO GOZZOLI, Procession des Mages, 1459-1460
(À droite) Ces fresques furent commandées par Pierre de Médicis, le
fils de Cosme, pour la petite chapelle du palais familial conçu par
Michelozzo à Florence. Il faut se rappeler les goûts de Pierre pour
comprendre la richesse éblouissante des couleurs de ces fresques,
ainsi que celle de leurs détails. Pierre en effet était collectionneur
éclairé de pierres précieuses, tapisseries, pièces d'orfèvrerie et
peintures flamandes, comme l'était à la même époque, Borso d'Este
(1430-1471) à Ferrare. Poursuivant la tradition chère aux Médicis,
Gozzoli a inclu dans sa procession des portraits des membres de la
famille Médicis et de leur cour. L'œuvre évoque par la profusion de
ses détails l'Adoration des Mages (Pl. 69) que Gentile da Fabriano
peignit pour la chapelle de Palla Strozzi. La procession ici est
représentée avec le réalisme d'un événement historique auquel elle
fait référence, le concile qui se tint à Florence en 1439. L'un des trois
Rois Mages est Constantin XI, le dernier souverain de Byzance
mort en 1452 en défendant la ville contre les Turcs.

115 SANDRO BOTTICELLI, Allégorie du printemps, vers 1478

(À gauche) Ce tableau a peut-être fait partie d'un cycle qui comprendrait la Naissance de Vénus *et* Minerve et le Centaure : *ces trois tableaux ont une iconographie fort complexe pétrie d'influences néo-platoniciennes. Zéphyr, à l'extrême droite, personnifie l'amour humain, et le pouvoir de donner la vie. Il s'empare de la nymphe Chloris qui se transforme en Flora. Au-dessus, Cupidon aide Vénus à attiser cet amour passionné, et aussi à le sublimer par le moyen de l'intelligence (les trois Grâces) pour le transformer en une contemplation idéale de l'au-delà par l'intermédiaire de la représentation de Mercure, à l'extrême gauche.*

116 SANDRO BOTTICELLI, Naissance de Vénus, 1484-1486

*(Ci-dessus) L'artiste peignit ce tableau pour Lorenzo di Pierfrancesco de Médicis, un cousin de Laurent le Magnifique. L'œuvre devait être le pendant de l'*Allégorie du printemps. *Sa partie supérieure a sans doute été coupée.*

117 SANDRO BOTTICELLI, Minerve et le Centaure, vers 1480

(Ci-contre) Ce tableau, que Vasari avait identifié à tort comme Pallas et le Centaure, *montre Minerve en déesse de la Sagesse triomphant des mauvais instincts incarnés par le Centaure.*

118 LÉONARD DE VINCI, Dame à l'hermine, 1485-1490
(À gauche) On convient aujourd'hui que ce portrait est celui de
Cecilia Gallerani, la maîtresse de Ludovic Sforza, et que c'est celui
que loue le poète de cour Bellincioni dans un de ses sonnets. Une
correspondance entre Cecilia Gallerani et Isabelle d'Este mentionne
également ce portrait. Sur celui-ci, la jeune femme tient une hermine
qui était l'emblème de Ludovic. Bien que très endommagé, ce tableau
fait partie des plus belles œuvres de Léonard de Vinci, surtout pour le
modelé du visage et la façon dont l'hermine place sa tête. Il ne faut
pas accorder crédit au bruit selon lequel il s'agirait de l'œuvre d'un
disciple de l'artiste. Bien que toujours fidèle à la tradition florentine,
ce tableau, par la pose du modèle et l'atmosphère générale qui s'en
dégage, montre combien Léonard était déjà en avance sur son temps.

119 LORENZO COSTA, Concert, 1487-1500
(Ci-dessus) Initialement attribué à Ercole de'Roberti, ce tableau est
l'un des plus achevés de Costa. C'est aussi une des premières
peintures de ce style, apparemment dénuée de toute signification
allégorique. Elle annonce le travail de Giorgione.

120 MELOZZO DA FORLI, Ange musicien, 1478-1480
(Ci-contre) Il s'agit d'un des nombreux fragments de l'Ascension du
Christ qu'exécuta Melozzo pour l'abside de Santi Apostoli, à Rome.
Cette fresque est maintenant répartie entre la Pinacothèque vaticane
et le Quirinal. On y retrouve clairement l'influence de Piero della
Francesca, mais s'y ajoutent une grande douceur et un sens très
original du mouvement.

122 CARLO CRIVELLI, Annonciation, 1486
(À droite) Gabriel est agenouillé dans la rue avec saint Emidius. Il
tient la maquette de la ville d'Ascoli dont il est le patron. Le peintre
réalisa ce tableau pour commémorer la promesse que fit, en 1482,
le pape aux habitants d'Ascoli de devenir en partie indépendants.
L'annonce de ce privilège eut lieu à Ascoli le 25 mars, jour de
l'annonciation, et dès lors, chaque année l'on se rendait en procession
jusqu'à l'église de Santissima Annunziata pour laquelle le tableau fut
exécuté. Caractéristique de Crivelli, ce déploiement architectural, et
même sculptural se combine avec une profusion de détails splendides
comme les oiseaux, le tapis, les fleurs ou l'intérieur.

121 GENTILE BELLINI, Procession sur la place Saint-Marc, 1496
(Ci-dessous) Ce tableau fait partie du Miracle de la Croix, qui se
trouvait à l'origine à la Scuola de saint Jean l'Évangéliste, à Venise.
Initialement le cycle comprenait dix tableaux peints entre autres par
Carpaccio, Mansueti et Bellini. Dans le cartouche placé dans la
partie centrale inférieure, on peut lire : « 1496 - fait par Bellini à
Venise, chevalier embrasé par l'amour de la Croix ». Ce tableau
montre la procession qui avait lieu le jour de la Saint-Marc, et à
laquelle participaient toutes les scuole qui, pour l'occasion,
exhibaient leurs reliques. La procession représentée ici eut lieu le
25 avril 1444 et un marchand de Brescia, Jacopo de' Salis, y obtint
la guérison miraculeuse de son fils blessé. On notera l'aspect et la
configuration de la place Saint-Marc avant son aménagement
ultérieur. Le pavement alors était rose, non pas gris comme
aujourd'hui, et ressemblait à celui de la place de la Seigneurie, à
Florence (Pl. 4). On voit aussi les mosaïques originales de la façade
de la basilique, dont il ne reste aujourd'hui qu'une partie.

Chapitre 5

La peinture du XVe siècle aux Pays-Bas

Dans les Flandres du XVe siècle, l'essor culturel vient des villes où se développent trois sources de mécénat : la cour de Bourgogne, qui partage avec une bourgeoisie naissante la passion des arts, l'Église qui commande des tableaux et des manuscrits enluminés, et enfin les guildes qui jouissent d'un prestige considérable, à la fois civil et religieux, et qui dotent souvent de retables leurs chapelles.

On collectionnait les œuvres d'art à la cour de Bourgogne, qui, comme beaucoup d'autres cours en Europe, finançait aussi d'importantes décorations temporaires faisant ainsi travailler de nombreux artistes, mais dont, hélas, il ne reste pas grand-chose. Ces décorations s'imposaient chaque fois que se produisait un événement important, comme un mariage ou des funérailles ducales, ou encore une entrée officielle dans une ville. Ces décors éphémères étaient souvent des édifications compliquées, comme des arcs de triomphe, des tapisseries déroulées le long des façades ou des « tableaux vivants » qui faisaient probablement référence à des sculptures contemporaines. Les fêtes du mariage de Charles le Téméraire, en 1468 à Bruges, à la décoration desquels participa un grand artiste comme Van der Goes, sont restées dans les annales.

Les ducs de Bourgogne avaient choisi la chartreuse de Champmol, un monastère près de Dijon fondé par Philippe le Hardi (détruit en grande partie à la Révolution), pour recevoir leurs sépultures. Ils en firent aussi le foyer de leur mécénat, et y réunirent des artistes importants, avec pour chefs de file le sculpteur Claus Sluter, mort vers 1405-1406, et le peintre de style gothique international Melchior Broederlam (v. 1378-1409).

La tombe que Sluter exécuta pour Philippe le Hardi fut sa dernière œuvre et, comme l'ensemble de ses sculptures, elle eut une influence énorme sur la peinture néerlandaise.

123 JAN VAN EYCK, *L'Homme au turban rouge*, 1433
On voit ici l'un des portraits les plus minutieux de Van Eyck, également remarquable par ses effets de lumière et le mouvement de tête du personnage pour regarder le spectateur. Selon certains, il s'agirait d'un autoportrait, selon d'autres historiens, du portrait de son beau-père.

De même qu'à Florence, à la même époque, les théories du sculpteur Ghiberti avaient servi aux peintres pour élaborer de nouvelles représentations des formes, de même les idées novatrices aux Pays-Bas furent d'abord expérimentées dans la statuaire. Les drapés très travaillés et les formes monumentales chères à Sluter modifièrent l'approche des peintres, dont Robert Campin (vers 1375-1444), le célèbre Maître de Flémalle : il fut le précurseur de la peinture flamande du XVe siècle.

Jusqu'à la guerre de Cent Ans (1337-1453), l'école parisienne avait dominé la peinture aux Pays-Bas, puis la situation s'inversa, et les idées de l'école flamande naissante se répandirent en Europe. En France, on peut parler d'un style franco-flamand, au moins jusqu'à la fin du XIVe siècle. Puis, durant le premier quart du XVe siècle, le style gothique international (*cf.* chapitre 3) déclina, les peintres recherchèrent un nouveau réalisme comme en témoignent le Maître de Flémalle, les frères Van Eyck et leurs émules, Petrus Christus, Rogier Van der Weyden, Dirck Bouts, Hans Memling et Gérard David.

Il est assez difficile d'étudier la peinture flamande au XVe siècle car contrairement à la peinture italienne contemporaine, on manque de documents précis. On peut donc s'interroger non seulement sur l'identité mais sur l'existence de certains artistes, et il faut se contenter d'attribuer de nombreux tableaux à certains peintres parce que leur facture semble identique. Il en résulte non seulement des incertitudes, mais des divergences d'opinion entre historiens de l'art.

Ce manque de documentation oblige à se fonder sur les œuvres d'art elles-mêmes pour comprendre le développement des écoles et l'évolution des artistes, même pour des maîtres comme Van Eyck et Van der Weyden. Jérôme Bosch, cependant, constitue un cas à part dans l'histoire de la peinture flamande de l'époque, son parcours est mystérieux et la chronologie de son œuvre difficile à établir. L'iconoclasme protestant qui, dans le nord des Pays-Bas, a fait disparaître beaucoup de tableaux est une autre difficulté rencontrée quand on étudie la peinture du nord de l'Europe.

La représentation de saints populaires flamands aide souvent à localiser la provenance de certaines œuvres : en effet le culte de nombreux saints était purement local, limité à une ville ou une province. Il s'agit d'ailleurs de saints généralement inconnus hors des Pays-Bas, en tout cas dans l'iconographie artistique. Ainsi saint Piat vénéré à Tournai, ou saint Bavon, saint Amelberga et saint Donatien que l'on trouvent souvent dans des tableaux avec les saints anglais Hugh de Lincoln, Edmond, Mildred et Oswald.

Le Maître de Flémalle

Les peintres que l'on a surnommés « maître de » tiennent cette appellation du fait que l'on ignore leur véritable identité. Parmi eux, le Maître de Flémalle est sans doute le plus connu à cause de son influence capitale sur la peinture du XVᵉ siècle : il est en effet le premier à avoir fait la synthèse entre les styles antérieurs et les idéaux nouveaux. Il eut deux prédécesseurs importants, deux « maîtres » qui travaillèrent à Hambourg. Le premier, Maître Francke peignait dans le style du gothique international et travailla au tout début du XVᵉ siècle. Il était très proche de la cour de Bourgogne ; le second, Maître Bertram (actif entre 1367 et 1414) était allemand, originaire de Westphalie, et se fit une réputation prestigieuse à Hambourg, sa ville d'adoption. Ces deux artistes sont les premiers à amorcer les idées novatrices de l'Europe du Nord, si importantes dans l'évolution de l'art flamand.

Dans l'univers de ces deux maîtres, on découvre les toutes premières tentatives de la peinture du nord pour se dégager des principes et des contraintes du style gothique tardif. Les peintures et les sculptures de l'autel de Grabow par le Maître Bertram (Hambourg, Kunsthalle) datent de 1379 et montrent clairement que le peintre connaissait la peinture alors en faveur à la cour de Prague sous Charles IV (1316-1378). Ce dernier devint roi de Bohème en 1346, et fut élu empereur romain germanique en 1355. Sa cour, raffinée et cultivée, attira des artistes de France et de Sienne.

L'œuvre la plus importante qui nous soit parvenue de Maître Francke est un retable, lui aussi à la Kunsthalle de Hambourg, l'autel de Saint-Thomas-Becket. Le peintre l'exécuta pour une guilde de marchands qui commerçaient avec l'Angleterre. Son style très raffiné, sa grande délicatesse, ses tonalités et ses caractéristiques iconologiques indiquent que l'artiste connaissait l'art byzantin et la peinture franco-flamande : il était donc plus qu'un peintre local. On suppose que sa dernière œuvre connue, un *Ecce Homo* (Hambourg, Kunsthalle) date environ de 1430. Ce tableau, par les jeux d'ombre et de lumière, la maîtrise du dessin marque une nette progression dans la représentation de la figure humaine.

La peinture du Maître de Flémalle commence là où s'arrêtent l'élégance précieuse et les tentatives de naturalisme de Francke. L'appellation de l'artiste lui vient de trois tableaux, en particulier une magnifique *Sainte Véronique* exécutée vers 1430 (Pl. 124) que l'on crut à tort, à une

époque, provenir de Flémalle, près de Liège. Aujourd'hui l'on s'accorde à penser que le Maître de Flémalle était en réalité le peintre Robert Campin qui fut actif à Tournai entre 1406 et 1444, mais sur lequel on possède peu d'informations. Certains croient encore que le Maître de Flémalle aurait été le jeune Rogier Van der Weyden. Le style de Campin annonce très clairement celui de son élève Jacques Daret (1406-v. 1468) ainsi que celui de Van der Weyden (1400-1464) qui lui aussi fut certainement son élève.

On pense que Campin est né à Valenciennes vers 1375-1380, et qu'il obtint en 1410 la citoyenneté à Tournai où, cinq ans plus tard, il prenait des élèves. À cette époque Tournai était plus connue pour ses sculpteurs que pour ses peintres. En 1423, Campin fut élu doyen de la guilde des peintres. Il était également membre de l'un des trois conseils de la ville. Qu'il fut un personnage important, l'intervention en sa faveur de la fille du comte de Hollande, lorsque Campin fut accusé d'avoir eu des relations avec un certain Laurent Polette qui avait une très mauvaise réputation, en témoigne.

Les objectifs que recherchait le Maître de Flémalle semblent avoir été clairs très tôt : son principal souci était sans doute de représenter des histoires religieuses d'une manière réaliste, avec des personnages placés dans un décor ou un paysage directement puisés dans la réalité et donc crédibles. Cette préoccupation correspond à celles de ces peintres contemporains italiens, elle vient peut-être aussi de ce qu'avaient vu les peintres flamands qui avaient voyagé en Italie, après l'époque de Giotto. Mentionnons aussi les exigences semblables de ces peintres admirables que furent les frères Limbourg, morts en 1416 (*cf.* chapitre 6).

Vers 1415-1420, alors qu'à Florence, Masaccio commençait à être reconnu, le Maître de Flémalle peignait sa première œuvre de style très personnel une *Mise au tombeau,* aujourd'hui conservée au Courtauld Institute de Londres. Ce tableau représente, selon la tradition médiévale, des personnages issus du peuple se détachant sur un fond doré mais donnant une impression de grande noblesse. L'œuvre laisse penser que le peintre s'était imprégné des statues de Sluter, le seul sculpteur d'Europe du Nord capable d'un pareil rendu des volumes à cette époque. Comparé à ceux de ses prédécesseurs, le tableau de Campin est d'un réalisme sans concession — en particulier dans l'expression pathétique et affligée des anges — et ses caractéristiques majeures n'allaient pas tarder à devenir celles de la peintures flamande : expressivité de la gestuelle, individualisation de l'expression des visages et, plus important encore, le caractère dramatique inhérent aux scènes représentées. Il émane de la *Mise au tombeau* une profondeur nouvelle, et le paysage dans lequel elle s'inscrit suggère une observation directe de la nature. Des inscriptions en hébreu — détail extrêmement rare dans la peinture flamande de l'époque — ajoutent une touche supplémentaire d'authenticité.

On est à peu près sûr aujourd'hui que le *Mariage de la Vierge* du musée du Prado à Madrid est de la main du Maître de Flémalle. Il l'exécuta tout de suite après la *Mise au tombeau.* Dans cette œuvre, la scène de foule, dans une grandiose église gothique, est remarquable car elle rend sensible l'agitation fébrile de tous les gens qui redoutent de ne pouvoir assister à la cérémonie. Ce tableau marque aussi un progrès majeur par rapport à la *Mise au tombeau* car le peintre supprime désormais le fond doré, survivance médiévale, et tend à faire participer le spectateur à la scène représentée, vue dans un espace réel. Deux panneaux en grisaille sur le revers du retable montrent sainte Claire et saint Jacques le Majeur, et là encore on trouve des réminiscences de Claus Sluter. Dans le tableau intitulé *Nativité* conservé au musée des Beaux-Arts de Dijon, toutes ces caractéristiques novatrices s'affirment, et le paysage traité en profondeur annonce la peinture flamande plus tardive. Dans tous ces tableaux, le peintre avec une confiance grandissante multiplie les symboles visuels.

L'art du Maître de Flémalle trouve son apogée dans le magnifique *Tryptique de l'Annonciation de Mérode* (Pl. 150) dont le panneau central, une scène d'intérieur représentant l'Annonciation, est pleine de symbolisme, et porte en elle toutes les promesses du futur art flamand, quand il sera au sommet de sa splendeur. En dépit de sa mise en perspective brutale assez surprenante et de la façon singulière dont les deux personnages s'inscrivent dans leur environnement, ce retable fourmille de détails qui lui confèrent un réalisme exceptionnel.

Après le *Tryptique de l'Annonciation de Mérode,* le travail de Campin va suivre deux voies divergentes : l'une le conduira à des tableaux pleins d'une intimité marquée de simplicité comme la *Vierge au pare-feu* de la National Gallery de Londres, œuvre exécutée vers 1428 ; l'autre l'entraînera vers des représentations plus grandioses. On voit l'amorce de cette tendance dans la *Vierge en gloire* du musée Granet d'Aix-en-Provence, dont le trône miraculeusement surélevé s'inscrit dans un paysage superbe. Cette tendance trouvera son apogée dans les trois grands panneaux de Francfort, la *Vierge à l'Enfant, Sainte Véronique* (Pl. 124) et la *Trinité,* peinte en grisaille dans une niche en trompe-l'œil. Dans la *Sainte Véronique* en particulier, on a du mal à trouver la filiation avec le style de Campin, surtout à cause de la richesse du vêtement, et de la représentation sculpturale et lointaine du personnage qui suggère une facture plus tardive. Ce tableau n'en témoigne pas moins d'une maîtrise parfaite que l'on retrouve dans le magnifique *Portrait de dame* de la National Gallery de Londres.

124 LE MAÎTRE DE FLÉMALLE, Sainte Véronique, vers 1430-1434
Originaire, on le suppose, de Flémalle, près de Liège, le peintre s'établit à Francfort. Ce panneau est l'un des trois, aujourd'hui conservés au Städelsches Kunstinstitut de la ville. C'est sans aucun doute le plus beau. L'effet de transparence du Sudarium montre toute l'habileté de l'artiste. L'intense expression du visage et la sculpturalité de la sainte font de cette œuvre l'une des plus impressionnantes du peintre.

125 JAN VAN EYCK, *Vierge dans une église*, vers 1425
À l'origine, ce tableau constituait le panneau gauche d'un diptyque, une des œuvres les plus importantes des débuts du peintre, avant qu'il n'ait commencé le retable de l'Agneau mystique. La Vierge couronnée est représentée comme la reine du ciel, les perles et les pierres précieuses de sa couronne sont le symbole de sa dignité royale. Sur la robe, l'inscription, aujourd'hui détériorée, vient du livre de Salomon (7-29) où est fait l'éloge de la Vierge, « plus éblouissante que le soleil ». Les flots de lumière jaillissant des vitraux font référence à sa virginité. Depuis le début du christianisme, la Mère de Dieu a été identifiée à un temple et à la maison de Dieu, ce qui explique sans doute la taille disproportionnée de la Vierge par rapport à l'église gothique où elle est représentée ici. Autre symbole de la Vierge, une statue entre les deux candélabres allumés, destinée à rappeler que la Vierge est l'autel du Christ.

Jan et Hubert Van Eyck

Si la peinture du Maître de Flémalle inaugure l'art flamand du XVᵉ siècle, les frères Van Eyck donnent la pleine mesure de cet art dans ce qu'il a de plus sublime. Des controverses subsistent sur ce que l'on doit à Hubert, mort sans doute en 1426, mais Jan (v. 1390-1441) demeure le maître incontesté de l'art de son époque, un prince parmi des peintres de cour. Comme les princes, il avait même adopté une devise : « Als ick chan » (« Du mieux que je peux »).

De son vivant, sa réputation était bien établie aux Pays-Bas, et elle s'étendit au sud des Alpes après sa mort. Dans les dix années qui suivirent, en effet, un collectionneur italien, Cyriaque d'Ancône, mentionnait sa célébrité, et vers 1460, Filarete fit de lui un éloge dithyrambique. Vingt ans plus tard, Giovanni Santi, le père de Raphaël, le mettait sur sa liste des meilleurs artistes. S'agissant de la technique de la peinture à l'huile, son nom devint synonyme de perfection, et certains auteurs, dont Vasari, lui en attribuèrent l'invention.

Grâce au grand *Retable de l'Agneau mystique* (Pl. 149) installé dans la cathédrale Saint-Bavon, Gand devint un lieu de pèlerinage pour des peintres comme Dürer, mais aussi pour le peintre et écrivain d'art hollandais, Karel Van Mander. Il faut dire qu'avec cette œuvre, Van Eyck avait atteint le sommet de la perfection. Il était parvenu à une extraordinaire transparence lumineuse en appliquant de multiples couches de couleurs translucides sur une sous-couche opaque, si bien que l'œuvre conserva un éclat, qui demeure encore aujourd'hui inégalé, malgré sa palette très sobre. Cette caractéristique alliée à l'exceptionnelle virtuosité du peintre dans le rendu des détails et dans la différenciation des textures font de lui le plus grand technicien de la peinture européenne. Sa *Sainte Barbe* (Pl. 34), peinte, vers la fin de sa vie, en grisaille, et sans doute inachevée, nous donne les clés de l'art de Van Eyck.

Curieusement, nous ignorons auprès de qui il apprit son métier. La première trace écrite que l'on a sur lui indique qu'en 1422, il se trouvait à La Haye, prêt à entrer au service de Jean de Bavière, comte de Hollande. À cette époque, il

126 JAN VAN EYCK, La Vierge au chanoine Van der Paele, 1434-1436

Ce tableau fut commandé par le chanoine Van der Paele pour la première église Saint-Donatien de Bruges. Sa richesse de détail en fait l'une des œuvres majeures de la peinture flamande de l'époque. La Vierge est assise dans le chœur d'une église. Le trône est orné de statues montrant Caïn tuant Abel puis Samson et le lion, et dans les niches des montants, Adam et Ève. Saint Donatien est à gauche dans un sompteux manteau de brocard bleu, et Van der Paele est agenouillé à droite, derrière son saint patron, saint Georges, qui le présente à la Vierge. Une inscription sur le cadre du tableau indique que celui-ci fut commandé en 1434.

avait déjà des apprentis. Après la mort du comte, Van Eyck trouva un nouveau mécène en la personne de Philippe le Bon, duc de Bourgogne qui le nomma peintre officiel le 19 mars 1425. Il était aussi le valet de chambre du duc, charge qui l'amena à faire partie d'ambassades ; il occupait ainsi une place comparable à celle qu'aura Rubens, deux siècles plus tard, quand il sera à la fois peintre et diplomate, jouissant de la confiance des rois. Van Eyck s'établit ensuite à Bruges où il vécut le reste de sa vie, hormis les missions diplomatiques qu'il remplit en Espagne et au Portugal entre 1426 et 1436. Il fit également deux séjours à Tournai, et il

est probable qu'il étudia le travail de Campin et en tira profit. Après le mariage de Philippe le Bon avec Isabelle du Portugal en 1430, on ne possède plus beaucoup d'informations sur Van Eyck. On sait seulement qu'il acheta une maison à Bruges en 1432, eut dix enfants, peignit et dora six statues sur la façade de l'hôtel de ville de Bruges en 1535.

On définit généralement les grandes caractéristiques de l'art de Jan Van Eyck à partir de neuf œuvres signées et datées de sa main. Au total on s'accorde à lui attribuer quelque vingt-cinq tableaux. Le premier est l'une des plus adorables Vierge à l'Enfant du XVᵉ siècle, la *Vierge dans l'église*, peinte vers 1425 (Pl. 125). Il s'agit d'un « début » assez spectaculaire car, bien que fidèle au style du gothique international, il rend les détails encore médiévaux avec une richesse et une force que l'artiste ne surpassera pas souvent dans ses œuvres ultérieures. La Vierge, sculpturale et imposante, est totalement disproportionnée par rapport à la magnifique église gothique dans laquelle elle se tient, comme une apparition miraculeuse (ce que le tableau cherche à suggérer). Tout ici contribue à conférer une impression de beauté mystique : la lumière, les couleurs, la figure céleste de la Vierge et les multiples symboles de Marie, qui déjà font partie du langage pictural de Van Eyck.

Le saisissant réalisme de l'architecture, imprégné d'une atmosphère et d'une lumière inoubliables, font du tableau une œuvre pleine d'émotion qui incite à la dévotion. On retrouve les mêmes effets dans l'*Annonciation* que Van Eyck peignit quelque trois ans plus tard, conservée à la National Gallery de Washington, mais la magie particulière de cette première œuvre n'y est plus.

Le *Retable de l'Agneau mystique* est centré sur un panneau représentant l'*Adoration de l'Agneau*. Sur son cadre, se trouve une inscription indiquant que l'œuvre fut commencée par « le peintre Hubert Van Eyck que nul ne surpassa », et achevée par Jan, son second en art, le 6 mai 1432. Si l'on prêtait foi à cette assertion, on ne saurait plus quelles parties du retable attribuer à Jan. L'on sait cependant que sur le plan de l'inspiration comme de la technique, les travaux que les deux frères effectuèrent ensemble sont bien inférieurs à ceux de Jan seul. Ils collaborèrent tous deux à un tryptique

127 PETRUS CHRISTUS, Portrait de jeune fille, vers 1460-1473
La tenue du modèle semble correspondre à celle de Maria Baroncelli-Portinari dans un portrait que Memling fit de cette dernière au tout début des années 1470, portrait qui se trouve aujourd'hui au Metropolitan Museum of Art de New York. Certains critiques assurent que le costume est français et non bourguignon, et que le tableau figurait, en 1492, à l'inventaire de la collection de Laurent de Médicis comme une œuvre de Pietro Cresti da Bruggia.

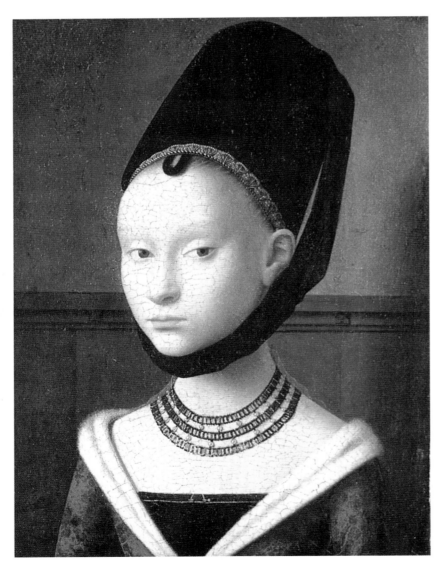

dont les deux panneaux conservés illustrent une Crucifixion, un Jugement dernier. L'ensemble se trouve au Metropolitan Museum of Art de New York. Même s'il l'on admet que Hubert et d'autres assistants aient participé à la conception et à l'exécution de l'*Agneau mystique*, le retable sert de fondement à l'étude de l'œuvre de Jan.

Une des commandes qui suivit l'*Agneau*, datée de 1433 et signée de l'artiste est la *Vierge de Ince Hall* (National Gallery of Victoria, Melbourne) qui semble être une copie de l'œuvre originale. Il reproduisit le même type de personnage, plus monumental encore, dans sa *Vierge de Lucques*, (Städelsches Kunstinstitut, Frankfort), presque contemporaine. Suivit sans doute très vite par la *Vierge au chancelier Rolin* (Pl. 142). Ce tableau comme le fond de l'*Agneau* marque une étape importante dans le rendu du paysage.

Le visage humain fascina l'artiste de façon croissante, et au cours de ses dix dernières années, ses œuvres les plus accomplies furent des portraits, sauf le *Triptyque* de Dresde conservé à la Gemäldegalerie de la ville.

On sait que Van Eyck peignit une femme nue à son bain, qui inspira sans doute la *Bethsabée* de Memling (Pl. 154). Néanmoins, il consacra ses dernières années à des œuvres religieuses ou à des portraits. La *Vierge au chancelier Rolin* et la *Vierge au chanoine Van der Paele,* datée de 1436 (Pl. 126) relèvent un peu des deux genres, puisqu'on y trouve les portraits de leurs donateurs. Comme l'*Agneau* occupe une place unique dans l'art religieux de l'époque, de même les *Époux Arnolfini* (Pl. 144) est une œuvre qui représente la quintessence de l'art du portrait, et résume l'amour que portait Van Eyck à la forme révélée par la lumière, le détail, le visage humain et le symbolisme.

L'*Homme au turban rouge* (Pl. 123) est peut-être un autoportrait. Enfin mentionnons que Van Eyck participa aussi aux enluminures et miniatures du livre d'*Heures de Turin-Milan.*

Petrus Christus

On s'accorde à penser que Van Eyck et Petrus Christus (v. 1410-v. 1472) ont travaillé ensemble. Petrus fut certainement l'élève de Van Eyck, et plus que tout autre peintre, il intégra dans son style certaines caractéristiques de son maître. Ce fut lui peut-être qui, utilisant le travail effectué dans l'atelier de Van Eyck, fit connaître ses idées et son iconographie. Il se peut que le tableau intimiste du *Saint Jérôme dans sa bibliothèque* de l'Institute of Arts de Detroit, soit une œuvre commune de Christus et Van Eyck exécutée dans les années 1440. Peut-être est-ce une autre version du tableau appartenant à Laurent le Magnifique et qui inspira Ghirlandaio et Botticelli. Petrus Christus eut sans doute plus d'influence qu'on ne l'a cru sur l'intérêt croissant porté par ses contemporains à la peinture d'intérieur.

On connaît peu de chose sur l'artiste, mais il est peut-être le « Piero de Bruges » dont on signale la présence à Milan, à la cour des Sforza, en 1456. On pense qu'il est né dans une des deux villes appelées Baerle, et la première trace documentée qu'on ait de lui remonte à juillet 1444, date à laquelle il obtint la citoyenneté à Bruges, avec la mention précise qu'il devait y travailler en tant que peintre. Van Eyck, alors, était mort depuis trois ans, mais rien n'interdit de supposer que Petrus Christus avait déjà travaillé dans son atelier, dont très probablement il hérita. Vraisemblablement, c'est lui qui termina certains tableaux inachevés à la mort de Van Eyck, dont le fameux *Saint Jérôme*.

En 1462, Petrus Christus et sa femme étaient reçus à la Confrérie de l'Arbre sec et l'année suivante l'artiste exécuta sans doute une bannière pour une procession religieuse. Petrus Christus reprenait les principes instaurés par Campin et Van Eyck, et y ajoutait des éléments nouveaux. Sa *Vierge d'Exeter* de la Gemäldegalerie de Berlin trahit une très nette influence de Van Eyck. Elle date d'environ 1444 et marque la fin de la première période de l'artiste.

Dans la *Descente de croix,* exécutée vers la fin des années 1440, et conservée au musée royal des Beaux-Arts de Bruxelles, et la *Nativité* qui date du milieu des années 1450 et se trouve à la National Gallery de Washington, on reconnaît l'influence de Rogier Van der Weyden. On se rend compte alors combien Christus était éclectique dans le choix de ses sources. Le genre dans lequel il montra le plus d'originalité est le portrait, et c'est dans ceux qu'il peignit qu'il faut rechercher, si elle existe, l'influence du voyage en Italie qu'il aurait entrepris. En 1446, le peintre signait et datait deux portraits, le *Portrait d'un chartreux* du Metropolitan Museum de New York, et *Edward Grymeston* de la collection Gorhambury, Saint Albans (prêt fait à la National Gallery de Londres). Trois ans plus tard, il signait et datait l'une de ses compositions les plus originales, *Saint Éloi à l'étude* (Pl. 145). Dans celle-ci, on voit déjà comment il avait assimilé le sens des détails qui caractérisera ses scènes d'intérieur plus tardives, comme la *Vierge à l'Enfant* de la Nelson Gallery-Atkins Museum à Kansas City. La *Vierge à l'Enfant avec saint Jérôme et saint François,* qui date de 1457 et se trouve au Stadelsches Kunstinstitut de Frankfort, est probablement l'un des premiers tableaux d'Europe du Nord à utiliser la perspective géométrique avec un point de fuite unique. Quant au célèbre *Portrait de jeune fille* (Pl. 127), il est le point d'orgue de la carrière du peintre.

Rogier Van der Weyden

À l'instar de Van Eyck, Rogier Van der Weyden (v. 1400-1464) jouissait de son vivant d'un grand renom dans son pays. Il gagnait beaucoup d'argent et dirigeait un important atelier où les commandes affluaient, si bien que son travail et ses idées circulaient assez largement en Europe où sa notoriété s'étendait déjà au sud des Alpes. Ses peintures étaient expédiées en Allemagne, en France, en Italie et en Espagne : il eut donc une très grande influence dans ces pays beaucoup plus rapidement que Van Eyck. On a peu de précisions sur sa carrière, et pour reconstituer l'ensemble de son œuvre, il faut se fonder sur l'évolution de son style et sur les rares faits connus. Il n'existe pas de tableaux

128 ROGIER VAN DER WEYDEN, Portrait de femme, vers 1450-1460
Au revers de ce magnifique portrait se trouve une représentation du Christ couronné d'épines qui est de bien moindre qualité.
L'expression de la femme que l'on voit ci-dessus suggère qu'elle est absorbée par la contemplation. Sa pose et son attitude laissent à penser que ce portrait, l'un des plus beaux de Van der Weyden, ne faisait pas partie d'un diptyque, et d'après le costume, on estime qu'il fut exécuté après 1440. Un portrait à peu près semblable du même artiste se trouve à la National Gallery de Washington.

signés ou datés et beaucoup de ceux que citent les sources contemporaines nous sont inconnus. Ceux qu'on lui attribue avec certitude montrent cependant une homogénéité de style et de technique indispensable à la compréhension de son art.

On ignore tout de ses premières années. En 1427, un peintre appelé Rogelet de la Pasture était admis dans l'atelier de Campin à Tournai, et l'on sait qu'il en partit cinq ans plus tard avec le titre de Maître Rogier. Dans la mesure où Weyden en flamand signifie pâturage, on peut raisonnablement en déduire que les deux noms se réfèrent à une seule et même personne. L'artiste s'installa ensuite à Bruxelles où il devint peintre de la ville en 1436, et reçut de prestigieuses commandes officielles. Comme pour Van Eyck, les œuvres de Van der Weyden qui nous sont parvenues sont soit des

129 ROGIER VAN DER WEYDEN, *Jugement dernier,* vers 1444-1448
C'est l'œuvre la plus importante du peintre. D'autres artistes de son atelier y participèrent car c'était une commande pour l'Hôtel-Dieu de Beaune, où le tableau n'est hélas plus à son emplacement originel aujourd'hui. C'est une œuvre immense et lorsque tous les panneaux sont déployés, elle mesure plus de cinq mètres de long. Le chancelier Nicolas Rolin la commanda à l'artiste : le mécène et son épouse, Guigone de Salins, sont représentés sur le revers, agenouillés sur des prie-Dieu, adorant saint Sébastien et saint Antoine peints en grisaille, que surmonte une Annonciation dans la partie supérieure du retable. Sur le panneau central, un Christ grandiose ainsi que l'archange saint Michel qu'adorent, sur les panneaux de gauche et de droite, la Vierge et saint Jean-Baptiste. Les personnages ressuscités puis jugés par saint Michel (au centre) sont condamnés à l'Enfer (à droite) ou envoyés au Paradis (à gauche).

tableaux religieux, soit des portraits de personnages importants, bien qu'il n'eût jamais été peintre de cour. Toute sa vie, il resta en contact avec le milieu artistique de Tournai, et après sa mort, les gens de cette ville firent dire des messes pour lui.

Les dernières œuvres de Van der Weyden montrent à l'évidence qu'il connaissait l'art du sud de l'Europe. Ainsi sa *Pietà* qui forme le panneau central de son *Tryptique de Miraflores* exécuté au milieu des années 1440 et conservé au Staatliche Museen de Berlin, on y voit la Vierge qui donne un dernier baiser à son fils, et l'iconographie du tableau est clairement italienne. En vérité, la peinture de Van der Weyden s'inspire des idées du Quattrocento plus que de ses contemporains. En 1450, année du jubilé, l'artiste effectua un pèlerinage à Rome et peignit une *Mise au tombeau* (au musée des Offices à Florence), qui fit partie un temps des collections Médicis, répertoriée comme un Dürer. Son iconographie et sa composition inspirées de Fra Angelico conduisirent certains critiques à attribuer le tableau à l'élève lombard de Van der Weyden, Zanetto Bugatto. Plus florentine encore est la *Sainte Conversation* du Städelsches Kunstinstitut de Francfort ; l'œuvre porte les

armes des Médicis, la composition évoque des peintres italiens comme Masaccio et Domenico Veneziano.

Van der Weyden reçut des commandes de nombreux membres de la cour de Bourgogne, dont l'évêque de Tournai, Jean Chevrot, et Pierre Bladelin, trésorier de l'ordre de la Toison d'or et fondateur de Middelburg. Le triptyque de la *Nativité* commandé par ce dernier figure parmi les œuvres les plus monumentales que Van der Weyden exécuta à la fin de sa vie. Le chancelier Nicolas Rolin, grand amateur d'art, lui commanda un important retable centré sur le *Jugement dernier* (Pl. 129) et destiné aux hospices de Beaune, ou Hôtel-Dieu, institution dont il était le fondateur.

On ne trouve pas d'évolution spectaculaire dans le style de Van der Weyden. Sa manière initiale et dont on peut dater le début à l'année 1432 évoque Van Eyck. Elle est parfaitement illustrée dans un merveilleux petit tableau sur bois, une *Vierge à l'Enfant* sur un trône que domine un dais gothique tout en finesse (Kunsthistorisches Museum, Vienne). On trouve encore des éléments tirés de Van Eyck dans l'*Annonciation* que l'artiste peignit deux ou trois ans plus tard (Pl. 140), mais c'est aussi dans ce tableau que s'amorcent les premières caractéristiques de son style propre. Car la manière de Van der Weyden est plus linéaire que celle de Van Eyck et, davantage que son maître, il intègre avec amour des détails de la vie quotidienne, en particulier lorsqu'il représente les intérieurs des maisons luxueuses qu'affectionnaient les nobles de la cour de Bourgogne.

Outre la célèbre *Déposition de croix* (Pl. 141), à la fin des années 1430, l'une des œuvres les plus importantes de Van der Weyden, et sans doute celle qu'il aima le plus, est *Saint Luc dessinant la Vierge* (Pl. 143). Elle s'inspire de la *Vierge au chancelier Rolin* de Van Eyck (Pl. 142) mais nous donne une interprétation beaucoup plus intimiste de la rencontre de saint Luc avec la Vierge. Si l'on compare la *Déposition de croix,* aujourd'hui au Prado, avec les tableaux de Campin, on comprend mieux l'évolution des peintres flamands à cette époque. Les compositions étaient devenues plus complexes, plus fluides, et certaines réminiscences gothiques un peu maladroites de Campin étaient désormais transformées en éléments dynamiques d'une grande beauté. Notons aussi la qualité exceptionnelle des visages dans les tableaux religieux de Van der Weyden. Ces visages attirent immédiatement l'attention à cause de leur expression qui semble changeante. Autre qualité majeure de l'artiste, sa capacité à rendre le caractère tragique d'une scène : elle explique sans doute la renommée immense du peintre. Par rapport à la peinture du Maître de Flémalle, la fonction de la couleur a changé : Van der Weyden l'utilise souvent pour donner une unité à une composition comportant de multiples personnages. Cela est évident dans le magnifique *Retable de sainte Colombe* (Pl. 42), une œuvre tardive dont on admirera la splendide architecture romane, ainsi que les somptueux costumes.

Outre ceux inclus dans ces tableaux religieux, les portraits de Van der Weyden sont parmi les plus séduisants de la peinture flamande. Le nombre de personnages importants qui ont posé pour l'artiste est impressionnant : Charles le Téméraire (Gemäldegalerie, Berlin), et François

d'Este (Metropolitan Museum, New York), qui fut élevé à Bruxelles furent ses modèles. D'autres portraits se trouvent intégrés à de petits diptyques, où celui qui pose (souvent le commanditaire de l'œuvre) est représenté adorant la Vierge, comme ceux de Laurent Froiment (musée royal des Beaux-Arts, Bruxelles) et de Philippe de Croy (musée royal des Beaux-Arts, Anvers).

Dirck Bouts

Le Maître de Flémalle était un novateur dans de nombreux domaines, Van Eyck et Van der Weyden furent de remarquables peintres de scènes de genre et de grands portraitistes. Dirck (ou Dierick) Bouts (Thodorik Romboutszoon, v. 1420-1475) se singularise, lui, par d'autres qualités. Ses paysages aux harmonies cendrées en fond ainsi que son rendu de la lumière eurent une influence déterminante sur l'évolution des peintures flamande et allemande. Sa peinture s'adressait sans doute à un public plus large et moins connaisseur que celui de ses contemporains.

Le style de ses débuts est proche de celui de Petrus Christus qu'il rencontra probablement à Bruges. Né à Haarlem, il fut, à partir de 1468, le peintre de la ville de Louvain, où il s'était sans doute installé entre 1445 et 1448. Vers cette époque, il épousa Katharina Van der Brugghen, dont le surnom Mettengelde signifie « avec l'argent ». C'est à Louvain que Bouts peignit ses commandes les plus importantes : la *Dernière Cène*, œuvre

130 DIRCK BOUTS, Triptyque de Grenade, vers 1450-1455
On reconnaît sans peine l'influence de Rogier Van der Weyden dans ce retable, surtout pour les personnages féminins si expressifs. La Crucifixion, *comme la* Déposition de Croix *et la* Résurrection *sont composées à la façon de Rogier. L'arche servant de cadre au panneau central lui confère son caractère monumental.*

131 HUGO VAN DER GOES, Adam et Ève (Chute de l'Homme), vers 1468-1470

Ce panneau appartient à un tout petit diptyque dont l'autre partie montre une Déploration. Les deux sont complémentaires car la mort du Christ fut la conséquence directe du péché qu'ont commis Adam et Ève. Le style rappelle celui du Retable de l'Agneau mystique. Le paysage de fond est l'un des plus beaux jamais peints par Hugo, et sa luxuriance verdoyante forme un contraste saisissant avec la sécheresse angulaire des deux personnages.

exécutée probablement entre 1464 et 1467 (Pl. 148), et les deux grands panneaux de la *Justice de l'empereur Othon,* peints pour l'hôtel de ville entre 1470 et 1475, conservé au musé royal des Beaux-Arts de Bruxelles.

Le retable consacré à la *Vie de la Vierge* du Prado à Madrid, daté du milieu des années 1440, réunit déjà tous les éléments de l'évolution de la représentation du paysage chez Bouts. L'un des panneaux de l'œuvre représente une Visitation : le paysage est un des plus accomplis et des plus novateurs de la peinture flamande de l'époque. Grâce à une grande maîtrise technique, Bouts réussit à intégrer véritablement la Vierge et sainte Anne dans le paysage qu'encadre une architecture gothique, alors que jusque-là, les paysages servaient de décor de fond. En effet, les personnages

empruntent un sentier qui serpente vers l'avant et l'artiste donne ainsi l'impression qu'ils vont surgir dans notre espace réel. Un habile contraste entre la colline très abrupte du premier plan et le paysage au lointain accentue cet effet. Bouts exécuta plusieurs variations de cette organisation de l'espace, mais jamais il ne réussit aussi parfaitement. Dans le retable du Prado, l'équilibre entre les personnages et le paysage est remarquable : il contribue à la perfection de la composition.

Notons aussi que dans la *Visitation,* les deux femmes sont parfaitement proportionnées, fait rare chez l'artiste dont les personnages ont souvent un aspect plutôt singulier, comme on le voit de façon frappante dans les deux panneaux de la *Justice de l'empereur Othon* : non seulement les personnages y ont une silhouette longiligne presque grotesque, mais le paysage à l'arrière-plan est peint comme dans une miniature. On pourrait presque penser que Bouts a cherché un effet d'archaïsme en rappelant des œuvres antérieures aux siennes.

Le *Tryptique de Grenade* (Pl. 130) possède une lumière et une atmosphère d'une suprême beauté, qui transcende complètement les personnages. Ceux-ci, avouons-le, sont assez inexpressifs. Les effets de lumière sont encore plus saisissants dans un petit retable connu sous le nom de la *Perle du Brabant* qui date du début des années 1460 et qui se trouve à la Alte Pinakothek de Munich. Le volet latéral gauche du retable dépeint un saint Jean-Baptiste, baigné d'une lumière matinale, tandis que saint Christophe, sur le panneau de droite, est représenté dans une lumière de coucher de soleil, avec en fond, un paysage menaçant. Cette œuvre qui contient – fait assez rare dans les tableaux de Bouts – de nombreux symboles de la Vierge, a peut-être été peinte pour un couvent.

Les visages des personnages, dans les panneaux de la *Justice de l'empereur Othon* montrent que dans les dernières années de sa vie, Bouts était passé maître dans l'art du portrait, et son *Portrait d'un homme* de la National Gallery de Londres, tendre et introspectif, daté de 1462, reprend une technique qu'affectionnait Christus : l'artiste a placé en effet le modèle dans l'angle d'une pièce afin de donner de la profondeur au tableau.

Contrairement à Van Eyck et à Van der Weyden, dont les portraits les plus célèbres et les plus beaux représentent pour la plupart des femmes, Bouts semble avoir été plus à l'aise avec les portraits d'hommes. Sa grandiose illustration de la *Dernière Cène* (Pl. 148) dont le décor intérieur et l'atmosphère sont inoubliables, est sans aucun doute le plus grand chef-d'œuvre de l'artiste.

Van Mander attribue, sans en donner la preuve, au peintre Albert Van Ouwater, actif vers le milieu du siècle, la fondation de l'école de Haarlem. Le seul tableau que l'on connaisse de lui, cependant, est la *Résurrection de Lazare* de la Gemäldegalerie à Berlin, scène charmante qui a pour cadre un intérieur d'église romane.

Hugo Van der Goes

Il est fait mention pour la première fois de Hugo Van der Goes en 1467 lorsqu'il fut inscrit comme maître à la guilde des peintres de Gand. Il reste aujourd'hui le plus grand peintre flamand de la seconde moitié du XVᵉ siècle. Lorsqu'il mourut, en 1482, l'influence de la peinture italienne était déjà forte dans le nord de l'Europe, et allait s'accroître encore à mesure que les Pays-Bas s'unifiaient pour finalement entrer dans le giron du Saint Empire romain germanique en 1519. Van der Goes est l'auteur du plus important tableau flamand importé en Italie, à l'époque, le *Retable Portinari* (Pl. 151). À partir de l'étude de cette œuvre, on a pu lui attribuer la paternité d'autres tableaux.

Ce que nous savons de Van der Goes en fait une personnalité plus complexe que ses prédécesseurs immédiats, et un personnage fascinant et romanesque. Doyen de la guilde de peintres de Gand en 1474, quatre ans plus tard il entrait au monastère du Rouge-Cloître, près de Bruxelles, en qualité de novice. Il prit probablement cette décision poussé par une sorte de mélancolie religieuse et de culpabilité, mais il n'en poursuivit pas moins sa carrière de peintre et maintint des contacts avec le monde extérieur. Il ne vivait pas en reclus, car il eut un jour la visite du futur Maximilien Iᵉʳ, et c'est alors qu'il était au couvent qu'il reçut la commande de Portinari. Enfin, il fut appelé à Louvain en 1480 pour estimer la valeur des panneaux de la *Justice de l'empereur Othon* de Bouts laissés inachevés, puis se rendit à Cologne en 1481. Durant ce dernier voyage, il fut victime d'une dépression grave et sombra rapidement dans la folie. Un an plus tard, il mourait.

À lui seul, le *Retable Portinari* aurait suffi à assurer à Van der Goes une place de choix dans l'histoire de l'art, mais la réputation du peintre repose aussi sur une quinzaine d'autres tableaux qui lui sont attribués bien qu'ils ne soient ni datés ni signés. Selon certains spécialistes ses premières œuvres sont le diptyque du *Péché originel* (Pl. 131) et la *Déposition de croix* du Kunsthistorisches Museum de Vienne ; d'autres pensent qu'il s'agit de la *Vierge et l'Enfant avec sainte Anne et un donateur franciscain* du musée royal des Beaux-Arts de Bruxelles, exécuté vers 1468. Cette œuvre, en effet, ne correspond à la manière d'aucun peintre contemporain. Les formes y sont monumentales, comme dans les œuvres de maturité de l'artiste. Le paysage, d'une grande beauté, est vraiment dans le style de Van der Goes.

Le panneau de l'*Adoration des Mages* de la Gemäldegalerie de Berlin fut acheté au monastère de Monforte de Lemos, en Espagne en 1914 ; c'est le seul élément du *Triptyque de Monforte* qui nous soit parvenu. Peinte probablement entre 1472 et 1475, l'œuvre est d'une extraordinaire beauté et marque un gigantesque pas en avant dans le traitement réaliste des personnages et de l'espace. Ici, l'illusion de la réalité est renforcée par la richesse des couleurs. L'atmosphère solennelle qui s'en dégage et la sculpturalité des personnages laissent à penser que l'artiste avait visité l'Italie ou connaissait parfaitement la peinture italienne. Ce sont

132 GEERTGEN TOT SINT JANS, Saint Jean-Baptiste dans le désert, vers 1490-1495

On voit ici un saint Jean-Baptiste perdu dans la contemplation de la Passion du Christ. L'agneau, symbole de Jésus, est placé tout près de lui, comme pour mieux illustrer les paroles de saint Jean : « Agneau de Dieu, qui efface les péchés du monde. » Saint Jean étant le patron des chevaliers de Saint-Jean, ce tableau a probablement été peint à la demande d'un membre de l'ordre de Saint-Jean-de-Jérusalem à Haarlem, confrérie dont l'artiste était membre convers depuis l'âge de vingt-huit ans et devait le rester jusqu'à sa mort. Le peintre nous montre un désert verdoyant, et c'est l'un des premiers tableaux flamands où l'espace est organisé aussi savamment. On admirera également l'équilibre des couleurs.

probablement ces mêmes qualités qui firent en Italie le succès du *Retable Portinari*. Aucun autre peintre flamand ne se serait attaqué à un format aussi important.

Dans ce retable, on trouve tous les éléments du style de Van der Goes, mais portés à leur plus haute perfection : portraits remarquables, paysages, architecture, exceptionnelles natures mortes, merveilleuses représentations des animaux, et couleurs d'une richesse et d'une variété étonnantes. En outre, on y voit combien l'artiste maîtrisait la technique de la peinture à l'huile, alors largement répandue en Europe du Nord.

Le portrait du Metropolitan Museum de New York est le seul que l'on puisse attribuer avec certitude à Van der Goes. Il montre combien le peintre était doué pour l'art du portrait. Autre œuvre maîtresse – du moins dans sa conception car elle a été achevée par une autre main – les volets d'orgue peints pour Bonkil (Pl. 133 et 134) exécutés à la fin des années 1470. Ces panneaux formaient sans doute les parties latérales d'un triptyque dont le centre a aujourd'hui disparu. Les deux panneaux qui ont survécu montrent le roi Jacques III d'Écosse et son fils présentés par saint André, la reine Marguerite présentée par saint Georges ; au revers, est peint sir Edward Bonkil adorant la Trinité au Christ mort.

Dans son dernier tableau, *La Mort de la Vierge* du Groeningemuseum de Bruges, Hugo atteint un pathétique rare. La composition est très originale, et le Christ qui apparaît dans la lumière au-dessus du lit de la Vierge, est si inquiétant que l'on peut penser que le peintre, déjà, souffrait de troubles psychiques.

Geertgen Tot Sint Jans

Créateur à l'individualité très marquée, Geertgen Tot Sint Jans, ou Gérard de Saint-Jean (v. 1460-v. 1490) peignit de charmants personnages aux visages lisses, avec des petits yeux ronds et des corps potelés un peu courts, comme des poupées. Le meilleur exemple de son style est une petite *Nativité* aujourd'hui à la National Gallery de Londres. La lumière y est magique : pour la première fois, la scène est nocturne. Le nom de Geertgen signifie Gérard des Frères de Saint-Jean. En effet, comme Hugo Van der Goes, l'artiste était frère convers, mais son couvent se trouvait à Haarlem. D'après Van Mander (qui assure que Geertgen mourut à l'âge de vingt-huit ans), Dürer admirait beaucoup sa peinture. Il peignit un grand triptyque pour l'église de son couvent.

De cette œuvre ne subsistent au Kunsthistorisches Museum de Vienne que la *Lamentation sur le Christ mort* et une curieuse scène au revers de l'*Histoire des reliques de saint Jean-Baptiste*. Ce sont des tableaux d'assez grande taille contrairement aux quelques douze ou treize œuvres que l'on attribue à Geertgen (Pl. 132). L'*Histoire des reliques*, œuvre peut-être exécutée après 1484, met en scène de multiples personnages et ne semble appartenir à aucune tradition flamande particulière.

On peut rapprocher de Geertgen Tot Sint Jans le peintre que l'on appela le Maître de la Vierge entre les vierges, actif approximativement entre 1470 et 1500, et qui tire son nom d'un tableau sur ce thème, aujourd'hui au Rijksmuseum d'Amsterdam. Ce peintre est connu pour avoir travaillé à Delft ; il fit également d'excellentes gravures sur bois pour illustrer des livres. La *Déposition de croix* de la Walker Art Gallery de Liverpool est son œuvre majeure.

133 et 134 HUGO VAN DER GOES, Panneaux Bonkil, vers 1478-1479

Grâce à un commerce florissant entre les deux pays, l'Écosse et les Pays-Bas étaient très liés, et ces panneaux sont la peinture la plus importante du XVᵉ siècle conservée en Écosse. L'œuvre a probablement été commandée par Edward Bonkil, premier prévôt de l'église collégiale de la Sainte-Trinité d'Édimbourg. Le frère de Bonkil était en effet un riche marchand écossais qui s'était établi à Bruges. Hugo Van der Goes vécut ses dernières années dans un monastère près de Bruxelles, monastère dont dépendait l'Abbaye royale d'Holyrood, à Édimbourg. Ceci explique peut-être comment et pourquoi le retable a été commandé au peintre.

Hans Memling

Plus à l'aise dans les portraits que dans les compositions religieuses, Hans Memling (v. 1430-1494) dirigea un important atelier qui diffusa ses idées et ses œuvres. On sait qu'il est né près de Francfort. Il dut cependant partir très jeune aux Pays-Bas car en Allemagne, on ne trouve nulle trace de son apprentissage de peintre. Il fut l'élève de Van der Weyden dont l'influence transparaît dans ses premières œuvres. Elles portent également la marque de Bouts et de Van der Goes. Quant au *Triptyque Donne,* qui date des premières années 1470 et se trouve à la National Gallery de Londres, il reflète l'influence de Van Eyck.

Memling devint le premier peintre de Bruges, et d'après les registres des impôts, il en était l'un des plus riches citoyens, si riche, du reste, qu'il dut acquitter l'impôt sur la fortune levé par l'empereur Maximilien pour financer la guerre contre la France. Il semble avoir quitté Bruxelles pour Bruges après 1464, l'année de la mort de Van der Weyden, et continua à travailler dans un style adouci et moins démonstratif. Une fois bien au point, ce style d'ailleurs devait peu évoluer : dater les tableaux de Memling n'en est que plus difficile. L'apparent manque de conviction religieuse de l'artiste a fait couler beaucoup d'encre, pourtant la douce mélancolie qui émane de ses tableaux – évidente sur le visage de Bethsabée, par exemple – peut apparaître comme une forme de pudeur du sentiment et expliquer l'immense succès du peintre de son vivant.

Comme Bouts, Memling était fasciné par le paysage : ses vues, avec leurs éléments d'architecture judicieusement placés à moyenne distance, sont souvent très originales. De ses paysages se dégage toujours une grande sérénité, un peu comme dans les fonds assez dépouillés que peignait le Pérugin à la même époque en Italie. Cependant, les fonds de Memling, peut-être intentionnellement, ne sont souvent pas en rapport avec l'atmosphère de la scène, même quand elle est intensément dramatique. Dans ses *Scènes de la Passion,* exécutées vers 1470 et conservées à la Sabauda de Turin, l'architecture, fantastique et débridée, rend les personnages presque accessoires, environnés d'une débauche surréaliste de tours, tourelles, portes et fenêtres. On retrouve un peu de ce fantastique dans le décor de fond du *Martyre de saint Sébastien,* probablement exécuté vers la même époque et qui se trouve au musée royal des Beaux-Arts de Bruxelles. *Saint Sébastien* illustre bien la réticence qu'inspirait encore en Europe du Nord la représentation du nu, alors que dans l'Italie contemporaine, c'était un sujet classique et couramment traité. La *Bethsabée* de Memling (Pl. 154) constitue à ce titre une exception, un nu unique pour l'époque.

Fantastique et réalité se rejoignent dans la célèbre *Châsse de sainte Ursule* ; datée de 1489, l'œuvre est conservée à l'hôpital Saint-Jean de Bruges. Des panneaux peints sont encadrés dans un reliquaire gothique en bois doré richement sculpté. Chacun de ces panneaux est de petite dimension : on y retrouve toutes les caractéristiques du style de l'artiste. Les personnages sont comme décalés, les couleurs, intenses comme des pierres précieuses, en harmonie avec le sujet, et les paysages de fond très inventifs. La palette utilisée ici n'a rien à voir avec ce que Friedländer avait appelé « les couleurs froides et opaques de Memling », et le style évoque davantage celui des miniatures que les tableaux de plus grand format du peintre. Avec son cadre de bois sculpté et ses panneaux d'une rare qualité, la *Châsse* est l'un des plus beaux objets de cette époque qui nous soit parvenu. C'est aussi l'une des plus belles œuvres du musée Memling de l'hôpital Saint-Jean à Bruges, qui possède une rare collection réunissant assez de tableaux du peintre pour que l'on puisse juger de l'ensemble de son œuvre.

135 HANS MEMLING, Triptyque de saint Christophe, 1484
Le panneau gauche de ce triptyque montre William Moreel, le
donateur, avec son fils, présentés par le patron du premier, saint
Guillaume de Maleval. Le panneau droit, lui, montre la femme du
donateur, Barbara van Vlaenderberghe avec son saint patron et ses
filles. Sur le panneau central (ci-dessus) saint Christophe est entouré
de saint Gilles et de saint Maur.

Avant son départ pour l'Italie, le *Retable Portinari* devait
être très connu aux Pays-Bas, mais si on le compare avec le
Triptyque Floreins de Memling, conservé à l'hôpital Saint-
Jean à Bruges, on se rend compte qu'à la fin du XIVe siècle,
les peintres revenaient au style de Van Eyck et de Van der
Weyden. De même, le *Triptyque de saint Christophe* (Pl. 135)
du musée de Bruges rend hommage à Bouts.

Les très nombreux portraits, une trentaine environ, attribués à Memling expliquent sa prodigieuse réputation de
portraitiste, mais on possède peu de documents ou de
contrats sur cette part importante de sa production. Il était
probablement plus inventif que ses contemporains et fit, par
exemple, un portrait de trois quarts et en pied de Martin Van
Nieuwenhoven qui se trouve à l'hôpital Saint-Jean à Bruges.
Le peintre y réussit un tour de force en différenciant les
textures ; le fond, très évocateur, multiplie les fenêtres, les

vitraux et les volets avec virtuosité. En revanche, l'*Homme à
la médaille* (Pl. 153) est imprégné d'influence italienne.

Memling est l'un des artistes les plus fascinants de son
temps : son style rejette presque totalement les éléments du
gothique tardif au profit d'une forme d'art qui, comme l'a
formulé un critique, « induit à la contemplation paisible ».
Le XIXe siècle le considérait comme le peintre flamand le
plus important après Jan Van Eyck. Peut-être parce qu'alors
on lui attribuait à tort beaucoup de tableaux que l'on sait
maintenant être de la main de ses contemporains. Sa peinture qui dégage une douce poésie séduisit beaucoup à
l'époque victorienne.

Gérard David

Comme son contemporain Bosch, Gérard David, qui
mourut en 1523, fut un des peintres qui assurèrent la
liaison entre les idées de la fin du XVe siècle et le début du
XVIe. David cependant demeura toujours très proche des
conceptions du XVe siècle. À la mort de Memling, il le
remplaça à Bruges. Il y était arrivé entre 1480 et 1484, quittant Oudewater près de Gouda. À Bruges, il vit le déclin
de la ville qui perdait son rôle de capitale commerciale et

artistique de l'Europe du Nord, mais sans doute y joua-t-il un rôle important dans le développement de l'exportation de tableaux. Et si Anvers s'affirmait déjà comme le nouveau foyer artistique avec Metsys (Pl. 275), David, dans ses œuvres tardives, réussit à remplir la plupart des objectifs artistiques de la haute Renaissance nordique. Sans doute peignit-il les premiers vrais paysages flamands dans les panneaux latéraux de son retable du Mauritshuis à La Haye.

L'artiste se rendit peut-être à Gênes entre 1510 et 1515, où il se peut qu'il ait peint l'extraordinaire *Crucifixion* du palais Bianco. Ce voyage mis à part, il demeura à Bruges avant de se rendre à Anvers en 1515 pour un séjour d'une durée inconnue. David ne fut pas un simple peintre provincial, mais il se créa un style personnel, débarrassé du gothique tardif. Il privilégia une dimension humaine chaleureuse et empreinte de naturalisme.

David arriva sans doute à Bruges avec une réputation déjà bien établie puisqu'il obtint une commande importante – aujourd'hui disparue – des magistrats de la ville en 1484, l'année même où il fut reçu maître au conseil de la guilde des peintres dont il devint le doyen vers 1501.

La *Mise en croix* (Pl. 136), probablement un des premiers tableaux qu'il peignit à son arrivée à Bruges, contient déjà les éléments essentiels du style de l'artiste, notamment ce réalisme si frappant. Pour accentuer le caractère dramatique de la scène, il place au centre de son tableau une

136 GÉRARD DAVID, Mise en croix, vers 1480-1485
Ce tableau, qui constitue le panneau central d'un triptyque, est très inhabituel par une composition qui tente d'introduire un sens nouveau du drame. On reconnaît l'influence de Hugo Van der Goes dans le réalisme de l'expression du Christ. Les panneaux latéraux de ce triptyque, maintenant à Anvers, représentent des femmes en pleurs ainsi que des soldats romains avec des juges juifs.

gigantesque croix qui tire son effet du fait qu'elle est posée sur le sol, et non dressée. On notera aussi combien le regard du spectateur est attiré par le visage du Christ sur lequel se lit une expression de frayeur fort bien observée. Pour cette œuvre, David s'inspira sans doute de Hugo Van der Goes.

Avec le *Jugement de Cambyses,* daté de 1498 et conservé au Groeningemuseum à Bruges, l'artiste a atteint sa pleine maturité. Le tableau illustre une foule d'incidents colorés, et révèle une énergie nouvelle dans la composition des groupes de personnages. On retrouvera ces mêmes tendances traitées avec plus de maîtrise dans le *Chanoine Bernardin Salviati et trois saints* exécuté au tout début du XVIᵉ siècle et conservé à la National Gallery de Londres. Durant les dix premières années du siècle, David adopta un style plus grandiose que ne l'était sa manière précédente. Le plus bel exemple de cette évolution est peut-être la *Vierge entre les vierges.* Le tableau daté de 1509 se trouve au musée des Beaux-Arts de Rouen. Unique dans l'œuvre de David, il est d'une grande élégance et dégage une atmosphère de paisible solennité. On mentionnera aussi, pour la même période, les portraits que fit l'artiste de sa femme et de lui-même, et qu'il donna au couvent des carmélites de Bruges.

Curieusement, David abandonna ce style peut-être parce qu'il ne correspondait plus aux goûts de la clientèle de Bruges. Les œuvres des dix dernières années de sa vie possèdent au contraire un caractère intime et simple que certains spécialistes considèrent comme le véritable style de l'artiste. On trouve déjà, vers 1510, quelques éléments de cette manière dans le *Repos après la fuite en Égypte* à la National Gallery de Washington. Ce tableau comporte de merveilleux détails comme l'âne, le panier de la Vierge, ou encore saint Joseph, minuscule, secouant un noyer pour en faire tomber les noix. L'œuvre est empreinte d'une simplicité sans équivalent à l'époque. Le voyage de l'artiste à

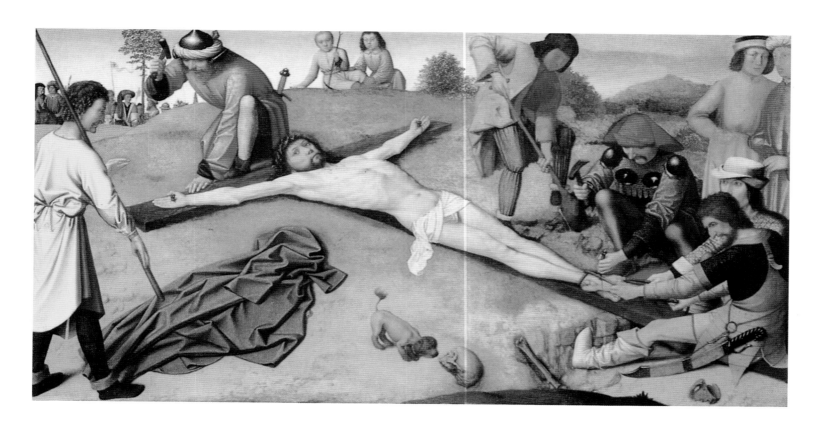

Gênes, s'il était documenté avec certitude, expliquerait l'influence italienne que l'on reconnaît dans la *Vierge à la soupe au lait*, dont l'une des versions est au musée royal des Beaux-Arts de Bruxelles. Si ce tableau rappelle Léonard de Vinci ou ses élèves, l'atmosphère d'intimité et la lumière argentée sont entièrement de David.

Jérôme Bosch

Jérôme Bosch (1453-1516) est le plus énigmatique des peintres flamand. Le contraste entre la paisible vie provinciale qu'il mena et l'étrangeté de ses tableaux ne pouvait être plus étonnant. La peinture religieuse du XVᵉ siècle semble conventionnelle au plus haut point comparée aux visions de cauchemar si singulières qui constituent l'univers de Bosch. Ce dernier pouvait cependant se plier à un style plus traditionnel quand il le fallait : son *Christ en croix*, exécuté à la fin des années 1480 et conservé au musée royal des Beaux-Arts de Bruxelles est très classique. Mais il

137 Jérôme Bosch, Montée au Calvaire, vers 1501-1502
Ces personnages sont parmi les représentations humaines les plus cruelles de l'art occidental. On dénombre dans ce tableau dix-neuf têtes juxtaposées dans un espace confiné et étouffant, ce qui accentue encore leur apparence cauchemardesque. Peut-être l'artiste voulait-il illustrer un verset de psaume : « Et dans leur fureur, ils se sont rués contre toi, et ont montré les dents comme des chiens en colère. »

138. JÉRÔME BOSCH, *Le Jardin des délices*, vers 1505
Au XVIe siècle, les tableaux de Bosch étaient très respectés dans les milieux catholiques, et ceci semble exclure que l'artiste ait été considéré comme un hérétique.
Ce triptyque est sans doute l'une des œuvres les plus complexes du peintre : certains y voient une vision symbolique de l'humanité pécheresse, d'autres au contraire, le Paradis terrestre. Sur le panneau gauche, on reconnaît le jardin d'Éden, et sur celui de droite, l'Enfer. Le panneau central illustre la folie et la décadence humaine après le Péché originel. Le triptyque comporte des références astrologiques, ainsi que de multiples jeux de mots. L'équilibre de la composition semble toujours en mouvement, et les créatures souffrent par où elles ont péché. On a aussi suggéré que cette œuvre contenait des allusions à l'Inquisition.

pouvait aussi traiter des scènes très simples avec un génie délibérément macabre et inattendu, comme pour sa *Mort de l'avare* (Pl. 147).

L'iconographie de Bosch a fait couler plus d'encre que celle de tout autre peintre flamand. Il était catholique, le fait est incontestable, et travailla pour une confrérie religieuse locale dont il était membre. Sans doute peuplait-il ses tableaux d'horribles créatures fantastiques parce qu'il se sentait chargé d'une mission didactique et morale écrasante : en sa qualité d'artiste, il lui incombait d'avertir ses frères des horreurs et des tourments infernaux qui attendent l'humanité pécheresse.

On connaît mal l'évolution de son style. On sait que l'artiste était issu d'une famille de peintres. Son grand-père, dans les dernières années du siècle précédent, avait quitté Aachen pour Bois-le-Duc, dans le nord du Brabant, aujourd'hui en Hollande. Bois-le-Duc était une petite ville de province prospère, sans grand rayonnement artistique, et Bosch, apparemment, ne manifesta jamais le désir de s'ins-

taller dans un centre culturel plus actif. Sa technique, extrêmement rapide, consistait à peindre directement un dessin tracé sur une surface enduite de blanc, et ne s'inspirait guère des méthodes de préparation compliquées de ses prédécesseurs.

Vers l'âge de vingt ans, Bosch peignit sur un plateau de table ronde *Les Sept Péchés capitaux* du musée du Prado à Madrid. On a perdu une autre table semblable représentant les Sept Sacrements. On pense que ce sont ses toutes premières œuvres. La forme des tableaux évoque la Roue de la Fortune, et la plupart des symboles renvoient à l'iconographie chrétienne classique de la mort et de l'au-delà. Ces scènes très refermées sur elles-mêmes, où les personnages évoluent dans une sorte de vide, annoncent déjà ses vastes paysages hermétiquement clos.

L'art de Bosch est novateur ; visiblement, le peintre éprouve un bonheur jubilatoire à inventer des personnages à moitié hommes et à moitié bêtes fantastiques. Par ailleurs, il n'a que faire du style pictural contemporain. La plupart de ses tableaux représentent des sujets auxquels il tient, comme les tentations et les allégories de l'au-delà, du Paradis, de l'Enfer, de la Mort ou du Jugement dernier.

Le trait peut-être le plus marquant de son art est qu'il ne peint jamais des personnages dotés d'une importance propre et selon une échelle de grandeur traditionnelle. Chez Bosch, la figure humaine n'est qu'un moyen pour exprimer des idées dans un langage compréhensible. Il demeura toujours étranger aux études anatomiques que menait l'Italie à la même époque. Pour lui, le nu est une forme parmi d'autres formes naturelles. Il constitue au même titre qu'elles son vocabulaire pictural. Ses personnages sont angulaires, dysharmonieux, secs. Ses œuvres ne valorisent pas la dignité de l'homme comme dans l'art de la Renaissance, mais illustrent la dégradation de la chair à travers les tourments de la vie. On comprend que Bosch n'ait jamais été tenté par le genre si apprécié à l'époque, le portrait : en effet, son intérêt pour l'humanité a toujours un caractère général, jamais individuel.

Dans ses premiers tableaux comme *Saint Jean à Patmos* de la fin des années 1480, conservé au Staatliche Museen de Berlin, comme dans le célèbre *Chariot de foin* (Pl. 146) des années 1490, début de sa maturité, le paysage est seulement un moyen d'ancrer les événements représentés dans le monde réel. Dans le panneau de droite du *Chariot de foin*, le peintre rend l'Enfer de façon saisissante en représentant minutieusement le feu.

Dans ses tableaux peuplés d'une multitude de personnages comme *Le Jardin des délices* (Pl. 138), les principes esthétiques sont soumis à la signification de ce qui est représenté. Sous ce rapport, ce type d'œuvre constitue l'expression la plus parfaite de la mission didactique dont se croyait investi le peintre, et l'on voit que cette mission s'inspirait des concepts religieux médiévaux, non des idéaux de la Renaissance.

Bosch fit son autoportrait lorsqu'il était déjà âgé dans ce que l'on appelle le livre d'esquisses d'Arras. La *Montée au Calvaire* (Pl. 137) est probablement son dernier tableau. C'est un testament cruel et une représentation terrible de la vieillesse.

Quelques années plus tôt, Bosch avait repris un schéma conventionnel pour son *Triptyque de l'Épiphanie* du musée du Prado à Madrid : l'horreur y est encore plus présente que dans la *Montée au Calvaire*. Dans ce dernier tableau, hormis le Christ et sainte Véronique qui ont les yeux fermés, les autres personnages, édentés, grimaçants et malveillants, semblent surgis de cauchemars. La conception est d'une modernité étonnante : des personnages, on ne voit que les têtes ou parfois les épaules, et tous écrasent le Christ avec une agressivité qui laisse peu d'espoir de rédemption à l'humanité.

Comment les contemporains de Bosch acceptèrent-ils ses tableaux ? On l'ignore, mais le peintre dut avoir un certain succès puisqu'un graveur local, Alart du Hameel fit des gravures de certains de ses tableaux. Philippe le Beau et Marguerite d'Autriche achetèrent quelques-unes de ses œuvres, et Philippe II d'Espagne, catholique fervent, les collectionna. Sans doute Bosch, avec sa vision moralisatrice et pessimiste de la chute inévitable de l'homme et de sa damnation ultime, rejoignait-il les préoccupations de la Réforme catholique espagnole.

La peinture en Allemagne

Au XVᵉ siècle, l'Allemagne ressemblait peu au territoire géographique de l'Allemagne d'aujourd'hui. Elle était constituée de cités-États dont aucune ne dominait les autres. Il n'y avait ni mécénat d'aristocrates, ni mécénat de cour, en revanche l'existence d'une classe sociale de riches marchands favorisa l'éclosion d'un art provincial bourgeois spécifique. Peu de peintres réussirent à « percer » autre-

ment que localement, mais ceux qui le firent préparèrent la voie aux futurs artistes d'importance majeure comme Schongauer et Dürer.

Les peintres italiens et flamands exploraient les multiples facettes du monde visible, et ce faisant, créaient un art moderne où des innovations comme la perspective, les effets d'atmosphère, les portraits individualisés, concouraient à un rendu plus exact de la réalité. Les peintres allemands, en revanche, demeurèrent dans le même temps plus proches de l'art de la miniature et du gothique international.

Cependant, leur manière d'assimiler ces influences dans leurs peintures sur bois les conduisit inévitablement à des formes d'expression plus précises et plus variées. Ils connurent en outre les nouvelles tendances de l'art flamand dans la seconde moitié du XVᵉ siècle apparemment, mais les grandes idées novatrices venues d'Italie ne les touchèrent pas avant la fin du siècle, et encore fallut-il du temps pour qu'elles fussent acceptées par les artistes et le public allemand.

L'un des peintres les plus merveilleux de cette époque travaillait à Cologne : le Maître de sainte Véronique affectionnait les tons de pastel très doux, et ses personnages fins et délicats influencèrent beaucoup Stephan Lochner, qui devait diriger l'école de Cologne. Lochner fut actif approximativement entre le milieu des années 1430 et 1451. Il venait de Meersburg, près du lac de Constance. Peut-être apprit-il la peinture aux Pays-Bas, ou au moins auprès d'un maître flamand, car ses tableaux témoignent d'une plus grande richesse d'observation que ceux de ses contemporains allemands. À Cologne, il fut accepté dans la guilde des peintres et s'y distingua car il reçut, en 1442, une commande de l'empereur Frédéric III en visite dans cette ville.

Ce sont ses personnages féminins qui montrent le mieux la délicatesse de son talent de miniaturiste, comme la *Vierge aux violettes,* œuvre exécutée au milieu des années 1430 et conservée à l'Erzbischöfliches Diözesan-Museum de Cologne, et sa célèbre *Vierge au buisson de roses* (Pl. 156). Lochner peignit aussi des retables avec de multiples personnages comme le *Retable du Jugement dernier* aujourd'hui démantelé au Wallraf-Richartz-Museum de Cologne, et le grand *Retable des Rois Mages,* aujourd'hui dans la cathédrale de Cologne, mais que l'artiste réalisa pour l'hôtel de ville. Dürer, paraît-il, admirait beaucoup ce tableau. Bien que les personnages portent toujours la marque de la miniature, l'œuvre n'est pas dénuée de monumentalité. Elle montre en outre clairement que Lochner assimilait de plus en plus les conceptions nouvelles de l'art flamand, même s'il a conservé un fond doré typiquement gothique. Ceux que l'on a regroupé sous le nom de l'école de Cologne furent influencés par l'art flamand. Nombreux, ces peintres de la seconde moitié du XVᵉ siècle ne sont pas tous identifiés avec précision.

Bien que né en Souabe et donc allemand, Konrad Witz (v. 1400-v. 1445) est généralement associé à l'école suisse parce qu'il devint citoyen de Bâle en 1435. Peut-être

139 MARTIN SCHONGAUER, Montée au Calvaire, vers 1480
*Cette gravure exceptionnelle est le chef-d'œuvre de Martin
Schongauer. Elle est aussi l'une des plus grandes et des plus
impressionnantes qu'il ait jamais faites. Pour sa composition, l'artiste
s'est peut-être inspiré d'un tableau aujourd'hui disparu de
Jan Van Eyck, dont on connaît une copie à Budapest. Les nuances
dans le rendu sont inspirées visiblement de la peinture à l'huile,
et l'artiste, voulant probablement imiter la peinture, a réussi
à dépasser les limites imposées par la technique de la gravure.
On notera aussi la richesse des détails et le paysage du fond
qui durent impressionner Dürer.*

voyagea-t-il aux Pays-Bas avant cette date, car apparemment il connaissait le style de Van Eyck et des autres
Flamands. Nous n'avons de lui que peu de tableaux mais,
d'une facture très originale, ils nous renseignent sur son
style. Witz peignait souvent des personnages raides comme
ceux des panneaux de son *Retable de Saint-Pierre,* exécuté
pour la cathédrale de Genève et aujourd'hui au musée d'art
et d'histoire de Genève. Un des volets de ce retable illustre
la fameuse *Pêche miraculeuse* (Pl. 155), chef-d'œuvre sur le
plan de l'observation du paysage.

Il faut mentionner aussi le travail d'un autre artiste qui
travaillait à la même époque à Ulm, Hans Multscher :
signalé pour la première fois en 1427, il mourut avant
1467. Ce dernier est le type même de l'artiste peintre et
sculpteur, courant en Allemagne au XVᵉ siècle. Son activité
principale était d'exécuter d'énormes retables comportant
de multiples panneaux dont certains étaient peints, d'autres
sculptés, et qu'entouraient des cadres gothiques dorés et
sculptés. Un autre artiste de ce type, Michael Pacher, actif
entre 1465 et 1498, travailla au Tyrol.

C'est à Colmar que travailla l'artiste le plus important
avant Dürer, Martin Schongauer qui mourut en 1491. De
lui, on ne connaît avec certitude qu'un seul tableau daté de
1473, la *Vierge au buisson de roses* de l'église Saint-Martin de
Colmar, mais plusieurs autres lui sont attribués.
Schongauer se fit une place de choix dans l'art allemand
grâce à ses talents exceptionnels de graveur sur cuivre, dont
témoigne la centaine de gravures qu'il a laissée. Il fut le seul
artiste allemand de l'époque à avoir une grande influence
en dehors de la ville où il travaillait. Son style influença de
nombreux artistes dont Dürer.

Il semble que Schongauer soit allé aux Pays-Bas, et
certainement à Leipzig. L'originalité de son œuvre gravée
tient à l'approche de peintre qu'eut toujours l'artiste, réussissant ainsi à restituer des atmosphères empreintes de
tension mystique sans sacrifier le réalisme du détail.
D'abord influencé par Rogier Van der Weyden, Schongauer
trouva vite son style propre comme en témoigne la
Tentation de saint Antoine des années 1470-1475. Mais l'artiste était capable de varier sa manière à l'infini, depuis la
représentation de personnages uniques, comme son *Saint
Michel,* exécuté dans les années 1480, ou l'émouvante étude
de l'*Encensoir* du British Museum de Londres où le peintre
retranscrit les fins détails de l'ornementation gothique de la
Montée au Calvaire (Pl. 139), composition aux multiples
personnages.

140 ROGIER VAN DER WEYDEN, Annonciation, vers 1435

(Ci-contre) Ce panneau forme la partie centrale d'un triptyque aujourd'hui démantelé dont les volets se trouvent maintenant à la galerie Sabauda de Turin. On y reconnaît clairement l'influence de Van Eyck, à la fois dans les formes et dans le choix des coloris. Le lit, d'un rouge profond, qui est le même que celui du tableau de Van Eyck, Les Époux Arnolfini, ainsi que les autres meubles et les lambris servent à limiter la scène dans un premier plan exigu, où le personnage de la Vierge ici très humaine, fait ressortir l'attitude aérienne de l'ange. On notera le superbe pavement carrelé et les volets de bois minutieusement cloutés.

142 JAN VAN EYCK, La Vierge au chancelier Rolin
(La Vierge d'Autun), vers 1434
(Ci-contre) Ce tableau fut sans doute présenté à la
cathédrale d'Autun en 1437 par le peu scrupuleux
chancelier de Bourgogne, Nicolas Rolin, lorsque son fils
fut nommé évêque dans cette même cathédrale.
Montrer le donateur en présence de la Vierge sans
l'intermédiaire d'un saint était une idée nouvelle. La
vue profonde du fond, que contemplent deux minuscules
personnages accoudés à une balustrade, est une
composition nouvelle aussi. On a suggéré que la ville
dans le lointain pouvait être Bruges, Bruxelles ou même
Prague. La triple arche romane symbolise la Trinité, et
dans le jardin on reconnaît des symboles de la Vierge :
lis, iris et oiseaux. Les chapiteaux historiés à gauche,
représentent des scènes de l'Ancien Testament.

141 ROGIER VAN DER WEYDEN, Déposition de croix,
vers 1438
(À gauche) Il s'agit peut-être du tableau le plus célèbre
du peintre. Il constituait jadis le panneau central
d'un triptyque qu'avait commandé la guilde des archers
de Louvain pour l'église Notre-Dame-hors-les-Murs.
On notera l'espace rempli de personnages au point
d'en paraître trop petit, et l'atmosphère de drame
malgré les éléments décoratifs très élaborés. De même,
on remarquera la virtuosité avec laquelle sont rendus
les personnages. Toutes ces qualités font du tableau l'une
des œuvres les plus accomplies de la peinture flamande
de l'époque.

143 ROGIER VAN DER WEYDEN, Saint Luc dessinant la
Vierge, vers 1435-1437
(Ci-contre) Il s'agit probablement de l'original des quatre
versions de ce tableau. Saint Luc, patron des peintres,
dessine la Vierge et l'Enfant à la pointe d'argent, tandis
que derrière lui, se trouve un bœuf que l'on remarque à
peine et qui est le symbole du saint. L'organisation du
tableau ainsi que de nombreux détails sont empruntés au
tableau de Van Eyck, La Vierge au chancelier Rolin,
mais toute l'originalité de Rogier réside dans la superbe
personnalisation de saint Luc. On notera aussi
l'expression amusée de l'Enfant Jésus. Les petits
personnages au second plan, eux aussi tirés de La Vierge
au chancelier Rolin confèrent au premier plan, par
contraste, une plus grande atmosphère d'intimité.

146

144 Jan Van Eyck, Les Époux Arnolfini, 1434
(À gauche) Giovanni Arnolfini était un marchand originaire de Lucques qui s'était établi à Bruges. Giovanni et son épouse sont ici représentés dans une chambre à coucher très officielle, pour y échanger avec solennité les vœux du mariage devant deux témoins dont l'un est Van Eyck. Le chien symbolise la fidélité conjugale, et au lustre, l'unique bougie allumée, qui parfois représente le Christ, symbolise les serments échangés. Sainte Marguerite est la patronne de l'enfantement, quant aux perles de cristal et au miroir sans tache, ils sont des symboles de la pureté de Marie. Les fruits renvoient à l'innocence de l'homme avant le péché originel.

145 Petrus Christus, Saint Éloi à l'étude, 1449
Saint Éloi est le patron des orfèvres pour la corporation desquels Christus a peint cette œuvre. On le voit ici dans son atelier pesant une alliance pour le jeune couple, et entouré de métaux précieux, de cristal et de corail. Petrus Christus succéda à Jan Van Eyck comme premier peintre de Bruges, et ici, il a repris de Van Eyck la façon d'éclairer les objets et de traduire les étoffes précieuses. Le miroir convexe est peut-être un rappel des Époux Arnolfini. Le charme de ce tableau tient beaucoup à l'attitude un peu gauche des personnages, à l'opposé des poses très étudiées des personnages de Van Eyck.

146 JÉRÔME BOSCH, Le Chariot de foin, 1495-1500
(Ci-dessus) La signification de ce tableau soulève moins de
controverses que bien d'autres œuvres du peintre. Il représente sans
doute la vanité du monde terrestre, ainsi que l'inanité des aspirations
humaines, l'avidité et la vénalité qui les caractérisent. Peut-être
s'agit-il aussi de l'illustration d'un proverbe flamand selon lequel
« le monde est un chariot de foin, chacun en prend autant qu'il
peut ». Mais c'est aussi une leçon morale sur la damnation éternelle
que nous vaut le péché originel, avec la luxure représentée comme le
plus grave des péchés. Sur le panneau de gauche, le peintre établit un
parallèle entre la chute d'Adam et Ève et celle des anges rebelles.

147 JÉRÔME BOSCH, La Mort de l'avare, vers 1485-1490
Le format de ce tableau indique qu'il s'agit d'un panneau latéral d'un
triptyque qui illustrait peut-être les sept péchés capitaux. L'homme
qui va mourir hésite entre le crucifix et la bourse d'argent, mais il a
la certitude qu'il va mourir, comme l'indique son regard fixé sur la
Mort qui pénètre dans la chambre. Le tableau se voulait peut-être
aussi une illustration d'un texte du Moyen Âge selon lequel lorsque
un avare vient à mourir, il ne veut pas quitter ses possessions
terrestres : il faut y voir la preuve qu'il préfère les biens de ce monde
à Dieu et au salut de son âme.

148 DIRCK BOUTS, Dernière Cène, 1464-1467
*Les volets latéraux de ce retable dont est reproduit ici le panneau
central illustrent quatre préfigurations du thème principal,
l'institution de l'Eucharistie : la rencontre d'Abraham et de
Melchisédech, la Pâque, la récolte de la manne et Élie dans le désert.
Ce sont deux professeurs de théologie de l'université de Louvain qui
élaborèrent l'iconographie complexe de l'œuvre. La plupart des
personnages représentés sont des portraits de contemporains connus.
Suivant une tradition médiévale bien établie, le personnage du Christ
est surdimensionné.*

149 JAN VAN EYCK, Le Retable de l'Agneau mystique, 1432
*(À droite) Cette œuvre capitale a été abondamment retouchée, et la
part précise qu'y prirent Hubert et Jan Van Eyck, ainsi que les
peintres de leur atelier est encore le sujet de maintes controverses.
Un personnage avec une tiare papale (le Père, le Fils et le Saint
Esprit) occupe la partie centrale supérieure. À sa gauche la Vierge, à
sa droite saint Jean l'Évangéliste ; ils sont suivis d'anges musiciens.
Sur les panneaux des extrémités figurent Adam et Ève. En bas, le
panneau à l'extrême droite montre saint Christophe conduisant les
pèlerins. Sur les panneaux de gauche sont représentés les chevaliers
du Christ avec saint Martin, saint Georges et saint Sébastien, et le
dernier panneau à gauche représente les « juges équitables ».*

151 HUGO VAN DER GOES, *Retable Portinari*, 1474-1476
(*Ci-dessus*) Ce très grand triptyque fut exécuté à Bruges pour le
correspondant sur place des Médicis, Tommaso Portinari, qui est
représenté ainsi que sa famille sur les panneaux latéraux. Le volet
gauche montre Tommaso avec ses fils Antonio et Pigello, protégés par
saint Antoine et saint Thomas, et celui de droite montre la femme du
donateur, Maria Bonciani et leur fille Margherita présentées par
sainte Marguerite et sainte Marie-Madeleine. Le panneau central,
que l'on voit ci-dessus, comporte une Nativité, ainsi qu'une
Adoration des bergers. Le retable fut envoyé de Bruges en Italie où
on l'installa au-dessus de l'autel de Sant'Egidio, le 28 mai 1483. En
1527, l'œuvre fut démembrée en même temps que l'on détruisait les
fresques de Domenico Veneziano et d'Andrea del Castagno. Les
différentes échelles des personnages et le point de vue élevé assigné
au spectateur qui regarde la scène étaient très inhabituels à l'époque.
Les portraits remarquables, non seulement des membres de la famille
Portinari, mais aussi des bergers et des anges, étonnèrent et
séduisirent beaucoup les peintres florentins contemporains.

153 HANS MEMLING, Homme à la médaille, vers 1475-1480
(Ci-dessus) Memling semble avoir été un portraitiste très fécond, de nombreux portraits de sa main nous sont parvenus. On a suggéré que le modèle ci-dessus était un des numismates italiens qui travaillèrent aux Pays-Bas, comme Niccolo Spinelli ou Giovanni di Candida. À moins qu'il ne soit l'un des nombreux marchands italiens établis à Bruges. La médaille est à l'effigie de l'empereur Néron ; ce portrait témoigne d'une nette influence italienne.

154 HANS MEMLING, Bethsabée, 1484
(Ci-dessous) La Bethsabée est l'un des plus beaux exemples du style de Memling en pleine maturité. Peut-être s'agit-il d'une partie d'un diptyque ; on conserve à Chicago un fragment représentant le roi David. Ce type de représentation de nu était rarissime dans l'art flamand de cette époque : ce tableau est donc une exception. Il fut peut-être inspiré par une composition de Jan Van Eyck aujourd'hui disparue. Dépourvue de tout érotisme, l'atmosphère est empreinte de la portée morale du thème, et le décor qui sert de fond au tableau est aussi superbe et travaillé que le personnage principal.

155 Konrad Witz, Pêche miraculeuse, 1444
(Ci-dessus) Il s'agit de la dernière œuvre connue de Witz,
qui lui fut commandée par l'évêque François de Mies pour la
chapelle Notre-Dame-des-Macchabées, dans la cathédrale
Saint-Pierre de Genève. Ce tableau se trouvait sur le mur
de gauche de l'autel. Le panneau central a aujourd'hui disparu.
Au dos de celui-ci se trouve une Adoration des Mages. L'effet
de la lumière à la fois reflétée et réfractée est audacieux.
La représentation de ce qui se passe sous l'eau fait de ce
tableau la première peinture d'observation de la mer dans
la peinture occidentale. On notera aussi le remarquable
réalisme de l'organisation de l'espace.

156 Stephan Lochner, La Vierge au buisson de roses,
vers 1450
(Ci-contre) Voici l'une des plus charmantes productions
de l'école de Cologne. Toute la beauté de ce tableau tient
aux détails exécutés dans des couleurs éclatantes et avec
une précision quasi sculpturale créant un saisissant contraste
avec le fond doré et plat qui accentue la préciosité de
l'image. Ce tableau porte encore la marque du style
gothique international, mais contient déjà des éléments
naturalistes.

Chapitre 6

La Renaissance dans les autres pays d'Europe

Les concepts de la Renaissance, tels qu'ils s'élaborèrent en Italie et dans le nord de l'Europe, furent assimilés différemment dans les autres pays européens, selon les traditions de leur culture. Ainsi la France, bien que très proche géographiquement de l'Italie, ne connut pas véritablement la Renaissance avant le XVIᵉ siècle. À l'inverse, le séjour de Masolino en Hongrie avant 1422, ainsi que celui d'autres peintres florentins dans les années 1420, grâce à l'appui du condottiere florentin Pippo Spano, contribuèrent à diffuser dans ce pays les idées nouvelles. Dès la fin du XIVᵉ siècle, Tommaso da Modena avait peint en Bohème deux polyptyques vers 1360, dont le rôle fut décisif pour le développement des écoles locales. Il est vrai que durant toute la Renaissance, les œuvres d'art furent les meilleurs ambassadeurs entre les pays ; c'est ainsi qu'elles influencèrent l'évolution des courants artistiques locaux.

Les liens très étroits de l'Espagne avec l'Italie et les Flandres donnèrent naissance à un art espagnol contrasté. En Angleterre, la Réforme paralysa en grande partie tout développement des idéaux italiens. En peinture, les styles et les goûts, encore proches du gothique international, dépendaient aussi des croyances religieuses, des courants politiques et des cours, mécènes importants. L'influence de l'art italien du Quattrocento dans les différents pays d'Europe permet de mesurer la progression des idées humanistes.

157 MAÎTRE DE MOULINS, Annonciation, vers 1510

À l'origine, ce panneau faisait probablement partie d'un diptyque. La façon dont y est représenté le décor intérieur est particulièrement réussie et la colonne ionique ainsi que l'arche à caissons montrent que l'artiste connaissait les motifs architecturaux en vogue en Italie à l'époque. Les effets de lumière sont d'une remarquable subtilité, malgré la taille disproportionnée de l'ange ; la perspective, bien maîtrisée, est agencée en fonction de la Vierge et de la disposition de la pièce. La Vierge, qui est traitée comme un portrait, rappelle un autre tableau attribué à l'artiste, la Jeune Princesse (Pl. 175).

La Renaissance en France

En France, au Moyen Âge, l'art et l'architecture avaient atteint un tel degré de perfection que la transition avec la Renaissance se révéla lente et difficile. Alors que l'architecture toscane rompit au XVᵉ siècle avec l'esthétique gothique, le gothique se développa tout au long du XVᵉ siècle en France, comme en témoignent les somptueuses réalisations du gothique flamboyant.

Le grand nombre de manuscrits enluminés fut, en France, l'une des expressions majeures du style gothique. Deux des plus grands enlumineurs de manuscrits furent Maître d'Honoré (qui mourut probablement avant 1318) et Jean (ou Jehan) Pucelle (v. 1300-v. 1355). L'art de l'enluminure fleurit dans presque toute l'Europe entre 1375 et 1425. Les artistes qui s'y adonnaient voyageaient en effet à travers l'Europe occidentale, principalement en Italie, en Flandres, dans le Brabant, la Rhénanie, le nord de l'Allemagne et en Espagne.

Le *Diptyque Wilton* (Pl. 186) est l'une des œuvres de style gothique international les plus parfaites, mais il pose aussi un certain nombre d'interrogations. Sans doute fut-il exécuté à Paris. Le peintre qui le réalisa connaissait parfaitement les courants artistiques contemporains en Italie et même en Hongrie. Bien qu'il date des premières années du XVᵉ siècle, le tableau réunit toutes les caractéristiques de la période précédente, avec une somptuosité inégalée. De ce fait, il constitue une parfaite illustration de l'état de l'art en France, lorsque commencèrent à germer les idées de la Renaissance venues d'Italie.

Durant la période (1309-1417) pendant laquelle les souverains pontifes résidèrent à Avignon, tous les papes et presque tous leurs cardinaux étaient français. Ils firent donc venir d'Italie des peintres comme Simone Martini, qui vécut dans le sud de la France de 1340 à peu près, jusqu'à sa mort en 1344. De même, Pétrarque (1304-1374), figure emblématique de l'humanisme italien, grand admirateur de la littérature latine, étudia à l'université de Montpellier et séjourna longtemps à Avignon. Il possédait des œuvres de Simone Martini, dont il était l'ami.

158 LES FRÈRES LIMBOURG, *Le mois de février*, Très Riches Heures du duc de Berry, commencé vers 1413
Les enlumineurs flamands Herman, Jean et Pol Limbourg comptaient parmi les plus talentueux de leur temps. Lorsqu'ils moururent, le livre d'heures fut achevé par Jean Colombe. Les miniatures abondent en notations réalistes, comme ici, ces paysans qui, au cœur de l'hiver, se réchauffent, et dont la pauvreté n'est pas masquée par les artistes.

La ville d'Avignon appartenait alors aux princes de Naples, comtes de Provence. Les contacts étroits de Pétrarque avec la cour papale eurent une importance déterminante dans le développement des idées humanistes hors de l'Italie, car venaient à Avignon des gens de l'Europe entière. De la cité papale, les concepts artistiques de l'école siennoise gagnèrent le reste de la France, puis les Pays-Bas, l'Autriche et la Bohème. Outre des fresques, les peintres « italianisants » d'Avignon exécutèrent des peintures sur bois, et s'ils conservèrent leur style gothique, ils ne s'en ouvrirent pas moins aux idées venues d'Italie.

La dynastie des Valois régna en France de 1328 à 1589. Parmi les rois Valois, citons Charles V qui régna entre 1364 et 1380 et dont les frères étaient les ducs d'Anjou, de Berry, de Bourgogne et de Bourbon. Avec d'autres membres de la cour du roi, ces hommes furent d'importants mécènes, et de très grands amateurs de manuscrits enluminés. L'un des frères de Charles V, Jean, duc de Berry, en fut le collectionneur le plus éclairé (Pl. 158). C'est à cette époque que s'établit la solide tradition française du mécénat royal, tradition qui devait perdurer jusqu'à la Révolution. Paris devint le centre du style gothique international durant le premier quart du XVᵉ siècle, et les premiers tableaux de chevalets réalisés par des peintres parisiens indépendants apparurent sous le règne de Charles VI, de 1380 à 1422. On le voit, en France, on était loin des développements en cours à Florence, et ceux-ci apparemment avaient peu d'impact sur les artistes français.

La seconde école d'Avignon donna un chef-d'œuvre qui marque la rupture avec les principes esthétiques médiévaux de la peinture française : il s'agit de la *Pietà* de Villeneuve-lès-Avignon (Pl. 185), tableau attribué aujourd'hui à Enguerrand Quarton (ou Charonton) (v. 1410-1466). Les légats du pape, le cardinal della Rovere et le cardinal de Foix, menèrent une politique de mécénat active en Provence. La production artistique de cette époque révèle une intense inspiration religieuse comme en témoigne le bouleversant *Retable de Boulbon,* dont l'auteur n'est pas connu, et que l'on peut voir au musée du Louvre.

Jean Fouquet

Contrairement à l'Italie et aux Pays-Bas, au XVᵉ siècle, la France eut peu de peintres de génie. Seules exceptions, Jean Fouquet (v. 1420-v. 1480), qui fut un peintre de tableaux de chevalet et de miniatures, et le mystérieux Maître de Moulins.

Né à Tours, Fouquet, dont on ne sait hélas pas grand-chose, semble avoir eu de l'art une vision plus internationale que ses contemporains. Il séjourna à Rome entre 1444 et 1447, et le prestige dont il jouit dans cette ville lui valut la flatteuse commande du portrait du pape Eugène IV, aujourd'hui malheureusement disparu. On le connaît par la gravure. Il est probable que Fouquet passa par Florence car le résultat le plus marquant de son voyage en Italie fut l'intérêt qu'il porta dès lors à la fois à l'architecture classique et à la perspective. Certains indices permettent aussi de penser qu'il connaissait le travail de certains peintres florentins, en particulier Fra Angelico.

Du voyage en Italie de Fouquet, il nous reste un portrait remarquable, le portrait du *Bouffon Gonella* (Pl. 176), ainsi que tout le travail de détail très « italianisé » de ses *Heures d'Étienne Chevalier,* conservé au musée Condé à Chantilly, œuvre qu'il peignit entre 1450 et 1460 pour l'un de ses plus importants commanditaires français. Fouquet commença peut-être à apprendre son métier chez des peintres miniaturistes parisiens comme le Maître des Heures du maréchal de Boucicaut et le Maître du duc de Bedford, et à son tour il perpétua une tradition qu'il renouvela comme en témoigne l'influence qu'il eut sur Jean Bourdichon et Jean Colombe.

L'expérience du peintre à Rome ne contribua pas peu à son prestige. Dès son retour à Tours, il bénéficia du mécénat de la cour, même s'il ne fut nommé officiellement peintre du roi Louis XI qu'en 1474. Le superbe portrait que fit Fouquet de Charles VII (Pl. 8), conservé au musée du Louvre, montre bien comment l'artiste sut allier des éléments des styles italien et nordique à son propre sens de l'esthétique. Ce portrait annonce les travaux plus tardifs de l'artiste, en particulier les magnifiques illustrations qu'il fit pour le manuscrit des Antiquités judaïques de Flavius Josèphe (Pl. 159), et sa Pietà de l'église paroissiale de Nouans en Touraine. Tout au long de sa carrière, Fouquet fit preuve d'une sorte de gravité que l'on retrouve dans la dignité qu'il a su donner à ses œuvres, et dans le puissant sentiment d'introspection qui se dégage de ses portraits.

Nicolas Froment, actif entre 1450 et 1480 et originaire d'Uzès, fut le peintre de cour de René d'Anjou. Comme Quarton (Pl. 185), l'un des premiers, il intégra dans sa peinture certains traits du naturalisme flamand. Son œuvre

159 JEAN FOUQUET, Antiquités judaïques, 1470-1476
Ces miniatures que Fouquet exécuta dans les dernières années de sa carrière, illustrent un manuscrit de Flavius Josèphe. Même à cette échelle très réduite, Fouquet réussit à rendre une monumentalité étonnante, comparable à ce que faisaient les peintres italiens de l'époque. L'artiste sut organiser habilement une composition avec une multitude de personnages et s'éloigne de la représentation, plus confuse, des foules dans la peinture flamande.

maîtresse, le retable du *Buisson ardent,* date de 1476 et fut commandé pour la cathédrale d'Aix-en-Provence par le roi René d'Anjou. Ce triptyque révèle une influence italienne.

Le Maître de Moulins

Tout ce que l'on sait de source sûre au sujet de ce peintre mystérieux et talentueux est qu'il peignit vers 1498 le triptyque dit du *Couronnement de la Vierge* pour la cathédrale de Moulins. Le panneau central est d'une grande délicatesse et fut comparé à certains tableaux d'Ingres pour ses remarquables effets de lumière. À partir de ce triptyque, on a attribué au peintre plusieurs autres œuvres qui lui sont stylistiquement apparentées. Le *Couronnement de la Vierge* avait été commandé par Pierre II duc de Bourbon, sa femme, Anne de Beaujeu, fille de Louis XI, et leur fille Suzanne. On peut en déduire que le mystérieux Maître de Moulins jouissait d'un prestige certain auprès de grands mécènes de l'aristocratie (Pl. 175). On a aussi identifié l'artiste au peintre Jean Hay de Bruxelles, également en faveur à la cour des Bourbons.

On pense aujourd'hui que le Maître de Moulins fut actif de 1480 environ jusque vers 1520 et non 1500, comme on le croyait antérieurement. Les premiers tableaux qui lui sont attribués, le *Cardinal Charles II de Bourbon* à la Alte Pinakothek de Munich, et la *Nativité* du musée Rolin à Autun, témoignent d'une influence flamande très nette, en particulier de Hugo Van der Goes et de son *Retable Portinari* (Pl. 151). Les œuvres plus tardives se ressentent en revanche de l'influence de Fouquet : elles sont empreintes d'une élégance pleine de retenue qui ne sacrifie pas pour autant les merveilleux effets de texture et de lumière des premiers tableaux (Pl. 157). La dernière œuvre que l'on attribue à l'artiste, le magnifique *Donateur présenté par saint Maurice* conservé à Glasgow, fut sans doute exécuté vers 1516 ; sa conception grandiose rappelle très nettement le style de Fouquet, mais la façon dont sont utilisées les couleurs demeure profondément originale.

Le XVIᵉ siècle

Au cours de la première partie du XVIᵉ siècle, la Renaissance s'épanouit en France avec une rapidité stupéfiante. Les Français abandonnèrent alors un univers culturel encore marqué par des valeurs médiévales : la politique et la culture s'orientèrent délibérément vers des conceptions modernes. Pourtant certaines formes d'art comme la miniature continuèrent à y être prisées. Ces plus illustres représentants à cette période semblent avoir été Jean Perréal, dit Jean de Paris qui mourut en 1530, et Jean Bourdichon (v. 1457-1521). On possède malheureusement peu de renseignements sur leur carrière.

Bourdichon, qui était l'élève de Fouquet, fut en faveur auprès de Charles VIII et Louis XII, à Tours. Sans doute se rendit-il en Italie. Il peignit probablement des tableaux de chevalet, mais il est surtout célèbre pour ses miniatures du livre des *Grandes Heures d'Anne de Bretagne,* qu'il acheva en 1508 : l'ouvrage est conservé à la Bibliothèque nationale à Paris. Ces illustrations témoignent de l'influence de certains éléments décoratifs italiens. L'artiste emprunta également beaucoup à des peintres italiens comme Pérugin. On peut d'ailleurs reprocher à Bourdichon de manquer d'authenticité et d'originalité.

Perréal aurait été plus connu de son temps que Bourdichon : Léonard de Vinci, qui le rencontra à Milan, le mentionne. On ne lui attribue cependant aucun tableau avec certitude, mais Charles Sterling a réussi à constituer un corps d'œuvres cohérent autour de l'artiste. Il travailla comme sculpteur, peintre et décorateur à la cour. On sait qu'il effectua trois voyages en Italie dont un avec Charles VIII et un autre avec Louis XII. Le portrait de Louis XII de la Royal Collection à Windsor est attribué à Perréal. Il date d'environ 1514 et permet de comprendre pourquoi certains critiques ont voulu identifier l'artiste au Maître de Moulins.

C'est dans ce contexte où, peintures sur panneaux et miniatures subissent l'influence d'un certain italianisme, dont elles tentent parfois de faire la synthèse avec l'art flamand que commence le règne de François Ier.

François Ier et la première école de Fontainebleau

Sous Louis XII, un ministre, le cardinal d'Amboise avait été l'arbitre du bon goût : on considérait déjà l'art italien comme la référence pour toute œuvre d'art. François Ier (1494-1547), dès le début de son règne, ne fit pas mystère de ses intentions : il voulait une cour dont l'éclat rivalisa avec celui des cours italiennes et européennes. Il fut d'autant plus soucieux de réaffirmer son prestige après l'humiliante défaite de Pavie. Dès son retour en France en 1428, il s'attacha à transformer le modeste château de Fontainebleau et d'y installer une brillante vie de cour. Pour ce faire, le souverain fit appel aux artistes italiens les plus prestigieux. S'il ne réussit pas à attirer Michel-Ange, il obtint les services de Léonard de Vinci qui résida en France de 1516 à 1519, d'Andrea del Sarto qui ne resta qu'un an (1518) mais peignit durant son séjour la splendide *Charité* du musée du Louvre, et de Benvenuto Cellini, dont le séjour en France dura de 1540 à 1545. Sous l'influence des artistes italiens sollicités par le roi, l'art français évolua vite, et trouva rapidement un style propre.

Les travaux entrepris par François Ier à Blois et à Chambord donnent la mesure de ses vastes ambitions, et quand il décida de reconstruire et de réaménager le château de Fontainebleau, ce fut avec tant de splendeur que Vasari compara la petite ville à une Rome nouvelle ! L'aristocratie et les nouvelles classes fortunées menaient également une brillante politique de mécénat. Ces foyers artistiques actifs étaient, non à Paris, mais liés aux châteaux de la Loire dont les forêts environnantes étaient giboyeuses.

François Ier connaissait bien les modèles de vie de cour et l'art italiens, dont il voulut créer un équivalent à Fontainebleau, sa résidence favorite. Il eut la chance d'y attirer deux grands peintres italiens, Rosso Fiorentino (*cf.* chapitre 8) et Primatice (Francesco Primaticcio, 1504-1570). Ils arrivèrent en France respectivement en 1530 et 1532, avec leurs assistants. Un troisième peintre, Nicolò dell'Abate (v. 1509-1571) devait les rejoindre vers 1552.

Primatice, originaire de Bologne, encadrait de stucs ses peintures, pratique qui eut par la suite une grande influence dans la décoration. Il avait été l'assistant de Giulio Romano (ou Jules Romain) pour la décoration très élaborée du palais de Té, à Mantoue, et par l'intermédiaire de Giulio, il connaissait le style de Raphaël. D'après Vasari, c'est lui qui introduisit en France les premières décorations en stuc. Il se rendit à Rome pour y acheter des antiquités et des moulages pour le roi de France. Quand Rosso Fiorentino mourut en 1540, Primatice jouit d'une position et d'un prestige inégalés à la cour du roi. Les artistes italiens réussirent à créer une véritable équipe de fresquistes, de stucateurs et de graveurs qu'ils formèrent à leur style.

Rosso, qui aimait mener grand train, se fit nommer par François Ier premier peintre du roi et chanoine de la Sainte-Chapelle. Le roi lui avait garanti de surcroît de nombreux privilèges et l'artiste jouissait, à la cour, d'un grand prestige. Il ne reste cependant pas grand-chose de ses réalisations en France. Sa production fut pourtant très importante : il exécuta des travaux de décoration, des tableaux de chevalet, des dessins pour des mascarades, mais aussi des modèles d'orfèvrerie et des miniatures. Des décorations de Rosso à Fontainebleau, dans le pavillon de Pomone (en collaboration avec Primatice) dans le pavillon des Poêles (disparu au

160 PRIMATICE, Ulysse tirant à travers les anneaux, vers 1556-1559

Il s'agit d'une étude préliminaire très aboutie pour une des cinquante-huit fresques que Primatice exécuta dans la galerie d'Ulysse du château de Fontainebleau. Vingt-cinq dessins originaux du Primatice y ont conservés, et Van Thulden, peintre flamand, grava l'ensemble des aventures d'Ulysse, nous permettant ainsi de nous faire une idée de ce grand cycle décoratif.

XVIIIᵉ siècle) et dans la galerie basse du pavillon de Pomone, il ne subsiste presque rien. Ses grands tableaux comme le *Saint Michel* et *Léda* ont tous disparu. Seule a été conservée des œuvres peintes en France, la *Pietà,* du musée du Louvre : elle provient de la chapelle du château d'Écouen. Ce tableau qui exprime une intense souffrance était pourtant éloigné des goûts des Français, plus attirés à l'époque par des styles décoratifs et des peintures plus légères. À l'intérieur du château de Fontainebleau, Rosso décora avec magnificence la galerie François Iᵉʳ (Pl. 161). Après sa mort en 1540, François Bunel, Luca Penni et Antoine Caron, continuèrent la manière de Rosso à Paris.

Le style du Primatice est plus épuré, moins fébrile que celui de Rosso, comme on peut en juger à Fontainebleau d'après la superbe décoration de la Chambre de la duchesse d'Étampes (1541-1544) et de la salle de bal (1556) où les significations symboliques sont encore mystérieuses. Il est regrettable que la galerie d'Ulysse, décorée par Primatice après 1556, ait été démolie au XVIIIᵉ siècle (Pl. 160). Sous la galerie François Iᵉʳ se trouvait l'appartement des Bains dont les décorations « d'une indécence exquise » donnaient bien le ton de l'esprit libertin qui régnait à la cour du roi. On ne s'étonnera donc pas qu'y aient été accrochées une copie de la célèbre *Léda* de Michel-Ange, et *Vénus, Cupidon, la Folie et le Temps* de Bronzino (Pl. 228). Ces deux tableaux devaient avoir une influence considérable sur la façon dont les peintres français allaient approcher le nu.

François Iᵉʳ fut un grand collectionneur d'œuvres d'art italiennes. Ses collections comprenaient outre la *Vierge aux rochers* de Léonard de Vinci, déjà dans les collections de Louis XII semble-t-il, *La Joconde, La Belle jardinière* de Raphaël, mais aussi son *Saint Michel terrassant le dragon* et sa *Grande Famille* comptaient parmi les chefs-d'œuvre d'une collection également très riche en sculptures antiques et contemporaines de premier plan. Enfin la superbe porte Dorée sculptée par Cellini constituait l'un des plus importants éléments ornementaux du château.

Malgré les réserves formulées par Primatice, Nicolò dell'Abate, lorsqu'il vint en France, était un peintre de tableaux et un fresquiste renommé en Italie où il jouissait d'un prestige certain. Vasari dans ses *Vies* est en effet très élogieux pour un peintre dont il loue l'harmonie entre la couleur et le dessin, parvenue à une parfaite « unione », terme qu'il emploie également pour la première manière de Giorgione. Il avait également été en contact avec deux artistes italiens de très grande envergure, Corrège et le Parmesan. Du reste, le tableau de ce dernier, la *Conversion de saint Paul* (Pl. 265) lui a parfois été attribué. Nicolò dell'Abate introduisit donc en France les derniers développements du maniérisme italien, et ce d'autant plus facilement que le roi, Henri II (1519-1559) qui régnait depuis 1547, avait épousé l'Italienne Catherine de Médicis en 1533. Nicolò dell'Abate reçut de nombreuses commandes, en particulier à Paris et à Écouen. Il est l'un des rares peintres qui travaillèrent à Fontainebleau dont beaucoup d'œuvres ont survécu, en particulier de merveilleux paysages, genre dans lequel l'artiste se spécialisa après 1556

161 ROSSO FIORENTINO, Vénus frustrée, vers 1536-1540
Les douze fresques de la galerie François Iᵉʳ sont dédiées au roi. Elles s'insèrent dans une riche ornementation en stuc qui complète le thème des fresques et surmontent un haut lambris de noyer admirablement sculpté par Scibec de Carpi. Le motif du cuir découpé est abondamment répété dans l'encadrement décoratif et utilisé semble-t-il, pour la première fois, systématiquement. Les sujets des fresques sont tirés de la littérature classique et de la mythologie, certaines scènes ont une signification symbolique générale, d'autres font référence plus précisément au roi.

(Pl. 178). Ceux-ci malgré leur style maniériste annoncent déjà les paysages romantiques de Claude Lorrain, au siècle suivant.

Beaucoup de peintre qui travaillèrent à Fontainebleau sont restés anonymes, aussi les regroupe-t-on sous la dénomination de l'école de Fontainebleau (Pl. 189). Le foyer artistique créé à Fontainebleau à la faveur d'un mécénat royal soutenu et organisé fut, en effet, un des plus brillants de la période.

Cousin et les Clouet

Si l'influence et le prestige de l'école de Fontainebleau furent très importants, la France eut aussi d'autres centres artistiques actifs et originaux à cette époque. Ainsi, Jean Cousin le Père (v. 1490-1560) s'installa à Paris en 1538, après avoir quitté sa ville natale de Sens, où il menait avec succès une carrière de peintre et de dessinateur de cartons de vitraux. À Paris, il vit certainement des gravures de peintures italiennes et peut-être des œuvres originales, dont il nourrit son style. *Eva Prima Pandora* (Pl. 179) montre cependant combien ses préoccupations rejoignaient celles des artistes de Fontainebleau. Il exécuta aussi les cartons pour les tapisseries de la *Vie de Saint Mammès* pour la cathédrale de Langres. Le fils de Cousin le Père, Jean Cousin le Jeune (v. 1522-v. 1594) est célèbre pour ses dessins et gravures. Il vécut entre Sens et Paris. Le Louvre conserve son seul tableau connu, le *Jugement universel.*

Vers le milieu du siècle, deux hommes dominent l'art du portrait en France, Corneille de Lyon (actif entre 1533 et

162 JEAN CLOUET, Guillaume Budé, vers 1535
Guillaume Budé (1467-1540) était le plus grand helléniste du nord de l'Europe. Il créa la bibliothèque de Fontainebleau, à l'origine de la Bibliothèque nationale, et contribua à fonder le Collège de France. Érasme lui témoignait une très vive admiration. Ce tableau est peint à la détrempe et à la peinture à l'huile ; les couches de vernis finales sur le visage du modèle ont aujourd'hui disparu, donnant la fausse impression que la peinture est anormalement mince. Mais la ressemblance frappante avec le modèle demeure. On notera aussi l'austérité de ce tableau, si différente des surfaces richement travaillées de Holbein.

1574) et François Clouet (v. 1510-1572). On donna à ce dernier le même surnom, Janet, qu'à son père Jean Clouet, mort en 1541, ce qui explique les fréquentes confusions entre le père et le fils. Le père était sans doute fils d'un peintre flamand s'appelant aussi Jean Clouet, ou Jan Cloet, qui arriva en France vers 1460.

Jean, le père de François, était un remarquable portraitiste : ses pastels et dessins doucement ombrés suggèrent une influence italienne. Bien que de nombreux portraits ne puissent lui être attribués avec certitude, on sait qu'il fut nommé peintre à la cour de Louis XII et de François Iᵉʳ. Des portraits comme ceux de *Madame de Canaples* de la National Gallery of Scotland d'Édimbourg, *Guillaume Budé* (Pl. 162) et *François Iᵉʳ* (Pl. 16) justifient qu'on l'ait souvent comparé à Holbein.

Son fils François lui succéda comme peintre de cour et valet de chambre en 1541. Il sut introduire dans ses portraits des éléments inspirés de l'art italien comme en témoigne le superbe portrait de *Pierre Quthe apothicaire* en

1562 (Pl. 163), l'un des plus subtils mais des moins caractéristiques de la Renaissance française. L'artiste n'en est pas moins typiquement français par l'analyse psychologique qui transparaît dans ses portraits, mais aussi par la façon dont il su faire la synthèse des inspirations italiennes et nordiques dans son approche du nu féminin (Pl. 181). On retrouve ces deux influences dans le *Bain de Diane* du musée des Beaux-Arts de Rouen. Les portraits de Clouet sont également proches du maniérisme, un style dont les trois grands représentants sont Jakob Seisenegger (1504-1567) en Autriche, Bronzino en Italie et Alonso Sanchez Coello en Espagne (Pl. 184).

Pour la plupart au musée de Condé, à Chantilly, les portraits de François Clouet sont d'un trait plus ferme et plus précis que ceux de son père, comme en témoignent le très beau *François II* (Pl. 20) ainsi que le portrait de sa toute jeune veuve, *Mary, reine d'Écosse*, en habits de deuil blancs conservé à la Bibliothèque nationale à Paris. Toujours avec le même souci de l'étude psychologique, que l'on sent dans

163 FRANÇOIS CLOUET, Pierre Quthe apothicaire, 1562
Il s'agit peut-être du plus bel exemple de portrait maniériste à la française du milieu du XVᵉ siècle. C'est aussi l'un des plus splendides portraits français de la Renaissance. Quthe ou Cutte était un apothicaire connu, comme le symbolise le livre de plantes ouvert à côté de lui. La retenue digne du personnage forme un contraste frappant avec la richesse du rideau, et l'effet de lumière sur ce rideau indique que Clouet connaissait peut-être le style de Bronzino.

Pierre Quthe, ces dessins montrent un grand souci de réalisme qui était absent de l'œuvre de Jean Clouet. Ils figurent parmi les plus beaux dessins que compte l'art français.

À cette époque en France, la mode était aux « albums de portraits » qui permettaient d'en conserver plusieurs, généralement exécutés au pastel, et qui servaient d'esquisses préliminaires à des tableaux ou constituaient un souvenir de personnages contemporains importants ou de parents. C'est grâce à ces albums que beaucoup de portraits de cette période nous sont parvenus.

Corneille de Lyon arriva en France dès avant 1534 et se fixa à Lyon vers 1540. Peintre hollandais, il venait de La Haye et devint citoyen français en 1547. Il fut nommé peintre d'Henri II et de Catherine de Médicis en 1551. Il fit une brillante carrière : ses contemporains le considérèrent comme un incomparable portraitiste. On lui attribue avec certitude le portrait de *Pierre Aymeric* daté de 1534 et conservé au Louvre, son style est très caractéristique. L'artiste se spécialisa dans les portraits en buste, de petit format, peints sur des fonds verts, ou parfois bleus, au rendu précieux et méticuleux (Pl. 164). Comme Clouet, Corneille de Lyon s'efforçait de saisir dans ses portraits la personnalité de ses modèles.

Henri IV et la seconde école de Fontainebleau

Henri IV (1553-1610) fut le premier roi de France de la dynastie des Bourbons, et quand il épousa en secondes noces Marie de Médicis, c'était la deuxième fois dans le même siècle qu'un souverain français s'alliait avec une femme de cette puissante famille italienne. Avec ce que l'on a appelé la seconde école de Fontainebleau, Henri IV reprit et poursuivit la tradition artistique inaugurée par François Iᵉʳ et perpétuée après lui par Henri II et Charles IX. Les peintres de la seconde école s'inspirèrent beaucoup de Rosso, du Primatice et de Dell'Abate, mais ils furent influencés aussi par la peinture flamande et finirent par se créer leur style propre. Les artistes les plus importants de cette école furent Toussaint Dubreuil (1561-1602), Ambroise Dubois (v. 1542-1614) et Martin Fréminet (1567-1619). Suivirent Guillaume Dumée et Gabriel Honnet dont on sait peu de choses. Antoine Caron (v. 1520-v. 1599) est l'exemple type de la tendance maniériste française. Il devint peintre de cour de Catherine de Médicis après avoir appris son métier auprès du Primatice. Sa peinture se caractérise par la vivacité des couleurs, la mise en scène de multiples personnages avec, pour fond, des architectures très élaborées souvent inspirées d'ouvrages romains anciens.

La seconde école reprit aussi les thèmes galants et mythologiques que les peintres de la première école avaient mis en vogue. De même Henri IV reprit la tradition libertine de ces prédécesseurs en affichant publiquement ses maîtresses dont la très célèbre Gabrielle d'Estrées (Pl. 187).

164 CORNEILLE DE LYON, Clément Marot, sans date
Ce portrait plein de sensibilité, illustre le style presque miniaturiste de Corneille de Lyon alors à l'apogée de son art. L'artiste a utilisé la peinture en couche mince et tracé un personnage sombre contre un fond de ce vert pâle qu'aimaient tant les peintres maniéristes. On retrouve dans ce portrait de grandes similitudes avec le travail des peintres flamands comme Joos Van Cleve, mais sa douceur est typique des portraits français de l'époque.

Nancy, qui était alors la capitale du duché de Lorraine, avait aussi une école de peinture florissante qui perdura bien après le XVIᵉ siècle. Le maniérisme y trouva un écho enthousiaste, les deux artistes les plus représentatifs de cette école sont des graveurs de génie, Jacques Callot (1592-1635) et Jacques de Bellange (v. 1574-1616). Les célèbres séries de gravures de Jacques Callot, *Les Grandes Misères de la guerre* s'inspirent de l'invasion française de la Lorraine. Ces gravures, par leurs effets d'ombre et de lumière et par leur richesse de détails, occupent une place unique dans l'histoire de l'art.

La Renaissance en Angleterre

Les idées de la Renaissance pénétrèrent tardivement en Angleterre et de façon intermittente. Il est vrai que la rupture avec Rome, consommée par l'Acte de suprématie, grâce auquel le roi Henri VIII (1491-1547) devenait chef unique de l'Église anglaise, porta un coup d'arrêt brutal au développement et à la production artistique religieuse. Quant aux idées de la Renaissance italienne, elles ne filtraient qu'avec parcimonie, sous la forme, par exemple, des quelques œuvres que laissa le sculpteur florentin Pietro Torrigiano après son séjour en Angleterre (entre 1511 et 1522). En peinture, les interprètes des nouveaux courants furent tous des peintres étrangers immigrés comme Hans Holbein et Hans Eworth.

La Réforme entraîna en Angleterre une vague d'iconoclasme terrible qui anéantit une riche et longue tradition artistique. En 1559, un an seulement après le répit qu'avait apporté le règne de la catholique Mary Tudor, d'horribles actes de destruction barbare eurent lieu à Londres, et à

deux reprises au moins furent brûlés publiquement des tableaux et des œuvres d'art d'inspiration religieuse.

Pareilles exactions empêchèrent toute représentation artistique de sujets religieux surtout après 1535, et ce fut un désastre pour la peinture désormais limitée à des expressions purement profanes. C'est ainsi que l'art du portrait prit en Angleterre une importance sans équivalent dans les autres pays d'Europe. Le portrait en outre séduisait outre-Manche parce qu'il pouvait être un moyen de propagande. L'allégorie aussi devint à la mode sous le règne des Tudors, en partie à cause de l'influence naissante de la Renaissance italienne. Elle devait constituer un thème dominant en peinture durant la période élisabéthaine.

Henry VIII ne mit pas longtemps à entrevoir les possibilités qu'offrait le portraitiste de génie qu'était Holbein. L'unique portrait d'Henry VIII, qui est certainement de la main d'Holbein, conservé dans la collection Thyssen à Madrid, montre avec une implacable précision un monarque cruel. À partir du tableau original, il était d'usage courant, pour un peintre ou son atelier, d'en faire plusieurs copies qui servaient de cadeaux diplomatiques ou tout simplement avaient pour but de rappeler l'existence du roi et sa puissance. On connaît ainsi plusieurs exemplaires du

165 ROWLAND LOCKEY, Portrait de la famille de Thomas More, vers 1595-1600

Rowland Lockey exécuta trois versions du grand portrait de la famille More, qui a aujourd'hui disparu. Cette miniature lui fut probablement commandée par Thomas More II, après que Lockey eut exécuté en 1593, la version qui se trouve à la National Portrait Gallery de Londres. Cette composition qui montre un grand intellectuel au centre « d'une famille unie dans la même quête de la piété et du savoir » eut sans doute beaucoup d'influence sur les artistes anglais.

portrait de Henry VIII, dont un se trouve à la Galleria nazionale à Rome. Holbein eut une production énorme en Angleterre : quatre-vingt-dix tableaux pour cette seule période.

Hans Holbein le Jeune en Angleterre

Malgré les efforts de la municipalité de Bâle pour dissuader les artistes de quitter la ville, Hans Holbein le Jeune, né vers 1497, partit s'établir définitivement en Angleterre en 1532 où il mourut de la peste en 1543. Il y était déjà venu en 1526, poussé par la nécessité car, du fait de la Réforme, les commandes d'œuvres d'art étaient rares à Bâle, et deux ans durant, l'artiste avait été l'hôte de sir Thomas More. En 1527, il fit le portrait de More, conservé à la Frick Collection à New York, avec un tel réalisme et une telle noblesse qu'il émerveilla sans doute les Anglais. Érasme, frappé par l'acuité des portraits de l'artiste, écrivit à More pour vanter la ressemblance et la précision du *Portrait de la famille de Thomas More* (Pl. 27). À la Renaissance, le plus grand compliment que l'on pouvait adresser à un portraitiste était de ne pouvoir faire la différence entre le tableau et son modèle.

Les premiers contacts que Holbein réussit à nouer en Angleterre se firent par l'intermédiaire des riches marchands allemands pour lesquels il travaillait. C'est sans doute grâce à eux qu'il rencontra Thomas Cromwell, qui fut peut-être le commanditaire du fameux tableau des *Ambassadeurs,* daté de 1533 (Pl. 180). Par son côté grandiose, imposant, cette œuvre magnifique, de grand format, est célèbre pour l'anamorphose représentant une tête de mort au bas du tableau. Les historiens d'art voient dans cette œuvre des réminiscences frappantes du style de Van Eyck, en particulier dans le contraste entre le tracé rigoureux de l'ensemble de la scène et le flamboiement des riches étoffes aux couleurs éclatantes.

C'est le mélange d'austérité et de richesse picturale qui dut séduire l'aristocratie anglaise (Pl. 166), si bien qu'en 1536, Holbein fut nommé peintre de cour. À ce titre, comme ses contemporains dans les autres pays d'Europe, l'artiste avait des activités variées et, en plus des portraits (Pl. 167), il devait dessiner des costumes, des étoffes, des bijoux, et même des masques. Ce dernier volet de sa production prendra plus d'importance sous le règne d'Elisabeth Iʳᵉ (1533-1603). Holbein était aussi un remarquable graveur, comme en témoigne sa *Danse macabre* de 1538.

L'œuvre majeure de Holbein en sa qualité de peintre de cour fut une grande fresque dynastique pour la chambre privée du nouveau palais de Whitehall, représentant Henry VIII, son père Henry VII et leurs épouses, Jane Seymour et Elisabeth d'York. Au premier plan figuraient Henry VIII et Jane Seymour, sa troisième femme, de part et d'autre d'un autel commémoratif portant une inscription latine à la gloire des deux souverains, avec pour toile de fond une architecture inspirée par Bramante. Bien que détruite par le

166 Hans Holbein le Jeune, Simon George of Quocote, 1535
Le modèle ici est Simon George of Quocote qui, par son mariage, s'apparenta à la famille des Lanyon de Cornouailles. Un dessin préparatoire de ce tableau se trouve à Windsor et montre le modèle avec une moustache et une barbe naissante. Ceci probablement parce qu'Henri VIII avait ordonné, par le décret du 8 mai 1535, que tous les courtisans coupent leurs cheveux et ne se rasent plus la barbe. Une étude du tableau aux rayons a révélé, qu'à l'origine, le modèle portait une barbe plus courte.

feu en 1698, il reste de cette œuvre l'esquisse qu'en fit Holbein. Pareille œuvre, dont le réalisme visait à rendre gloire au monarque et à légitimer son règne, était une innovation en Angleterre.

Le peintre renouvela l'art en Angleterre, où certains artistes réussirent à imiter son style comme on peut en juger par le portrait anonyme et fort réussi d'Elisabeth Iʳᵉ, qui date du milieu des années 1540 et se trouve à la Royal Collection de Windsor. Peu d'artistes européens parvinrent à égaler cet équilibre unique qu'Holbein savait donner à ses portraits, sachant rendre la personnalité de ses modèles avec une extrême sensibilité alliée à une technique sans faille. L'artiste possédait une technique irréprochable en dessin comme en peinture : ses portraits dessinés en témoignent (Pl. 167).

Entre 1540 et 1570, tous les peintres qui travaillèrent en Angleterre voulurent imiter Holbein. Ses émules les plus proches furent John Bettes l'Ancien, actif vers 1531 et qui cessa de travailler en 1573, et le peintre originaire d'Anvers Hans Eworth (1520-1573) qui travailla en Angleterre de 1549 à 1573. Les voyages qu'Eworth effectua très jeune lui permirent de faire une synthèse entre les conceptions artistiques flamandes, le style de l'école de Fontainebleau et

167 HANS HOLBEIN LE JEUNE, *Le jeune John More*, vers 1527
John More (v. 1509-1547) était le quatrième enfant de sir Thomas
More, et son fils unique. On voit ci-dessus une des sept études
préliminaires – conservées dans les collections royales à Windsor –
que fit l'artiste pour son portrait de famille (Pl. 165). Ce dessin
fut exécuté au moment des fiançailles du jeune homme avec Anne
Cresacre, qu'il épousera deux ans plus tard. On notera
l'extraordinaire virtuosité du dessin, depuis les traits fins, légèrement
ombrés du visage jusqu'au tracé plus vigoureux du vêtement.

celui d'Holbein. Ceci est apparent dans le portrait de *Mary
Neville* que le peintre exécuta vers 1555 et que l'on peut
voir à la National Gallery d'Ottawa. Sa composition
complexe diffère du génie qu'avait Holbein pour simplifier
ses personnages, qu'il représentait toujours sur un fond
sans fioriture. On trouve encore trace de l'influence de
Holbein chez des peintres plus tardifs comme William
Segar et George Gower (mort en 1596), peintre à la cour
d'Elisabeth Ire en 1581 et qui a peut-être été l'artiste le plus
marquant de cette fin de XVIe siècle.

Au siècle suivant William Larkin et Robert Peake reprirent la technique d'Holbein. Enfin, avant l'émergence de
Nicholas Hilliard à la fin des années 1560, les artistes les
plus importants en Angleterre étaient flamands ou allemands comme Gerlach Flick (mort en 1558) natif d'Osna-
bruck. William Scots (actif entre 1537 et 1553) travaillait
dans le style maniériste, et en 1537, devint peintre à la cour
de Mary de Hongrie, régente des Pays-Bas, puis, en 1546, à
celle de Henry VIII. Peut-être est-ce lui qui lança la mode
en Angleterre des portraits en pied, s'inspirant en cela du

travail de l'Autrichien Jakob Seisenegger et de l'Allemand
Christoph Amberger. Il contribua aussi à donner un style
international à l'art anglais du portrait.

Nicholas Hilliard et l'art de la miniature

Nicholas Hilliard (1547-1619) fut le plus grand peintre
miniaturiste anglais. Il fut aussi le premier peintre originaire de ce pays dont le talent fut reconnu par ses contemporains, et également le premier artiste de la Renaissance en
Angleterre.

L'avait précédé, peu avant, Lucas Hornebolte (v. 1490-
1544), originaire de Gand, qui avait travaillé à la cour de
Henry VIII, en même temps qu'Holbein. Hornebolte avait

168 SIMON BENNINCK, *Autoportrait*, 1558
Lorsque la gravure remplaça les enluminures pour illustrer les livres,
les enlumineurs varièrent leurs activités et beaucoup se mirent à la
miniature. En 1520 déjà, Benninck peignait des portraits miniatures.
Sur ce tableau, on le voit qui a commencé une petite Vierge à
l'Enfant sur son chevalet où l'on remarquera à gauche, les petites
tablettes pour y poser les pinceaux et les couleurs. On sent dans cette
œuvre une forte influence flamande. Son intérêt réside surtout dans
le fait qu'elle annonce le style de la fille de Benninck, Levina Teerlinc
(1510-1576) qui devait entrer au service d'Henry VIII en 1546.
C'est Teerlinc qui enseigna son art à Nicholas Hilliard.

miniatures de François Clouet. Son traité *L'Art de la miniature* ne fut pas publié de son vivant.

Les rapports entre les miniatures de Nicholas Hilliard et son travail d'orfèvre sont évidents. Le peintre possédait beaucoup de métier et une grande maîtrise des couleurs, malgré la petitesse des formats qu'il s'était imposée. La reine Elisabeth Ire conservait ses miniatures dans sa chambre. Chacune était soigneusement emballée avec inscrit le nom du modèle représenté. D'une manière générale, on gardait les miniatures à l'abri de la lumière et de la poussière, et on les plaçait souvent dans des coffrets en ivoire ou d'une autre matière précieuse.

170 NICHOLAS HILLIARD, Jeune homme dans la roseraie, 1588
Cette miniature, la plus célèbre de Hilliard, montre un jeune homme apparemment séduit par les roses de l'amour, mais piqué par leurs épines. Pourtant, le motto (Dat poenas laudata fides) est tiré de la Pharsale de Lucain, qui préconise l'assassinat de Pompée. On ne comprend pas alors pourquoi, comme on l'a suggéré, le modèle serait Robert Devereux, comte d'Essex.

169 NICHOLAS HILLIARD, Homme serrant la main d'un nuage (Lord Thomas Howard ?), 1588
Officier valeureux, Howard servait dans la flotte qui partit combattre l'Armada. Serrer une main était un symbole fréquemment utilisé pour représenter la concorde, et aussi la foi inébranlable, dans l'art et la littérature de l'époque élisabéthaine. Cependant ici, le motto n'est pas traduit et demeure inexpliqué. Peut-être a-t-il une signification complexe et mystérieuse ? Il se peut que Howard, qui était courtisan, ait eu des activités dans les milieux du théâtre, et cette miniature se référerait à celles-ci.

été un miniaturiste de très grand talent. Hilliard commença par apprendre le métier d'orfèvre avec son père, activité qu'il n'abandonnerait jamais, et c'est probablement lui qui exécuta vers 1600 le *Joyau de l'Armada* du Victoria and Albert Museum de Londres : portrait de profil d'Elisabeth Ire, dans le style des camées antiques, il fut offert à la souveraine pour célébrer la défaite de l'Armada espagnole. En 1570, Elisabeth Ire nomma Hilliard peintre miniaturiste et orfèvre à sa cour, et de toute évidence, il sut se faire apprécier de la souveraine qui affirma plus tard qu'aucun peintre ne serait autorisé à réaliser son portrait « sauf Nicholas Hilliard, et il n'en ferait qu'un seul ». Hilliard fit une miniature de la reine en 1572, conservé à la National Portrait Gallery de Londres, qui joua le même rôle « publicitaire » que le portrait peint par Holbein de Henry VIII. De la même manière, la miniature fut reproduite dans différents formats. Notons que Hilliard avait conscience de ce dont il était redevable à Holbein et disait avoir toujours imité sa façon de peindre pour son plus grand profit.

Le peintre acquit une certaine notoriété en France où il se rendit vers 1577, et où il vit sans doute les somptueuses réalisations de la cour des Valois, en particulier les

171 Atelier de NICHOLAS HILLIARD, La Charte de Mildmay, 1584
On voit ici la charte qui autorisait sir Walter Mildmay à fonder l'Emmanuel College à Cambridge. Hilliard en conçut toute la composition et peignit le personnage de la reine, puis sans doute confia-t-il le reste du travail à un assistant. Les éléments grotesques sont inspirés de modèles italiens, et sont probablement imités de ceux qui décoraient le château de Nonsuch, exécutés par Toto del Nunziata. Cette charte est essentielle si l'on veut comprendre l'art graphique de Hilliard, elle montre bien en outre qu'il s'intéressait aux idées italiennes les plus novatrices.

Par son caractère privé et intime, le portrait miniature fut très prisé à la Renaissance en Angleterre, tout comme les portraits dessinés par François Clouet et ses élèves le furent en France. Ces portraits miniatures étaient surtout destinés à la cour et à son entourage, et pendant un demi-siècle, ils restèrent le privilège de ces élites. Cette prédilection s'explique par la disparition de l'influence italienne à la suite de la Réforme. La preuve en est que les miniatures passèrent de mode quand, sous Charle Ier, l'Angleterre renoua des liens étroits avec la culture italienne.

À partir des années 1580, l'usage des emblèmes ou de motifs symboliques s'impose dans les miniatures. Ainsi les flammes pouvaient symboliser la passion amoureuse tandis qu'un fond noir signifiait parfois la constance. Comme les miniatures étaient souvent des cadeaux qu'échangeaient les amoureux, à moins qu'elles ne fussent un présent royal de la souveraine elle-même, ces significations cachées allaient bien dans le sens de la passion des

Tudors pour l'ésotérisme. À la fin de son règne, les miniaturistes se plaisaient à peindre Elisabeth Ire toujours jeune et belle, parée des bijoux et des atours les plus somptueux. Son successeur, Jacques Ier, au contraire, ne réussit pas à inspirer Hilliard, ni aucun des autres peintres miniaturistes qui avaient travaillé sous la reine vierge.

L'atelier de Nicholas Hilliard était probablement très important (Pl. 171). Rowland Lockey (v. 1565-1616) qui travaillait pour Bess de Hardwick, fut son élève à partir de 1581 : Hilliard lui apprit l'art de l'orfèvrerie, de la miniature et de la peinture sur toile. On doit à Lockey la copie du célèbre tableau d'Holbein, *Portrait de la famille de Thomas More* (Pl. 165).

La peinture de miniatures fut reprise par le mystérieux Isaac Oliver (v. 1568-1617), et connut alors un développement bien différent, plus orienté vers le fantastique. Oliver y introduisit aussi des thèmes religieux, comme en témoigne la *Lamentation sur le Christ mort* qui date de 1586 et se trouve au Fitzwilliam Museum de Cambridge. Oliver réalisa aussi des tableaux beaucoup plus proches des idéaux de la Renaissance et qui représentent des personnages en costumes de mascarade (Pl. 304).

La peinture espagnole à la Renaissance

L'immense *Retable de saint Georges,* commencé par Marzal de Sax (actif entre 1394 et 1405) vers 1400, conservé au Victoria and Albert Museum de Londres, illustre bien le style de la peinture espagnole à l'aube du XVe siècle. Il est composé de grandes scènes entourées de plus d'une trentaines de saynètes et de personnages secondaires, dans un cadre en bois doré et sculpté de style gothique. Aussi incroyable que cela puisse paraître, près de deux mille retables des XIVe et XVe siècles ont survécu, en plus ou moins bon état, bien sûr, constituant un héritage que nous attribuons volontiers à l'Espagne. Luis Borrassà (v. 1360-v. 1425), qui travailla en Catalogne, peignit probablement beaucoup de ces retables compliqués, empruntant certains éléments au style français et d'autres à la peinture siennoise. Nous conservons une vingtaine de ses œuvres.

Le style des peintures espagnoles a toujours été bien différent de ce qui se faisait ailleurs en Europe, et les tableaux espagnols étaient imprégnés d'une religiosité intense qui alla croissant jusqu'au Greco et le début de la période baroque. Le gothique international perdura en Espagne pendant une bonne partie du XVe siècle, puis peu à peu, sous l'influence de la peinture siennoise, les éléments gothiques s'estompèrent, et l'iconographie religieuse, parfois violente, se trouva adoucie par l'introduction d'éléments narratifs puissants.

Le peintre florentin Gherardo di Jacopo, connu sous le nom de Starnina (actif vers 1390-1413) fit un long séjour en Espagne, qui s'acheva en 1401. Sa façon très personnelle et charmante d'interpréter le gothique international eut une grande influence sur les peintres qui furent à son contact.

On ne connaît pas d'autres artistes italiens qui se soient rendus en Espagne au XIVᵉ siècle.

Bernart Martorell (actif entre 1427 et 1452) fut le peintre le plus important à Barcelone après Borrassà ; le *Retable de saint Pierre* pour l'église de Pubol, date de 1437 : conservé au musée diocésain de Gérone, il s'agit de son œuvre majeure. L'artiste chercha à faire une synthèse entre les conceptions françaises et flamandes pour donner une version personnelle et puissante du gothique international. À cette époque apparut en effet, à Barcelone, ce que l'on a appelé le style hispano-flamand, avec ses fortes réminiscences de Van Eyck. Ce style allait rapidement remplacer le gothique international. La présence de Van Eyck en Espagne, en 1427 et 1428, hâta le processus. Le peintre flamand effectuait en effet une mission diplomatique. Cette visite eut pour résultat direct le superbe tableau de Luis Dalmau (actif entre 1428 et 1460), la *Vierge des conseillers*, qui date de 1445 et se trouve au musée des Beaux-Arts de Catalogne à Barcelone.

Jaime Huguet (v. 1415-1492) fut l'un des plus grands artistes catalans du XVᵉ siècle : son influence gagna l'Aragon où pourtant le gothique était encore très fortement ancré.

Fernando Gallegos (v. 1440-1507) est le premier peintre castillan sur lequel on ait des informations certaines. Sans doute visita-t-il les Pays-Bas. Son style très personnel est bien reconnaissable : ses personnages sont étonnamment maigres et élancés, si différents de ceux peints par ses contemporains. Cette caractéristique a beaucoup facilité l'identification de ses tableaux. Quant à sa vie, on en connaît les grandes lignes grâce à l'ouvrage intitulé *Museo pictórico y escala óptica*, écrit par Antonio Palomino y Velasco (1655-1726), une sorte de Vasari espagnol, qui établit nombre de biographies d'artistes espagnols. Le premier tableau daté de Gallegos est le *Retable de saint Ildefonse* de la cathédrale de Zamora, où l'on retrouve l'influence de la gravure allemande, et dont les personnages sont extraordinairement expressifs.

Le Maître de saint Ildefonse, actif en Castille à la fin du XVᵉ siècle, fut le contemporain de Gallegos. Il tirait son appellation de l'*Imposition de la chasuble à saint Ildefonse* (Pl. 182), une œuvre qui témoigne d'une connaissance certaine de la peinture italienne, et pas seulement de l'influence flamande.

Bartolomé Bermejo, natif de Cordoue, travailla en Aragon et à Barcelone entre 1474 et 1495. Son *saint Michel* exécuté en 1468 (Pl. 172), et sa bouleversante *Pietà* qui date de 1490 et se trouve à la cathédrale de Barcelone, montrent combien sa manière était originale et authentique. On y constate aussi un abandon progressif de l'imagerie flamande au profit d'une influence italienne, où le traitement atmosphérique du paysage joue un rôle déterminant.

Ferdinand et Isabelle manifestèrent beaucoup d'admiration pour la peinture italienne. L'artiste flamand Juan de Flandes qui mourut vers 1519 fut le peintre de cour d'Isabelle la Catholique à partir de 1496 et jusqu'à la mort de la souveraine en 1504. Il affectionnait les formats plus modestes que les grands retables de ses contemporains, mais ses tableaux ne manquaient pas de raffinement. Il savait inclure des détails italianisants dans le style qu'il avait appris à Anvers.

Le Castillan Pedro Berruguete, qui lui aussi mourut en 1504, fut peintre à la cour des deux monarques. Il

172 BARTOLOMÉ BERMEJO, Saint Michel terrassant le dragon, 1468

Ce tableau, sans doute l'un des premiers du peintre, suggère que ce dernier connaissait parfaitement la peinture flamande. Dans cette œuvre, l'artiste associe des éléments flamands et espagnols, pour parvenir à un style intense et très personnel. On admirera le merveilleux drapé du manteau.

173 PEDRO BERRUGUETE, Le Roi David, vers 1483

On voit ici l'un des six panneaux de la prédelle du Retable de sainte Eulalia, *panneaux qui représentent les rois et les prophètes d'Israël. Il est manifeste ici que Berruguete connaissait l'Italie. Il avait travaillé à la cour d'Urbino dès 1474, sous la direction de Juste de Gand. C'est Berruguete qui introduisit dans la peinture espagnole un modelé plus ample, ainsi qu'une gestuelle et des couleurs plus audacieuses.*

connaissait et avait assimilé tous les concepts picturaux du Quattrocento italien. Il se peut d'ailleurs qu'il ait travaillé pour Federico da Montefeltro, à la cour d'Urbino (Pl. 15) en compagnie de Melozzo da Forlì et de Juste de Gand. Bien que ses premières œuvres portent la marque de Gallegos, il se forgea un style personnel avec des personnages au modelé puissant, une grande richesse de détails et de couleurs, et une merveilleuse expressivité des visages et de la gestuelle (Pl. 173).

La peinture espagnole au XVIᵉ siècle

Vers la fin du XVIᵉ siècle, le Greco, qui s'était installé à Tolède en 1577, dominait l'art espagnol. Bien que la peinture ait toujours été très florissante, partagée entre les deux pôles que constituaient la cour et l'Église, il faut noter qu'il n'y avait pas à cette époque de peintre de l'école espagnole de réel talent. La haute Renaissance eut des artistes plutôt modestes comme Fernando Yañez de la Almedina (actif entre 1506 et 1531 environ) au style plutôt terne, même s'il

fut l'assistant de Léonard de Vinci à Florence pour le carton de la *Bataille d'Anghiari,* en 1505. Alonso Burruguete (v. 1488-1561) vécut aussi à Florence de 1504 à 1518. En 1518, de retour en Espagne, Charles Quint le nomma peintre de cour.

Philippe II décida de faire venir un groupe d'artistes italiens importants pour décorer l'Escurial comme Pellegrino Tibaldi (1527-1596), Luca Cambiaso (1527-1585) et Federico Zuccari (v. 1540-1609). Ceux-ci introduisirent en Espagne les dernières innovations du maniérisme italien, et eurent ainsi une influence importante sur l'art espagnol. Philippe II avait des goûts éclectiques, et non content de commanditer certaines des plus belles œuvres du Titien, il acheta pour ses collections de nombreux tableaux de Jérôme Bosch.

Quelques peintres espagnols surent accéder à une réputation européenne : parmi eux, mentionnons Alonso Sanchez Coello (v. 1531-1588) et Luis de Morales (v. 1520-1586). Avec Titien et Antonio Moro (Pl. 297), Sanchez Coello fut le portraitiste de la cour de Philippe II. Enfant, il était parti au Portugal où le roi, Jean III, l'envoya apprendre la peinture avec Moro, en Flandres. Il revint au Portugal vers 1555, et cinq ans plus tard, il devint le peintre favori de Philippe II. Le roi fut le parrain des filles de l'artiste, et Coello sut réaliser une peinture bien en accord avec l'étiquette rigide de l'époque. Sans s'éloigner du maniérisme, ses portraits, très ressemblants, ont un équilibre particulier, aucun détail, si élaboré soit-il, ne prend plus d'importance que les autres, mais sans sacrifier la splendeur et la somptuosité du rendu (Pl. 184).

Morales fut le plus grand peintre maniériste espagnol, il traita surtout des thèmes religieux. L'aspect parfois monumental de son art trahit l'influence du Portugal, car il vécut à Badajoz, une ville proche de la frontière. Après 1558, il réalisa des œuvres pour les églises. Il doit à Léonard de Vinci sa passion pour des compositions et des paysages où les rochers sont estompés par les effets de *sfumato,* comme en peignait en Espagne le peintre hollandais Hernando Esturmio. Surtout connu pour ses petites vierges en buste (Pl. 183) et ses *Pietà* qui lui valurent le surnom du « divin », Morales représente l'un des aspects de l'art de la Réforme catholique en Espagne, une piété douce, intime et très introspective.

Dans les territoires américains occupés par les Espagnols, la peinture à cette époque était par définition coloniale, c'est-à-dire qu'elle s'inspirait de reproductions de tableaux importées d'Europe. On y trouve pourtant certaines œuvres d'une réelle beauté. En Bolivie, on connaissait des œuvres de l'atelier de Quentin Metsys et de bien d'autres peintres, et avant 1550, l'influence d'Anvers se faisait sentir en même temps que celle du maniérisme italien. Ce dernier devait prévaloir en Amérique latine du milieu du XVIᵉ siècle jusqu'au XVIIIᵉ. Sous Philippe II, la peinture au Mexique marqua un temps d'arrêt quand furent emprisonnés de nombreux artistes flamands, français et même italiens, accusés à tort d'être luthériens. Il est vrai que l'Inquisition fut plus draconienne encore en

Amérique du Sud qu'en Espagne : le répertoire thématique ne s'en trouva que plus limité.

Le maniérisme à Prague

Dernier poste avancé des grandes idées de la Renaissance, Prague était un centre brillant où l'empereur Rodolphe II (1552-1612) s'était constitué une cour sur le modèle raffiné de certains Médicis comme Cosme Ier et son fils François. Ceux-ci en effet prisaient les beaux-arts autant que les arts qu'on appellerait aujourd'hui décoratifs. Il y mêlaient volontiers le bizarre et l'extravagant. La cour de Rodolphe II pouvait aussi se comparer à celle de François Ier à Fontainebleau, ou de Philippe II à Madrid, ou encore à celle d'Albert V à Munich. Tandis qu'à Florence Bronzino et Vasari étaient les maîtres incontestés, à Munich, Frederick Sustris était un architecte exceptionnel et Pieter Candid diffusait une culture maniériste proche des recherches italiennes. À Prague, les plus grands peintres furent Bartholomeus Spranger (1546-1611), Hans Von Aachen (1552-1615) et Josef Heintz (1564-1609). Des trois, Spranger fut certainement le plus talentueux.

Il était né à Anvers où il avait appris son métier et s'était beaucoup imprégné de l'art de Frans Floris (v. 1517-1570).

Ensuite, il voyagea et se forgea ainsi une culture artistique européenne et très riche. En 1565, il séjourna à Paris, puis à Milan, à Parme et à Rome. À cette époque, le maniérisme italien avait déjà donné ses plus beaux chefs-d'œuvre. Le peintre collabora aux grandes fresques qu'exécutait Taddeo Zuccari à la villa Farnèse de Caprarola. Cette expérience fut déterminante pour l'élaboration de son style, tout autant que l'art du Parmesan.

Spranger séjourna ensuite à Vienne avant de s'établir à Prague où il devint peintre à la cour de Rodolphe en 1581. Comme à Fontainebleau, en matière de goût, l'érotisme était de mise à la cour de l'empereur et il s'exprimait, dans le domaine artistique, sous ses formes les plus détournées. Tous les sujets de Spranger, qu'ils fussent religieux ou mythologiques, étaient empreints de cet érotisme si bien qu'un tableau comme *Suzanne et les vieillards* du Schleissheim Schloss ou le superbe *Triomphe de la sagesse* (Pl. 189) semblent animés de la même intention. À cela, il faut ajouter les distorsions apportées aux proportions des corps et au visage humain, des vernis donnant l'impression que les couleurs sont comme émaillées, et un répertoire très riche de bijoux, d'armures et de vêtements sophistiqués, que le peintre avait appris en Italie. Tous ces éléments font de l'art de Spranger l'un des derniers et des plus beaux exemples de l'art de cour, avant l'émergence du rococo.

174 Attribué à ALONSO SANCHEZ COELLO, Vue de Séville, sans date

Ce tableau est d'autant plus intéressant que les représentations urbaines sont très rares dans la peinture européenne du XVIe siècle. L'exemple le plus connu d'une vue de ville est le tableau si particulier du Greco, Vue de Tolède. *Certains portraits de Coello ont pour fond un paysage très minutieusement observé.*

175 MAÎTRE DE MOULINS, Jeune Princesse, vers 1498
(Ci-contre) On a suggéré deux modèles pour ce portrait très
exceptionnel, Suzanne de Bourbon et Marguerite d'Autriche.
Les couleurs intenses comme des pierres précieuses, l'expression de
concentration du modèle qui surplombe le paysage du fond
contribuent à éloigner le personnage bien qu'il soit tout proche
de celui qui le regarde.

176 JEAN FOUQUET, Bouffon Gonella, vers 1445
(Ci-contre) On a d'abord attribué ce merveilleux portrait à Bruegel
le Vieux, puis à Jan Van Eyck, et il est vrai que le traitement du
visage rappelle ce dernier. En vérité, il s'agit presque certainement
d'une œuvre de Fouquet, qui représente le célèbre bouffon de la cour
de Nicolas III d'Este. Sans doute ce portrait fut-il exécuté pour son
fils, Lionel d'Este, grand amateur d'art flamand. Cette façon de
présenter les modèles, serrés dans le format du tableau et avec les
bras croisés, est fréquente chez Fouquet et son successeur, Jean
Colombe. Le regard lancé au spectateur est particulièrement
frappant, comme si le personnage cherchait à créer une forme
d'intimité avec celui qui le regarde. Si on compare ce portrait avec
celui que fit Fouquet de Charles VII (Pl. 8), on se rend compte qu'ici
le peintre s'est libéré des contraintes d'un art encore archaïque.

177 JEAN FOUQUET, Portrait d'Étienne Chevalier et de son saint patron, 1477

Ce panneau formait un diptyque, placé sur la tombe d'Étienne Chevalier, dans la cathédrale de Melun jusqu'en 1775, avec le panneau de la Vierge à l'Enfant, aujourd'hui au musée royal des Beaux-Arts d'Anvers. Ci-dessus, le saint porte une robe de diacre et il tient à la main un livre ainsi qu'une pierre, références à son martyre, car le saint, diacre de la première communauté chrétienne, fut lapidé.

Le nom de Chevalier est inscrit et répété sur le soubassement des piliers, formant le motif architectural du fond. Étienne Chevalier, qui mourut en 1474, était le fils d'un secrétaire de Charles VII, et devint trésorier de France en 1451. Fouquet exécuta d'autres portraits de Chevalier dans le livre d'Heures de ce dernier. La pureté des formes et des couleurs des personnages et du décor, l'expression merveilleusement observée des visages font de ce tableau le chef-d'œuvre incontesté de Fouquet.

178. Nicolò dell'Abate, Eurydice et Aristée, vers 1558-1559
Le thème de ce tableau est tiré des Géorgiques de Virgile
(IV, 315-558) et raconte l'histoire d'Eurydice. À gauche, Orphée
charme les animaux, au premier plan, trois nymphes ne semblent
pas prêter attention à Aristée pourchassant Eurydice, femme
d'Orphée. Eurydice est mordue par un serpent et meurt au premier
plan à droite. Un peu plus loin Aristée consulte sa mère Cyrène,
tandis que le personnage à l'extrême droite représente le dieu Protée,
qui conseilla à Aristée de sacrifier taureaux et génisses pour apaiser
les mânes d'Eurydice. Comme souvent dans les œuvres de Nicolò
dell'Abate, le paysage semble traité avec une sensibilité presque
romantique. Tant à l'arrière-plan qu'au premier plan, l'artiste a
choisi de fouiller les détails, procédé caractéristique du maniérisme
flamand et qu'illustra à merveille Pieter Brughel l'Ancien. Les
personnages sont élégants, particulièrement les femmes dont les
proportions illustrent bien le canon maniériste de la beauté.

179 JEAN COUSIN LE PÈRE, Eva Prima Pandora, vers 1550
Selon le mythe grec, c'est Héphaïstos qui façonna Pandore et Zeus
qui l'envoya sur terre : elle y répandit le mal et le vice en ouvrant la
jarre des maux par curiosité et bravant l'interdiction qui lui avait été
faite. De son vivant déjà, on attribuait ce tableau à Cousin le Père, et
c'est, on le voit, une exceptionnelle interprétation Renaissance de
Pandore, Ève païenne, qui elle aussi laissa le mal envahir le monde
après avoir mordu au fruit défendu. Vasari admirait beaucoup
Cousin, et son rendu très italianisant du nu montre l'intérêt que le
peintre portait au maniérisme tel que l'avaient introduit à
Fontainebleau des peintres comme Nicolò dell'Abate et Primatice.

180 Hans Holbein le Jeune, Les Ambassadeurs, 1533

Holbein a fait ici le portrait de deux ambassadeurs français. Jean de Dinteville est le personnage de gauche. Il fut ambassadeur ou envoyé diplomatique en Angleterre à cinq reprises. Il porte ici le collier de l'ordre de Saint-Michel. À sa gauche se tient son ami, Georges de Selve, qui vint lui rendre visite à Londres en avril ou mai 1533, et fut plusieurs fois ambassadeur auprès du Saint-Empire, de la République de Venise et du Saint-Siège. Il y a dans ce tableau un symbolisme complexe qui échappe à toute explication. Un crâne est représenté en anamorphose au premier plan. La corde brisée du luth est l'emblème de la vanité des choses. Tous ces éléments contribuent à faire de l'œuvre un memento mori tout autant qu'un portrait, incitant ainsi à une réflexion sur la vanité et l'inanité de la condition humaine.

181 François Clouet, Dame au bain, vers 1571

Clouet signa deux tableaux, celui-ci et Pierre Quthe (Pl. 163). On a parfois pensé que le modèle était la maîtresse d'Henri II, Diane de Poitiers. On notera le mélange de plusieurs influences, et en particulier celle de Léonard de Vinci et du nu qu'il fit de Mona Lisa, tableau qui a aujourd'hui disparu et qui exerça une grande fascination sur les peintres français. On trouve également dans ce tableau des éléments flamands surtout dans la nourrice et l'enfant au second plan. Si l'on excepte le nu, le reste du tableau est en effet empreint de l'influence de Pieter Aertsen, avec ses personnages traités sur le mode réaliste et ses natures mortes. Le nu, plus idéalisé, est typique du goût de la cour à l'époque, comme le rappelle le succès de l'œuvre de Bronzino, Vénus, Cupidon, la Folie et le Temps (Pl. 228).

182 MAÎTRE DE SAINT ILDEFONSE, Imposition de la chasuble à
saint Ildefonse, vers 1490-1500
(Ci-dessus) Le peintre tire son nom de ce tableau qui est une œuvre
importante, car elle réunit les grandes tendances de la peinture
castillane à la fin du XVᵉ siècle, quand le style achevait de se dégager
du gothique tardif et linéaire. Il est vraisemblable que le Maître de
saint Ildefonse fut influencé par des gravures allemandes ainsi que
par le Maître de Flémalle.

183 LUIS DE MORALES, Vierge à l'Enfant, 1560
(Ci-contre) Le peintre exécuta plusieurs versions de ce thème très
populaire, et ce tableau en est la première. On admirera la grande
simplicité de l'image et la tendre relation entre la mère et l'enfant. Le
visage de la Vierge en particulier montre bien l'intérêt que portait
Morales à la technique du sfumato, inspirée de Léonard de Vinci et
des peintres lombards. L'artiste en outre connaissait bien les gravures
flamandes, allemandes et italiennes, surtout après le voyage qu'il
entreprit en Italie. Les couleurs rappellent ici celles d'artistes siennois
comme Beccafumi. Néanmoins l'intensité de la représentation est
très espagnole.

184 ALONSO SANCHEZ COELLO, Infante Isabelle Claire Eugénie,
1579
Le modèle (1566-1633) était la fille de Philippe II d'Espagne et
d'Élisabeth de Valois. En 1598, elle épousa l'archiduc Albert
d'Autriche qui devint gouverneur des Pays-Bas. Sanchez Coello avait
étudié la peinture avec Antonio Moro dans les Flandres de 1550 à
1554. On reconnaît l'influence flamande dans la précision de ce
portrait de cour typique du maniérisme international. Sanchez
Coello, qui était le portraitiste favori de Philippe II, admirait
beaucoup Titien, et dans des portraits comme celui-ci, il sut
introduire une souplesse à l'opposé du formalisme qui devait
caractériser les portraits espagnols ultérieurs. On notera
le splendide rendu des bijoux.

185 ENGUERRAND QUARTON, Pietà, vers 1460
Quarton travailla en Provence au milieu des années 1440, et on
s'accorde aujourd'hui à lui attribuer ce remarquable tableau, après
l'avoir attribué à bien d'autres artistes. Sa grandeur est unique dans
la peinture française de l'époque, et l'impression de souffrance
bouleversante qui s'en dégage a conduit certains critiques à penser
qu'il s'agissait de l'œuvre d'un peintre espagnol. Le tableau dans
sa conception porte encore la marque médiévale, mais
l'individualisation des visages et de la gestuelle révèlent
une influence des idées de la Renaissance.

186 ÉCOLE FRANÇAISE, Saint Jean, Édouard le Confesseur et
saint Edmond recommandant Richard II à l'Enfant Jésus.
Diptyque Wilton, vers 1400
Il s'agit là du chef-d'œuvre de la peinture gothique conservé
aujourd'hui en Angleterre. Son auteur demeure inconnu, mais des
peintres anglais, français, italiens et même hongrois en ont
revendiqué la paternité. Richard II (1367-1400) est montré ici alors
que le présentent à la Vierge et à l'Enfant ses patrons, saint
Jean-Baptiste, Édouard le Confesseur, et Edmond, roi et martyr. Les
colliers et les cerfs blancs qui ornent les tuniques des anges sont
autant de symboles associés à Richard II. Les mains effilées, les gestes
gracieux des personnages sont caractéristiques de la délicatesse du
style international.

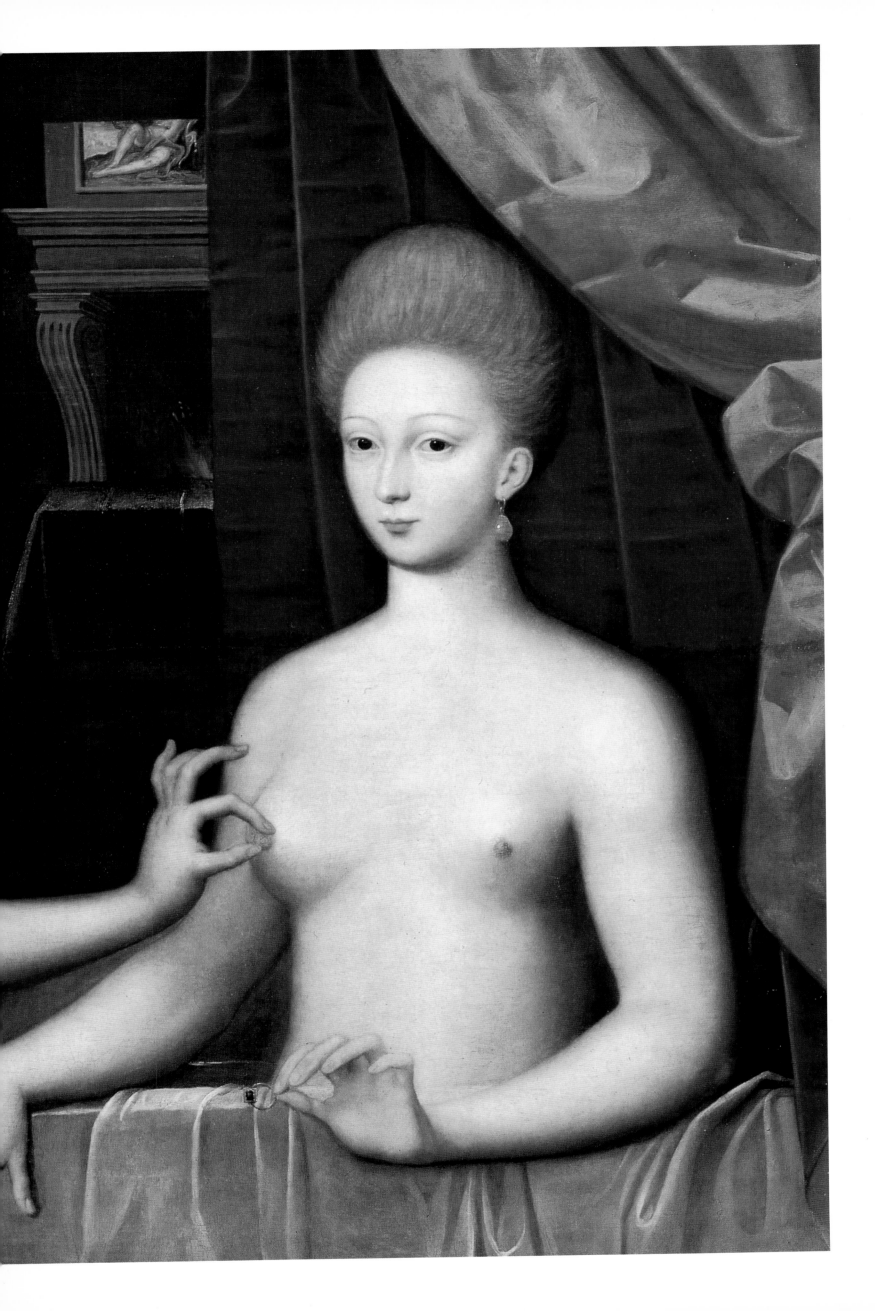

188 NICOLÒ DELL'ABATE, Éros et Psyché, sans date
(Ci-dessus) À partir des années 1555-1560, qui marquent un
changement crucial dans l'art de Nicolò dell'Abate, l'artiste semble
s'être tourné vers le paysage tant pour ses œuvres de chevalet, que
pour les décors muraux, comme à Fontainebleau pour le cabinet des
Bagues. Ici la composition est très proche d'Ulysse et Pénélope du
Primatice : les figures sont placées de la même façon et les gestes des
mains se retrouvent dans les deux compositions.

189 BARTHOLOMEUS SPRANGER, Le Triomphe de la sagesse,
vers 1591
(Ci-contre) La composition, on le voit, est centrée sur le personnage
de Minerve, déesse de la sagesse, présentée dans une pose
typiquement maniériste et avec un modelé marqué digne de
Michel-Ange. Le globe indique peut-être qu'il s'agit d'une allégorie
de l'astrologie, la science favorite de l'empereur Rodolphe II.
L'ignorance est représentée avec des oreilles d'âne.

187 ÉCOLE DE FONTAINEBLEAU, Gabrielle d'Estrées et une de ses
sœurs au bain, vers 1595
(À gauche) Gabrielle d'Estrées (1573-1599) fut la seule des
maîtresses du roi Henri IV à revendiquer un pouvoir politique.
Elle pressa le roi de se convertir au catholicisme dans l'espoir de
l'épouser, mais mourut prématurément. Ce tableau est très
représentatif de l'érotisme qui prévalait à la cour, et il contient aussi
certains symboles qui renvoient à l'identité du modèle, comme la
bague et la femme qui coud au second plan.

Chapitre 7

Le début du Cinquecento en Italie

Les débuts du XVIe siècle en Italie définissent une période appelée haute Renaissance, ou parfois encore grande Renaissance, pendant laquelle les idéaux artistiques de la Renaissance connurent leur plein épanouissement. Il faut cependant se méfier de ne pas limiter cette période à des dates trop précises, et il ne faut pas non plus imaginer que le terme de haute Renaissance implique que celle-ci fut suivie d'un déclin. Selon nous, la haute Renaissance se définit comme une période où, en Italie, s'affirment de grands principes artistiques atteints pour la première fois.

Nul ne niera aujourd'hui que ces principes persistèrent et évoluèrent chacun à leur façon pour donner ce style que nous appelons le maniérisme.

La première éclosion des très grands artistes, que l'on devait plus tard définir comme ceux de la haute Renaissance, était sur son déclin au moment de la mort de Raphaël en 1520, mais les principes que ces génies avaient portés à maturité continuèrent à vivre à travers les artistes qui leur succédèrent tout au long du XVIe siècle.

En peinture, c'est en Italie et là seulement que se produisit cette explosion créatrice sans précédent avec des artistes hors du commun : Léonard de Vinci, Michel-Ange et Raphaël, mais aussi Titien, Corrège et Véronèse, pourtant très différents. Pareille concentration de génies n'a pas d'équivalent en Europe, et objectivement peu d'artistes réussirent à égaler en grandeur et en talent les peintres italiens que nous venons de citer. En Italie, Rome, Florence et Venise étaient les trois grands centres de l'activité artistique, cependant, tout au long du XVIe siècle, les artistes de Venise restèrent attachés aux idéaux de la haute Renaissance, alors qu'ailleurs, ils étaient davantage attirés pas le maniérisme.

À une époque le terme de haute Renaissance s'appliquait à l'art classique en vogue en Italie entre 1500 et 1520, dont les grands créateurs furent Léonard de Vinci, Michel-Ange et Raphaël. Il est vrai que, durant ces vingt premières années, certaines des caractéristiques du style du Cinquecento s'affinèrent, ce que Vasari décrivit comme :

L'audace de la conception, l'imitation la plus subtile des moindres détails observés dans la nature, la bonne règle, l'ordre, les proportions adéquates et la grâce divine.

Mais il faut se méfier des définitions stylistiques : elles ne caractérisent plus très précisément l'art de la période, surtout quand commencèrent à se former et à peindre des artistes qui choisirent de s'en éloigner, comme la première génération des peintres maniéristes à Florence. De la même façon, les conceptions de la haute Renaissance survécurent parallèlement au maniérisme pendant une bonne partie de la seconde moitié du siècle, et pour certains, ses conceptions ne disparurent jamais complètement. Ainsi, des artistes comme les Carracci y étaient encore fidèles dans les années 1580.

La période de la haute Renaissance est indispensable pour comprendre le passage des idéaux artistiques du XVe siècle à ceux de la fin du XVIe. Pendant la période dite de la haute Renaissance, l'art accéda à une sorte de « brutale maturité », selon l'expression du peintre Joshua Reynolds, qui cependant en attribuait la paternité au seul Michel-

190 GIORGIONE, *La Tempête*, 1505-1510

La Tempête est l'un des rares tableaux attribués avec certitude à Giorgione. Sa signification est restée mystérieuse. Le premier commentaire concernant cette œuvre date d'une vingtaine d'années après la mort du peintre : Marcantonio Michiel la décrit comme un « paysage d'orage avec un soldat et une bohémienne ». Cette approche purement descriptive ne rend pas compte de la complexité du tableau d'autant que son examen radiographique a révélé que l'artiste, à l'origine, avait peint un autre nu féminin à la place du soldat. Ce repentir important montre que l'artiste n'avait probablement pas, au préalable, une idée très précise du contenu iconographique de l'œuvre. La tempête qui éclate dans le ciel, au loin, les colonnes brisées, la bohémienne, et le jeune homme qui peut être un mercenaire, conduisent à penser qu'il s'agit d'une allégorie de la brièveté de la vie. Cette œuvre est unique dans l'histoire de l'art occidental pour la virtuosité de ses effets de lumière.

Ange. Selon nous, on ne peut limiter l'analyse de l'art de la haute Renaissance aux seules vingt premières années du XVIe siècle, car le maniérisme qui se développe jusqu'à la fin du siècle, en prolonge certaines caractéristiques. Dans un premier temps, examinons la période où des principes artistiques si féconds se définissent et triomphent.

La prééminence de Rome

Florence, sur les plans politique, philosophique, artistique et architectural, avait dominé le XVe siècle. Ses émissaires avaient permis aux idées florentines de rayonner en Italie et en Europe. En 1494, avec l'invasion de l'Italie par les troupes françaises de Charles VIII, la culture italienne franchit rapidement les frontières, et gagna le nord de l'Europe. C'est alors qu'une série d'événements firent perdre à Florence sa première place au profit de Rome qui, à partir de 1510, devint le premier centre artistique d'Italie sinon d'Europe, et devait le rester aux yeux d'une certaine élite artistique européenne jusqu'au début du XIXe siècle où Paris devint la capitale des arts. Quant à Rome, en dépit des ravages causés par le sac des troupes allemandes et espagnoles en 1527, et les tentatives des cités ou des cours européennes pour lui ravir son rôle de premier centre artistique, elle conserva sa prééminence.

De multiples facteurs expliquent que Rome retrouva alors une suprématie politique et artistique. La ville était le siège de l'Église catholique romaine, dont le pouvoir s'était trouvé récemment renforcé par deux papes énergiques, Jules II (1503-1513) et Léon X (1513-1521), qui permirent à l'Église d'engager toute sa puissance dans la lutte contre la Réforme. Par ailleurs, Rome était, par définition, le lieu où l'on pouvait étudier l'architecture romaine antique : les fouilles archéologiques se multipliaient aussi bien que les relevés et les descriptions de monuments antiques. Rome était de surcroît un véritable musée de l'art vivant : on pouvait y admirer deux des chefs-d'œuvre déterminants pour l'histoire de l'art : les fresques de la chapelle Sixtine, de Michel-Ange, et celles de Raphaël pour les Loges du Vatican (Pl. 196 et 218).

Le pape Jules II succéda au plus corrompu des papes, Rodrigo Borgia, ou Alexandre VI. Pour ses contemporains, il fut synonyme de despotisme et de corruption, sans compter les nombreux meurtres qui lui sont attribués. Cet homme avait engendré tant de haine que Jules II choisit d'abandonner les appartements Borgia au premier étage du palais du Vatican. Ceux-ci étaient décorés de fresques du Pinturicchio. Il décida de s'installer au deuxième étage du palais qu'il fit réaménager : ce sont les célèbres Loges ou *Stanze*. Celles-ci ainsi que le projet de reconstruction de la basilique Saint-Pierre sous la direction de l'architecte Donato Bramante (1444-1514) contribuèrent à faire de Rome le nouveau centre artistique de l'Italie. Jules II eut une influence déterminante sur son époque.

Il fut commanditaire et mécène de Michel-Ange et de Raphaël, et sa politique énergique et avisée était le reflet de ses intérêts artistiques et de ses ambitions pour la Ville éternelle.

Fils cadet de Laurent le Magnifique, Léon X était aussi le protégé de Jules II. De ce dernier, il hérita bien des talents, et sut garder à ses côtés les artistes et les intellectuels que s'était attachés son prédécesseur et protecteur : parmi eux, citons le cardinal Bibbiena et Pietro Bembo. Léon X poursuivit la politique artistique de Jules II, continuant l'aménagement des Loges ainsi que la reconstruction de Saint-Pierre. Il commanda aussi des cartons de tapisseries à Raphaël pour la chapelle Sixtine.

La nomination en 1517 de Raphaël comme conservateur des antiquités permet de mieux comprendre le climat artistique qui régnait dans la cité papale durant cette période. En 1514, Raphaël succéda à Bramante comme architecte de la Fabrique de Saint-Pierre, et l'année suivante le cardinal Bembo décrétait que toute pierre ancienne trouvée dans un rayon de 1,5 kilomètre autour de Rome devait être remise à Raphaël dans un délai de trois jours. Quiconque contreviendrait à cet ordre serait passible d'une amende allant de cent à trois cents pièces d'or. Trois cents pièces d'or étaient alors l'équivalent du salaire de Raphaël. Bembo décréta aussi que, pour ne pas risquer de détruire ou d'endommager des inscriptions romaines importantes, aucun tailleur de pierre ne devait toucher à une pierre ancienne sans avoir préalablement consulté Raphaël. On le voit, l'Italie de la Renaissance attachait la plus grande importance à ses vestiges antiques qu'elle tenait à préserver : on était amoureux alors des « belles antiquailles ».

En 1506, la découverte de la saisissante sculpture hellénistiques le *Laocoon,* que Pline considérait comme la plus grande œuvre d'art, accéléra la dynamique déclenchée par le style de Michel-Ange. Au même titre que l'*Apollon du Belvédère* et le *Torse du Belvédère,* le *Laocoon* fut pour les sculpteurs et les peintres une source d'inspiration comparable au Panthéon pour les architectes. Ces trois sculptures se trouvent aujourd'hui aux musées du Vatican.

Les progrès de la peinture

Parallèlement à ce nouveau souci de préserver le patrimoine antique, apparut durant cette période, un désir de comprendre et d'analyser les progrès qu'avait accompli l'art pour atteindre la perfection avec les œuvres de Michel-Ange. Vasari fut le meilleur interprète de cette tendance (*cf.* chapitre 8). Son ouvrage, *Vies des plus excellents peintres, sculpteurs et architectes,* commencé vers 1540, donne des détails du plus haut intérêt sur les artistes de cette époque.

En cette première moitié du XVIe siècle, les idéaux du Cinquecento s'épanouirent et se diffusèrent en Italie avec une rapidité extraordinaire : les progrès sont d'autant plus évidents que les sujets des œuvres étaient encore ceux du Quattrocento. Ainsi l'intention didactique qu'impliquait la plupart des œuvres d'art d'inspiration religieuse était-elle encore de mise. Le bienheureux Giovanni Dominici, dans son traité sur la vie de famille daté de 1503, recommandait aux parents florentins d'avoir chez eux des tableaux ou des statues pieuses, dont la signification soit simple pour leurs enfants. Il précisait que les représentations les plus importantes étaient celles de la Vierge Marie et de l'Enfant Jésus, ou des images illustrant l'exemple de l'obéissance. Les tableaux sur ces thèmes se multiplièrent donc, car chaque foyer, même modeste, tenait à posséder ses propres œuvres d'art.

Les modes d'expression des thèmes religieux évoluèrent de façon beaucoup plus brutale et plus systématique que l'interprétation des thèmes classiques. Ainsi, si l'on compare l'*Allégorie du printemps* de Botticelli (Pl. 115) et le *Triomphe de Galatée* de Raphaël (Pl. 214), on note une certaine parenté de source et d'inspiration. En revanche, comparer la *Sainte Conversation* (Pl. 99) de Piero della Francesca et le *Retable Carandolet* de Fra Bartolomeo (Pl. 206) montre à quel point l'approche des thèmes religieux a changé.

Les trois artistes qui dominèrent cette période, Léonard de Vinci, Michel-Ange et Raphaël, étaient tous trois toscans, de naissance, d'adoption, ou pour s'y être formés. Mais cette forte influence de la peinture toscane ne les empêcha pas d'influencer l'art de leur pays et de l'Europe.

Léonard de Vinci

Léonard de Vinci (1452-1519) eut une influence considérable d'abord sur l'art du nord et du centre de l'Italie, puis sur la peinture française. Bien qu'il fût, pour une grande part, un homme du Quattrocento, il fut également le précurseur et l'initiateur de conceptions nouvelles : ce qui lui valut d'être un acteur majeur de la haute Renaissance. Certaines de ses œuvres préfigurent les développements ultérieurs de l'art, comme son *Adoration des Mages*, (Pl. 82) commencée en 1481, et la *Vierge aux rochers* du Louvre (Pl. 191), peinte peu après. L'impact de ses œuvres novatrices se sentira encore dans les œuvres du Corrège, de Giorgione ou des peintres vénitiens. Raphaël fut également influencé par Léonard de Vinci, mais à un moindre degré. Le travail de Léonard donna également naissance à une école de disciples et imitateurs milanais dont les meilleurs représentants sont Bernardo Luini (v. 1480-1532), Giovanni Antonio Boltraffio (1467-1516) (Pl. 207), Ambrogio da Predis (v. 1455-v. 1520) et Andrea Solario (v. 1473-1520). Cette emprise formidable s'explique par le fait que Léonard de Vinci s'établit par deux fois à Milan : il y fit un premier séjour entre 1482 et 1499, puis y revint vers 1506 pour y rester jusqu'à 1513. C'est au cours de son premier séjour qu'il peignit la première version de la *Vierge aux rochers,* et ce tableau suffit à bouleverser l'art lombard. S'y ajouta *La Cène* de Santa Maria delle Grazie (Pl. 41). C'est grâce au travail d'artistes comme Cesare da Sesto (1477-1523) que nous connaissons des tableaux aujourd'hui disparus de Léonard de Vinci.

Après avoir quitté Milan, le peintre revint à Florence en 1500. L'année suivante il y exposait son dessin de *Sainte Anne avec la Vierge, l'Enfant Jésus et saint Jean-Baptiste*

191 LÉONARD DE VINCI, Vierge aux rochers, 1483-1486
Cette œuvre est le plus grand tableau, par ses dimensions, que l'artiste ait achevé. Il lui fut commandé en 1483 par la Confrérie de l'Immaculée Conception qui le destinait à son autel dans l'église San Francesco, à Milan. Léonard ne livra jamais sa commande. L'ange montre du doigt saint Jean-Baptiste enfant qui joint les mains comme pour prier l'Enfant Jésus en train de le bénir. Saint Jean est protégé par la Vierge. Ce tableau est l'illustration la plus poussée de l'obsession qu'avait l'artiste pour la géologie, la flore et les pouvoirs mystérieux de la lumière. Il est possible que Ludovic le More ait offert un bon prix pour cette œuvre qu'il désirait offrir à sa nièce pour son mariage avec l'empereur Maximilien. Léonard de Vinci peignit une seconde version de ce thème actuellement à la National Gallery de Londres.

(Pl. 208) dans l'église Santissima Annunziata. Vasari parle de l'accueil enthousiaste que fit à l'œuvre le peuple de Florence. D'après lui, deux jours durant, la foule ne cessa de venir admirer le dessin. On considère qu'il marque le point de départ de changements radicaux dans la peinture

192 CESARE DA SESTO, *Léda et le cygne, après 1515*
*Il y eut plusieurs copies avec variantes de ce thème après que le
tableau original de Léonard de Vinci exécuté entre 1510 et 1515 eut
été perdu. On possède d'ailleurs une description précise de cette
œuvre par Cassiano del Pozzo qui fit l'œuvre à Fontainebleau en
1623. Ici Léda est représentée avec ses enfants, deux couples de
jumeaux, Castor et Pollux, Hélène et Clytemnestre. Le père, Jupiter,
est peint sous la forme d'un cygne. Léonard de Vinci a probablement
fait l'esquisse préliminaire de ce tableau durant son second séjour
florentin. Peut-être réalisa-t-il l'œuvre elle-même quand il s'installa
à Milan pour la seconde fois. Les copies de cette œuvre ont toutes été
exécutées par des peintres lombards. Le caractère érotique manifeste
de la composition était propre à séduire la cour de Fontainebleau :
son expression était en tout cas nouvelle.*

florentine, changements qui devaient aboutir aux Madones
de Raphaël, au *Tondo Doni* (Pl. 210) de Michel-Ange, mais
aussi aux œuvres d'Andrea del Sarto (Pl. 199 et 213). D'une
certaine façon, la peinture florentine de la haute Renaissance cherchera toujours à égaler la perfection de ce dessin,
en particulier son atmosphère sereine, son suprême équilibre, sa parfaite imitation de la nature, et cette science de la
composition dont la simplicité n'est qu'apparente.

Dans cette œuvre, l'artiste avait perfectionné sa technique si célèbre du *sfumato,* qui consiste à fondre les
contours dans l'atmosphère pour créer un univers vapo-
reux. Dès lors, cette sorte de flou deviendrait l'un des
idéaux de la peinture florentine de la haute Renaissance :
Andrea del Sarto et Pontormo, par exemple, ont recherché
constamment cet effet. Cette esthétique du primat était, il
est vrai, à l'opposé du dessin ou de la « sécheresse » du

Quattrocento florentin, que Vasari devait tant critiquer,
mais qu'illustrait encore la manière de Botticelli qui meurt
en 1510 et reste attaché à la netteté linéaire des contours. Il
demeura toujours imperméable aux changements des
styles et des techniques, si importants soient-ils. Michel-
Ange ne recherca pas davantage le *sfumato* de Léonard de
Vinci, comme en témoignent les contours précis et le tracé
ferme de son *Tondo Doni.* Cette œuvre montre à quel point
la sculpture de Michel-Ange était proche de sa peinture. Les
formes sont vigoureuses et plastiques, les mouvements de
torsion (le *contrapposto*) des personnages rappellent très
fortement le statuaire. Michel-Ange dessina aussi le cadre
de ce tableau car on considérait alors le cadre comme partie
intégrante d'une œuvre d'art, surtout quand il s'agissait de
tableaux religieux.

Lorsque Michel-Ange revint à Florence en 1501 après
quatre ans passés à Rome, les solutions qu'il proposait
firent grande impression sur les autres peintres, et ce pour
différentes raisons. L'hostilité qui existait entre Léonard de
Vinci, de vingt-trois ans plus âgé, et Michel-Ange poussa
certainement ce dernier à trouver un style personnel, afin
de bien se démarquer de son rival. Finalement, Michel-
Ange qui s'obstina à demeurer fidèle à l'idéal florentin du
disegno, c'est-à-dire du dessin au tracé vigoureux et précis
comme pour une sculpture, sembla l'emporter, et ce sont
ses innovations stylistiques plus que celles de Léonard de
Vinci qui orientèrent la peinture toscane à partir du milieu
des années 1520.

La nouvelle république de Florence entreprit de grandes
commandes publiques. La situation était donc inversée par
rapport au mécénat privé de Laurent de Médicis, et elle
allait perdurer au XVIe siècle. Une bonne partie de ces
œuvres d'art étaient destinées au palais de la Seigneurie
(plus tard appelé le Palazzo Vecchio). Outre le David en
marbre de Michel-Ange, symbole de la liberté républicaine,
qui se dressait devant le palais (aujourd'hui à l'Académie de
Florence), la commande la plus importante fut, en 1503, la
décoration murale du salon des Cinq-Cents. Léonard de
Vinci et Michel-Ange se trouvèrent en concurrence : le
premier fut chargé de la fresque représentant la *Bataille
d'Anghiari,* tandis que Michel-Ange devait réaliser la *Bataille
de Cascina,* deux victoires florentines historiques.

Il est peu probable que ces deux projets aient jamais
dépassé le stade des études préliminaires, car Vasari et ses
assistants ne les auraient pas fait disparaître lorsqu'ils
couvrirent de fresques les mêmes murs au siècle suivant.

Qu'est-il advenu de ces deux commandes ? Le mystère
demeure, mais les études et esquisses qu'en firent les deux
artistes, ainsi que la copie exécutée par Aristotile da
Sangallo du carton de Michel-Ange (Pl. 209) laissent
imaginer à quel point elles auraient été différentes. Léonard
de Vinci parle de « la folie bestiale » de la guerre, et sa
fresque aurait montré le feu de la bataille, avec toute
l'énergie d'une tempête. Ses personnages étaient centrés et
serrés comme pour donner l'impression d'une explosion de
forces intérieures. La composition de Michel-Ange au
contraire était plus aérée, et il avait choisi de représenter un

moment où les soldats florentins, en train de se baigner, sont victimes d'une attaque surprise des troupes de Pise. La scène lui permettait ainsi de multiplier les contorsions anatomiques les plus compliquées et de varier à l'envie les réactions psychologiques. Cette conception de Michel-Ange telle que la montrait le carton préliminaire allait avoir une influence considérable sur ce que Vasari appellerait une « école d'artistes » parmi lesquels il citerait les premiers maniéristes dont Rosso Fiorentino, Pontormo et Perin del Vaga. On jugera de l'ampleur des innovations introduites par Michel-Ange en comparant cette composition avec un tableau que Botticelli peignit à peu près en même temps, la *Nativité* de 1501, conservée à la National Gallery de Londres : cette dernière œuvre appartenait déjà au passé.

Il semble que Léonard de Vinci ait commencé son tableau le plus célèbre, *Mona Lisa* ou *La Joconde* (Pl. 194) à peu près en même temps que la *Bataille d'Anghiari,* et qu'il l'ait terminé vers 1505. Il n'est pas facile aujourd'hui de comprendre l'immense impact de ce tableau, l'œuvre sans doute la plus célèbre et la plus admirée du monde. En vérité, il représente l'aboutissement des essais de l'artiste pour sonder les mystères de la sexualité aussi bien masculine que féminine. Le regard à la fois provoquant et lointain de *La Belle Ferronnière* (musée du Louvre) que Léonard peignit en 1492-1495, contient déjà en germe l'énigme de *Mona Lisa.*

L'attitude de Michel-Ange vis-à-vis des femmes était aussi nouvelle dans la peinture de la Renaissance. Alors que Léonard de Vinci aimait à faire ressortir les caractéristiques féminines présentes chez les deux sexes (ainsi son *saint Jean-Baptiste,* pl. 193), Michel-Ange, au contraire donnait à ses représentations féminines des caractéristiques physiques masculines. Ces nuances subtiles et ces interprétations psychologiques différentes caractérisent de nombreuses œuvres de la haute Renaissance italienne : on les retrouve sous des formes différentes chez le peintre vénitien contemporain, Giorgione ainsi que chez ses disciples. Cette tendance trouvera son apogée avec le Corrège, et elle prendra parfois des significations funèbres chez les maniéristes comme Rosso Fiorentino, par exemple.

Léonard de Vinci repartit à Milan en 1506 pour y achever la seconde version de sa *Vierge aux rochers.* En 1513, il s'installa en France et devint « premier peintre, architecte et mécanicien » de François Ier. L'année précédente, Michel-Ange avait quitté Florence pour Rome où le pape Jules II lui avait confié la commande du monument destiné à son tombeau dans la basilique Saint-Pierre. La brève période durant laquelle les deux artistes furent au même moment à Florence fut aussi celle de leurs œuvres capitales, dont la nouveauté stupéfia les autres artistes.

Léonard et Michel-Ange explorèrent toutes les possibilités techniques de l'art. Léonard tout d'abord chercha à représenter avec une grande rigueur tous les aspects imaginables du monde en particulier dans ses dessins. Michel-Ange reprit ces recherches plus tard avec sa *Pietà* de Saint-Pierre, et accomplit de grands progrès durant la première décade du siècle suivant. Ces expériences avaient le même

désir d'aboutir à un art le plus naturel possible, ou du moins à créer l'illusion que la représentation s'approchait le plus possible du monde visible. Ce souci de la nature fut dès lors partagé par de nombreux artistes et devint un nouveau credo du discours sur l'art : c'est à cette aune que Vasari mesure et évalue le talent des peintres dont il raconte la vie. Il ne s'agissait pas cependant de simplement recréer la nature soit en peinture, soit dans le marbre. Vasari comprit qu'un changement radical s'était produit vers 1500, car même si les artistes du Quattrocento réussissaient à rendre l'apparence de la réalité, ils n'arrivaient pas à créer les illusions que permettait la maîtrise de certains effets comme le *sfumato* de Léonard de Vinci et de Giorgione.

193 LÉONARD DE VINCI, Saint Jean-Baptiste, 1513-1516
Voici l'un des chefs-d'œuvre tardifs de Léonard de Vinci.
Les intentions de l'artiste ont fait l'objet de nombreux débats.
Léonard de Vinci a poussé très loin ses effets de sfumato, *et a*
presque éliminé les couleurs. On peut interpréter le résultat comme
le rendu suave d'une ambiguïté psychologique, mais certains y ont
vu un échec à saisir une expression passagère.

Michel-Ange et la chapelle Sixtine

Michelangelo Buonarroti (1475-1564) a été salué comme un des plus grands artistes de son temps, si ce n'est le plus grand, par nombre de ses contemporains. Avec Michel-Ange, la peinture, alors que l'artiste n'a finalement laissé que peu d'œuvres peintes, atteint un sommet, comme en témoignent avec éclat les fresques de la chapelle Sixtine. L'impact des sculptures de Michel-Ange sur la peinture contemporaine fut également immense et décisif.

L'artiste, après un différend avec le pape Jules II au sujet du projet de son tombeau, s'enfuit à Florence, et accepta en 1508 un nouveau contrat pour la décoration à fresque de la chapelle Sixtine. Les murs latéraux de la chapelle, reconstruits par le pape Sixte IV entre 1477 et 1481, étaient déjà décorés de fresques illustrant l'Ancien et le Nouveau Testament, exécutées entre autres par Ghirlandaio, le Pérugin, Botticelli et Signorelli.

Michel-Ange, pour le plafond, conçut un nouveau cadre architectural peint afin d'y intégrer ses grandes figures et des groupes aux multiples personnages : des compartiments délimités par une architecture feinte de pilastres et de corniches divisent l'espace de la voûte. Ces éléments architecturaux en trompe-l'œil rythment et structurent les fresques. Le plafond est divisé en trois grandes zones : dans la partie inférieure, l'humanité d'avant la Révélation précède les sibylles et les Prophètes dont les pouvoirs divinatoires leur permettent d'entrevoir la Révélation divine à laquelle est consacrée la dernière zone. La première partie commence par l'histoire de Noé avec le *Déluge,* le *Sacrifice de Noé* et l'*Ivresse de Noé* : ces trois épisodes ont été sans doute achevés vers 1509. Les deux scènes médianes sont traitées en continu, ce qui à l'époque était déjà démodé : le *Péché Originel* et l'*Expulsion* sont représentés en effet sur le même panneau ; dans la *Création d'Ève,* Dieu apparaît pour la première fois. Ève se lève et trébuche sur la sommation de Dieu, tandis qu'Adam semble plongé dans le sommeil. C'est à cette période des travaux, vers 1510, que la décoration fut interrompu : Michel-Ange se rendit à Bologne pour demander au pape Jules II l'argent nécessaire pour déplacer les échafaudages et de quoi vivre. Sans doute Michel-Ange se remit-il à la décoration de la voûte en 1511, date à laquelle un versement a enfin été fait. Il peignit entre 1511 et 1512 les tympans, les Prophètes, les sibylles et les lunettes. Il illustra ensuite les grands moments de la Création. Des *ignudi*, adolescents nus qui ont été l'objet de multiples interprétations, et qui sans doute symbolisent les différentes émotions de l'âme s'intercalent entre les scènes. En effet, Michel-Ange, dans cette œuvre gigantesque, n'eut pas à se conformer à un schéma préétabli, et put ainsi laisser libre cours à son imagination. Sans doute traduisit-il par ces adolescents ses propres exigences spirituelles.

Le travail de titan qui consistait à peindre quelque 300 personnages sur une surface de plus de 1000 m², entraîna souvent l'artiste au bord du désespoir. Outre l'épuisement physique, son biographe Ascanio Condivi, parle des difficultés qu'il rencontra à la fois sur le plan

194 LÉONARD DE VINCI, Mona Lisa *ou* La Joconde, 1503-1505
*Le modèle de ce portrait est Lisa Gherardini, qui naquit en 1479, et épousa, en 1495, Francesco del Giocondo, raison pour laquelle on appelle ce tableau La Joconde. D'après Vasari, Léonard de Vinci peignit pour Francesco del Giocondo le portrait de Mona Lisa, sa femme, portrait qu'acquit François I*er* pour ses collections de Fontainebleau. Ce tableau, on le sait, est une des œuvres les plus admirées du musée du Louvre.*
Un mystère entoure les origines du portrait, mystère qu'accentue encore l'expression ambiguë du modèle, la disparité entre les deux parties du paysage du fond, et surtout l'absence de dessins et d'esquisses préparatoires. Cette œuvre eut une très grande influence sur la peinture française. On pense en outre qu'en France, les dessins montrant le modèle nu étaient très connus.
Vasari, dans la description qu'il fait de ce tableau, met l'accent sur son naturalisme. Il fait remarquer aussi que le regard de Mona Lisa a cette douceur et ce velouté que l'on voit dans la réalité, et qu'ainsi elle semble vivante.

iconographique et sur le plan technique, s'agissant d'une décoration à pareille échelle. Enfin, les retards de paiement conduisirent l'artiste à interrompre les travaux, de fait, il perdit une année par manque d'argent.

Quand le plafond fut achevé en 1512, on salua Michel-Ange comme le plus grand artiste de tous les temps. Les formes, les couleurs et l'atmosphère qu'il avait créées devaient modifier profondément l'art en Europe. Depuis la récente restauration du plafond, on sait que les maniéristes se sont inspirés des couleurs acides qu'utilisa Michel-Ange pour ses fresques. Quant à l'anatomie, les visages et la gestuelle de ses personnages, l'artiste dans ce domaine sut trouver un langage nouveau, puissamment évocateur.

Michel-Ange se retira ensuite à Florence et hormis la *Mise au tombeau* inachevée et conservée à la National Gallery (Londres), et que l'on ne peut pas dater avec certitude, il se consacra exclusivement à la sculpture et à l'architecture. Ce fut seulement à la fin de sa vie qu'il se remit à la fresque avec le monumental *Jugement dernier* et la chapelle Pauline (*cf.* chapitre 8)

Raphaël

Raphaël (Raffaello Sanzio, 1483-1520) est l'un des artistes de la Renaissance les plus connus et pourtant l'un des plus mal compris. Son importance déterminante est universellement admise, et ses madones font partie de la culture populaire au même titre que *La Joconde*. Pourtant, même ses tableaux ayant un sujet profane n'ont pas réussi à le faire apprécier de tous. Vasari, qui l'admirait beaucoup, disait que peut-être le comprenait-on mal parce qu'il avait atteint un tel degré de perfection à la fois par la couleur, la composition et l'inventivité, et dans l'harmonie de ces trois éléments, que nul ne pouvait espérer mieux. Est-ce pour cela qu'aujourd'hui encore ses madones et ses gracieuses têtes d'enfants laissent beaucoup de gens indifférents alors qu'elles avaient la prédilection des amateurs du XIXᵉ siècle ? Le romancier anglais Somerset Maugham voyait en Raphaël « la tiédeur insipide de Bouguereau », peintre académique français du XIXᵉ siècle. Il est vrai qu'il n'est pas toujours facile de saisir la puissance qui sous-tend l'art extraordinairement maîtrisé de Raphaël, car cette force ne s'exprime pas par des effets aussi frappants que chez Michel-Ange, par exemple. À la *terribilità* de ce dernier s'oppose une sensibilité infiniment subtile, un sens des couleurs très élaboré, et un tracé tout en douceur mais sans faille.

Raphaël naquit en 1483 à Urbino qui, à l'époque, n'avait rien d'une petite ville de province. Son père, Giovanni, peintre, vivait à la cour des Montefeltro, alors véritable foyer artistique et intellectuel. Il y écrivit une *Chronique* du règne de Federico, duc d'Urbino. Comme Michel-Ange passa ses années de jeunesse dans l'entourage de Laurent le Magnifique, de même Raphaël vécut onze ans dans l'atmosphère intellectuelle de la cour d'Urbino. De son père, il apprit la peinture, mais aussi l'amour de la littérature et des arts, un amour dont toute son œuvre se ressent.

Le style de ses premières créations s'inspire presque uniquement du Pérugin (v. 1445-1523) dont il fut très certainement l'élève. Comme son maître, Raphaël ne tenait pas en place et voyageait beaucoup en Toscane et en Ombrie jusqu'à son installation à Rome en 1508.

L'année 1504 marque un tournant dans sa carrière, car il peignit cette année-là le *Mariage de la Vierge* (musée Brera à Milan), sa première œuvre datée et la dernière encore influencée par le Pérugin. Le 1ᵉʳ octobre de cette même année, la sœur du duc d'Urbino, Giovanna della Rovere écrivit au gonfalonier de la république de Florence, Piero Soderini, pour lui recommander Raphaël qui, assurait-elle, avait beaucoup de talent et désirait passer quelques temps à Florence pour y travailler. Les cahiers d'esquisses de l'artiste, qui était encore tout jeune, montrent qu'en effet il travailla avec acharnement, se concentrant sur deux sujets très florentins : le nu masculin, et les madones. Outre la célèbre statue de Donatello, *Saint Georges,* aujourd'hui au Bargello à Florence, Raphaël copia la gravure de Pollaiuolo, la *Bataille des dix hommes nus* (Pl. 77). Ses premières œuvres annonçaient une maîtrise et un goût du mouvement bien éloignés de l'art statique du Pérugin. Elles montraient au contraire que l'artiste s'orienterait plutôt vers le style dynamique que Léonard de Vinci et Michel-Ange avaient exprimé dans les fresques de bataille pour le palais de la Seigneurie. Les nus grandioses de la *Bataille de Cascina* de Michel-Ange eurent une influence énorme sur la carrière de Raphaël.

À la manière douce du Pérugin, l'artiste ajoutait maintenant des éléments empruntés à Léonard de Vinci mais aussi à d'autres peintres florentins comme Ridolfo Ghirlandaio, dont les premières œuvres comme la *Madone Terranuova* de la Gemäldegalerie de Berlin, se rapprochent, notamment par l'attitude, de la *Vierge aux rochers* de Léonard. C'est à Florence aussi que Raphaël se familiarisa avec le *tondo,* ce format de tableau arrondi qu'il choisirait pour peindre plus tard certaines de ses plus belles madones, comme la *Madone d'Albe* (Pl. 211) et la *Madone à la chaise* du palais Pitti à Florence. Si Léonard de Vinci et Michel-Ange produisirent peu durant leurs séjours à Florence, Raphaël au contraire se montra prolifique, chaque nouveau tableau prouvant son originalité croissante, son inventivité, et les progrès de sa technique. Depuis ses premières madones d'une facture plutôt incertaine, on peut suivre ses progrès et son assurance à travers la *Vierge du grand-duc,* du palais Pitti à Florence, la *Vierge à l'Enfant* dite « petite madone Cowper » de la National Gallery of Art de Washington, la *Madone Bridgewater* et la *Madone Colonna* se trouvant respectivement à la National Gallery of Scotland d'Édimbourg, et au Staatliche Museen de Berlin. Avec les dernières madones qu'il peignit à Florence, comme par exemple la *Madone Tempi* de la Alte Pinakothek de Munich, on se rend compte que l'artiste, grâce à une composition très subtile, était arrivé à créer l'illusion parfaite du naturel, ce que l'on retrouvera dans ses madones romaines ultérieures. Autre élément important de son expérience florentine : l'artiste emprunta à Léonard la composition pyramidale de ses madones assises comme le montrent la

Vierge au chardonneret du musée des Offices de Florence, la *Madone au pré* du Kunsthistorisches Museum de Vienne et *La Belle jardinière* du musée du Louvre.

On sait que Raphaël était à Rome à l'automne 1508. Il reçut un premier paiement en janvier 1509, pour la décoration de la Chambre de la Signature, qui lui avait été commandée par Jules II, dans le cadre du réaménagement de ses appartements du Vatican. Il est à peu près certain que Raphaël connaissait déjà Rome avant de s'y installer, ce qu'il fit, d'après Vasari, à l'instigation de son parent éloigné et originaire de la même région, Bramante. On trouve en effet dans ses tableaux de la période florentine des éléments clas-

195 RAPHAËL, Les Loges du Vatican, détail de la décoration (grotesque), 1508-1519

Les Loges du Vatican furent conçues par l'architecte Bramante pour le pape Jules II, et achevées sous Léon X. Raphaël qui en assura la décoration choisit un mélange de stuc et de fresques. Pour ces dernières, il imita des motifs de grotesques repris de peintures murales antiques romaines. Le mot « grotesque » vient de « grotte », références aux « grottes » de l'Esquilin, c'est-à-dire aux salles souterraines de la Maison dorée de Néron, découvertes vers 1480-1490.

Les dessins de Raphaël inspirèrent d'innombrables décorateurs des XVIIe et XVIIIe siècles, et les motifs de grotesques évoluèrent pour se transformer en arabesques et autres dessins similaires. Ces motifs surtout inspirés de formes végétales et florales mêlent aussi des figures hybrides dans une atmosphère de grâce et d'apesanteur.

siques qui indiquent qu'il connaissait l'art romain. Cela est manifeste dans la *Madone Estherhazy* du musée des Beaux-Arts de Budapest, et dans la *Déposition,* de la galerie Borghese à Rome. Bramante était arrivé à Rome en 1499 après avoir fui Milan lorsque les Français avaient envahi la Lombardie.

À l'époque où Raphaël s'installa à Rome, le style classique de Bramante était à sa pleine maturité. L'architecte avait en effet approfondi sa connaissance de l'architecture antique et y faisait de plus en plus directement référence dans ses édifices. Au Vatican, Raphaël travaillait tous les jours à l'ombre des réalisations de Bramante, chargé de relier les palais du Vatican et de la ville d'Innocent VIII au moyen de la cour du Belvédère. Les innovations architecturales de Bramante se retrouvent dans les tableaux de Raphaël. La passion de Raphaël pour les églises à plan centré apparaît déjà clairement dans le temple très élégant représenté en fond de son *Mariage de la Vierge,* de Brena. Bramante transmit à Raphaël son amour de l'antique et de l'architecture romaine. En cela, il aida le peintre à forger son style classique, le conduisant par exemple à utiliser des « grotesques » empruntés aux décorations murales de la célèbre Maison dorée de Néron, ou *domus aurea,* alors récemment découverte. Raphaël reprit ces motifs pour les décorations dont il fut chargé dans les *Loges* du Vatican (Pl. 195), la *stuffeta* du cardinal Bibbiena, et la villa Madama à Rome dont il fut l'architecte.

Les *Loges* étaient les appartements personnels, mais pas obligatoirement privés, de Jules II. Elles comprenaient la Chambre de la Signature *(Segnatura),* la chambre de l'audience, plus généralement appelée Chambre d'Héliodore et la salle de réunion du conseil suprême de l'Église, ou encore Chambre de l'Incendie du Bourg. Des décorations antérieures, il ne reste que le plafond de la Chambre de l'Incendie du Bourg, peint par Pérugin, et dès la fin de 1508, l'équipe d'artistes sélectionnés par le pape était prête à commencer la décoration des appartements. L'iconographie de la Chambre de la Signature est bien un exercice intellectuel. Ses plafonds représentent la personnification, dans des *tondi,* sur fond de fausses mosaïques d'or, de la Théologie, la Philosophie, la Jurisprudence et la Poésie. De grandes peintures murales illustrent respectivement ces quatre figures auxquelles elles correspondent : *La Dispute du Saint-Sacrement, L'École d'Athènes* (Pl. 196), un registre céleste (les Vertus) et terrestre *(Tribinien remettant les pandectes à Justinien* et *Grégoire IX recevant les Décrétables)* pour la Jurisprudence, et enfin le *Parnasse.*

La saisissante organisation et représentation de l'espace dans la première fresque de la Chambre de la Signature, *La Dispute du Saint-Sacrement,* existaient déjà dans une fresque, *Trinité et saints,* moins connue qu'il réalisa pour le monastère de San Severo, à Pérouse en 1505. Cette manière lui venait de son expérience à Florence avec Fra Bartolomeo qui, jusqu'à sa mort en 1517, devait rester un ami très proche de Raphaël.

Si la composition de *La Dispute du Saint-Sacrement* évoque Fra Bartolomeo, l'œuvre n'en est pas moins remplie

196 RAPHAËL, L'École d'Athènes, 1509-1510
*Cette grande fresque prend place dans une lunette de la Chambre de
la Signature au Vatican. C'est le pape Jules II qui commanda la
décoration à Raphaël, et l'artiste sut trouver ici la parfaite maîtrise
de son style personnel, campant plus de cinquante personnages, et
conservant à chacun son individualité tout en rattachant chaque
personnage à son groupe, et chaque groupe à l'ensemble. Avec le
plafond de la chapelle Sixtine, cette œuvre est sans doute une des
œuvres les plus représentatives de cette période de la Renaissance.
De façon très théâtrale, Platon et Aristote sont placés au centre de la
composition, et tous les aspects de la philosophie sont représentés,
comme il convenait à une pièce destinée à être la « bibliothèque
secrète » du pape. Tandis que dans La Dispute du Saint-Sacrement,
fresque qui fait face à celle-ci, Raphaël montre son attachement pour
le classicisme, ici, ses personnages aux attitudes théâtrales sont
représentés dans une architecture grandiose certainement inspirée
par Bramante.*

de la nouvelle manière romaine de Raphaël, plus austère,
plus solennelle, et de sa prise de conscience croissante que
l'art antique transformerait sa conception de la forme
humaine. Ceci est parfaitement illustré dans la très célèbre
École d'Athènes (Pl. 196). Mais l'équilibre que le peintre sut
atteindre dans ces deux œuvres ne devait pas durer, et très
vite il chercha à accentuer ses effets visuels, privilégiant des
couleurs plus riches et d'autres moyens techniques pour
capter l'attention, comme en témoignent les fresques plus
tardives qu'il réalisa dans les deux autres chambres. Dans
Héliodore chassé du Temple qui date de 1513-1514, œuvre

dont le thème même exigeait un mouvement dramatique,
l'équilibre de *L'École d'Athènes* a disparu, remplacé par une
facture brillante mais plus superficielle qui plus tard
évoluera vers le maniérisme. Enfin, dans la Chambre de
l'Incendie du Bourg (1514), l'artiste a pris conscience qu'il
peut représenter ses personnages d'une nouvelle manière.
La fraîcheur de ses premières fresques est remplacée par
une sorte de sophistication et cette fameuse grâce (*grazia*),
que Vasari admirait tant. Cette grâce était déjà présente
dans les tableaux de Fra Bartolomeo (Pl. 206), mais
Raphaël, en y ajoutant la noblesse de l'antique, la porte à la
magnificence. Quant à la palette du peintre, elle devient
toujours plus sombre, annonçant ses œuvres tardives et
celles de Giulio Romano.

Raphaël ne connut jamais les crises de désarroi
qu'éprouva Michel-Ange de façon récurrente toute sa vie
durant. Comme tous les artistes de sa génération, cependant, il éprouva toujours une admiration mêlée de respect
pour le travail de Michel-Ange, travail qui avait atteint son
plus haut degré de perfection avec le plafond de la chapelle
Sixtine. Mais jamais Raphaël ne chercha à imiter Michel-
Ange, et en vérité il possédait assez de talent pour assimiler
tous les éléments qui l'intéressaient chez Michel-Ange sans
pour autant le copier. Ainsi, si ses cartons datés de 1515
pour les tapisseries de la chapelle Sixtine, destinées à illustrer les *Scènes de la vie de saint Pierre et de saint Paul* (Pl. 205)
eussent été inconcevables sans l'influence de Michel-Ange,
ils montrent pourtant que l'artiste avait son style propre.
On a dit que ces cartons, dont sept sont aujourd'hui au

une finesse psychologique unique une exceptionnelle sensualité dans la facture et les couleurs. Depuis le portrait de femme dit, la *Donna velata* du palais Pitti à Florence, jusqu'à *Balthazar Castiglione* (Pl. 12), le peintre sut rendre ses modèles plus présents que Titien. Ses portraits de dignitaires de l'Église comme *Portrait de cardinal* du musée du Prado à Madrid ou le très célèbre *Portrait de Léon X entouré des cardinaux Jules de Médicis et Luigi de Rossi* du musée des Offices à Florence, montrent que le peintre parvenait à concilier une grande fidélité au modèle sans flatterie, et une grande dignité.

On aimerait imaginer comment aurait évolué le style de Raphaël, s'il n'était pas mort si jeune : il n'avait alors que trente-sept ans. Son art avait trouvé sa pleine maturité et l'artiste était au sommet de sa productivité artistique. Or le style, chez lui, évoluait très vite. Les interprétations qu'il donna de sa notion du classicisme, d'abord avec *Le Triomphe de Galatée*, (Pl. 214), puis la *Madone Sixtine* de la Gemäldegalerie de Dresde (1513-1514), la *Sainte Cécile* de 1514 de la pinacothèque de Bologne, et enfin avec la *Transfiguration* (Pl. 248) laissent à penser qu'il se serait orienté probablement vers un maniérisme plus affirmé.

La peinture à Rome et à Florence

Le travail gravé que fit de son œuvre Marcantonio Raimondi donne la mesure de la réputation et de l'influence de Raphaël. Ce travail permit de mieux faire connaître les œuvres du peintre. Cependant, c'est du style le plus tardif de Raphaël, celui de la *Transfiguration* que ses élèves Giulio Romano (1499-1546) et Gianfrancesco Penni (v. 1488-1528) s'inspirèrent. Romano était de loin le plus talentueux et le plus original des deux, et il sut adapter certains aspects du style de Raphaël de façon novatrice. Mieux, il inventa un nouveau langage pictural dans les fresques qu'il effectua à Mantoue (Pl. 263).

La contribution de Raphaël et de Michel-Ange à la peinture romaine de la haute Renaissance est inestimable. On s'en rend compte dans le travail que fit à Rome le peintre piémontais Sodoma (Giovanni Antonio Bazzi, de son vrai nom, 1477-1549). Ce dernier, très marqué par Léonard de Vinci, avait travaillé à Sienne. En 1516, sur la demande de Peruzzi, Sodoma vint à Rome et décora la chambre à coucher du cardinal Chigi (d'origine siennoise) à la villa de la Farnésine (Pl. 227). Baldassare Peruzzi (1481-1536) y travaillait de son côté au salon des Perspectives. Il y fut également chargé de la décoration du plafond de la salle de Galatée et de celle de la salle dite de la Frise. Les allers et venues de peintres comme Sodoma, qui retourna à Sienne une fois son travail à Rome terminé, contribuèrent à faire connaître les derniers développements de l'art à Rome.

Dans le même temps, Florence regrettait sans doute le départ des trois grands artistes qui avaient donné un nouveau souffle à sa peinture. En effet, jusqu'à l'émergence de Pontormo, vers 1520, la production artistique

197 RAPHAËL, Portrait de l'artiste avec un ami, vers 1518
*Ce tableau figurait sur les inventaires des collections de Fontainebleau au début du XVIIᵉ siècle, et il a peut-être appartenu à François Iᵉʳ. Le personnage de gauche est certainement Raphaël, mais on s'interroge encore sur l'identité de son compagnon. On a suggéré entre autre Pinturicchio, Giulio Romano, Pietro Aretino et Giovanni Battista Branconio dell'Acquila, un ami proche de l'artiste dans les dernières années de sa vie et son exécuteur testamentaire. Raphaël se représente lui-même un peu vieilli, sans doute parce qu'à cette époque, il ployait sous la charge de travail : il était en effet architecte de la basilique Saint-Pierre, et conservateur des antiquités à Rome.
Avec Balthazar Castiglione (Pl. 12) et le Double Portrait de Navagero et de Beazzano de la Galerie Doria à Rome, ce portrait montre combien Raphaël savait créer des ressemblances et donner l'impression que ses modèles sont prêts à communiquer avec le spectateur. Ici, l'artiste recherchait manifestement un certain symbolisme, et l'attitude des deux amis évoque celle du Christ avec l'un de ses disciples. Enfin les coloris sombres et l'atmosphère de grandeur rappellent les œuvres de Sebastiano del Piombo.*

Victoria and Albert Museum à Londres, étaient à la peinture ce que les statues du Parthénon étaient à la sculpture.

Durant le règne du pape Léon X, Raphaël porta à son apogée son talent de portraitiste, atteignant une grande liberté d'expression. Ses portraits demeurent probablement la partie la plus accessible de son œuvre tardive. Sous l'influence des peintres vénitiens, et aussi de *La Joconde* que Léonard de Vinci amena à Rome en 1513, Raphaël fit des portraits à demi-corps, d'hommes et de femmes, alliant à florentine du début du siècle gardera un côté provincial. Une exception pourtant, Bartolomeo della Porta, connu sous le nom de Fra Bartolomeo (1472-1517) à qui l'on doit les plus beaux tableaux de cette période, et qui eut aussi une grande influence sur ses contemporains.

Comme Fra Angelico avant lui, Fra Bartolomeo était moine au couvent de San Marco. Il apprit la peinture avec Cosimo Rosselli, ce qui explique en partie son style particulièrement monumental à partir de 1504, particulièrement dans l'*Apparition de la Vierge à saint Bernard* de 1507 et conservé à la galerie de l'Académie de Florence. Dans ses deux versions du *Mariage de sainte Catherine*, qui datent respectivement de 1511 et 1512, et qui se trouvent au musée du Louvre et à la galerie de l'Académie de Florence, on voit clairement l'impact qu'eut sur son style sa brève visite à Venise en 1508. On trouve en effet dans ses tableaux des personnages monumentaux que lui inspirèrent certainement les retables des Bellini. Le chef-d'œuvre de

198 RIDOLFO GHIRLANDAIO, Portrait d'un membre de la famille Capponi, sans date
Ridolfo Ghirlandaio est un portraitiste mal connu et peut-être sous estimé du Cinquecento florentin. Ses portraits d'une grande retenue sont aussi d'une remarquable finesse psychologique. Ses innovations formelles furent de la plus haute importance pour des artistes comme Andrea del Sarto, Pontormo et Bronzino. Ce portrait montre que l'artiste possédait une maîtrise technique éblouissante.

199 ANDREA DEL SARTO, Portrait de femme, 1528-1529
Ce portrait est l'un des plus fascinants et des plus mystérieux de la période. On a pensé qu'il s'agissait de la femme du peintre, mais c'est sans doute faux. Le modèle tient un livre de sonnets de Pétrarque : le premier sonnet parle de la foi de celui qui aime dans la puissance de l'amour, et le second traite de la sublimation du désir physique en des élans hautement spirituels. Le regard de connivence que le sujet lance au peintre n'est pas exactement celui d'un modèle aristocrate et distant. Une restauration récente du tableau a mis à jour une palette de couleurs subtiles ainsi qu'un délicat effet de sfumato, technique que maîtrisait parfaitement Andrea del Sarto et où il avait peu de rivaux.

Fra Bartolomeo est le *Retable Carandolet* (Pl. 206) ; hélas l'élégance et l'aisance qui caractérisent cette œuvre ne se retrouvent pas dans les autres tableaux du peintre, si bien qu'il reste un artiste mineur. Il eut pour associé de 1509 à 1512 Martiotto Albertinelli (1474-1515).

Si Fra Bartolomeo fut, en tant que peintre, proche de l'académisme, on ne retrouve pas cette tendance dans ses nombreux et beaux dessins de paysages et de scènes urbaines. Andrea del Sarto (Andrea d'Agnolo di Francesco, 1486-1530) fut aussi un très grand dessinateur dans la pure tradition florentine, et son imagination et son renouvellement le placent à l'avant-garde des artistes de Florence, au moins durant la seconde décade du XVIe siècle. Tandis que Francesco Franciabigio (v. 1482-1525) incarnait l'école d'artistes qui cherchaient à égaler Raphaël, Andrea del Sarto s'inspira surtout de Léonard de Vinci, et c'est au *sfumato* de

200 GIORGIONE, Les Trois Philosophes, vers 1506

On a donné diverses interprétations de ces trois personnages : on a d'abord pensé qu'il s'agissait des mages, puis on y a vu des symboles des mondes antique, médiéval et moderne, et enfin les représentants des philosophies arabe, médiévale et de la Renaissance. Une copie de ce tableau par Téniers le Jeune montre que l'original fut coupé sur le côté gauche, si bien que la grotte était plus importante.

Manifestement l'artiste a voulu représenter les trois âges de l'homme, mais aussi probablement trois nationalités. En outre, on notera que chaque personnage a une attitude et une gestuelle propre, de façon à le singulariser, et c'est probablement leur relation avec la mystérieuse grotte ainsi que le splendide coucher de soleil de l'arrière-plan qui servent de lien entre les trois.

ce dernier que Sarto doit la douceur de son modelé et les formes estompées de ses modèles.

Les premières fresques importantes de Sarto sont celles qu'il fit pour l'église Santissima Annunziata ; elles illustrent la *Vie de san Filippo Benizzi* et furent achevées en 1510. Ce cycle est fortement inspiré de l'art du Quattrocento et de ce que l'artiste avait appris auprès de Piero di Cosimo. En 1514, lorsqu'il eut terminé la fresque de la *Naissance de la*

Vierge, dans cette même église, Andrea del Sarto avait adopté un style plus monumental, tel que l'avait introduit à Florence Fra Bartolomeo. Cette scène grandiose est l'œuvre qui se rapproche le plus de la manière romaine de Michel-Ange à la même époque, mais elle conserve néanmoins des éléments caractéristiques du Quattrocento, en particulier l'intimité domestique, à la façon de Ghirlandaio.

Suivant l'exemple de Léonard de Vinci, Andrea del Sarto travailla un an pour le roi de France François Ier (entre 1518 et 1519). Avant cela, il avait achevé la *Madone des harpies* du musée des Offices à Florence, qui montre combien l'artiste était proche du Raphaël de la *Madone Sixtine*. Son voyage en France sembla avoir changé l'approche d'Andrea del Sarto. À son retour en Italie, les premiers éléments de son nouveau style apparaissaient, ils le conduiraient à un maniérisme semblable à celui de Pontormo, son ancien élève et collaborateur.

On ne trouve pas chez Andrea del Sarto le vigoureux classicisme de Raphaël. La vraie magie du peintre réside dans ses effets de lumière qui donnent un caractère irréel aux visages. Cette magie est surtout tangible dans ses portraits toujours pleins de retenue et de ce fait souvent énigmatiques (Pl. 199). Avec Ridolfo Ghirlandaio (Pl. 198), Andrea del Sarto grâce à sa conception originale de l'art du portrait, eut une influence déterminante sur les artistes maniéristes que furent Pontormo et Bronzino.

La peinture à Venise

Comme à Florence, mais à l'inverse de Rome et de Milan, à Venise les réalisations majeures de la haute Renaissance sont ancrées dans le Quattrocento. Giovanni Bellini, qui vécut probablement jusqu'à presque quatre vingt-dix ans, possédait une telle faculté d'adaptation que, jusqu'à la fin de sa vie, il réussit à créer des images novatrices d'une saisissante beauté (Pl. 212 et 215). Mais si Bellini domina l'art vénitien jusqu'au début du XVIe siècle, non seulement par sa peinture mais aussi par son enseignement, l'évolution de cet art est due presque entièrement à un peintre d'un génie exceptionnel, Giorgione.

Un autre peintre de tout premier ordre, sorti de l'atelier de Giorgione, Titien. Ces deux peintres créèrent à Venise une situation unique : le style de Giorgione ne fut pas seulement perpétué par ses disciples et imitateurs, il fut repris et réinterprété par un élève de génie. On comprend ainsi la puissance et le rayonnement de l'art vénitien qui régna sans éclipse pendant tout un siècle. Venise donna en effet durant cette période des génies de la peinture comme Titien, Véronèse et Tintoret qu'entourait une galaxie de peintres de moindre envergure, mais fort talentueux.

Les nouvelles techniques de la peinture à l'huile sur toile eurent une importance déterminante à Venise, et les peintres vénitiens travaillèrent ainsi dès le début du siècle en obtenant une richesse et une profondeur de coloris sans rapport avec la détrempe. Ajoutons qu'au XVIe siècle, pour la première fois, la peinture vénitienne tint compte de la texture même de la toile comme élément à part entière et déterminant du tableau. Ce que fit Giorgone eût été irréalisable sans ce nouveau support.

Les peintres de Venise utilisaient les mêmes pigments que partout ailleurs, mais le commerce qu'entretenait la Sérénissime avec les pays d'Orient leur permirent certaines innovations. La couleur orange, très rare en peinture durant le Quattrocento, commença à apparaître dans le travail de Carpaccio et de ses contemporains. Plus tard, Titien l'adoptera aussi. C'est parce que les artistes vénitiens surent tirer toutes les potentialités de la peinture à l'huile et de la toile qu'ils obtinrent ces effets de lumière, d'atmosphère et de texture qui les rendirent si célèbres.

Giorgione (Giorgio Zorzi, ou Giorgio da Castelfranco, (v. 1477-1510), le premier, rechercha et trouva ces fameux effets ; les innovations les plus importantes de la peinture du Cinquecento vénitien dérivent des quelques tableaux qui lui sont attribués. Il s'agit en particulier des œuvres suivantes : le *Retable Castelfranco,* dont l'attribution est aujourd'hui remise en cause, *La Tempête* (Pl. 190), *Une vieille femme* ou *Col tempo* (Pl. 201), *Les Trois Philosophes* (Pl. 200), *Judith* du musée de l'Ermitage de Saint-Pétersbourg, *Laura* du Kunsthistorisches Museum de Vienne, et *Vénus endormie* (Pl. 220). On ne sait si l'on doit attribuer d'autres tableaux à Giorgione ou à ses élèves.

Giorgione était un surnom qui signifiait « le grand George », et d'après Vasari, l'artiste devait ce surnom à « son esprit grandiose ». Dans la mesure où tout ce que nous savons de lui nous vient de certaines sources datant des années 1506-1510, et que fort peu de tableaux lui sont attribués avec certitude, on s'étonne de l'importance du peintre dans l'histoire de l'art occidental. La difficulté à lui attribuer des tableaux prouve aussi qu'il eut beaucoup d'émules.

Vasari raconte que Giorgione commença sa carrière comme peintre de petits tableaux de dévotion. Il aimait en effet les tableaux de format modeste conçus pour des lieux privés, et conserva cette préférence durant toute sa carrière. Par comparaison le *Retable de la cathédrale de Castelfranco, La Vierge, l'Enfant, saint Libéral et saint François,* est moins satisfaisant que les petits formats du peintre. En vérité, la fascination que Giorgione exerce sur nous vient de la dichotomie entre le réalisme de ses œuvres et la magie indéfinissable qui en émane. Si l'on compare Giorgione avec un de ses contemporains connu pour son réalisme, Jacopo De'Barbari (v. 1445-v. 1515) (Pl. 202), on comprend alors que Giorgione ne s'intéressait pas à la réalité tangible.

201 GIORGIONE, Une vieille femme, 1508-1510
Le modèle tient un morceau de papier sur lequel sont inscrits les mots col tempo, *référence à la fois à la décrépitude de l'âge, et au temps qui passe. Ce tableau est très différent des autres attribués à Giorgione, surtout par la façon directe dont est traduit le message sans ambiguïté et par la technique de peinture. On retrouve ce même type de mise en page dans d'autres tableaux attribués à Giorgione.*

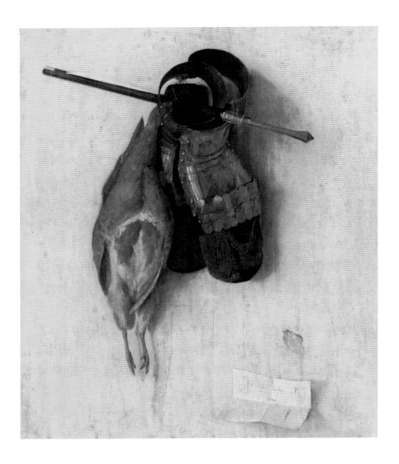

202 JACOPO DE'BARBARI, *Nature morte*, 1504
Peut-être s'agit-il du revers d'un portrait, et dans ce cas, le tableau aurait eu à l'époque moins d'importance qu'une nature morte peinte pour elle-même. L'influence de la peinture de miniature, ainsi que celle de Dürer et d'Antonello da Messina est manifeste dans cette œuvre.

Même ses contemporains semblent s'être interrogés sur le sujet de certains de ses tableaux. Michiel, qui était pourtant un connaisseur éclairé, s'était résolu à ne faire qu'une description générale de ses tableaux comme *Les Trois Philosophes* (Pl. 200) par exemple, laissant à la postérité le soin d'en donner une interprétation détaillée. Aucun des disciples et imitateurs de l'artiste ne réussit à capter l'intensité de ses tableaux, mais certains comme Lorenzo Lotto et Dosso Dossi réussirent à créer leur style propre en empruntant certains éléments à l'art de Giorgione (Pl. 246 et 266).

Vasari attachait beaucoup d'importance à la visite de Léonard de Vinci à Venise en 1500. Il est vrai qu'il y vit les effets de *sfumato* de Giorgione. Ce dernier vraisemblablement travailla dans l'atelier de Giovanni Bellini dans les années 1490, et il y côtoya Lorenzo Lotto et Palma le Vieux. Mais contrairement à eux, il semble que Giorgione ait bien connu l'art de l'Italie centrale, surtout celui du Pérugin, ce qui lui permit de trouver un style d'une toute autre veine. On peut retracer l'évolution rapide du style de Giorgione depuis le dessin encore un peu hésitant de *La Tempête* qui date de 1503-1504, en passant par *Judith* (1504-1505) qui témoigne de plus d'assurance et d'une forme de classicisme, pour arriver au style monumental caractéristique de la haute Renaissance avec *Les Trois Philosophes,* tableau exécuté sans doute vers 1506 (Pl. 200). Chez d'autres peintres, pareille évolution aurait demandé dix ans de

travail. Dans le dernier grand tableau de l'artiste, *Vénus endormie* (Pl. 220) qui date de 1507-1508, la sensualité, que l'on sent poindre dans ses premières œuvres, triomphe littéralement. C'est par de subtils effets de lumière et une peinture très fluide que Giorgione avait atteint un tel résultat, ce qui fascina Titien et ses disciples.

Giorgione mourut prématurément de la peste en 1510. Six ans plus tard Bellini mourait aussi, et ses deux disparitions laissaient un grand vide que ne tarderait pas à combler ce génie formidable que fut Titien. Parmi les disciples importants de Giorgione, citons Sebastiano del Piombo (v. 1485-1547) qui s'installa et travailla à Rome à partir de 1511, mais n'aurait sans doute pas porté ombrage au Titien, fût-il demeuré à Venise.

Du Titien (Tiziano Vecellio, v. 1490-1576), Vasari prétend qu'il imitait si bien Giorgione que très vite on confondit les œuvres des deux peintres. Pendant longtemps, il fut difficile d'attribuer avec certitude au Titien certains tableaux, en particulier *Le Concert champêtre* du Louvre, le *Concert* du palais Pitti, et *L'Adultère* qui se trouve à Glasgow. L'artiste s'était forgé son propre langage pictural dès 1511, quand il décora à fresque la Scuola del Santo de Padoue. Déjà, à cette époque, Titien montrait plus de souplesse de trait que son maître Giorgione, et cette malléabilité devait devenir l'un des éléments importants de sa façon de traiter les formes humaines. Dans le tableau *Diane et Actéon* (Pl. 238) des années 1550, les contours des personnages se confondent enfin avec le paysage dans lequel ils s'inscrivent.

La prédilection de l'artiste pour les compositions avec des personnages ainsi que pour les couleurs riches, profondes, connut son apogée à la mort de Giorgione, et pendant la seconde décade du XVIᵉ siècle le peintre réalisa des œuvres très novatrices dont *Les Trois Âges de l'homme* (Pl. 221), et *L'Amour sacré et l'Amour profane* (Pl. 219). Sa passion des couleurs intenses continua d'aller croissant pour culminer dans une série de tableaux qu'il exécuta entre 1518 et 1523 pour son nouveau mécène, Alphonse d'Este (*cf.* chapitre 8).

C'est à cette époque que le peintre agrandit son cercle de commanditaires, mais jamais il ne se laissa tenter par ceux qui lui demandaient de quitter Venise, tant il était épris de sa ville. Comme il y était l'artiste le plus en vue, il se vit confier une commande décisive pour laquelle il peindra l'une des œuvres les plus prestigieuses de la Renaissance, l'*Assomption de la Vierge* pour l'église Santa Maria Gloriosa dei Frari, à Venise (Pl. 254). Comme les travaux que réalisèrent Michel-Ange et Raphaël au Vatican, cette œuvre surclasse dans son expression esthétique les autres œuvres de la période et traduit des aspirations naissantes qui ne seront pleinement satisfaites qu'à la période baroque. Avec cette *Assomption* et le chef-d'œuvre qu'est le *Retable Pesaro* (1519-1526), réalisé pour l'église des Frari à Venise, Titien entra, vers 1520, dans une nouvelle phase de sa dynamique créatrice. Semblable richesse d'inspiration caractérise aussi les fresques que réalisa le Corrège pour le dôme de Parme (Pl. 222), et peut-être, pour cette œuvre splendide,

203 PALMA LE VIEUX, Vénus et Cupidon, 1522-1524
Le sujet est probablement tiré des Métamorphoses d'Ovide ; Vénus s'est trouvée accidentellement égratignée par une flèche de Cupidon, et c'est ainsi qu'elle conçut son amour tragique pour Adonis. Vénus ici est de proportions monumentales, et ses hanches et ses cuisses très longues, qui contrastent avec Cupidon tout en rondeur, se rapprochent du canon maniériste, mais l'ensemble reste d'un élégant naturalisme.

s'inspira-t-il en partie de l'*Assomption* dont il avait vu des gravures.

Plus encore que Raphaël, Titien connut une grande renommée internationale de son vivant. D'après Vasari, il sut se faire apprécier et aimer de gens de qualité, et il s'enrichit beaucoup. Grâce à ses liens avec l'empereur Charles Quint (Pl. 7), puis avec son fils Philippe II, il fut fait chevalier. Avec ses amis, le sculpteur Jacopo Sansovino (1486-1570) et le poète l'Arétin (1492-1556), Titien régna sur la vie artistique de Venise pendant plus de soixante ans.

Par la multiplicité des portraits qu'il exécuta, on sait que Titien voyagea beaucoup. Il peignit en effet plusieurs membres de la famille impériale, et les plus grands monarques d'Europe, mais aussi de grands aristocrates italiens, des doges, des papes, et tous les grands savants et lettrés de l'époque. Ses portraits, depuis les premiers, comme *L'Arioste*, jusqu'aux derniers, *Jacopo Strada* par exemple, sont des portraits en buste ou trois quarts de corps, mise en pages dans lesquelles le peintre excellait parce qu'elles lui permettaient d'exprimer le statut, le caractère et la psychologie de ses modèles avec une économie de moyens qui devait marquer l'art du portrait bien après sa mort. Les portraits de Moretto da Brescia (Alessandro Bonvicino, v. 1498-1554) qui sans doute fut l'élève du

Titien, doivent beaucoup à ce dernier. De même les tableaux d'un autre peintre de Brescia, Girolamo Savoldo (v. 1480-v. 1549) (Pl. 226). Il y a souvent peu de différence entre les portraits de femmes du Titien, et ses peintures d'héroïnes de la mythologie, ainsi la célèbre *Vénus d'Urbino* du musée des Offices de Florence. Avec Palma le Vieux (Pl. 203) et Paolo Véronèse, Titien sut créer la beauté féminine absolue.

Le Corrège

La brève carrière du Corrège (Antonio Allegri, 1489-1534) est à la charnière de la Renaissance et du début du maniérisme. Le développement de son art rappelle celui de Raphaël qui intégra si rapidement les influences venues du Quattrocento avant d'élaborer un style novateur et très personnel. Celui du Corrège demeura toujours fidèle à l'esprit de la Renaissance, et le peintre ne se laissa jamais tenter par le maniérisme dont son disciple et successeur, le Parmesan fut un brillant représentant. Néanmoins, il y a dans l'art du Corrège de nombreux éléments maniéristes.

On ignore qui fut le maître du Corrège. Dans les années 1510, on sent l'influence d'Andrea Mantegna et de Lorenzo Costa qui succéda au premier comme peintre de la cour de Mantoue. Très vite cependant, le Corrège allait abandonner ces influences pour se laisser séduire par Raphaël, et l'art de Rome. Vasari, qui soutint que le Corrège n'alla jamais à Rome et ne connut le travail de Raphaël que par les gravures de Marcantonio Raimondi, assurait que c'est la seule nature et non l'influence classique qui permit au tout jeune peintre de faire évoluer sa manière délicate, presque féminine, imprégnée à la fois de Mantegna et de Léonard de

204 CORRÈGE, *Nativité ou* La Nuit, 1529-1530
Ce tableau ornait la chapelle Pratonero de San Prospero, à Reggio en Émilie, jusqu'au jour où le duc Francesco Ier d'Este le déroba pour l'adjoindre à ses collections. C'était en 1640. Les remarquables effets de lumière et le dynamisme de la composition annoncent les techniques picturales du baroque.

Vinci, en un style d'une grandeur unique. Néanmoins l'écart entre les premiers tableaux du Corrège, le *Mariage de sainte Catherine,* par exemple, et les deux fresques grandioses du dôme de Parme et les grands retables s'explique mal sans que le peintre ait connu *de visu* la peinture de Rome.

Les nouvelles conceptions de l'espace telles qu'elles s'étaient affirmées à Florence et à Rome vers 1505-1515, ainsi que la fascination que le Corrège avait héritée de Mantegna pour la perspective, firent rapidement évoluer son approche de la peinture. En vérité, le Corrège se rendit probablement à Rome en 1513, après l'élection du pape Léon X. Il put y connaître Léonard de Vinci (et probablement y voir *La Joconde*). Il y étudia très certainement le style de Raphaël en particulier dans la Chambre de la Signature. Probablement vit-il également les fresques de Santa Maria della Pace et les premiers tableaux romains.

Raphaël et le Corrège avaient la même passion pour l'organisation de l'espace pictural si importante dans l'art de la haute Renaissance. Raphaël créerait d'ailleurs ces mêmes effets en architecture, avec la chapelle Chigi, dans l'église Santa Maria del Popolo de Rome. Ceux-ci amenèrent le Corrège à une forme d'illusionnisme qui préfigure le baroque, tandis que Raphaël, grâce à ces architectures peintes, atteignait à la grandeur de *L'École d'Athènes* ou à celle de la *Madone Sixtine*. Toute leur vie, les deux artistes firent preuve d'éclectisme, le Corrège peut-être davantage que Raphaël, puisqu'il sut intégrer des éléments de peintres aussi différents que Léonard de Vinci, Mantegna, Lotto, Raphaël, et même de certains artistes du gothique tardif.

On a décrit la carrière du Corrège comme « un combat pour maîtriser toutes les techniques possibles en peinture, doublé d'un autre combat, moins évident celui-là, pour éviter de se trouver soumis à pareille maîtrise ». Il est impossible aujourd'hui de ne pas parler de virtuosité quand on étudie le Corrège car, comme chez Raphaël, cette virtuosité a permis d'atténuer une certaine tendance à la mièvrerie.

Le Corrège créa ses tableaux les plus caractéristiques après s'être installé à Parme en 1519, deux ans avant que Léon X ne se soit fait rendre la ville par les Français. Après cette date, son style se singularise par sa sensualité très particulière, qu'il s'agisse d'œuvres religieuses (Pl. 222) ou de tableaux à thèmes mythologiques (Pl. 224). Car pour le Corrège, les saintes et les nymphes étaient faites de la même chair douce, pleine de promesses, et leurs visages exprimaient une volupté pure.

Contrairement à Giorgione et à Titien, le Corrège préparait chacune de ses compositions par d'innombrables dessins préliminaires. Ceci explique que ses personnages aient une présence extraordinaire en dépit de l'effet de *sfumato* que le peintre prisait beaucoup. Ajoutons que le Corrège aimait à repousser ses personnages jusqu'aux extrémités de sa toile, et parfois même au-delà, c'est-à-dire en dehors du champ de vision de ceux qui les regardent.

Une sorte de schéma se dégage de la peinture du début du XVIe siècle en Italie, schéma qui justifie la notion de progrès si chère à Vasari. À l'exception de Léonard de Vinci, qui fut à la fois un initiateur et une grande figure de l'art de la haute Renaissance, les plus grands artistes qui contribuèrent à créer l'art de cette période naquirent tous autour de 1480, et arrivèrent à maturité entre 1500 et 1510. D'où qu'ils viennent, les caractéristiques de leurs styles évoluèrent en même temps.

L'unité artistique qui donna un sens au terme de haute Renaissance commença à s'effriter durant la seconde décade du XVIe siècle. Elle s'acheva avec la mort de Léonard de Vinci en 1519, puis celle de Raphaël, en 1520, suivi par le sac de Rome en 1527, et l'éclatement consécutif de l'école de Rome. Michel-Ange ne reviendrait pas de façon permanente à Rome avant 1534, époque où le maniérisme serait alors déjà solidement implanté. Venait de s'éteindre un âge d'optimisme que devait remplacer un autre âge caractérisé par le professionnalisme, tel que l'incarna Vasari. Ce dernier croyait que son temps avait atteint la perfection. C'est peut-être cette illusion qui, paradoxalement, marque la fin de la Renaissance.

205 RAPHAËL, Le Christ remettant les clefs de l'Église à
saint Pierre, 1515-1516
(Ci-dessus) Les dix cartons que le pape Léon X commanda à Raphaël
ont toujours été considérés comme les exemples les plus significatifs
de l'art classique de leur époque. Ils furent sans doute peints entre
juin 1515 et décembre 1516, et à la fin de 1519, sept des dix
tapisseries prévues étaient en place dans la chapelle Sixtine. D'après
Vasari, ces tapisseries étaient d'une facture si parfaite qu'elles
ravissaient quiconque les voyait. Sur le plan du style, ces cartons se
situent entre Le Triomphe de Galatée qui date de 1511 (Pl. 214) et
la Transfiguration que l'artiste commença en 1518 (Pl. 248).

206 FRA BARTOLOMEO, La Vierge et des saints, dite de
Carandolet, vers 1511
(Ci-contre) Cette œuvre, l'un des retables les plus importants de la
haute Renaissance, fut commandée par Ferry Carandolet,
archidiacre de Besançon et ambassadeur à Rome. On voit ce dernier
agenouillé à droite. La Vierge qui est soutenue par des angelots se
détache sur un magnifique fond d'architecture classique, qui encadre
une vue évoquant les nombreux dessins de paysage que l'on doit à
l'artiste. La composition symétrique et l'élégance aisée des
personnages font de cette œuvre l'une des plus belles de
Fra Bartolomeo.

207 Giovanni Antonio Boltraffio, La Vierge à l'Enfant, fin des années 1490

(Ci-contre) Ce tableau est d'une très grande qualité, et on a pensé que Léonard de Vinci y avait participé. Dans les deux visages, on sent nettement son influence ainsi que dans le rendu minutieux des chevelures et des détails. Ici, Boltraffio se révèle un grand maître de la composition et des couleurs et surclasse les autres élèves de Léonard de Vinci.

208 Léonard de Vinci, Sainte Anne avec la Vierge, l'Enfant Jésus et saint Jean-Baptiste, vers 1498

(À droite) L'origine de ce dessin est mal connue. On sait néanmoins que Louis XII commanda un tableau sur ce thème à Léonard de Vinci quand ce dernier était à Milan, avant 1500. La grandeur de la composition amena Berenson à comparer le drapé des vêtements avec celui des déesses grecques des marbres d'Elgin du British Museum. L'influence de ce dessin fut déterminante sur les peintres milanais comme Luini.

209 Aristotile da Sangallo d'après Michel-Ange, Bataille de Cascina, vers 1542

(Ci-dessous) Vasari décrivait les représentations du corps humain de Michel-Ange comme une vision de muscles et de nerfs dans leur intégralité, à cause des positions incroyables des personnages. En outre, dans toutes ces positions, Michel-Ange avait le génie du raccourci. C'est à l'instigation de Vasari que Sangallo exécuta cette copie partielle de l'œuvre de Michel-Ange. Ce dernier commença son dessin préliminaire pour la fresque du palais de la Seigneurie de Florence en décembre 1504, et le modifia en 1506. À force d'être copié et recopié, ce fameux dessin fut sans doute déchiré puis détruit.

207

210 MICHEL-ANGE, *Sainte Famille avec saint Jean-Baptiste ou Tondo Doni, 1503-1504*
Ce tableau fut, dit-on, commandé à Michel-Ange par son ami Angelo Doni, à l'occasion de son mariage avec Maddalena Strozzi célébré fin 1503, début 1504. Le magnifique cadre de bois doré sculpté porte les armes de la jeune femme. C'est la seule œuvre peinte documentée, avant les fresques de la Sixtine, que nous possédions de Michel-Ange. La sculpturalité de la Vierge, son mouvement de contrapposto annoncent les sibylles de la Sixtine. Les couleurs franches, presque acidulées, serviront de point de départ au maniérisme florentin de Pontormo et de Bronzino.

211 RAPHAËL, *Madone d'Albe, 1511*
Nous ignorons qui précisément commanda ce tableau au peintre, mais nous savons qu'il appartint, avec bien d'autres, au duc d'Albe puis au tsar Nicolas Iᵉʳ de Russie. On voit ici comme Raphaël était à l'aise avec un format rond (tondo) qu'il avait expérimenté à Florence, et dont il usait dorénavant avec beaucoup de sophistication. Le peintre s'est inspiré d'une sanguine particulièrement belle représentant un homme, pour la pose de la Vierge, et il réussit à lui imprimer un mouvement étonnamment naturel. La contorsion du corps de la Vierge est proche de celle que l'on trouve dans Le Triomphe de Galatée (Pl. 214). Ces deux tableaux nous révèlent un Raphaël au sommet de sa maturité.

212 GIOVANNI BELLINI, Vierge du pré, vers 1505
On voit ci-dessus l'un des derniers chefs-d'œuvre de Bellini.
Le peintre y réussit une synthèse parfaite des personnages et
du paysage de l'arrière-plan observé avec beaucoup de
sensibilité. Il y a sans doute un rapport entre le combat
du serpent et de l'oiseau blanc à droite de la Vierge et les
Géorgiques de Virgile.

213 ANDREA DEL SARTO, Sainte Famille avec saint Jean
enfant, vers 1530
Il s'agit d'une œuvre tardive d'Andrea del Sarto, et l'une de ses
représentations les plus monumentales sur ce thème. C'est sans
doute le tableau que le peintre exécuta pour Giovanni
Borgherini. Le globe terrestre rattache l'Enfant Jésus au thème
du Salvator mundi, et saint Joseph est peut-être un
autoportrait légèrement modifié. L'effet de ce tableau est dû
aux couleurs magnifiques, aux détails pleins de vie, et au fait
que les personnages occupent toute la surface du tableau.

214 RAPHAËL, Le Triomphe de Galatée, 1511

Raphaël peignit cette fresque dans la villa de la Farnésine que construisit Baldassare Peruzzi pour le banquier siennois Agostino Chigi. La villa se trouvait au bord du Tibre, en limite de Rome. La légende de Galatée, une belle néréide qu'aimait le Cyclope

Polyphème, est tirée d'Ovide et de Théocrite. Raphaël montre Galatée glissant sur l'eau dans une immense coquille tirée par des dauphins. Cette fresque est le plus bel exemple de peinture classique que nous ait donné l'artiste.

215 GIOVANNI BELLINI, Vénus au miroir, 1515
(Ci-dessus) Bellini réalisa à l'âge de soixante-quinze ans l'une de ses œuvres les plus lyriques. L'artiste s'est ici nettement inspiré de Giorgione et du jeune Titien. La concentration silencieuse du personnage est accentuée par sa peau pâle et translucide, qui contraste avec le fond sombre, le jeu de réflexion dans les miroirs, et le délicat équilibre des couleurs. Le vase sur l'appui de la fenêtre se détache sur un paysage de fond alpin, et ajoute encore à la pureté du tableau.

216 SEBASTIANO DEL PIOMBO, La Mort d'Adonis, vers 1512
(Ci-dessous) Cette œuvre fut sans doute réalisée juste avant que Sebastiano ne quitte Rome pour Venise, mais elle n'en montre pas moins ce que le peintre devait à Giorgione et à la peinture vénitienne du début du Cinquecento. Une influence de l'école romaine est sensible également dans certaines poses des personnages et leur solidité. Le paysage de fond est une vue du palais ducal de Venise qui donne à l'œuvre une atmosphère assez singulière.

217 Michel-Ange, La Sibylle de Libye, 1511
*Ce personnage appartient à la partie finale de la voûte : cette sibylle
montre la parfaite maîtrise de Michel-Ange dans cet art si difficile
qu'était la fresque monumentale. Particulièrement saisissant est le
modelé de la chair et du visage, dont le rendu est obtenu par des
petits traits hachurés. La signification de cette sibylle prenant un
livre ouvert est mystérieuse. Pour certains comme Vasari, elle ferme
le livre, pour d'autre elle s'apprête à écrire. La façon dont elle tourne
le haut du buste, sa savante coiffure, la couleur et l'envolée de ses
vêtements eurent une influence déterminante sur des générations
d'artistes. La fresque telle qu'on la voit ci-dessus a été photographiée
avant la restauration du plafond de la chapelle Sixtine.*

219 Titien, L'Amour sacré et l'Amour profane, vers 1514

*On ne connaît pas bien la signification précise de ce tableau. C'est le
dernier, en tout cas, que fit Titien à la manière de Giorgione, et c'est
aussi l'une des plus belles allégories de la Renaissance. Les seules
identifications que l'on peut faire avec certitudes sont Vénus, assise à
droite, et Cupidon qui joue avec l'eau d'un sarcophage. Il peut s'agir
de la représentation du concept néo-platonicien de la Vénus terrestre
(vêtue) et de la Vénus céleste, ou de l'illustration de Polia racontant
ses aventures à Vénus, tiré du célèbre ouvrage de Francesco
Colonna, publié à Venise en 1499, Le Songe de Poliphile. L'écusson
sculpté sur le sarcophage porte les armes de Niccolò Aurelio, un haut
fonctionnaire vénitien, commanditaire de l'œuvre. Il est peut-être
possible que le sujet du tableau soit la fiancée de Niccolò Aurelio à la
fontaine de Vénus. Comme les dieux et les déesses sont souvent
invisibles aux humains, la fiancée n'a pas conscience de la présence
de Vénus.*

220 GIORGIONE, Vénus endormie, vers 1510
(À droite, en haut) Il se trouvait à l'origine un Cupidon sur la droite
du tableau, mais il a été recouvert par une restauration en 1843.
Nous savons, grâce à la description qu'en fit l'écrivain Michiel en
1529, que le village et Cupidon avaient été peints par Titien.
L'attitude d'abandon de la déesse endormie en harmonie avec le
paysage est tout à fait en accord avec la vision qu'avait Giorgione de
la nature, une vision que transformerait Titien du tout au tout dans
sa Vénus d'Urbino dont il fit un personnage hautement sophistiqué.

221 TITIEN, Les Trois Âges de l'homme, 1516
(À droite, en bas) Quand il peignit ce tableau, Titien avait atteint le
premier stade de sa maturité artistique, et savait déjà traiter un
thème allégorique avec des images d'une grande beauté et très
poétiques, grâce à une parfaite maîtrise technique. En dépit de
l'atmosphère mélancolique inévitable de cette toile dont le propos est
la brièveté des choses et leur inéluctable décrépitude, Titien a mis
l'accent sur la jeunesse et l'amour. La jeune fille porte une couronne
de myrte, fleur associée à Vénus, et l'intensité avec laquelle la
regarde le jeune homme isole le couple dans l'espace et le temps,
créant entre eux une atmosphère subtilement érotique. En revanche,
l'idée de la mort est bien présente avec les angelots qui jouent autour
d'un arbre mort, et le vieillard, au second plan, qui contemple deux
têtes de morts. L'église, dans le lointain, symbolise l'espoir de la
résurrection après la mort.

222 Le Corrège, *Assomption de la Vierge,*
1526-1528

*(À gauche, en haut) Après la voûte du couvent
Saint-Paul et la coupole de Saint-Jean-l'Évangéliste à
Parme, le Corrège déploie ici une verve décorative qui
mêle figures innombrables et nuées en un audacieux
envol. La fresque continue, au-delà de la coupole :
entre les oculi du tambour, le Corrège a peint les
figures des Apôtres. Monumentaux, ils assurent la
transition avec les tourbillons concentriques de la
coupole. Vingt-neuf jeunes gens ensuite brandissent
des torches. La Vierge entourée d'une multitude
d'anges est tournée vers le Christ qu'encadrent plus de
cinquante saints. L'effet de perspective est tellement
abrupte que de nombreux visages sont difficiles à
distinguer. Il s'agit d'une utilisation particulièrement
audacieuse de l'espace, et l'on comprend que cette
fresque ait eu tant d'influence sur les plafonds
baroques.*

223 Le Corrège, *Martyre de quatre saints,*
1524-1526

*(À gauche, en bas) Ce martyre demeure assez obscur
et eut lieu à Messine, sur ordre d'un pirate en 541 ou
542. Au centre du drame se trouvent saint Placide et
sainte Flavie, les autres victimes sont les enfants
martyrs Euthychius et Victorinus. Comme la
Lamentation, le Martyre fut exécuté pour la chapelle
Del Bono, dans l'église Saint-Jean-l'Évangéliste de
Parme. Corrège ici exprime une intensité inspirée de
Beccafumi, et crée ainsi un nouveau type de peinture
religieuse où l'expression de l'extase joue un rôle
essentiel. Les yeux que les saints adultes portent au
ciel, l'utilisation très théâtrale des drapés, et l'ange qui
vole, annoncent déjà le baroque.*

224 Le Corrège, *Io, 1531*

*(Ci-contre) Cette toile de petites dimensions fait partie
d'une série de tableaux illustrant les amours de
Jupiter. C'était une commande du duc de Mantoue,
Federico II de Gonzague, qui voulait en faire cadeau à
l'empereur Charles Quint pour son couronnement à
Bologne. Entre 1530 et 1532, le Corrège peignit donc
les histoires de Ganymède (Vienne), de Léda (Berlin)
et de Danaé (galerie Borghèse). Le thème de ce
tableau fut rarement traité à la Renaissance. Jupiter
déguisé en nuage enlace la nymphe, et elle s'en
trouvera transformée en génisse blanche.
L'érotisme qui se dégage de ce tableau en fait l'un
des nus les plus inoubliables de l'époque, et annonce
le XVIIIᵉ siècle français.*

225 ALESSANDRO MORETTO, Portrait présumé du comte Sciarra
Martinengo Cesaresco, vers 1545-1550

*Si l'identité du modèle est la bonne, il s'agit d'un page du roi de
France, Henri II, qui le fit chevalier de Saint-Michel à l'âge de
dix-huit ans. La précision du trait, les couleurs fraîches, vivantes,
et la pose inhabituelle donnent au modèle une présence saisissante
et suggèrent l'influence de Lorenzo Lotto.*

226 Gian Girolamo Savoldo, *Sainte Marie-Madeleine près du Sépulcre, vers 1528-1530*
Voici l'un des tableaux de Savoldo les plus émouvants, et le peintre y exprime bien sa fascination pour les effets de lumière, en particulier pour le chatoiement lumineux sur les étoffes. Bien qu'inspiré de Giorgione, l'art de Savoldo est plus décoratif. Le paysage du fond est sans doute une vue de Venise. Savoldo influença certainement le Caravage.

227 Sodoma, *Les Noces d'Alexandre et de Roxane, 1516-1517*
(Ci-dessous) On connaît mal cet ensemble de fresques consacrées à l'Histoire d'Alexandre. L'influence de Raphaël est évidente dans ce cycle, que le peintre réalisa pour la chambre à coucher d'Agostino Chigi à la Farnésine. Y travaillait également l'ami et compatriote de Sodoma, le peintre et architecte Baldassare Peruzzi. Comparé à ce que faisait Raphaël à la même époque, le style ici peut paraître démodé, les détails n'en sont pas moins charmants.

Chapitre 8

La Renaissance tardive et le maniérisme en Italie

La Réforme catholique

À la période d'optimisme et de richesse créative qui précéda le sac de Rome en 1527 succéda un temps d'incertitudes et d'interrogations à la fois sur la société et sur l'art. La papauté demeurait le pouvoir indépendant le plus puissant en Italie, mais planait maintenant sur Rome et l'Église catholique l'ombre omniprésente de la menace protestante. Le pape Paul III chercha à tout prix à mettre en place, au sein de l'Église, des réformes de structure afin de mieux protéger le catholicisme contre les attaques de la Réforme.

En 1540, un prêtre espagnol, Ignace de Loyola, créa la Compagnie de Jésus (l'ordre des Jésuites) avec l'approbation du pape. Cet ordre nouveau se voulait le bras droit de la Contre-Réforme, ou, si l'on préfère, de la Réforme catholique. Deux ans plus tard, Gian Petro Carafa, qui devait devenir le pape Paul IV, réorganisa le tribunal du Saint-Office, c'est-à-dire l'Inquisition, dont les inquisiteurs étaient les moines dominicains et franciscains. Seule Venise échappait à la juridiction de ce tribunal, car elle avait créé ses propres tribunaux en 1540. En 1547, les Jésuites lancèrent leur programme d'éducation dans les écoles et les universités, et leurs missionnaires commencèrent à parcourir le monde.

Certaines provinces d'Italie résistèrent au Saint-Office et aux Jésuites, mais en 1551, malgré l'opposition de Cosme Ier

228 AGNOLO BRONZINO, *Vénus, Cupidon, la Folie et le Temps,* vers 1545

Ce tableau, commandé par Cosme Ier pour l'offrir à François Ier, a comme autre titre connu Le Vice et la Vertu. C'est une des allégories les plus réussies du maniérisme italien. Bronzino y montre sa virtuosité technique en utilisant des couleurs inattendues dont l'effet est de créer une atmosphère érotique glacée. Vénus échange un baiser incestueux avec son fils Cupidon qui foule du pied la tourterelle, symbole de la fidélité conjugale. La Folie réussit presque à dissimuler que le Plaisir n'offre pas seulement un rayon de miel, mais a aussi une queue de serpent. Seul le Temps, en écartant le rideau, révélera ce que la Folie tente de cacher : le plaisir illicite n'engendre que le malheur.

de Médicis, ceux-ci fondèrent un collège à Florence, avec le soutien d'Éléonore de Tolède. Loyola publia ses *Exercices spirituels* en 1548. Ce livre qui préconisait un examen de conscience rigoureux, recourant à tous les moyens pour percer les motivations les plus secrètes de l'âme, eut un grand retentissement sur les arts. Ignace de Loyola montrait l'exemple de la modération et de la charité, sans pour autant manifester du mépris pour les erreurs des autres.

Depuis la fin des années 1520, l'empereur du Saint Empire romain germanique, Charles Quint, pressait la papauté de réunir un concile sur son territoire afin de bannir les villes allemandes et les princes qui avaient pris fait et cause pour la Réforme. Paul III promit ce concile pour l'année 1536 – celle où Michel-Ange commença son *Jugement dernier.* Le concile se tint à partir de 1545 à Trente, une ville italienne sous la juridiction de l'empereur. Comme le désirait le pape, ce concile, face aux problèmes de l'hérésie protestante, s'attacha surtout à une redéfinition de l'orthodoxie catholique qui permit de trouver une nouvelle unité, et dont l'un des dogmes fut résumé dans un acte interdisant toute représentation ou image pouvant conduire à une interprétation erronée de la religion, ou à une fausse doctrine. Les œuvres d'art furent donc soumises à une stricte orthodoxie tant sur le plan iconographique que religieux. Bien que l'on sente déjà ces changements religieux dans certains tableaux exécutés avant le concile de Trente, les conséquences de cette interdiction clairement stipulée se manifestèrent progressivement de manière plus tangible tout au long du siècle. En vérité, il ne faudrait plus longtemps pour que l'Église, à l'instar de nombreux princes de la Renaissance, voit, dans l'art, un moyen de propagande.

Vasari et ses contemporains critiques d'art

Pour comprendre l'art du Cinquecento en Italie, il faut s'en référer à Vasari (1511-1574), dont les écrits sont notre principale source d'information. Plus que tout autre parmi ses contemporains, Vasari était en position de connaître les sujets dont il traitait. Il était en effet peintre, architecte, décorateur, collectionneur et historien d'art, et de ce fait côtoya tous les personnages importants de son temps. À une époque où pourtant les écrits sur l'art se multiplièrent, il en demeura le maître incontesté et inégalé. Le sculpteur Benvenuto Cellini (1500-1571), dans l'autobiographie qu'il écrivit entre 1558 et 1562, nous donne aussi un panorama très vivant de l'art et de la vie artistique de son époque. Le peintre milanais, Giovanni Paolo Lomazzo (1538-1600) écrivit deux traités sur l'art, le *Tratto dell'Arte (Traité de l'art de la peinture)* en 1584 et l'*Idea del Tempio della Pittura (Idée du temple de la peinture)* en 1591. Si l'autobiographie de Cellini s'adresse à notre imagination romantique, et donne vie (souvent d'ailleurs une vie sinistre) et corps à son temps, Lomazzo nous permet de mieux comprendre l'optique des peintres maniéristes. Un dialogue un peu fastidieux, publié en 1584 par Raffaelo Borghini, *Il risposo (Le Repos)*, est le meilleur compte rendu que nous ayons de la scène artistique florentine pendant la période maniériste, mais précisons que de nombreux éléments de cet ouvrage sont empruntés à Vasari. En 1547, un autre intellectuel florentin, Benedetto Varchi, eut l'idée de demander à plusieurs artistes d'exprimer leurs théories sur les mérites relatifs des arts, sujet dont Léonard de Vinci s'était abondamment entretenu dans son traité.

À Venise, Marcantonio Michiel, qui avait le projet d'écrire une histoire de l'art, y renonça, apparemment à cause des progrès rapides du travail de Vasari. Mais les notes de Michiel existent toujours et elles sont particulièrement utiles en ce qui concerne les collectionneurs de l'époque, et la description de leurs collections.

Même dans le livre de Castiglione, *Le Parfait Courtisan*, (1528) on trouve un débat sur l'art, mais aucun des auteurs que nous venons de citer n'atteint à la vision encyclopédique de Vasari, qui non seulement nous donne un panorama complet de son temps, mais aussi les clés pour le comprendre.

Vasari commença ses *Vies des plus excellents peintres, sculpteurs et architectes* vers 1543, quand le maniérisme était à son apogée. La première version de l'ouvrage fut publiée en 1550, et en 1568 paraissait une nouvelle version abondamment révisée. L'ouvrage, aujourd'hui, nous frappe par sa modernité : il commence par une introduction fort bien documentée sur les techniques de l'art, suivie par une biographie d'artistes passés et contemporains, ainsi qu'une analyse critique de leurs œuvres. En vérité, le but de Vasari était d'améliorer les critères de l'art, par l'exemple, une idée prônée par Machiavel dans *Le Prince* (1513), et par Castiglione, dans *Le Parfait Courtisan*. Cette idée sous-tendait aussi l'idéal académique, tel que le représenta l'Accademia del Disegno, fondée à Florence par Vasari en 1563 sous Cosme Ier.

Vasari avait rassemblé sa documentation avec une méthode toute scientifique : entretiens, correspondance, et étude des œuvres d'art elles-mêmes. En dépit d'une subjectivité qui aujourd'hui serait considérée comme trop partisane, ce livre nous donne des informations factuelles, et l'on y trouve aussi l'atmosphère de l'époque.

On comprend mieux le XVIe siècle quand on sait l'obsession qu'avaient les lettrés et les artistes de définir la perfection que ce soit en art ou pour la société. Cette obsession nous permet aussi de mieux comprendre les motivations des artistes qui adoptèrent le maniérisme quand d'autres, comme Véronèse, y demeurèrent insensibles de la même façon, qu'au XIXe siècle en France, l'art académique continuait en même temps que se développait l'impressionnisme.

Vasari était originaire d'Arezzo, ville qui dépendait de Florence où il fit ses études avec Hippolyte et Alexandre de Médicis, grâce à leur tuteur commun, le cardinal Silvio Passerini. C'est ainsi que Vasari eut très vite les relations nécessaires pour entreprendre une carrière nationale et non pas seulement locale. Il apprit son métier de peintre dans l'atelier d'Andrea del Sarto, mais sa peinture fut surtout influencée par le premier maniérisme florentin et par Michel-Ange. Grâce à la protection du grand-duc de Toscane, Cosme Ier, Vasari put travailler pour un groupe de mécènes prestigieux, dont le pape, certains corps de l'Église et des notables. Pour pouvoir exécuter ses nombreuses commandes, il ouvrit un très grand atelier qu'il dirigea avec une efficacité exemplaire. Les œuvres de Vasari, cependant, s'adressaient seulement à un petit nombre de spécialistes, et son travail le plus réussi est certainement le petit *studiolo* de François Ier, au Palazzo Vecchio de Florence exécuté entre 1570 et 1573. Ses réalisations de plus grande envergure comme le salon du Cinq-Cents commencé en 1563 dans le même palais, et la salle des Cent Jours du palais de la Chancellerie à Rome, à la fin des années 1540, contiennent certains éléments admirables, mais l'ensemble est souvent confus et académique. Vasari est peut-être la preuve que l'on peut être un bon théoricien, sans être pour autant un grand artiste.

Les dernières années de Michel-Ange

Michel-Ange fut l'« éminence grise » de la peinture et de la sculpture du Cinquecento italien. Durant les trente dernières années de sa vie, qu'il passa à Rome pour échapper au joug des Médicis de Florence, il créa trois chefs-d'œuvre de la peinture, dont le célèbre *Jugement dernier* (Pl. 229), de la chapelle Sixtine. En effet, le pape Paul III qui avait succédé à Clément VII, avait nommé l'artiste en 1535 « excellent architecte, sculpteur et peintre des palais apostolique », et les nouvelles commandes qui en résultèrent remplacèrent le projet compliqué et source de conflits qu'était le tombeau de Jules II.

Michel-Ange commença le *Jugement dernier* vers 1535 et y travailla six ans d'affilée. Il avait été décidé de peindre tout le mur du fond de l'autel de la chapelle Sixtine à fresque. Cela impliquait de sacrifier le travail effectué par Pérugin antérieurement, ainsi que deux des lunettes du plafond de Michel-Ange. L'espace ainsi obtenu était donc assez vaste pour que l'artiste crée l'une des compositions les plus complexes et pourtant les plus rationnelles de la décoration monumentale de la Renaissance. Malgré la multitude des

229 MICHEL-ANGE, Jugement dernier, 1536-1541

Cette fresque fut commandée à l'artiste par le pape Clément VII, mais ce fut le pape Paul III qui insista pour que Michel-Ange la réalise. Pour cela, il fallut sacrifier les décorations du Pérugin, afin que l'artiste put disposer de toute la surface du mur. Celui-ci étant immense, et Michel-Ange ayant toute liberté de création, la composition, l'organisation des personnages sont, on le voit, extraordinairement novatrices et originales. Le Christ gigantesque, dans une attitude inoubliable de juge, domine toute la scène. Sa pause et son geste déterminent les mouvements des groupes de personnages. La Vierge, qui est un intercesseur pour ceux qui ressusciteront, est proche de son fils. Michel-Ange a animé l'ensemble des groupes de personnages d'une sorte de rotation, ceux de gauche montant vers la Résurrection, tandis que ceux de droite tombent dans l'Enfer de la damnation. La nudité des personnages qui choqua le public romain donne à l'ensemble de la fresque une puissance décuplée. La photographie ci-dessus a été prise avant la récente restauration de l'œuvre.

230 MICHEL-ANGE, Conversion de saint Paul, 1542-1545
Une fois le Jugement dernier *achevé, le pape Paul III demanda à Michel-Ange de peindre deux fresques dans la chapelle Pauline du Vatican. Les thèmes de ces fresques sont complémentaires, puisque la seconde représente le martyre de saint Pierre, l'autre fondateur de l'Église catholique. Les personnages ci-dessus rappellent ceux du* Jugement dernier, *et leur monumentalité ainsi que le déséquilibre de la posture sont encore accentués.*

personnages, et la façon compliquée dont ils sont groupés, tout s'ordonne autour du geste du Christ envoyant les damnés en Enfer, tandis qu'il élève les bienheureux vers le Ciel.

Le *Jugement dernier* intrigua certainement beaucoup les artistes contemporains de Michel-Ange. En dépit de tous les personnages qui se contorsionnent, l'œuvre n'appartient pas au maniérisme qu'elle transcende par sa seule puissance, et l'on n'y trouve ni grâce, ni *maniera,* au sens d'élégance coquette, caractéristique de ce style. Les formes sculpturales des figures de la voûte ont été remplacées par des personnages donnant l'impression d'une grande agitation. On ne trouve pas non plus dans le *Jugement dernier* le rendu d'un espace réel, mais un espace abstrait, et les personnages tout en muscles du plafond semblent beaucoup plus conscients et humains que les créatures massives et agglutinées les unes aux autres de la fresque de l'autel. Cette dernière en vérité n'entre dans aucune catégorie. Comme les fresques plus tardives de la chapelle Pauline, le *Jugement dernier* possède son propre langage pictural, indépendant des tendances artistiques en cours à l'époque. En outre, cette fresque témoigne des changements radicaux qui s'étaient produits depuis l'époque où Michel-Ange peignait le plafond de la Sixtine. Son achèvement coïncide avec l'avènement de la Contre-Réforme à Rome.

Une fois la fresque du *Jugement dernier* terminée, le pape Paul III ne laissa pas de répit à Michel-Ange, lui commandant immédiatement deux fresques pour la chapelle Pauline du Vatican (Pl. 230), que venait d'édifier Antonio da Sangallo le Jeune. Il fallut cependant que le pape dégage l'artiste de son contrat pour le tombeau de Jules II, et Michel-Ange ne put commencer ces fresques qu'à la fin de l'année 1542. Elles furent achevées en 1549, et ne soulevèrent pas l'enthousiasme de ses contemporains. Seuls Vasari et Condivi s'efforcèrent d'en comprendre la signification. Vasari, dans son livre, explique qu'il s'agissait des dernières œuvres d'un artiste de soixante-quinze ans, souvent fatigué, et qui lui avait avoué que la peinture, et particulièrement la fresque, n'était pas un art pour gens âgés. Ces fresques, en vérité, ne sont pas faciles à comprendre, ni même à apprécier. Vasari écrit encore que Michel-Ange rêvait de perfection, et pour cela avait éliminé les paysages, les arbres, les éléments d'architecture et tout élément décoratif, afin que son génie crée plus librement.

Le style de ces deux fresques tardives n'influença aucun des peintres contemporains, qui étaient plutôt séduits par la fantaisie maniériste, et il faudra attendre le XXe siècle pour que les critiques d'art s'y intéressent enfin.

Vasari laissait entendre qu'après les chefs-d'œuvre de Michel-Ange, la peinture ne pourrait plus progresser. Il semble que ce sentiment ait été très répandu au milieu du XVIe siècle, et l'on comprend la perplexité et l'inquiétude de nombreux peintres alors que déclinait l'esprit de la Renaissance. Et si malgré son constat négatif, Vasari dans son livre affiche une grande confiance dans l'histoire de l'art et celle de l'homme, il s'agit probablement davantage du vœu pieux d'un vieil homme que d'une certitude fondée sur la réalité. Sans doute l'écrivain aurait-il été effaré s'il avait su qu'un historien d'art du XXe siècle, Walter Friedlaender, qualifierait la peinture de son temps d'« anticlassique ». Pour Vasari, la peinture d'alors, y compris la sienne, était le prolongement des idées classiques de la haute Renaissance. Pourtant le *Tondo Doni* de Michel-Ange et le plafond de la chapelle Sixtine montrent combien les éléments classiques de cette période étaient fragiles.

Le maniérisme

La période maniériste en Italie offre une diversité de styles déconcertante. Le terme « classique » ne s'applique pas à la plupart des peintres dont nous traiterons dans ce chapitre, à savoir Giulio Romano, Pontormo, Rosso Fiorentino, Parmesan, Perin del Vaga, Bronzino, Allori, Salviati ou Vasari lui-même. Il s'applique au contraire, au moins partiellement, aux peintres qui commencèrent leur carrière pendant la période de la haute Renaissance, comme Titien, Corrège, ou ceux dont le style est une version tardive de la haute Renaissance, Véronèse par exemple. De façon paradoxale, cependant, le maniérisme, même dans ses manifestations les plus extrêmes, en particulier les distorsions physiques, s'il n'utilise pas un mode d'expression classique, est sous-tendu par une inspiration classique. En vérité, en dépit des apparences, nombre d'œuvres maniéristes puise leur inspiration dans le vocabulaire de l'art classique antique.

Le terme de maniérisme vient du mot « manière », et plus précisément du mot italien *maniera,* manière ou style, un mot très à la mode à l'époque de Vasari. De nos jours, alors que notre système de valeurs se fonde volontiers sur la technique et le naturalisme, le mot « maniérisme » se confondrait facilement avec sophistication ou tout simplement avec l'adjectif « maniéré » qui a une nuance péjorative. Le style maniériste est tout autre chose.

En art, il est à la fois un style et une forme de stylisation, d'autant qu'à la fin de la Renaissance, on accordait beaucoup d'importance à tout objet ou détail clairement stylisé et considéré dès lors comme le triomphe de l'art sur la nature. En même temps, on exigeait de l'art qu'il ait du style et qu'il soit raffiné, et non *rozza,* c'est-à-dire brut ou grossier, adjectif utilisé par Vasari pour qualifier la période médiévale. Cette stylisation pouvait être améliorée à l'infini, et le résultat, lorsqu'il était réussi, était un déploiement de *maniera,* c'est-à-dire de manières ou d'artifices. Par définition, tout art est fait d'artifices, donc artificiel, mais comme l'écrivit en 1548 Benedetto Varchi, homme de lettres florentin, l'art se devait à son époque d'être « une imitation artificielle de la nature ».

Deux termes expliquent assez bien les fondements de l'élégance maniériste *contrapposto* et la *figura serpentinata.* Le *contrapposto,* ou torsion du corps, qui est le mouvement des différentes parties du corps pour assurer l'équilibre de l'ensemble, était depuis longtemps l'un des éléments permettant des variantes dans les représentations du corps humain, particulièrement en sculpture. Les maniéristes accentuèrent ce mouvement, obtenant ainsi des résultats bien différents. La *Sainte-Famille avec saint Jean-Baptiste* ou *Tondo Doni* de Michel-Ange (Pl. 210) est représentée dans un équilibre de mouvement *(contrapposto)* très peu naturel et à la limite du déséquilibre, de même les hommes de la *Bataille de Cascina* (Pl. 209). Dans son traité, Lomazzo écrit que tout personnage représenté sous la forme d'une flamme est beau, et il continue, louant la *serpentinata,* « belle comme la torsion d'un serpent vivant, qui est aussi la forme d'une flamme dansante. » L'allongement des corps devait être de plus en plus souvent considéré comme l'idéal de la beauté, même quand les corps étaient représentés sous les formes les plus extrêmes et les plus étranges.

En dépit de l'élégance de beaucoup d'œuvres maniéristes, leur style est souvent aussi chargé que celui de certaines œuvres du gothique tardif. Dans ces deux courants, on a l'impression souvent que la stylisation, l'élégance sont recherchées pour elles-mêmes pour devenir la raison d'être de certaines œuvres. Dans toutes les phases du maniérisme, les corps sont distordus, les extrémités réduites, les têtes disproportionnellement petites et la musculature appuyée. L'une des caractéristiques les plus frappantes du maniérisme est aussi le rejet de la représentation « réaliste » de l'espace, l'un des objectifs pourtant

231 JACOPO PONTORMO, Déposition, vers 1525-1528
Ce retable se situe dans la chapelle Capponi. D'après Vasari, Pontormo mit trois ans à l'achever et travailla dans un tel secret que même son commanditaire, Ludovico Capponi, n'était pas autorisé à voir son travail. La coupole de la chapelle, qui aujourd'hui n'existe plus, était décorée d'une fresque de Pontormo représentant Dieu le Père. Au-dessous, se trouvaient quatre tableaux de format rond, peints à l'huile, représentant les évangélistes. Deux étaient de Pontormo, les autres de Bronzino. La Déposition, et enfin une fresque représentant l'Annonciation complétaient un ensemble dont l'unité puissamment dramatique annonçait le baroque. La composition de Pontormo s'inspire en partie d'un sarcophage antique, et si l'on compare l'œuvre achevée avec le dessin préparatoire qu'en fit l'artiste, on voit qu'il a beaucoup épuré le schéma initial pour n'en conserver que l'essentiel. Dans ce tableau, les effets de perspective, les couleurs, inspirée en partie de Michel-Ange, et les vêtements des personnages sont assez ambigus. Tous ces éléments contribuent à intensifier le geste d'adieu de la Vierge à son fils. L'impression d'irréalité figée et glacée, et la lumière violente, presque blafarde accentue encore le tragique de la scène.

232 PARMESAN, Madone au long cou, vers 1535
*Ce tableau fut commandé par Elena Baiardi qui le destinait
à sa chapelle dans l'église Santa Maria dei Servi, à Parme.
La colonne et le long cou de la Vierge font peut-être allusion à un
hymne médiéval qui compare la Vierge à une colonne, et ne seraient
alors pas uniquement des éléments stylistiques maniéristes.
Néanmoins ce tableau demeure l'une des plus pures stylisations
maniéristes, avec un idéal de beauté inspiré du Corrège.*

majeurs pour tous les peintres du Quattrocento et de la
haute Renaissance. Ce rejet apparaît clairement avec la
Déposition de Pontormo (Pl. 231) jusqu'à la *Madone au long
cou* du Parmesan (Pl. 232) et les tableaux du Tintoret pour
la Scuola di San Rocco.

Les théories élaborées au milieu du XVIᵉ siècle ne firent
que confirmer ce qui était apparu en peinture trente ans
plus tôt. Le véritable legs de Raphaël à la génération
d'artistes qui lui succéda n'étaient pas ses jolies madones,
mais le style plus sombre, plus vigoureux et audacieux de
ses œuvres tardives comme la *Sainte Cécile* de la pinacothèque de Bologne, Le *Portement de croix* (Pl. 250) et la

Transfiguration (Pl. 248). Dans le registre inférieur de ce
dernier tableau, on notera les poses, la gestuelle et l'expression de certains des personnages qui comptent parmi les
plus réussis de toute la peinture occidentale. Le personnage
de la mère, au premier plan, est l'un des archétypes les plus
parfaits de l'élégance maniériste.

Raphaël avait acquis en effet la *maniera* et la *grazia* si
importantes aux yeux de Vasari, et que lui-même considérait comme essentielles à son art. Dans la lettre célèbre que
le peintre écrivit avec Castiglione au pape Léon X, en 1519,
il condamne l'architecture gothique, la jugeant « dépourvue de grâce et sans le moindre style ».

Il faut cependant se garder de simplifications hâtives, et
soutenir que tous les germes du maniérisme se trouvent
dans un seul tableau de Raphaël est bien sûr une erreur. Si
l'idéal artistique de la haute Renaissance visait surtout à
exprimer un équilibre rationnel, il y a dans le maniérisme
plusieurs courants différents. Pour simplifier, on a classé
ces courants en deux catégories distinctes, le maniérisme
« névrotique » et le maniérisme « de cour ». Cette classification repose sur l'étude de nombreux tableaux exécutés
entre 1520 et 1550. La présence, dans les tableaux tardifs
de Raphaël, de cette *grazia* à son apogée coïncide avec une
période de sybaritisme à Rome qui devait brutalement
s'achever avec le sac de la ville en 1527.

Raphaël, avec ses tableaux comme la *Transfiguration,*
entre dans la catégorie des maniéristes de cour, comme les
peintres qui puisèrent leur inspiration dans son travail, en
particulier Perin del Vaga (Pl. 233), et Parmesan (Pl. 232 et
245). De même on pourrait aussi classer dans les œuvres de
maniérisme de cour les *ignudi* du plafond de la Sixtine.
Bronzino, archétype du peintre maniériste de cour bien
qu'il se soit inspiré de Pontormo, occupe une place à part.
Parmi les grands maniéristes « névrotiques », citons
Pontormo (Pl. 231 et 249) et Rosso Fiorentino (Pl. 234 et
251). Cette classification sommaire se complique toutefois
avec l'apparition, chez Vasari et dans les œuvres tardives de
Bronzino entre autres, de ce que l'on a appelé le maniérisme
académique. Ce nouveau courant s'explique par le fait que
les artistes s'étaient épuisés à exploiter un style fondé essentiellement sur les formules et les artifices. C'est contre cette
tendance d'ailleurs que s'élevèrent des peintres comme les
Carracci à Bologne, et Santi di Tito à Florence.

Le maniérisme à Florence et à Rome

Le maniérisme apparut-il d'abord à Florence ou à Rome ?
La question demeure. Pontormo peignit *Joseph en Égypte*
(Pl. 249) à Florence, probablement vers 1517, et si le style
de ses personnages appartient encore au monde d'Andrea
del Sarto et Franciabigio, sa conception bizarre de l'espace
et d'autres éléments irréels l'ancrent fermement dans l'univers des premiers maniéristes. Mais on ne trouve pas encore
dans ce tableau les distorsions présentes dans les fresques
que peignit l'artiste pour la chartreuse de Galluzzo, près de
Florence. Celles-ci sont fortement inspirées de gravures de

Dürer qui, d'après Vasari, étaient répandues dans toute l'Italie. Les peintres de l'époque les avaient étudiées avec un très grand intérêt : parmi eux Andrea del Sarto, Pontormo et Bronzino. Outre les gravures de Dürer circulaient aussi celles de Schongauer (Pl. 139) ou de Lucas de Leyde.

Ainsi Pontormo fut-il le premier peintre florentin maniériste, puis comme beaucoup de mouvements artistiques, le maniérisme, avec l'assimilation de quelques idées venues de Rome, devint un mouvement authentique et autonome. On peut raisonnablement soutenir que l'influence romaine la plus directe fut celle de Raphaël et de ses disciples et imitateurs, Guilio Romano, Giovanni da Udine (1487-1564), Polidoro da Caravaggio (1500-1543) et Perin del Vaga. Ces derniers étaient fortement influencés par Raphaël et son intérêt pour l'antique : on peut en juger par l'élégance extrême des frises de Polidoro sur la façade de certains palais, en particulier du palais Ricci, à Rome, ou par les motifs de « grotesques » de Giovanni da Udine, ou encore par les thèmes classiques dont usa Giulio Romano pour la décoration du palais du Té à Mantoue (Pl. 263).

C'est à Perin del Vaga (1501-1547) que l'on doit l'un des premiers chefs-d'œuvre toscan de style maniériste. Il s'agit du carton perdu des *Dix mille martyrs* (Pl. 233). Vasari qualifie cette œuvre d'objet divin et ne tarit pas de louanges sur son auteur qui sut si bien exprimer les états psychologiques de ses personnages à travers leurs attitudes et leur gestuelle. Vasari, on le voit, revient aux idées qu'avait exprimées Alberti dans son traité *De la Peinture*. Il insiste aussi sur l'abondance de magnifiques ornements imités de l'an-

233 PERIN DEL VAGA, Dix mille martyrs, 1522-1523
Il s'agit du modello *d'un carton aujourd'hui perdu, exécuté pour une fresque qui ne fut jamais réalisée. Ce dessin introduisit en Toscane les conceptions novatrices de Rome. Le mouvement qui l'anime comme un ballet, et l'abondance des détails décoratifs eurent une très grande influence sur toute une génération de peintres florentins, en particulier Bronzino.*

tique, dessinés avec une minutie et une précision qui sont, d'après lui, le signe du grand art. Et il va plus loin, citant les détails décoratifs qui plus tard se retrouveront dans beaucoup d'œuvres maniéristes : cuirasses, costumes très ornementés, bottes, casques, boucliers, etc. On trouve cet intérêt presque fétichiste pour les ornements vestimentaires, armures, coiffures et autres dans la série de dessins de Michel-Ange, les *Têtes divines,* série à laquelle appartient la célèbre *Tête divine* (Pl. 32), dessin peut-être inspiré du portrait de Simonetta Vespucci de Piero di Cosimo (Pl. 81).

Léonard de Vinci dans son traité sur la peinture met l'artiste en garde :

Autant que possible, évitez les costumes contemporains, à moins qu'il ne s'agisse de costumes religieux... Il ne faut pas représenter les costumes de votre époque sauf sur les pierres tombales dans les églises. Cela évitera que nos successeurs se moquent des modes ridicules qui nous ont plu. Il ne faut laisser derrière nous que des choses que l'on pourra éternellement admirer pour leur beauté et leur dignité.

L'art maniériste, lui, voulait manifester l'intemporalité à travers des costumes idéalisés ou fantastiques, et cette idée était déjà présente chez Michel-Ange. Même la façon de vêtir les personnages pour une scène religieuse pouvait être un moyen de les isoler d'un contexte trop facilement identifiable. Sous ce rapport, la *Déposition* de Pontormo (Pl. 231) va plus loin encore car le peintre a délibérément créé une ambiguïté entre la chair et le vêtement de certains personnages. Dans ce domaine presque fantastique, l'Italie montrait la voie : les maniéristes du Nord comme Spranger (Pl. 189) et les artistes de l'École de Fontainebleau étaient prêts à la suivre.

Pontormo

Le Florentin Pontormo (Jacopo Carrucci, 1494-1557) commença par peindre à la manière d'Andrea del Sarto dont il avait été l'élève, après avoir été sans doute celui de Piero di Cosimo et aussi de Léonard de Vinci. Mais il allait vite faire évoluer son style. Que l'on en juge par la différence entre *la Visitation,* fresque qu'il commença en 1514 pour l'église Santissima Annunziata de Florence, et le *Retable Pucci,* réalisé en 1518 pour San Michele Visdomini. Cette dernière œuvre contient tous les éléments irrationnels qui caractériseront le futur style de l'artiste. Au lieu d'une composition bien équilibrée comme on la trouve dans les retables de la haute Renaissance, ici les personnages sont éparpillés, tous dans des poses frisant le déséquilibre, et n'ont apparemment aucun lien entre eux.

La nature paranoïaque de Pontormo qui se traduisait par des crises d'hypocondrie le poussa à fuir à la chartreuse de Galuzzo durant l'épidémie de peste de 1523. Il prit à cette époque comme assistant le jeune Bronzino qu'il avait peint dans *Joseph en Égypte.* On peut avoir un aperçu du caractère étrange de l'artiste grâce à certaines parties de son journal, en particulier celles couvrant les années 1554-1556. On se rend compte alors qu'il se préoccupait essentiellement de sa santé, mais ce journal révèle aussi les relations extrêmement proches qu'il entretenait avec Bronzino. À cette époque, Pontormo décorait le chœur de l'église San Lorenzo avec des fresques aujourd'hui disparues, et il rêvait de dépasser l'art de celui qu'il estimait être un maître, Michel-Ange. On ne peut juger ces fresques que par les dessins préliminaires qu'en fit l'artiste. Pontormo introduisit dans la peinture une atmosphère torturée et névrotique que l'on ne connaissait pas encore en Italie.

234 ROSSO FIORENTINO, Christ soutenu par les anges,
vers 1525-1526
On voit ici la tendance maniériste à interpréter des thèmes religieux sur un mode profane. La façon dont le Christ est représenté pourrait s'appliquer à une figure mythologique comme Adonis par exemple. L'influence de Michel-Ange apparaît clairement dans la posture du Christ, mais les anges stylisés avec leur vêtements aux couleurs vives et contrastées sont typiques de Rosso. Comme la Déposition de Bronzino (Pl. 235), le Christ de Rosso illustre un dogme fort important à l'époque pour l'Église qui luttait contre l'hérésie, celui de la présence réelle de Dieu dans le miracle de l'Eucharistie.

Rosso Fiorentino

L'évolution de Pontormo fut parallèle à celle de son contemporain, Rosso Fiorentino (Giovanni Battista di Iacopo, 1495-1540). Ce dernier fut aussi l'élève d'Andrea del Sarto, mais si Pontormo fit toute sa carrière à Florence, celle de Rosso fut plus internationale, et il passa les dix dernières années de sa vie à Fontainebleau (*cf.* chapitre 6). Dès le départ, les personnages de Rosso ont une expressivité presque caricaturale, amplification de certains types physiques d'Andrea del Sarto. À cela, il faut ajouter des couleurs heurtées, souvent jurant entre elles. Il ne fait pas de doute que l'usage des couleurs vives et presque aigres par les premiers peintres maniéristes fut inspiré par le plafond de la chapelle Sixtine. Comme le *Retable Pucci* de Pontormo, la première peinture maniériste de Rosso date de 1518 (elle est donc contemporaine aussi de la *Transfiguration* de Raphaël et de l'*Assomption* du Titien) : il s'agit de la *Vierge entourée de saints*, que le peintre exécuta pour l'église Santa Maria Nuova, aujourd'hui au musée des Offices à Florence. Les personnages de ce tableau, squelettiques, anguleux, annoncent l'une des grandes caractéristiques du style de Rosso : on les retrouvera d'abord dans sa *Déposition* (1521, musée de Volterra) et ils culmineront avec la *Transfiguration* de Città di Castello, tableau qui dépeint un univers de cauchemar.

Dans les tableaux qu'il peignit à Florence au début des années 1520, en particulier son *Mariage de la Vierge* de l'église San Lorenzo à Florence, Rosso conserve encore un certain équilibre classique.

Le peintre s'installa à Rome en 1524, attiré par l'élection d'un pape Médicis, Clément VII, et l'impact qu'eurent sur lui Michel-Ange et Raphaël fut considérable pour son évolution ultérieure. On le voit clairement dans le *Christ soutenu par les anges* (Pl. 234) que l'artiste peignit avant de fuir Rome au moment du sac en 1527. Partirent aussi à ce moment-là Sansovino, Sebastiano del Piombo et l'Arétin, qui tous trois se réfugièrent à Venise.

L'arrivée de Rosso à Arezzo est indispensable pour comprendre l'évolution du maniérisme ainsi que la peinture de Vasari. En effet son *Christ soutenu par les anges* contient au plus haut degré la fameuse *maniera* et la non moins importante *grazia*, mais après le sac de Rome, un pessimisme très sombre remplacera ces deux éléments.

Rosso devint l'ami du tout jeune Vasari en 1528, et ce dernier se trouva de ce fait l'héritier des multiples influences qui avaient formé Rosso.

Bronzino

Le style de Bronzino (Agnolo di Cosimo, 1503-1572) est lui aussi le résultat de plusieurs courants. Le peintre passait auprès de ses contemporains pour le plus grand portraitiste du milieu du XVIᵉ siècle, avec Titien. Il eut pourtant des débuts balbutiants, lorsqu'il était l'élève d'abord de Raffaellino del Garbo, puis l'assistant de Pontormo.

Néanmoins il avait hérité son art du portrait d'Andrea del Sarto et de Ridolfo Ghirlandaio, et l'on pense qu'il fut assez tôt un portraitiste reconnu (*Portrait d'une jeune femme*, du Stadelsches Kunstintitut de Francfort), en tout cas bien avant d'être appelé à la résidence d'été des ducs d'Urbino, la Villa impériale, près de Pesaro, en 1530-1532. Conséquence directe de son séjour à la cour des ducs d'Urbino, ce portrait magistral à la manière de Titien, *Guidobaldo della Rovere* du palais Pitti à Florence. Mais Bronzino devait vite abandonner ce style, et dès son retour à Florence, il lui préféra un dessin ferme, bien marqué, ainsi que des couleurs fortes et des effets d'éclairage.

Contrairement à Titien, Bronzino dut son succès essentiellement à une cour, celle du duc Cosme Ier de Médicis (Pl. 2). Ce dernier lui commanda des portraits, des tableaux allégoriques et religieux (Pl. 228 et 235), des cartons de tapisserie ainsi que des décors de théâtre. Bronzino en outre était poète, et cela dut contribuer à son succès à la cour. Pourtant la concurrence était rude auprès de Cosme Ier, compte tenu du nombre d'excellents artistes disponibles : Pontormo (mais son caractère ombrageux lui nuisait), Vasari, Francesco Salviati (1510-1563) ainsi qu'une pléiade de sculpteurs de grand talent dont Benvenuto Cellini et Baccio Bandinelli (1493-1560). Pendant presque quarante ans, Cosme (duc de Florence de 1537 à 1569, et grand-duc de Toscane de 1569 à 1574) entretint la plus éclatante cour d'Italie de l'époque. Seule Venise pouvait offrir un mécénat d'une qualité comparable.

Très tôt, Bronzino rompit avec les effets de couleur transparents, diaphanes de Pontormo, leur préférant des masses colorées denses, opaques, évoquant l'aspect lisse et froid du marbre, surtout quand l'artiste peignait la chair de ses personnages. Ses portraits ont généralement un caractère ambigu à cause de l'air lointain et glacé des modèles.

Dès le début des années 1530, Bronzino adopta pour ses portraits le format en trois quarts, et il présentait en général ses personnages avec une épaule qui se détournait du spectateur, avec un *contrapposto* directement inspiré de la statue de Michel-Ange, *Julien de Médicis* pour la nouvelle sacristie de San Lorenzo. Michel-Ange en effet achevait cette sculpture lorsque Bronzino pour la première fois adopta cette pose, si bien que le tableau du peintre dut avoir un impact décuplé sur le public florentin. *Le Jeune Homme au luth* qui se trouve au musée des Offices, et *Ugolino Martelli*, aujourd'hui à Berlin, sont les deux meilleurs exemples de sa façon de mettre en page un portrait. *Ugolino Martelli*, en outre, montre l'aisance de Bronzino à suggérer, grâce à la pose et à la composition, le milieu social et culturel dans lequel évoluait le modèle. Déjà ses visages avaient l'apparence de masques, ce qui les rapproche de l'aspect surréaliste de l'œuvre de Rosso Fiorentino.

À partir de 1540, Bronzino devint peintre de cour, et dut cette nomination non seulement aux célèbres portraits du duc et de sa femme, Éléonore de Tolède (Pl. 2 et 11), mais aussi à deux œuvres importantes qui se voulaient des interprétations du nu de Michel-Ange : *Vénus, Cupidon, la Folie et le Temps* (Pl. 228), et les fresques de la chapelle de la

235 AGNOLO BRONZINO, Déposition, 1545

Bronzino décora de fresques la voûte et les murs de la petite chapelle de la duchesse Éléonore de Tolède, dans le Palazzo Vecchio de Florence. La peinture ci-dessus en était le retable, l'un des plus importants de la Renaissance tardive italienne. Le groupe central est inspiré de la Pietà *de Michel-Ange, exécutée en 1499 pour la basilique de Saint-Pierre.*

Le mari d'Éléonore, le duc Cosme Ier de Médicis, donna ce tableau en cadeau diplomatique au ministre de l'empereur Charles-Quint, le cardinal Granvelle, et Bronzino, plus tard, fit une copie de ce premier tableau pour la chapelle de la duchesse. L'élégance très bien ordonnée dissimule une spiritualité aussi puissante que celle de la Déposition *de Pontormo (Pl. 231). Bronzino lui-même appelait ce tableau une déposition, et non une pietà, et désirait que le Christ dans son abandon plein d'élégance symbolise l'Eucharistie que regardent les personnages environnants, chacun montrant des réactions différentes. La signification de ce tableau étant en définitive assez heureuse, Bronzino, loin de chercher un effet tragique, joue au contraire avec des couleurs chatoyantes comme des pierres précieuses, ainsi qu'un brillant de surface qui rend les personnages presque tangibles. L'excellente conservation de l'œuvre permet d'apprécier la technique irréprochable de Bronzino.*

duchesse, dans le Palazzo Vecchio. *Vénus* possède les couleurs de pierres précieuses ainsi que le caractère artificiel des idéaux maniéristes. Le tableau est basé sur une torsion extrême du corps du personnage central. On retrouve cet artifice dans les fresques de la chapelle. Bronzino exécuta aussi le retable de cette chapelle, et dans celui-ci, il réussit la synthèse de toutes ses exigences. Ce retable, la *Déposition* (Pl. 235), est du reste l'une des œuvres maîtresses de la période.

Pour la cour des Médicis, Bronzino réalisa aussi des dessins de tapisserie : ainsi les épisodes de l'histoire de Joseph, à la fin des années 1540, furent tissés dans les ateliers de la manufacture de tapisseries de Cosme, aujourd'hui dispersées entre Rome et Florence. La très grande fresque du *Martyre de saint Laurent* (1569), dans l'église San Lorenzo est également une commande des Médicis. Cette fresque contient d'excellents portraits de notables contemporains mais témoigne en même temps de la crise morale qui semble affecter Bronzino, comme si les idéaux narratifs du maniérisme apparaissaient dénués de sens et les recherches anatomiques de Michel-Ange insurpassables.

Cette remise en cause fut moins perceptible dans les portraits. Le génie que possédait Bronzino pour le genre s'affirma encore avec l'âge, et se manifestait surtout lorsque l'artiste peignait des amis. En 1560, il rendit l'un des plus magnifiques hommages d'un artiste à un autre artiste avec sa *Laura Battiferri* (Pl. 253), peinte comme en relief. On ne retrouvera plus pareille intensité dans les œuvres tardives du peintre, et ce peut-être parce que ce dernier se sentait de plus en plus isolé, au fur et à mesure que mouraient autour de lui ses amis et mécènes, comme Pontormo, Éléonore de Tolède et Michel-Ange dont les décès inspirèrent à Bronzino des sonnets aux accents poignants.

Le caractère incertain et las de ses dernières œuvres est partiellement dû à la confusion et à la quête d'identité qu'entraîna la Contre-Réforme dans le milieu artistique florentin, comme ce fut le cas pour le sculpteur et architecte Bartolomeo Ammannati (1511-1592) par exemple.

La peinture vénitienne après 1520

Tandis qu'à Florence et à Rome, on continuait à préférer, en peinture, un tracé linéaire hérité du Quattrocento, la peinture vénitienne poursuivait ses recherches là où s'étaient arrêtées les expériences de Léonard de Vinci. Le célèbre *sfumato* de ce dernier allait à l'inverse de la méthode de représentation définie par Cennini et en cours depuis le début du Quattrocento. En s'attachant à rendre la perspective aérienne qui demande à l'imagination du spectateur de compléter la relation entre la forme et l'espace, Léonard de Vinci avait ouvert la voie aux audacieuses tentatives du Titien et du Tintoret.

Déjà chez Giorgione, le rendu rigide de la forme par son contour était remplacé par les interactions de la couleur, de la lumière et de l'atmosphère. C'est pourquoi des tableaux de Giorgione, on garde généralement le souvenir de l'ensemble et non pas de détails précis.

Dans la peinture florentine et romaine, cependant, il en allait tout autrement, et le traditionnel *disegno* tant prôné par Vasari conservait sa suprématie. Même un peintre authentiquement vénitien comme Sebastiano del Piombo, qui avait appris son métier dans l'entourage de Giorgione, à peine arrivé à Rome, abandonna son expérience première pour revenir aux méthodes et à l'influence de Michel-Ange, comme le montre la célèbre *Résurrection de Lazare* de la National Gallery de Londres peinte pour la cathédrale de Narbonne en concurrence avec la *Transfiguration* de Raphaël. Il travailla, en utilisant les dessins de Michel-Ange, dans un style à l'opposé de celui de Raphaël. Depuis qu'au XXe siècle, l'histoire de l'art s'est intéressée au maniérisme italien, on s'interroge sur l'influence de cette école sur la peinture vénitienne. Par certains côtés, la peinture à Venise n'a manifestement pas été touchée par le maniérisme dont on ne retrouve pas certaines caractéristiques immédiatement reconnaissables dans l'art vénitien. Parmi ces caractéristiques, il faut citer l'allongement des formes humaines, qui devint le moyen de mettre en valeur l'anatomie, des postures très sophistiquées, ainsi que des costumes, des accessoires et des couleurs recherchées. La préoccupation première des maniéristes était le côté « artificiel », d'où l'accusation qu'on leur porta souvent de privilégier la forme plutôt que le contenu.

Ce type de critique s'applique rarement, sinon jamais, à la peinture vénitienne. Quand, en 1573, le Saint-Office accusa Véronèse d'introduire des éléments profanes et hérétiques dans le *Repas chez Lévi,* pour le réfectoire de Santi Giovanni e Paolo, l'artiste aurait pu citer n'importe quel tableau florentin pour montrer que l'accusation n'était pas fondée. En vérité, il prouva son innocence grâce au *Jugement dernier* de Michel-Ange et réintitula une œuvre qui à l'origine dépeignait la dernière Cène.

Au Cinquecento, les peintres ne manquaient pas de travail à Venise : les opportunités y étaient plus nombreuses que dans les autres villes italiennes tant sur le plan de l'importance que de la qualité des commandes. Il était très flatteur de travailler pour le palais ducal, le palais des Doges, que deux incendies successifs, en 1574 et 1577, avaient ravagés. En outre, les sociétés religieuses ou *scuole* se montraient des mécènes éclairés et généreux (*cf.* chapitre 1). On distinguait deux catégories de *scuole,* les *grande* et les *piccole*. Les premières, qui avaient été créées pour entretenir la piété et la dévotion, étaient des institutions autonomes et, à partir du milieu de XVIe siècle, elles devinrent très puissantes. Les *scuole piccole* étaient assez semblables aux précédentes mais existaient souvent en relation avec une minorité expatriée ou une profession. Les *scuole* cherchaient toutes à posséder les plus beaux bâtiments et les plus belles œuvres d'art, et cela bien entendu profitait aux peintres et architectes de Venise.

Titien

Nous classons à juste titre Titien parmi les peintres de la haute Renaissance. De ce fait, on a souvent tendance à oublier que la plus grande partie de sa carrière fut contemporaine du maniérisme. Mais aux artifices maniéristes, Titien substitua une dynamique unique que l'on avait vue pour la première fois dans l'exceptionnelle *Assomption de la Vierge* (Pl. 254). Plus tard, il allait prouver que, pour obtenir cette dynamique, il n'était pas nécessaire de travailler sur une grande échelle : ainsi son *Annonciation* dans la chapelle Malchiostra de la cathédrale de Trévise, achevée à la fin de 1522, et les cinq panneaux du polyptyque que le légat du pape à Venise, Altobello Averoldi lui avait commandé pour l'église des Santi Nazaro e Celso à Brescia. Dans l'*Annonciation,* l'atmosphère dramatique est accentuée par le réalisme de l'architecture qui sert de cadre à la scène. Le polyptyque, lui, s'inspire directement du *Laocoon* et de deux esclaves de Michel-Ange exécutés pour le tombeau de Jules II, à Saint-Pierre de Rome. Au début des années 1520, Titien n'était pas le seul peintre à Venise à rechercher des effets nouveaux, et même Palma le Vieux réussit à approcher la grandeur romaine et la *grazia* dans le *Polyptyque de sainte Barbe* de l'église Santa Maria Formosa à Venise.

Les plus belles peintures de Titien, à cette époque, lui furent commandées pour le cabinet d'Albâtre de son nouveau mécène, Alphonse d'Este, à Ferrare. Sa collection comprenait certaines des plus belles œuvres d'art d'Italie du Nord, entre autres, le *Festin des dieux* de Bellini à la National Gallery of Art de Washington, *la Fête de Cybèle* de Dosso Dossi à la National Gallery de Londres. Il commanda à Titien trois *Bacchanales,* exécutées entre 1518 et 1524, l'*Offrande à Vénus* du Prado à Madrid, *Bacchus et Ariane* de la National Gallery à Londres et la *Bacchanale des Andriens* (Pl. 236). La vigueur des tableaux du Titien fit sans doute paraître ceux de Bellini et de Dosso un peu démodés. Les toiles du Titien en effet témoignent d'une admirable maîtrise des couleurs qui devait beaucoup influencer les peintres à venir, dont Rubens, à partir de leur déménagement à Rome en 1598.

Pareil déploiement d'œuvres d'art d'une telle qualité n'était pas commun, et seuls généralement les pouvoirs publics pouvaient en supporter le coût, comme c'était le cas à Venise. Quand les tableaux du *studiolo* d'Alphonse d'Este furent dispersés, ce fut l'un des plus beaux ensembles de peinture humaniste de la Renaissance qui disparut.

La vitalité des tableaux du Titien que nous venons d'évoquer se retrouve dans un retable dont le peintre obtint la commande alors qu'il était en concurrence avec Palma le Vieux et Pordenone (Giovan Antonio de Sacchis, 1483-1539). Cette œuvre, représentant le *Martyre de saint Pierre,* était destinée à l'église Santi Giovanni e Paolo de Venise, et fut achevée en 1530. Elle fut détruite par un incendie en 1867, mais nous la connaissons par des gravures et des copies. Elle était considérée comme le chef-d'œuvre de Titien. Titien la réalisa à peu près en même temps que l'immense fresque du Corrège, l'*Assomption* qui orne le dôme de la cathédrale de Parme (Pl. 222) : on y trouve les mêmes éléments que reprendront plus tard les peintres baroques.

Titien connaissait les innovations de Michel-Ange, de Raphaël et de l'école romaine dans son ensemble, et c'est délibérément qu'il choisit une voie très personnelle. Il put ainsi privilégier la couleur, la lumière et le mouvement, sans tenter, comme on l'a dit de Sebastiano del Piombo de conjuguer le dessin de Michel-Ange et la couleur de Giorgione. Inutile de préciser que Sebastiano del Piombo avait échoué.

À la fin de sa carrière, Titien s'autorisa rarement les effets dramatiques qu'il s'était permis lorsqu'il était jeune, comme en particulier dans l'œuvre aujourd'hui disparue la *Bataille de Cadore,* qu'il acheva en 1537-1538 pour le palais des Doges de Venise. Dans ses œuvres tardives comme *Tarquin et Lucrèce,* peint en 1571 et conservé au Fitzwilliam Museum de Cambridge, il rend les effets dramatiques par un jeu d'ombres et une peinture à la touche rapide mais épaisse. Dans sa dernière et bouleversante *Pietà* (Pl. 256), les personnages semblent figés dans leurs postures tragiques.

D'après Vasari, Titien avait à Venise, dans les années 1540 et 1550, quelques concurrents, mais ils n'étaient pas très inquiétants, si bien que le peintre n'eut aucun mal à les surpasser. Pour s'en persuader, il suffit d'admirer ses portraits (Pl. 255). Pour le peintre, le vêtement, y compris

236 TITIEN, Bacchanale des Andriens, achevé en 1522
*Ce tableau faisait partie d'une série de quatre œuvres destinées au studiolo d'Alphonse I*er *d'Este, dans son château de Ferrare. Les autres tableaux étaient* Bacchus et Ariane *et* Offrande à Vénus *de Titien, et le* Festin des dieux *de Bellini. Le thème du tableau ci-dessous est tiré d'un livre, les* Images, *de Philostrate : on voit les habitants de l'île d'Andros ivres d'avoir trop bu au torrent de vin créé par Dionysos. À droite, Ariane allongée s'est assoupie.*

237 TITIEN, Diane et Callisto, 1556-1559
Comme le tableau Diane et Actéon *qui forme une paire avec celui-ci, le thème ici est tiré des* Métamorphoses d'Ovide. *Diane découvre que la nymphe Callisto, qui a été séduite par Jupiter, est enceinte. Les deux tableaux furent exécutés pour le roi Philippe II et envoyés à Madrid en 1559.*

l'armure, devait être un moyen de traduire le caractère du modèle. Titien avait le génie de trouver le juste équilibre entre le physique de son modèle et son habillement. Ceci est surtout vrai dans les portraits qu'il fit dans les années 1530. Celui du *Cardinal Ippolito de' Rovere,* et celui de la duchesse *Éléonore de Gonzague,* tous deux au musée des Offices de Florence, montrent bien ce mélange explicite et implicite de richesse, d'opulence et de retenue aristocratique qui fit de Titien un modèle pour les peintres de cour qui vinrent après lui.

On mesure le génie de Titien lorsque l'on sait que, s'inspirant de la *Vénus* de Giorgione, aujourd'hui à Dresde, il la métamorphosa pour en faire, vers 1538, la *Vénus d'Urbino* du musée des Offices à Florence : d'un nu, il fit un véritable portrait. En vérité, ce tableau est à plus d'un titre l'ultime adieu du peintre au monde tranquille de Giorgione, et vers 1540, Titien devait s'essayer brièvement au maniérisme introduit à Venise par Francesco Salviati notamment. Avec la célèbre sculpture de l'*Aube* de Michel-Ange pour la nouvelle sacristie de San Lorenzo, à Florence, la subtile *Vénus d'Urbino* apparaîtra plus tard comme une version voluptueuse et majestueuse des deux *Danaé* exécutées, l'une pour Ottavio Farnese, et l'autre pour le roi Philippe II d'Espagne, respectivement au musée de Capodimonte à Naples et au musée du Prado à Madrid.

Durant la décade qui sépare les deux versions de ce même sujet (celle de Philippe II datant de 1553-1554), Titien acquit une plus grande souplesse et une plus grande liberté de pinceau. Sur ce plan, il atteignit la perfection dans

deux de ses merveilleuses poésie, type d'œuvres d'inspiration mythologique et de caractère érotique, dans les illustrations de l'histoire de Diane qu'il exécuta pour Philippe II (Pl. 237 et 238). C'est aussi cette liberté qui fait la beauté de la *Mort d'Actéon* de la National Gallery de Londres, tableau où la couleur est adoucie pour devenir presque minimale, et où l'harmonie entre le personnage et la nature qui l'entoure est parfaite. Une harmonie semblable se dégage de nombreux portraits que Titien réalisa à la fin de sa vie, et d'abord dans l'*Autoportrait* si émouvant du Staatliche Museen de Berlin, de la fin des années 1560.

À Venise, les seuls peintres qui concurrencèrent Titien avant 1550 furent Palma le Vieux et Pordenone. Après cette date, le succès croissant du Tintoret puis de Véronèse, s'il ne fit pas de tort à Titien, qui était alors très célèbre dans l'Europe entière, n'en constitua pas moins une alternative artistique.

Le Tintoret

Dès 1539, le Tintoret (Jacopo Robusti, 1518-1594) est recensé comme peintre indépendant, alors qu'à cette époque, il semble n'avoir réalisé que des *sacre converzationi*. Déjà pourtant dans ses premières œuvres, il apparaît que le

238 TITIEN, Diane et Actéon, 1556-1559
Ovide raconte comment Actéon, un jour qu'il chassait dans la forêt, survint auprès d'un étang où Diane se baignait avec ses nymphes. Le tableau de Titien traduit les diverses réactions à cette rencontre érotique. Le peintre crée un grand effet de surprise en utilisant les moyens les plus simples : une grande profondeur de champ et deux personnages monumentaux, Diane et Actéon de part et d'autre de la toile. Ces procédés de composition seront souvent repris par les peintres baroques. On notera la splendeur des couleurs utilisées ici par Titien, en particulier le drapé rose étincelant qui se détache sur le ciel bleu.

Tintoret, qui n'avait fréquenté aucun atelier, ne se contentait pas de peindre de pâles imitations du style devenu célèbre de Titien. Très original, le Tintoret possédait une inépuisable énergie, plus grande encore que celle de Titien, qui lui permit de produire énormément. Il sut assimiler à la fois les concepts vénitiens et des éléments de la « manière » toscane et romaine. De ce fait, il fut beaucoup plus ouvert aux idées maniéristes à une époque où Titien les ignorait. Le Tintoret cependant ne devint jamais un peintre maniériste, mais il utilisa certains des artifices de ce mouvement. Ce sont des peintres de moindre importance comme Andrea Schiavone (vers 1515-1563) et Pâris Bordone (1500-1571) qui introduisirent le maniérisme à Venise, avec Salviati, bien sûr.

Parmi les peintres maniéristes d'Italie centrale et d'Émilie, Tintoret étudia sans doute Lorenzo Lotto (Pl. 246, 247 et 264), mais ce dernier n'est pas un peintre facile à classer. On pense que le Tintoret voyagea à Rome et Florence vers 1540, et qu'il connut dans cette dernière ville le maniérisme alors à son apogée ainsi que le travail de Michel-Ange. Du reste, toute sa vie durant, le sentiment tragique que dégagent les personnages de Michel-Ange ainsi que leurs contorsions pathétiques demeureraient présents dans l'esprit du peintre de Venise et expliquent en partie le magnifique effet de dynamisme et de mouvement que l'on trouve dans ses meilleurs tableaux.

Le Tintoret éprouvait une forme d'excitation à créer des compositions aux multiples personnages sans doute à cause des possibilités narratives de ce genre, même s'il en résulta parfois une certaine confusion comme dans le *Jésus au milieu des docteurs de la loi* du début des années 1540 au musée du Dôme de Milan. Si Titien avait connu ces œuvres de jeunesse, il aurait sans doute saisi que le Tintoret un jour pourrait lui faire de l'ombre.

Déjà, vers le milieu des années 1540, le Tintoret s'essayait à l'art du portrait, qu'il épura plus tard pour réaliser des tableaux d'une sobriété bien différente de la manière brillante de Titien. Ses derniers portraits sont inoubliables, en particulier l'*Autoportrait* du Louvre où il se représente hagard. Le Tintoret sut également attirer l'attention du poète l'Arétin, et ce dernier lui commanda deux plafonds sur des thèmes mythologiques. En 1548, il peignit le *Miracle de l'esclave libéré* (Pl. 239), pour la Scuola Grande di San Marco, qui lui valut de se faire connaître, et qui sans doute apparut aux Vénitiens comme une alternative novatrice au travail de Titien. En vérité, si l'on compare cette œuvre à l'*Ecce Homo* du Kunsthistorisches Museum de Vienne, composition aux nombreux personnages peinte par Titien cinq ans plus tôt, il est clair que le Tintoret apportait des éléments très novateurs à la peinture vénitienne. Ses couleurs, plus froides, aux reflets plus métalliques, dans des tonalités de vert, d'orange et de bleu acier, n'ont pas la douceur ni la sensualité de celles de Titien. De même l'échelle de ses représentations, leur exubérance et les effets saisissants de raccourci, ainsi que sa façon très théâtrale de grouper les personnages font de la peinture du Tintoret un art nouveau à Venise.

Dès ses débuts, le Tintoret peignait avec ce que l'Arétin appelait de la *prestezza del fatto,* et que l'on pourrait traduire par la rapidité d'exécution alors que le poète, qui prisait beaucoup Titien et facilita grandement sa carrière, préconisait la *pazienza del fare,* c'est-à-dire l'application patiente. Mais la rapidité du Tintoret donna des résultats bien différents des méthodes de travail toujours plus rapides de Titien. Le premier exploita les éclats de lumière et joua sur la tonalité, utilisant souvent moins de couleur que le second. On le voit bien dans *Marie l'Égyptienne,* l'un des tableaux de la Scuola di San Rocco, et dans les magiques effets de lumière de la *Cène.*

Le Tintoret n'excellait pas uniquement dans les effets de la dynamique visuelle. Dans *Suzanne et les vieillards,* exécuté au milieu des années 1550 (Pl. 262), le peintre évite de grouper les personnages selon les critères classiques, et avec une inventivité bien caractéristique, attire le regard du spectateur droit sur le vif du sujet, c'est-à-dire Suzanne, placée dans toute sa splendeur au premier plan. Il ajoute à cela un écran de verdure au centre du tableau qui accroît encore la tension et l'attente de la surprise prévisible de Suzanne. Ce type d'effet, ainsi que la maîtrise parfaite du peintre à relier plusieurs personnages dans une composition solidement organisée distingue le Tintoret des peintres

239 Le Tintoret, Miracle de l'esclave libéré, 1548
L'histoire représentée dans ce tableau est tirée de La Légende dorée de Jacques de Voragine. Le Tintoret nous montre le moment où saint Marc intervient miraculeusement pour sauver un serviteur que l'on s'apprête à torturer à mort parce qu'il voulait vénérer ses reliques. Le Tintoret a choisi de montrer au spectateur la scène de haut, c'est-à-dire du point de vue du saint qui descend brusquement du ciel pour sauver l'homme entouré de ses persécuteurs et de leurs instruments de torture. On le voit, l'effet de raccourci est saisissant. L'architecture palladienne du fond, par sa sérénité, contraste avec la violence du premier plan. Ce tableau fit connaître le Tintoret au public vénitien, et marqua le début de son succès. On a identifié plusieurs personnages célèbres dans cette œuvre : d'abord l'artiste lui-même avec une barbe, à gauche et certains contemporains dont l'Arétin.

maniéristes d'Italie centrale pour lesquels l'ensemble d'un tableau se résumait à une somme de détails.

À l'opposé de celle de Titien, brillante et internationale, la carrière du Tintoret se déroula à Venise, sans événements marquants, et elle ne fut guère jalonnée que par son mariage et la naissance de ses enfants. Seul signe de reconnaissance extérieur, le Tintoret fut invité en 1566 à faire partie de l'Accademia di Pittura de Florence, en même temps que Titien, Salviati et Andrea Palladio. C'est cette année-là que Vasari se rendit à Venise, et nota dans ses carnets que quiconque d'importance se rendant dans cette ville désirait rencontrer Titien.

L'année précédente, le Tintoret avait commencé le travail qui l'occuperait toute sa vie, la décoration de la Scuola di San Rocco, et avait exécuté pour commencer la gigantesque *Crucifixion,* de la Sala dell'Albugo qui resterait d'ailleurs l'un de ses plus beaux tableaux. Le peintre bouleverse ici toutes les conceptions de la perspective édictées par la Renaissance. Les échelles, les croix, et leurs dispositions compliquées parmi des groupes de personnages, contribuent à mieux suggérer l'horreur de la scène. L'unité vient de la parfaite maîtrise des effets de lumière, un exploit, s'agissant d'une composition comportant tant de personnages et de scènes différentes. En outre, le peintre réussit à donner au spectateur l'illusion qu'il participe au drame, car nous le voyons non pas de la colline, mais en contrebas.

Entre 1581, année où il acheva la *Tentation du Christ* pour la Grande Salle de la Scuola di San Rocco, et les années 1592-1594 durant lesquelles il réalisa la *Cène* de l'église San Giorgio Maggiore de Venise, le Tintoret, bien davantage que Titien, se forgea une réputation de peintre d'institutions religieuses et civiles. Il travailla beaucoup pour le palais des Doges et pour différentes églises, comme Santo Stefano et San Moïse. Il reçut également d'importantes commandes de la part de nobles, en particulier en 1578-1580 les huit toiles des *Fastes des Gonzague,* scènes de la vie de la famille de Gonzague de Mantoue, aujourd'hui à la Alte Pinakothek de Munich. Durant ces années, le Tintoret s'attaqua à des compositions de dimensions audacieuses, comme l'immense *Paradis* de 1588, réalisé pour la salle du Grand Conseil du palais des Doges, commande qu'il avait obtenue à la suite d'un concours lancé pour la redécoration de certaines salles du palais après le feu qui l'avait ravagé en 1577. Entre autres concurrents, pour cet appel d'offres se présentèrent Véronèse et Francesco Bassano.

Si l'on ne peut classer le Tintoret parmi les maniéristes, son style original n'en poussa pas moins ses contemporains peintres à expérimenter le maniérisme. C'est peut-être par ce biais qu'il influença Greco. Ce dernier, s'il fut comme on le dit un élève de Titien, s'inspira de l'expressionnisme du Tintoret, avant de s'installer à Rome en 1570. Là, il fit le portrait du dernier grand miniaturiste italien de la Renaissance, Giulio Clovio (Pl. 258), et peignit le *Jésus chassant les marchands du temple* de l'Institute of Art de Minneapolis. Il s'installa ensuite à Tolède où il demeura jusqu'à la fin de sa vie.

Véronèse

Véronèse (Paolo Caliari, 1528-1588) fut le peintre qui refusa le plus catégoriquement toute concession au maniérisme après s'y être essayé à ses tout débuts. En vérité, son style serein et résolu peut passer pour le symbole élégant et optimiste de ce que fut la fin de la Renaissance italienne. Si l'on trouve chez Véronèse de fugitives influences de certains de ses contemporains, le peintre sut rapidement trouver sa manière personnelle, et celle-ci varia peu tout au long de sa carrière qui dura pourtant plus de quarante ans. Contrairement à Titien ou au Tintoret, Véronèse connut un égal succès tant avec ses œuvres sur toile qu'à fresque. Deux de ses ensembles décoratifs les plus remarquables sont des fresques : il s'agit de la villa Barbaro à Maser (Pl. 240) et de l'église San Sebastiano à Venise. Le style initial de Véronèse évoque Giulio Romano, probablement parce que Vérone, sa ville natale, s'intéressait davantage aux mouvements artistiques et culturels de Mantoue qu'à ceux de Venise. En outre, Véronèse était allé à Mantoue en 1552.

La version très élaborée qu'avait donnée Giulio Romano du classicisme de Raphaël dut ouvrir à Véronèse de nouvelles possibilités décoratives, parfois peut-être extravagantes. Sous bien des angles, ce sont les opulents tableaux de Véronèse qui représentent le mieux pour nous la peinture vénitienne du Cinquecento. La capacité du peintre à réunir tous les éléments emblématiques de la culture de la ville lui vint probablement d'une forme de détachement devant toute vision tragique qui rend ses tableaux si agréables à regarder.

En 1553, Véronèse s'établit à Venise où il fut tout de suite attiré par Titien. Comme il avait déjà réalisé de prestigieuses commandes pour le cardinal Ercole Gonzague à Mantoue et d'autres personnages importants, il fut très vite engagé pour travailler au palais des Doges. Sans doute ses idées artistiques n'entrèrent-elles jamais en conflit avec celles de Titien, comme on peut le comprendre d'après les fresques de la voûte de l'église San Sebastiano illustrant les *Scènes de la vie d'Esther.* Ces fresques, qui contiennent en germe toutes les caractéristiques des tableaux à venir de l'artiste, firent aussi de lui le peintre de plafond le plus célèbre de la ville. Il y rompt en effet avec la tradition de Giorgione qui préférait des contours estompés et des taches de couleur, auxquels Véronèse substitue une puissance et une clarté qui n'étaient pas du tout conformes aux canons esthétiques en vigueur à l'époque.

En outre, Véronèse affectionnait des couleurs plus lumineuses que la majorité de ses contemporains, et sa palette évoque déjà celle qu'adoptera Tiepolo au XVIIIe siècle. Ce plafond de San Sebastiano montre aussi combien Véronèse aimait les effets illusionnistes d'une perspective oblique, que l'on préférait à Venise à celle *sotto in su* du Corrège, car les personnages ne sont pas complètement raccourcis mais vus à l'oblique, ce qui permet de préserver une certaine clarté de composition. Véronèse appréciait la douceur du style du Corrège, et le voluptueux abandon de

240 PAUL VÉRONÈSE, décor peint de la villa Barbaro, Maser, 1561

Véronèse décora de fresque la partie centrale de cette grande villa, l'une des plus belles que conçut Palladio en Vénétie. Elle était destinée aux frères Marcantonio et Daniele Barbaro. La décoration ci-dessus est d'inspiration allégorique. L'artiste a joint des paysages : l'ensemble constitue la fresque la plus grandiose et la plus réussie de Véronèse. Des niches peintes en trompe-l'œil contiennent des statues, elles aussi en trompe-l'œil et vêtues de drapés merveilleux. L'artiste représenta également des animaux, une pergola dominant un jardin et mille et un détails admirablement observés et rendus grâce à des effets de perspective savants.

ses personnages féminins, pourtant jamais ses figures, en dépit de leur très grande beauté, ne suscitèrent cette subtile et secrète attirance. Les effets d'illusion d'optique se retrouvent dans toute son œuvre, et c'est sans doute dans le *Triomphe de Venise* (Pl. 241), qu'ils sont le plus réussis. Notons que ce tableau plus que tout autre annonce l'art baroque.

Véronèse possédait une imagination visuelle plus fertile que tous ses contemporains, et Vasari appelait cette imagination l'*invenzione*. Inventif, il l'était, certes, et dans aucun de ses tableaux il ne répète un schéma déjà utilisé. Il peint en grande abondance des détails réalistes, trait qui le rapproche des maniéristes d'Italie centrale, mais son but est différent : il cherche à séduire l'œil, et non pas à faire étalage de son érudition. Il y réussit grâce à sa maîtrise de la couleur et à ses modèles qui, malgré leur beauté idéalisée, n'en gardent pas moins leur singularité et donnent l'impression de portraits. Mais, quand les poses et la gestuelle des personnages de Titien ou du Tintoret semblent dictées par leurs émotions, ceux de Véronèse, malgré leur suprême élégance, demeurent froids. Et cette froideur rapproche le peintre de maniéristes comme Bronzino. L'un des tableaux parmi ceux qui introduit le plus de distance, de ce point de vue, est *Alexandre et la famille de Darius* de la National Gallery de Londres.

Véronèse alla à Rome en 1560, et l'impact de ce voyage se voit dans les superbes fresques de la villa Barbara (Pl. 240). Sans doute avait-il étudié le travail de Raphaël non seulement dans les Loges du Vatican, mais aussi les fresques plus sensuelles de Psyché, à la villa de la Farnésine. Plus que tout autre peintre, Véronèse sut nous transmettre l'atmosphère de Venise au milieu du siècle, et

ce par cette grandiose architecture classique qu'il représenta (Pl. 261) et qui reflète les idées de son jeune contemporain, Palladio.

Véronèse fut certainement sensible aux remous de la Réforme catholique et aux exigences d'un plus grand sérieux, surtout à partir des années 1570. Cela est particulièrement visible dans ses scènes de crucifixion du musée du Louvre, de la Gemäldegalerie de Dresde et du Szépmüvészeti Muzeum de Budapest, où le peintre transcende la beauté de sa technique.

À la fin de sa vie, Véronèse traita ses thèmes religieux avec la même profondeur de sentiment et la même intensité que certains peintres de la Réforme comme Annibale Carracci de Bologne.

Tout au long de sa carrière, Véronèse demeura un merveilleux portraitiste : qu'on en juge par la beauté poignante de *La Belle Nani* du musée du Louvre, ou du *Portrait de famille* en pied, plein de vivacité, au Palace of the legion of Honor à San Francisco ou encore ce *Portrait*

241 PAUL VÉRONÈSE, Triomphe de Venise, 1583
*Après le feu qui ravagea le palais des Doges de Venise, la
redécoration de la salle du Grand Conseil de ce même palais fut
confiée à Véronèse, au Tintoret et à Palma le Jeune. Cette
composition ovale de Véronèse constituait la décoration centrale du
plafond. On y voit la maîtrise du peintre à organiser l'espace. Les
effets illusionnistes qu'il crée ici sont très différents de ceux du
Corrège, et typiquement vénitiens. Bien que vue d'en dessous, la
composition n'apparaît pas au spectateur vraiment* di sotto in su
*car les figures ne sont pas complètement raccourcies mais peintes
sous un angle de quarante-cinq degrés. Les formes, la richesse des
couleurs et le mouvement qui anime cette œuvre eurent une influence
considérable sur les décorations de plafonds baroques.*

242 JACOPO BASSANO, Adoration des mages, début des années
1540
*Il s'agit d'une des compositions les plus réussies de Bassano. La ruine
à gauche du tableau est inspirée d'une gravure sur bois de Dürer,
représentant la Sainte Famille en Égypte. Le vêtement
contemporain du personnage central est typique des innovations
qu'introduisit Bassano dans la peinture italienne.*

d'homme de la Galleria Colonna de Rome, qui préfigure
l'élégance insouciante de Van Dyck. Le seul artiste comparable à Véronèse fut Giovanni Battista Zelotti (1526-1578),
célèbre peintre de fresques, qui fut son collaborateur.

Bassano

Véronèse considérait Jacopo Bassano comme le seul peintre
à qui il pouvait confier son plus jeune fils, Carletto. Bassano
(Jacopo da Ponte, v. 1517-1592) et ses quatre fils représentent un courant de peinture en Vénétie qui s'écarte un peu
des courants officiels représentés par Titien, le Tintoret et
Véronèse. Vasari était fort impressionné par les peintures
d'animaux de Bassano, et de fait, le peintre en incluait
souvent dans ses tableaux religieux, leur donnant ainsi un
caractère naturaliste unique en Vénétie à cette époque. Sa
peinture en général eut une grande influence sur l'art
italien. Comme beaucoup de ses contemporains, Bassano et
ses fils géraient un important atelier.

Bassano s'inspira beaucoup de gravures, en particulier de
celles que fit le Parmesan de certains tableaux de Raphaël,
dont le *Portement de croix* (Pl. 250). De ce fait, on trouve
certains éléments maniéristes dans ses tableaux, dans les
poses des personnages et l'agencement des compositions,
d'abord, mais aussi dans son utilisation de couleurs froides
et brillantes. Le Tintoret aussi influença Bassano, comme le
prouve la *Mise au tombeau* que Bassano peignit en 1574
pour l'église Santa Maria in Vanzo de Padoue.

La peinture en Émilie et en Italie du Nord

Même en dehors des grands centres, la richesse de talents
artistiques en Italie à cette époque, fut prodigieuse, et l'on
peut difficilement expliquer en termes simples les interactions entre les différents courants de peinture. À Milan et
dans le Piémont, la tradition issue de Léonard de Vinci se
poursuivit, prenant néanmoins des formes différentes :

ainsi Gaudenzio Ferrari (v. 1475-1546) créa des images troublantes, en particulier au Sacro Monte de Varallo. Bologne eut aussi beaucoup d'artistes d'un talent peut-être moindre, mais néanmoins de qualité, dont Girolamo da Carpi (1501-1556), Nicolò dell'Abate (Pl. 243), Primatice qui travailla surtout en France (Pl. 160), et Pellegrino Tibaldi (1527-1596, pl. 244). Les frères Zuccari, Taddeo (1529-1566) et Federico (v. 1542-1609) nés près d'Urbino, firent tous les deux de brillantes carrières à Rome. Après la mort de Titien, Federico Zuccari fut sans doute le peintre le plus célèbre d'Europe, et voyagea aux Pays-Bas et en Angleterre où il fut choisi pour faire un portrait de la reine Elisabeth Ire. Taddeo est l'auteur d'une des décorations les plus importantes du Cinquecento, les fresques de la villa Farnèse, à Caprarola, dont la plus célèbre, celle de la salle des *Fastes des Farnèse,* fut exécutée en 1565 : l'association de faux décors et de tableaux en trompe-l'œil, qui semblent

243 NICOLÒ DELL' ABATE, Un concert, 1548-1552
Durant son séjour à Bologne, le peintre réalisa essentiellement des décorations de palais et demeures : ainsi cette fresque, l'une des plus charmantes interprétations d'un thème fréquent dans la peinture de l'Italie du Nord.

accrochés aux murs, annonce les débuts du Baroque. À Venise, Jacopo Palma le Jeune (1544-1628), arrière-neveu de Palma le Vieux, perpétua les idées du Cinquecento jusqu'à l'aube du nouveau siècle, mais il connut aussi le déclin de la ville qui perdit sa place de premier centre artistique d'Italie. À Florence, Bronzino prit pour élève Alessandro Allori (1535-1607). Allori représente le maniérisme tardif (Pl. 267) et domina la seconde partie du siècle, jusqu'à ce qu'il soit supplanté par des peintres novateurs comme Jacopo Empoli (1551-1640).

Au milieu du XVIe siècle, l'Émilie eut plusieurs artistes de grand talent, dont le Corrège et les frères Carracci. L'Émilie qui occupe une position centrale en Italie, était très ouverte vers le nord de l'Europe, et, de ce fait, très perméable aux influences venues de partout. Vers 1520, Michelangelo Anselmi (1492-v. 1555) s'établit à Parme et y fit connaître les idées du premier peintre maniériste siennois, Domenico Beccafumi (v. 1485-1551). Les personnages de Beccafumi, très élégants, longilignes, avec leurs petites têtes et leurs visages étrangement stylisés influencèrent beaucoup Parmesan, comme on peut le voir dans les fresques qu'il exécuta à ses débuts pour Paola Gonzaga dans la forteresse des Sanvitale à Fontanellato.

Parmesan

Parmesan (Girolamo Francesco Maria Mazzola, 1503-1540) fut l'un des personnages les plus fascinants de son époque, doublé du peintre maniériste le plus caractéristique et le plus original. D'après Vasari, il était passionné d'alchimie, une passion qui confinait presque à la folie. Il se rendit à Rome entre 1524 et 1527, et sut se faire apprécier du pape Clément VII qui lui fit connaître Perin del Vaga et

244 PELLEGRINO TIBALDI, Adoration des bergers, 1548-1549
Tibaldi qui était né dans le duché de Milan semble avoir étudié la peinture à Bologne et à Rome. Dans les années 1550, il décora le palais Poggi à Bologne d'un cycle de fresques racontant l'Histoire d'Ulysse. Entre 1586 et 1595, il travailla pour Philippe II d'Espagne à l'Escurial. Le tableau ci-dessous qui est le premier qu'on lui attribue avec certitude montre l'influence de Michel-Ange et de Raphaël : la sculpturalité des personnages et l'éclairage trahissent l'influence des deux grands maîtres.

Rosso Fiorentino. Parmesan fut surtout influencé par Corrège, inspiration qu'il sut transformer en un style maniériste infiniment sensuel et personnel. Alors qu'il travaillait à Rome à la *Vision de saint Jérôme* de la National Gallery de Londres, il fut capturé durant le sac de la ville en 1527, mais réussit à s'enfuir à Bologne.

Parmesan peignait des personnages aux formes allongées et douces, enrichis de détails d'une grande élégance, si bien que son œuvre demeure l'un des exemples les plus raffinés de cette fameuse *grazia* de l'art du Cinquecento. Il suffit pour s'en convaincre de regarder la *Madone au long cou* (Pl. 232). L'artiste eut une influence considérable sur les peintres de son époque, en partie grâce à ses magnifiques eaux-fortes qu'imita Ugo da Carpi (v. 1480-1532) et qui furent diffusées à l'étranger, surtout à Fontainebleau et à Prague. Ses peintures et ses dessins baignent dans une atmosphère extrêmement raffinée qui devait fasciner, au

245 PARMESAN, Portrait de jeune femme ou L'Esclave turque, vers 1522

Voici l'un des portraits les plus aboutis du Parmesan. La coiffure, très inhabituelle, et qui se veut sans doute un turban, explique que l'on ait à tort intitulé ce tableau L'Esclave turque. Le modèle, bien que stylisé pour être conforme à l'idéal de beauté féminine du peintre, n'en a pas moins la singularité d'une personne réelle. Les formes doucement arrondies, le port de tête et la variété étonnante des textures des vêtements accentuent la beauté énigmatique de cette jeune femme.

même titre que certaines œuvres du Corrège, les peintres de style rococo. Par certains côtés, Parmesan a usé d'arrangements décoratifs que l'on trouverait plus tard chez Véronèse, mais au lieu d'une approche « naturelle » de l'anatomie et de la composition, Parmesan s'attacha à traduire des atmosphères très romantiques et souvent perverses. Malgré leur apparence assurée, ses personnages trahissent un profond malaise, un peu comme ceux de Bronzino. Cependant contrairement aux portraits de Bronzino, ceux de Parmesan, comme *L'Homme avec un livre* de la City Art Gallery de York, ou la mystérieuse *Antée* du musée de Capodimonte à Naples, suggèrent une sorte d'intimité trompeuse avec le spectateur, alors que par un effet pervers, les modèles sont encore plus lointains et inaccessibles que ceux de Bronzino. Dans le *Malatesta Baglioni* du Kunsthistorisches Museum de Vienne, tableau tardif que Parmesan réalisa en même temps que sa dernière grande fresque de 1539 pour Santa Maria della Steccata, le peintre choisit de situer son personnage sur un fond d'architecture semblable à ceux que Bronzino utilisait à l'époque. Ce type de travail allait beaucoup influencer le cousin par alliance du peintre, Girolamo Bedoli (v. 1500-1569) qui devait se faire connaître sous le nom de Mazzola Bedoli.

Dosso Dossi

À Ferrare, Dosso Dossi (Giovanni Luteri, 1490-1542) créa une vision de la nature et de l'homme bien différente de celle de Parmesan, mais également romantique. Dosso fut peintre de cour sous les ducs d'Este, Alphonse Ier (1523-1534) et Ercole II (1534-1559). Alors que leur cour connaissait l'apogée de sa splendeur, ils cherchaient à y attirer des peintres de l'envergure de Raphaël et de Titien. Dosso laissa une œuvre fort importante car, avec son frère Battista, il travailla à tous les arts de cour, comme la préparation de fêtes, les décors de théâtre, et bien sûr la décoration des villas et des palais de la famille d'Este. Hélas, la majeure partie de ces travaux disparurent quand la papauté s'empara de Ferrare à la fin du XVIe siècle, et s'acharna à faire disparaître ce qui avait fait la richesse culturelle de la ville.

Dosso se rendit à Mantoue en 1512, après avoir vu à Venise des tableaux de Giorgione et du jeune Titien. Il alla également à Rome où le travail de Raphaël fit très forte impression sur lui. C'est la façon personnelle dont il assimila toutes ces influences qui forgea son style propre, si vigoureux, à l'opposé de celui d'un artiste comme Parmesan. La cour de Ferrare s'intéressait entre autres à l'astrologie et à l'alchimie, et c'est peut-être de là que Dosso tira son iconographie très originale. Ses représentations bucoliques, dans des paysages sylvestres, et parfois très érotiques, se distinguent par leur éclairage éclatant, leurs couleurs vives, et leurs paysages de fond verdoyants. Sa *Magicienne Mélisse* (ou *Circé*) réalisée vers 1523 et conservée à la galerie Borghèse à Rome, est un bon exemple des caractéristiques stylistiques du peintre : à une grandeur classique, il allie une iconographie ésotérique, une richesse de textures et de couleurs et un superbe paysage de fond, en portant un regard plein d'humour. Durant la dernière année de sa vie, Dosso Dossi laissa même poindre la satire dans ses tableaux, ainsi dans la *Scène de sorcellerie* ou *Allégorie d'Ercole* du musée des Offices de Florence.

Lorenzo Lotto

Tout comme Dosso, Lorenzo Lotto (v. 1480-1556) se situe un peu en marge des grands courants artistiques de son époque. Bien que né à Venise, il travailla surtout dans des villes de provinces, dont Trévise et Recanati. Ses débuts appartiennent de toute évidence à la haute Renaissance. Du reste, d'après Vasari, il travailla avec Giorgione et Titien dans l'atelier de Bellini. Lotto allie la clarté et la pureté de Bellini et d'Antonello de Messina à des sources d'inspirations multiples, dont certains maîtres florentins de la haute Renaissance et bien sûr Léonard de Vinci. On retrouve ces influences dans les tableaux qu'il fit lorsqu'il était au sommet de son art comme les portraits et les œuvres religieuses ou allégoriques (Pl. 246, 247 et 264). L'*Annonciation* de Santa Maria sopra Minerva à Recanati et le *Retable de sainte Lucie* exécuté en 1532 et conservé à la pinacothèque illustrent son sens de la mise en scène dramatique. Dans ce dernier tableau, l'ombre et la lumière créent un monde étrange à mi-chemin entre rêve et réalité.

Lorsque moururent Michel-Ange, Titien et Véronèse, un nouvel esprit commençait à poindre dans la peinture italienne, en partie en raison de l'influence de la

247 LORENZO LOTTO, Le Frère Gregorio Belo de Vicence, 1547
Le geste et l'expression inquiétants du personnage sont caractéristiques de certains portraits de Lotto, en marge du portrait glacé et dynastique de Bronzino. Le frère, dans sa pose assez frappante, avec son poing crispé, presque menaçant, semble animé d'une détermination farouche. On a l'impression que Belo est présent. Le poing renvoie à l'iconographie du patron de l'ordre de Saint-Jérôme auquel appartenait le frère. La même année, Lotto peignit un tableau empreint de la même ferveur religieuse, le Martyre de saint Pierre du Fogg Art Museum de Cambridge.

246 LORENZO LOTTO, Andrea Odoni, 1527
Ce portrait montre magnifiquement la passion de ce collectionneur de la fin de la Renaissance. Odoni était un riche marchand vénitien qui avait le goût des antiques. Titien, Parmesan et Palma le Jeune furent tous trois influencés par l'originalité et la composition équilibrée de ce portrait.

Contre-Réforme, mais aussi en réaction face au caractère déshumanisé et élitiste de l'art maniériste. Les idéaux du maniérisme portaient en eux la nostalgie d'un passé classique et païen, dont la redécouverte avait été à l'origine de la première Renaissance. Le XVIe siècle avait donné une ampleur nouvelle à l'Antiquité telle que l'avait représentée et comprise le Quattrocento, grâce à des conceptions artistiques différentes et des moyens techniques maîtrisés. La fin d'une époque s'annonçait et la plupart des peintres que nous avons étudiés montrèrent, à leur façon, les signes de son déclin.

248 RAPHAËL, Transfiguration, 1518-1520

Ce tableau représente le moment où le Christ révèle sa nature divine à ses disciples. Il se trouve au sommet d'une montagne, Moïse et le prophète Élie apparaissent à ses côtés tandis que les vêtements du fils de Dieu sont brusquement éclairés de la lumière divine. Au premier plan on voit un enfant qui souffrait d'un délire démoniaque et que le Christ a exorcisé.

À la fin de 1516, le cardinal Jules de Médicis commanda ce tableau pour la cathédrale de Narbonne dont il était évêque : il ne l'envoya jamais en France. Il commanda ensuite à Sebastiano del Piombo une Résurrection de Lazare *(National Gallery, Londres) suivant le dessin de Michel-Ange. Jules de Médicis espérait ainsi créer une*

émulation positive entre les deux peintres. En juillet 1518, Sebastiano écrivit à Michel-Ange pour lui laisser entendre que Raphaël n'avait toujours pas commencé son tableau.

Sebastiano et Vasari étaient persuadés que Raphaël avait achevé lui-même sa Transfiguration, *et s'inscrirent en faux contre ceux qui prétendaient que Giulio Romano ou Penni l'avaient terminé à sa place. Battista Dossi, que l'on avait envoyé à Venise pour y chercher les couleurs dont avait besoin Raphaël, vit là-bas l'*Assomption *que venait d'achever Titien (Pl. 254) pour l'église des Frari, et dont la composition révolutionnaire conduisit peut-être Raphaël à modifier celle de son tableau.*

249 JACOPO PONTORMO, Joseph en Égypte, 1517-1518
*Plusieurs grands peintres de Florence, en particulier Andrea del
Sarto, Granacci, Bachiacca et Pontormo, collaborèrent à la
décoration de la chambre nuptiale du palais de Pier Francesco
Borgherini, à Florence. Le thème choisi était l'histoire de Joseph, et le
Joseph en Égypte de Pontormo est certainement le plus bel élément
de décoration de la pièce, et le plus complexe aussi, en dépit de son
format réduit qui évoque les petites scènes que l'on trouvait sur les
prédelles ou les cassoni, au Quattrocento. Ce tableau, où l'on sent
l'influence des gravures de peintres du Nord comme Lucas de Leyde
(l'influence de ce dernier est particulièrement apparente dans
l'architecture du décor de fond), associe volontairement des scènes
qui n'eurent pas lieu à la même époque. D'après Vasari, le garçonnet
assis au premier plan serait Bronzino.*

250 RAPHAËL, Portement de croix ou Lo Spasimo di Sicilia,
vers 1517
*Giulio Romano exécuta probablement la plus grande partie de ce
tableau, mais sa conception est néanmoins de Raphaël, et témoigne
de son style tardif. Une vigueur et une puissance dans la gestuelle des
personnages ont remplacé la douceur du premier style du peintre. La
construction du tableau s'inspire d'une gravure sur bois de Dürer, Le
Christ portant sa croix. Plus tard, les gravures que fit Veneziano de
ce tableau eurent une grande influence.*

243

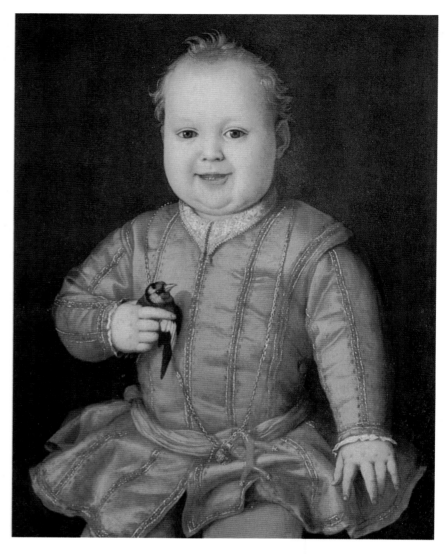

251 ROSSO FIORENTINO, Portrait d'un jeune homme, vers 1528
*Il s'agit d'un portrait maniériste classique. La pose savamment
étudiée et le regard lointain du modèle rappellent certains effets de
Bronzino, mais de façon plus subtile. Les traits assez accentués du
modèle, ses formes très longilignes en revanche ne ressemblent en
rien aux modelés de Bronzino, et créent une atmosphère assez
dérangeante.*

252 AGNOLO BRONZINO, Portrait de Giovanni de Médicis enfant,
1545
*On a pensé à une époque qu'il s'agissait de Garcia, le fils de
Cosme Ier et d'Éléonore de Tolède, mais on sait maintenant qu'il s'agit
de son frère aîné, Giovanni, lorsqu'il avait dix-huit mois. Ce portrait
plein de vivacité montre un aspect différent de l'art de Bronzino, et
reflète bien l'amour que portait le peintre aux enfants Médicis.*

253 AGNOLO BRONZINO, Laura Battiferri, fin des années 1550
*(À droite) Il s'agit de l'un des portraits les plus originaux et
saisissants de la période maniériste. Bronzino a représenté ici son
amie très proche, la poétesse Laura Battiferri (1523-1589), épouse
du sculpteur Ammannati. Comme elle s'était mariée deux fois et
n'avait jamais eu d'enfant, elle disait d'elle-même qu'elle était un
arbre stérile. Elle était très proche d'Éléonore de Tolède et, très
religieuse comme elle, fréquentait les Jésuites. Elle entretint une
correspondance suivie avec nombre de gens célèbres de son époque,
dont Cellini et Torquato Tasso. Son premier recueil de poèmes fut
publié en 1560. Avec Bronzino, elle échangea des sonnets de
Pétrarque (elle tient ici les Sonnets de Pétrarque), et dans un poème
que Bronzino lui dédia, il la dit faite intérieurement de fer, et
extérieurement de glace.*

255 TITIEN, Portrait de l'Arétin, 1545
(Ci-contre) L'Arétin, originaire d'Arezzo fut l'un des plus grands intellectuels de son temps. Après 1522, il évolua entre différentes cours italiennes, particulièrement celle de Mantoue, sous Frédéric II de Gonzague. D'origine modeste, l'homme possédait un caractère bien trempé, et il écrivit des sonnets à caractère érotique qu'illustra Giulio Romano. L'Arétin offrit ce tableau à Cosme de Médicis.

256 TITIEN, Pietà, 1576
(Ci-dessous) C'est à Palma le Jeune que l'on doit l'inscription peinte sur le piédestal et qui stipule que lui-même acheva ce tableau. Titien, mort de la peste, n'avait pas pu le terminer. Titien voulait que cette émouvante représentation soit placée sur sa tombe dans la chapelle du Crucifix de l'église des Frari, à Venise, mais il n'en fut rien, sans doute parce qu'il n'eut pas le temps de la terminer avant sa mort. Le peintre s'est représenté lui-même sous l'aspect de saint Jérôme, à droite. La sybille Hellespontique, comme il est noté sur son piédestal, qui porte une croix et une couronne d'épines prophétise la mort du Christ, tandis que Moïse, préfiguration du Christ rédempteur, est représenté à gauche avec la Vierge et sainte Marie-Madeleine. Le décor indique que le peintre connaissait l'architecture de Serlio.

254 TITIEN, Assomption de la Vierge, 1516-1518
(À gauche) Cette œuvre fut la première commande religieuse d'envergure qu'obtint Titien. C'est aussi l'un des chefs-d'œuvre majeurs de la peinture de la Renaissance. Le tableau fut conçu en fonction de l'emplacement qui lui était destiné, c'est-à-dire le maître-autel de l'église des Frari : sa forme reprend l'arche du chœur du Quattrocento, à travers laquelle l'œuvre devait être vue, dans l'axe de la nef. Le retable apparut si moderne pour son époque et si différent des œuvres religieuses de Bellini, alors très en vogue, que les autorités ecclésiastiques de l'église des Frari faillirent la refuser. Titien s'inspira probablement de la fresque de Raphaël au Vatican, la Dispute du Saint-Sacrement, qu'il connaissait par des copies dessinées par d'autres artistes. Ici, le tableau est conçu selon un triangle formé par les trois vêtements drapés rouges qui se dégagent sur un fond où les tons d'or prédominent. Ainsi se trouve accentué le mouvement de la Vierge qui monte vers Dieu. Cette œuvre eut une très grande influence sur les peintres baroques.

257 FRANCESCO SALVIATI, Le Triomphe de Camille, 1543-1545
*Lorsqu'il était à Florence, Salviati espérait obtenir de nombreuses
commandes des Médicis, mais s'il travailla pour la manufacture
de tapisseries, il n'obtint pas la réalisation de l'importante fresque de
l'église San Lorenzo, qui fut confiée à Pontormo et Bronzino, si bien
qu'il regagna Rome. Dans les années 1540, il était le grand rival de
Bronzino. En 1544, Cosme Ier le fait revenir à Florence pour qu'il
décore la salle d'audience du Palazzo Vecchio. Ces fresques sont
d'une composition typiquement romaine : on y trouve des éléments
empruntés à Raphaël et à Michel-Ange. On notera la richesse des
références à l'Antiquité, les couleurs intenses, vibrantes ainsi que
l'effet de grande foule qui se presse.*

258 GRECO, Portrait de Giulio Clovio, 1570
*(En haut, à droite) Clovio (1498-1578) était un peintre de miniature
venu de Croatie qui travailla pour le cardinal Alessandro Farnèse
pendant plus de quarante ans après être entré à son service vers
1537. Sans doute fut-il le dernier grand peintre miniaturiste
européen. Il vécut d'abord au palais de la Chancellerie, puis au
palais Farnèse quand Alessandro en hérita en 1565. C'est là qu'il
mourut en 1578 : il avait presque cent ans ! Il accompagna
Alessandro en exil à la cour des Médicis entre 1551 et 1553, et fut
toute sa vie son conseiller artistique. Clovio introduisit Greco en
1570 auprès du cardinal, dans le cercle duquel Greco travailla.*

259 GIULIO CLOVIO, pages du Livre d'Heures d'Alessandro
Farnèse, achevé en 1546
*(En bas, à droite) Clovio peignit ces Heures pour la célèbre
bibliothèque du cardinal Alessandro Farnèse, l'un des plus grands
mécènes du milieu du siècle. Ces Heures, le chef-d'œuvre de Clovio,
sont aussi les plus belles peintures de miniatures qu'ait produites la
Renaissance italienne, et en 1577, elles étaient considérées à Rome
comme l'une des principales curiosités. Vasari leur trouvait un
caractère divin, plus qu'humain. La reliure était en argent ciselé,
exécuté par le maître artisan Antonio Gentili. Chaque illustration est
placée dans un cadre à l'antique comportant des imitations de
camées anciens (Alessandro était un grand collectionneur de cristaux
de roche gravés) et de figures de marbre sans doute inspirées du
travail de Salviati pour les Farnèse.*

260 Sebastiano del Piombo, Portrait de Ferry Carandolet et de
son secrétaire, 1511-1512

*Ferry Carandolet, un notable de son époque, était archidiacre de
Besançon, conseiller de l'empereur et ambassadeur à Rome. C'est
dans cette ville que fut exécuté ce portrait : Sebastiano y était arrivé,
venant de Venise, en 1511 pour exécuter des fresques dans une pièce
de la villa de la Farnésine. Jusqu'au XIXe siècle, on crut que ce
tableau était de Raphaël, parce qu'il contient de nombreuses
caractéristiques des portraits que fit le peintre à Rome. C'est en tout
cas l'un des plus imposants de la Renaissance romaine.*

261 Paul Véronèse, Les Noces de Cana, 1562-1563

*(À droite) Cette toile immense était destinée au réfectoire du couvent
bénédictin de San Giorgio Maggiore. L'œuvre fut saisie par Napoléon
en 1798. On a beaucoup loué la maîtrise de l'espace de l'artiste,
ainsi que la majesté du tableau, de même la variété des personnages
et leur richesse. Ajoutons à ces qualités une utilisation splendide des
couleurs, le luxe des détails représentés, et le magnifique rendu d'une
atmosphère de fête qui font de ce tableau un chef-d'œuvre de la
peinture de la Renaissance. Parmi les personnages, Véronèse a fait
les portraits des grands princes du temps, comme François Ier,
Charles Quint ou Soliman et des artistes d'alors : Titien qui joue du
violoncelle, Tintoret, Bassano, Palladio et Véronèse lui-même qui
joue du violon. L'architecture palladienne sert de cadre au tableau.*

262 Le Tintoret, Suzanne et les vieillards, 1557
(À gauche) Cette peinture qui, d'après Ridolfi, se trouvait dans la
maison du peintre Niccolo Renieri, est probablement le rendu le plus
sensuel du nu féminin que l'on doive au Tintoret. Au lieu de la
version classique du thème où les vieillards surprennent Suzanne,
le Tintoret a choisi une approche plus érotique, voyeuriste même,
puisque Suzanne est encore inconsciente de la présence des vieillards,
et contemple paisiblement son propre reflet dans son miroir. On
notera l'audacieuse trouvaille du peintre qui a divisé le tableau par
un écran de verdure. Le procédé renvoie aux astuces de composition
utilisées par les maniéristes. On notera aussi la sensualité de la chair
de Suzanne, la finesse des natures mortes et les reflets de l'eau.

263 Giulio Romano, Salle des Géants, palais du Té, Mantoue,
1532-1534
(Ci-dessus) En 1524, Giulio Romano quitta Rome pour Mantoue où
il donna une nouvelle vigueur à la peinture grâce au mécénat du
marquis Frédéric II de Gonzague, et créa certaines des plus belles
décorations intérieures de l'époque. Les pièces qu'il peignit au palais
du Té sont décorées à fresque dans un style vigoureux et ornées de
motifs en stuc. La Salle des Géants que l'on voit ci-dessus est unique
en son genre : les effets de trompe-l'œil perturbant délibérément et ne
respectant absolument pas les données architecturales de la pièce.
Elles illustrent l'anéantissement des géants par les dieux. Cette
fresque n'est pas exempt d'artifices maniéristes.

264 LORENZO LOTTO, Le Triomphe de la
Chasteté, vers 1531
*Il s'agit très probablement d'un tableau exécuté
pour un mariage. Le nu féminin semble de
marbre, et la palette acidulée du peintre est celle
de la phase la plus maniériste de sa carrière.
La Chasteté, habillée, à gauche, chasse la lascive
Vénus et un Cupidon apeuré. Le personnage de la
Chasteté s'inspire probablement d'un sarcophage
romain du Vatican. L'iconographie du tableau peut
se comparer à L'Amour profane et l'Amour
sacré de Titien (Pl. 219).*

265 PARMESAN, Conversion de saint Paul,
1527-1528
*Une récente restauration a révélé que le tableau
avait des couleurs étonnamment scintillantes et
une composition très dynamique. C'est en 1950
seulement qu'on l'attribua à Parmesan, grâce à un
dessin préparatoire. Le style, qui est proche de
celui que le peintre affectionnera dans ses œuvres
plus tardives de la période romaine, s'inspire de la
chambre d'Héliodore de Raphaël, au Vatican.
À cela, s'ajoute les membres très longilignes et la
composition particulièrement élégante qui font de
ce tableau une splendide œuvre maniériste.*

266 DOSSO DOSSI, Jupiter, Mercure et la Vertu, vers 1529

Le sujet est tiré d'une fable du poète Lucien. La Vertu, poursuivie par la Fortune, demande la protection de Jupiter. Mercure supplie la Vertu de ne pas faire de bruit car Jupiter peint des papillons, qui sont le symbole de l'âme. Ce tableau est typique des compositions de Dosso : paysage de fond, personnages très expressifs et richesse de coloris.

267 ALLESSANDRO ALLORI, Pêche des perles, 1570-1572

Il s'agit du tableau le plus célèbre du peintre, destiné au studiolo de François Ier de Médicis au Palazzo Vecchio de Florence. Borghini, celui qui avait conçu les thèmes de décoration de ce studiolo s'était inspiré, pour ce tableau de Pline, et le sujet fait référence, ici, au contenu précieux du cabinet de travail d'un prince aux goûts raffinés. Ce tableau réunit les aspects les plus importants de la peinture florentine de l'époque : admiration pour les nus de Michel-Ange, ainsi que pour la finesse de Bronzino, et un grand intérêt pour l'art flamand, comme en témoigne la peinture des perles, des coquilles et autres éléments naturels.

1500

AD

ALbertus Durerus Noricus
ipsum me proprys sic effin
gebam coloribus ætatis
anno XXVIII.

Chapitre 9

La peinture du XVIᵉ siècle en Allemagne et aux Pays-Bas

Le XVIᵉ siècle en Europe du Nord nous a laissé certains des plus beaux chefs-d'œuvre de l'art occidental : que l'on songe à l'*Adoration des Rois* de Dürer (Pl. 287), ou à la *Bataille d'Alexandre* d'Altdorfer (Pl. 289) ou encore aux *Chasseurs dans la neige* de Bruegel (Pl. 284), pour ne citer que ceux-ci. Ces trois tableaux représentent chacun un courant différent dans la peinture d'Europe du Nord de cette époque : Dürer, en effet, est l'équivalent allemand des grands peintres italiens de la haute Renaissance, Altdorfer représente les paysages magiques de l'« école du Danube », et les scènes paysannes de Bruegel expriment une veine typiquement flamande.

En Allemagne, les trente premières années du siècle virent une éclosion de talents sans précédent : Dürer, Altdorfer, Cranach, Grünewald et Hans Holbein le Jeune furent tous actifs à cette époque, et ils étaient entourés d'une pléiade de peintres moins connus mais très talentueux aussi. Tous travaillèrent la gravure, et dans le cas de Dürer, c'est dans cette technique qu'il réussit certaines de ses plus belles œuvres.

En Italie, l'humanisme qui s'était diffusé au XVᵉ siècle, avait donné des formes d'art bien différentes de celles que l'on avait vu éclore aux Pays-Bas et en Allemagne au même moment. Les œuvres des grands artistes florentins des années 1420 avaient supplanté et fait oublier le peu qui subsistait du monde gothique. Les vestiges de celui-ci perdurèrent plus longtemps dans le Nord où il fallut attendre la fin du XVᵉ siècle pour que l'humanisme se développe. Il ne serait pleinement compris que vers le milieu du XVIᵉ siècle.

L'Allemagne

Si les grands centres allemands comme Wittenbourg, Ratisbonne, Ulm et Fribourg, offraient beaucoup de possibilités de commandes religieuses et pratiquaient un mécénat de cour actif, la peinture en Allemagne fleurissait surtout dans les riches villes-États du sud, en particulier à Augsbourg et à Nuremberg. À cette époque, Munich devint une importante ville catholique, de même Stuttgart et Landshut. Les villes protestantes étaient Bâle, Brunswick, Berne et Lübeck, et souvent les bastions catholiques comme Fribourg ou Munster se trouvaient à l'intérieur de territoires protestants. Les peintres naturellement voulaient avoir accès aux villes catholiques, où ils trouveraient des commandes d'œuvres d'art pour les églises. On ne peut nier que la Réforme, par son iconoclasme, réduisit les opportunités de travail pour les artistes. Il leur fallut voyager beaucoup pour trouver des commandes.

Dürer et ses élèves

Le plus grand artiste allemand de l'époque, Albrecht Dürer (1471-1528), fut aussi le premier à adopter les idéaux de la Renaissance et en particulier l'humanisme tel qu'il était traduit dans l'art italien. Raphaël et Dürer échangèrent des œuvres, des gravures ou des dessins. Dürer connaissait les écrits de Vitruve et d'Alberti aussi bien que les idées de Léonard de Vinci (*cf.* chapitre 7). Il voyageait en effet beaucoup, et les contacts établis au cours de ces voyages furent extrêmement stimulants pour lui. Il connaissait également les écrits de Luther et professait pour eux de la sympathie, ce qui devait s'avérér important pour son cheminement spirituel.

268 ALBRECHT DÜRER, Autoportrait, 1500

Cet autoportrait est l'un des plus beaux du peintre : il marque l'apogée de sa première manière. La frontalité extrême, presque rigide, rappelle des compositions médiévales, et l'expression, hiératique, voire religieuse, évoque certaines représentations du Christ, comme celle de la Sainte Face, la Vera Icon. *De même, le geste de la main rappelle la main qui bénit du* Salvator Mundi. *La virtuosité technique et le parallèle entre le Créateur et l'artiste montrent combien le peintre avait confiance à la fois dans son talent et dans son savoir-faire. L'inscription latine signifie : « Je me suis peint moi-même, Albrecht Dürer de Nuremberg, à l'âge de vingt-huit ans, avec des couleurs durables. »*

269 ALBRECHT DÜRER, Lièvre, 1502
Dürer était un virtuose de l'aquarelle, et celle-ci est sans doute la plus célèbre, au point que certains artistes de son temps en conservaient précieusement des copies. La chaleur qui émane de cet animal en fait davantage qu'un sujet d'observation naturaliste : ce lièvre est comme présent. L'artiste le peignit uniquement au pinceau, définissant d'abord ses contours avec des touches plus appuyées, puis rendant les détails de la fourrure avec un pinceau très fin pour donner relief et épaisseur grâce à des rehauts de gouache. Quand Dürer entreprit son second séjour en Italie, Giovanni Bellini lui demanda quel pinceau le peintre allemand utilisait pour obtenir de si subtils effets. Il fut surpris de constater que Dürer employait un pinceau tout à fait ordinaire.

Il domina tous ses contemporains d'Europe du Nord et, par le moyen de ses gravures, exerça une grande influence en Allemagne, aux Pays-Bas et en Italie. En vérité, à son époque, on le connaissaient peut-être davantage comme graveur que comme peintre : il collabora à l'*Arc de triomphe* réalisé pour l'empereur Maximilien et qui était composé de cent quatre-vingt-douze gravures sur bois. Son génie du trait est déjà bien évident dans l'*Autoportrait à l'âge de treize ans* de l'Albertina de Vienne qu'il fit à la mine d'argent en 1484. Le grand humaniste Érasme, dont Dürer grava le portrait, l'appelait l'« Apelle des lignes noires », le peintre grec Apelle étant alors considéré comme le plus grand peintre de l'Antiquité.

La puissance de la personnalité de Dürer, que traduit parfaitement son art, ne cessera jamais de nous étonner. De même, comment ne pas s'émouvoir devant la passion avec laquelle il poursuivit ses idéaux toute sa vie, même affaibli par l'âge ? Il s'essaya à une variété considérable de thèmes

et de genres, depuis le paysage à l'aquarelle jusqu'aux portraits en passant par les tableaux religieux (Pl. 270). Il apporta à tous ces genres des éléments novateurs, si bien que son œuvre par sa diversité et son ampleur ne peut se comparer qu'à celle de Léonard de Vinci. Son existence en revanche n'a rien à voir avec celle du peintre italien, ni avec celle d'aucun de ses contemporains italiens, et fut intimement liée aux événements de son temps.

Dürer, qui naquit à Nuremberg, était le fils d'un orfèvre hongrois qui s'était établi dans cette ville en 1455. Il raconte dans sa *Chronique familiale* qu'il fréquenta l'école où il apprit à lire et compter, peut-être y apprit-il également le latin, question d'importance pour un peintre qui s'intéressa tant à la théorie artistique, dont les traités étaient souvent rédigés en latin. De plus Dürer eut la chance exceptionnelle que son parrain, Anton Koberger (v. 1445-1513) soit un imprimeur et éditeur important. Ceci contribua sans doute à l'intérêt que toute sa vie l'artiste porta à la gravure et à l'impression. À l'âge de quinze ans, Dürer entra comme apprenti chez Michael Wolgemut (1434-1513), célèbre peintre et illustrateur de livres à Nuremberg. C'est lui qui, en Allemagne, avait donné ses lettres de noblesse à la gravure sur bois. Dürer se lia aussi d'une amitié qui durerait toute sa vie avec le poète humaniste Willibald Pirckheimer (1470-1530), l'un des plus grands intellectuels de son temps. Ce dernier sensibilisa l'artiste aux idées venues d'Italie, pays où Dürer se rendrait deux fois, d'abord en 1494-1495 puis en 1505-1507.

Son apprentissage terminé, en 1490, l'artiste partit pour Colmar espérant y travailler avec Martin Schongauer. En chemin, il s'arrêta à Mayence et à Francfort. Schongauer était alors le peintre et le graveur allemand le plus éminent (*cf.* chapitre 5), mais il mourut avant l'arrivée de Dürer à Colmar, en 1492, laissant un héritage inestimable d'environ cent quinze superbes gravures sur cuivre, mais seulement un tableau que l'on ait pu lui attribuer avec certitude, la *Vierge au buisson de roses*, œuvre conservée à l'église Saint-Martin de Colmar.

En 1494, Dürer, après avoir passé quelques temps à Bâle et à Strasbourg, retournait à Nuremberg où il fit un mariage de convenance. Quatre ans plus tard, il exécutait sa série de xylographies de l'*Apocalypse,* que suivirent la *Grande Passion* vers 1494 et la *Vie de Marie,* cycle complété en 1510. *Le Cavalier, la Mort et le Diable* date de 1513 (Pl. 43) et la célèbre *Melancholia I* de 1514. Avec ces gravures, Dürer entraînait l'art vers des hauteurs insoupçonnées, réussissant des effets que jusqu'alors on avait cru possibles qu'en peinture.

Le *Triptyque Paumgärtner* conservé à l'Alte Pinakothek de Munich, et l'*Adoration des Rois* (Pl. 287) représentent bien le style de ses premières peintures religieuses, avant que la crise de la Réforme ne l'affecte. Peu après avoir terminé ces deux tableaux de 1504, Dürer partit pour un second séjour en Italie. Un voyage en Italie était une démarche inhabituelle pour un artiste allemand de l'époque. Lors d'un premier séjour sans doute visita-t-il Venise, Padoue, Mantoue et Crémone. Son second séjour dans ce pays dura deux ans, et l'artiste se rendit probablement à Florence et à Rome ainsi qu'à Venise et à Bologne où il espérait apprendre la perspective.

Les compositions de Bellini et la luminosité de leurs couleurs influencèrent Dürer qui peignit la *Fête du rosaire* en 1506 (Galerie nationale, Prague) alors qu'il était à Venise, reconnaissant par ce tableau devoir une dette à l'égard des peintres locaux, mais espérant aussi affirmer la supériorité de son talent. Il fallut cependant attendre 1526 pour que Dürer adopte et traduise vraiment les idéaux de la haute Renaissance italienne, avec les *Quatre Évangélistes*, personnages de conception monumentale. Peinte sur bois, l'œuvre se trouve à l'Alte Pinakothek de Munich. On y voit combien l'artiste était préoccupé par les proportions, question à laquelle il consacra des écrits théoriques dont le *Traité des proportions,* publié en 1528.

Le génie de Dürer pour les portraits (Pl. 270) n'est que le prolongement de l'intérêt qu'il portait à tous les aspect de la réalité et de la nature, dont sa célèbre aquarelle représentant un lièvre (Pl. 269) de 1502 est la preuve la plus éblouissante.

Très influencé par Mantegna, Dürer en ce début de siècle travaillait beaucoup la gravure, mais ses peintures traduisent son exceptionnelle perspicacité psychologique : ainsi cet *Autoportrait* (Pl. 268) daté de 1500, au regard pénétrant, est infiniment émouvant. En décidant de publier lui-même ses gravures, Dürer devint indépendant et inventa une nouvelle forme de livre illustré, l'album. Cette indépendance ainsi que la supériorité sur les autres peintres que lui conféraient son éducation humaniste et l'expérience acquise au cours de ses voyages, lui valurent de prestigieuses commandes, en particulier de la part de l'empereur Maximilien qui devint son plus important mécène après 1512, et plus tard de la part de Charles Quint. Au cours d'un voyage aux Pays-Bas en 1520-1521, Dürer rencontra plusieurs peintres importants, consigna ces rencontres dans son *Journal de voyage* aux Pays-Bas et fut salué comme le premier artiste de son temps. Son influence apparaît déjà chez l'artiste flamand Marinus Van Reymerswaele (v. 1493-v. 1570), dont le *Saint Jérôme* (Pl. 298) reprend le même sujet qu'avait traité Dürer en 1521.

L'art allemand de la Renaissance serait inconcevable sans Albrecht Dürer, mais l'universalité de son talent ne se retrouve pas chez ses élèves ni chez ceux qui voulurent l'imiter, car ils ne parvinrent qu'à reproduire son style et des éléments de détail de son œuvre. Altdorfer et, dans une moindre mesure, Baldung Grien sont les deux seules exceptions.

Déjà dans les années 1490, l'influence de Dürer se faisait sentir chez quelques peintres du sud de l'Allemagne. Parmi eux, l'un des plus doués était Hans Süss (ou Suess), connu sous le nom de Hans Süss Von Kulmbach (v. 1480-1522), qui fut aussi marqué par Jacopo De' Barbari. Hans Schäufelein (v. 1480-v. 1540), peintre et graveur, fut l'élève de Dürer et travailla notamment à Augsbourg tandis que les frères Beham, Hans Sebald (1500-1550) et Barthel (1502-1540), furent essentiellement graveurs. Néanmoins Barthel

270 ALBRECHT DÜRER, *Jeune femme*, 1506
Le modèle est vêtu à la mode vénitienne, dont le style indique que le tableau fut exécuté durant le second séjour de l'artiste à Venise, vers la fin de 1506, après qu'il eut vu les portraits de Bellini. Le modèle n'est pas la femme de Dürer, comme on l'a cru longtemps.
La douceur du tracé et du modelé traduit bien tout ce que Dürer avait appris de la peinture vénitienne, mais l'artiste ne conserva pas ce style après son départ d'Italie. Le fond, très simple, suggère sans doute la mer et le ciel.

peignit un *Portrait d'homme*, un arbitre en train de noter les points au jeu de balle ou au tir à l'arc. Exécuté en 1529, il est conservé au Kunsthistorisches Museum de Vienne : de qualité, l'œuvre contient des éléments italianisants, comme les tableaux de Christoph Amberger (v. 1500-1562), peintre à Augsbourg (Pl. 9). Les portraits très personnels de Georg Pencz (v. 1500-1550) traduisent l'influence de deux voyages que fit le peintre en Italie, où certainement Bronzino l'influença. Pencz fut chassé de Nuremberg ainsi que les frères Beham, tous trois qualifiés de « peintres athées », après les réformes que Nuremberg introduisit dans l'organisation du culte en 1524 et un procès en 1525.

Altdorfer et l'école du Danube

Albrecht Altdorfer (v. 1480-1538) était presque contemporain de Dürer. Il devint citoyen de Ratisbonne en 1505, et s'il travailla d'abord à des sujets religieux, il doit sa

271 ALBRECHT ALTDORFER, Paysage avec un pont, vers 1518-1520
Il s'agit de l'un des tout premiers tableaux représentant un paysage sans personnage. Probablement est-il antérieur à l'autre seul paysage peint sans personnage que l'on doit à Altdorfer et qui se trouve aujourd'hui à Munich.
Comme les gravures sur bois d'Altdorfer, ces paysages doivent leur beauté à la densité de la composition qui crée une atmosphère étouffante que l'on éprouve dans une forêt de conifères. On retrouve le même procédé dans La Bataille d'Alexandre *(Pl. 289).*

réputation à ses remarquables paysages (Pl. 271). Ceux-ci expriment une foi panthéiste dans la nature, dont l'artiste représente l'exubérance avec une puissance exceptionnelle. Altdorfer peignit aussi des sujets érotiques à la manière de Cranach.

Il fut le chef de file de l'école du Danube, une appellation qui regroupe des peintres installés le long de la vallée du Danube, entre Vienne et Ratisbonne et dont les styles ont des caractéristiques communes, bien qu'ils travaillèrent séparément. Lucas Cranach le Vieux et Wolf Huber (v. 1490-1553), peintre et architecte, qui fut attaché à la cour du prince-évêque de Passau en furent les plus brillants représentants. Huber, artiste plein d'esprit et inventif, se montra très novateur dans l'utilisation de la couleur et les effets de lumière. Ses sources iconographiques sont difficiles à préciser, mais le paysage est dominant dans la plupart de ses tableaux.

L'école du Danube commença avec des peintres du gothique tardif comme Jan Polack de Cracovie et établi à Munich, et le peintre et sculpteur autrichien Michael

Pacher (v. 1430-1498) dont le chef-d'œuvre est le *retable du sanctuaire de Sankt Wolfgang* en Autriche. Pacher introduisit en Allemagne de nombreux éléments de la Renaissance italienne – et tout particulièrement de Mantegna – que reprit son disciple Max Reichlich (1460-v. 1520).

Avant 1505, on ne sait rien de l'activité d'Altdorfer. À partir de cette date, il semble qu'il ait connu un succès et mourut assez riche, après avoir refusé de devenir bourgmestre de Ratisbonne. Il accepta cependant d'importantes charges publiques et occupa le poste d'architecte de la ville, mais ne conçut que des ouvrages de peu d'intérêt. Il est assez difficile de concilier cette image d'homme officiel avec son art pour le moins excentrique. Son premier tableau signé date de 1507 : il s'agit de la petite huile sur bois (20 × 25 cm), *Famille de satyre,* conservée à la Gemäldegalerie de Berlin, image pleine de poésie et de nostalgie grâce à son paysage et à ses lointains évocateurs. Altdorfer connut certainement l'art de Mantegna, mais on aimerait penser qu'il connaissait la peinture vénitienne, et surtout celle de Giorgione. Des éléments vénitiens se retrouvent dans ses paysages, tout comme dans ceux de Cranach l'Ancien, d'ailleurs. En outre, le Vénitien Jacopo De' Barbari (PL. 202) travailla pour plusieurs mécènes et commanditaires du Nord, dont l'empereur Maximilien et le prince électeur de Saxe, Frédéric le Sage, dont il fut le peintre de cour avant Cranach l'Ancien. Il fallut attendre les années 1520 pour qu'Altdorfer peignît un paysage sans personnage avec, par exemple, la *Vue du Danube près de Ratisbonne* de l'Alte Pinakothek de Munich en 1522. Dès lors ses tableaux furent empreints d'une atmosphère émouvante qu'aucun peintre ne réussirait à rendre aussi bien avant Caspar David Friedrich au XIXᵉ siècle.

L'architecture dans les tableaux d'Altdorfer est parfois italianisante, comme dans l'un des panneaux du cycle de la légende de saint Florian, destiné probablement au monastère de Saint-Florian, près de Linz, en Autriche, *Le Cadavre de saint Florian est retiré de l'eau,* conservé à Nuremberg. Le peintre, il est vrai, s'intéressa à l'architecture dans les dessins qu'il réalisa dans les années 1520. Dès 1512, Altdorfer s'attacha à créer de nouveaux jeux de lumière comme dans la *Naissance du Christ* de la Gemäldegalerie de Berlin. On retrouvera ces effets nocturnes dans nombre de ses œuvres ultérieures.

Altdorfer reçut des commandes de l'empereur Maximilien et ses liens avec l'Autriche furent sans doute assez étroits pour qu'il se rende à Vienne deux fois. En 1518, il travailla à un grand retable pour le monastère de Saint-Florian où il expérimenta d'étonnants effets de couleurs et de lumière dans l'épisode du *Christ au mont des oliviers* qui fait écho aux séries gravées des *Passions* par Dürer.

Certaines peintures d'Altdorfer mettent en scène des personnages presque surréalistes, et à partir de 1520, le style du peintre évolue vers deux traitements bien différents du paysage, intime ou monumental. On trouve le premier type dans la merveilleuse *Nativité de la Vierge* (Pl. 288), et le second dans *La Bataille d'Alexandre* (Pl. 289) tableau magnifique réalisé pour Guillaume de Bavière. Aucun des disciples d'Altdorfer ne réussit à égaler ses paysages ni son sens de la mise en scène ; tous se contentèrent d'une iconographie plus facile.

Lucas Cranach l'Ancien

Lucas Cranach l'Ancien (1472-1553) tient son nom de sa ville natale, Kronach, dans le sud de l'Allemagne. Il semble qu'il ait vécu à Vienne de 1501 à 1504. Là, il fréquenta les cercles d'intellectuels et d'artistes humanistes auxquels Dürer était habitué, et on lui doit certains des plus beaux tableaux et portraits des grands personnages de ce milieu (Pl. 272). Peut-être est-ce son expérience viennoise qui

272 LUCAS CRANACH L'ANCIEN, Johannes Cuspinian, vers 1502
Ce tableau, comme son pendant qui représente Anna, la femme de Cuspinian, est l'un des plus beaux portraits de la Renaissance allemande. Sans doute les deux tableaux étaient-ils un cadeau de mariage car on y trouve les oiseaux astrologiques du couple, un hibou et un perroquet. Cuspinian, qui était un humaniste de grande valeur, était aussi poète à la cour de l'empereur, et son ouvrage majeur, qui traite des empereurs romains, visait à glorifier l'idéal impérial allemand. Sur ce tableau, Cuspinian a vingt-neuf ans et porte sa tenue de rector magnificus *de l'université de Vienne. Le paysage de fond, typique de l'école du Danube contraste avec l'attitude très raffinée du modèle.*

explique l'étonnante diversité de l'œuvre de Cranach. Celle-ci comporte en effet non seulement des paysages qui l'apparentent à Altdorfer et l'école du Danube, mais aussi de magnifiques retables et tableaux religieux, des nus, des portraits remarquables, et des œuvres graphiques de très grande qualité.

Bien que fortement empreints de l'influence de Dürer, les portraits de Cranach marquent une subtile progression : ils restituent l'atmosphère d'un monde de transition entre les anciennes conceptions gothiques et le monde de la Renaissance. Cranach possédait une grande capacité d'adaptation et sut adopter tous les moyens d'expression du milieu du siècle, comme en témoigne le splendide *Autoportrait* de 1550 du musée des Offices à Florence. Avec ce tableau, du reste, devait s'achever sa carrière de peintre de cour à Wittenberg, commencée d'abord en 1505 auprès de Frédéric le Sage, électeur de Saxe, puis de son successeur. En 1550 en effet, Cranach qui avait travaillé à Wittenberg durant quarante-cinq ans, suivit le dernier électeur de Saxe, Jean-Frédéric en exil à Augsbourg.

Ses portraits les plus novateurs sont généralement en pied, et les costumes sont peints avec une extrême délicatesse, comme dans le portrait de *Henri le Pieux* daté de 1514 et conservé à la Gemäldegalerie de Dresde. Cranach fit le portrait de nombreux membres de l'aristocratie et des milieux humanistes allemands (Pl. 272) car à cette époque, il représentait l'archétype de l'artiste de cour en Allemagne, et savait peindre avec élégance, même lorsqu'il s'agissait de scènes bibliques. Artiste très demandé et célèbre, Lucas Cranach fut abondamment copié par ses contemporains. On retrouve une certaine grâce maniériste chez Lucas Cranach, caractéristique que conserva son fils Lucas le Jeune (1515-1586). Ce dernier reprit l'atelier de son père et acheva son dernier tableau, l'émouvante *Crucifixion avec l'allégorie de la Rédemption* de la Stadtkirche de Weimar.

Très bien considéré et couvert d'honneur à Wittenberg (Luther était le parrain de l'un de ses enfants), Cranach sut élaborer un langage visuel à la fois sophistiqué et plein d'esprit, en particulier dans ses tableaux de nus. Il semble qu'il se soit toujours tenu au courant des tendances de l'art européens. Il se rendit aux Pays-Bas en 1509, et adopta certains éléments de style flamand dans son *Retable de la Sainte Parenté* du Städelsches Kunstinstitut de Francfort, comme le pavement carrelé si frappant, les costumes et certains détails. Cranach exécuta aussi de nombreuses gravures sur bois qui portent l'influence de Dürer et d'autres artistes flamands.

Mathias Grünewald

Mathias Gorthadt ou Neithadt (v. 1480-1528) fut un peintre de cour bien différent de Cranach. Son nom de Grünewald lui fut donné par erreur par son premier biographe, Joachim Sandrart, dans la monumentale œuvre que rédigea ce dernier sur l'art allemand, *Deutsche Akademie (Académie allemande),* publiée entre 1675 et 1679.

Grünewald a été redécouvert au XXᵉ siècle, et correspond bien aux goûts contemporains, en particulier ceux des expressionnistes allemands qui se sont beaucoup identifiés à lui. On peut s'étonner qu'il ait été si longtemps méconnu alors que maintenant l'histoire de l'art en fait le plus grand peintre allemand après Dürer : sa peinture difficile à comprendre explique ce long oubli. L'originalité et la puissance de Grünewald résident dans la façon dont il sut représenter le monde spirituel du Moyen Âge en associant une imagerie nouvelle et unique à des couleurs qui contribuent à créer une atmosphère pathétique.

La façon dont il quitta Albert de Brandebourg, au service duquel il était, à Mayence, en raison de ses prises de position favorables à la révolte des Paysans en 1524-1526, le fait qu'il perdit en mer l'un de ses tableaux, et puis l'oubli dans lequel il tomba longtemps, font du peintre un personnage fascinant. Autre bizarrerie, en 1510, il était recensé comme ingénieur hydraulique pour le chapitre de la cathédrale de Mayence.

Grünewald, qui était un luthérien convaincu, aurait, semble-t-il, appris son métier à Nuremberg dans les premières années du siècle, et là, sans doute fut-il soumis à l'influence de Dürer. Il s'installa ensuite à Mayence où il travailla pour l'archevêque Uriel Von Gemmingen de 1508 à 1514, puis pour le successeur de ce dernier, Albert de Brandebourg. Il rencontra Dürer en 1520, lorsqu'il accompagna Albert de Brandebourg à Aix-La-Chapelle pour le couronnement de Charles Quint.

Sa première œuvre connue est le *Retable Lindenhardt* (1503, église paroissiale de Lindenhardt) dont les personnages troublants, anguleux et méticuleusement rendus grâce à des contrastes d'ombre et de lumière, annoncent son œuvre maîtresse, le *Retable d'Issenheim* (Pl. 282). On ne trouve rien, dans sa première œuvre, de l'optimisme de Dürer, et peu après, déjà, dans un dessin au fusain *Le Christ en croix* de la Staatliche Kunsthalle de Karlsruhe, le Christ au corps décharné, déjeté, ainsi que des détails d'un réalisme tragique préfigurent les caractéristiques de tableaux ultérieurs comme la *Petite Crucifixion* actuellement à Washington (Pl. 281). La variété des représentations visuelles et des approches psychologiques que permettait une scène comme la Crucifixion amena Grünewald à traiter souvent ce thème.

Grünewald peignit quatre saints en grisaille pour les volets du panneau central du *Retable Heller* peint par Dürer de 1508 à 1510 et détruit en 1729 par un incendie : *saint Laurent* et *saint Cyriaque* aujourd'hui au Städelsches Kunstinstitut de Francfort et *sainte Élisabeth* et *sainte Lucie* dans la collection Fürstenber à Donaueschingen. Les vêtements aux lourds drapés captent le regard plus que les personnages légèrement difformes, et l'effet d'ensemble est assez insolite, suggérant le monde mystique des saints.

Le *Retable d'Issenheim* (Pl. 282) est l'œuvre la plus importante de l'artiste. Elle fut suivie très vite par un tableau plein de charme et chargé de symboles, la *Vierge et l'Enfant* de l'église paroissiale de Stuppach. Néanmoins le *Retable d'Issenheim* reste le testament artistique de Grünewald.

L'artiste sut aussi adopter certains principes de la haute Renaissance, en particulier pour les proportions et la composition : on le voit clairement dans le célèbre tableau de la *Rencontre de saint Érasme et de saint Maurice*, qui date des années 1520 et se trouve à l'Alte Pinakothek de Munich.

Grünewald revint cependant à une vision terriblement pessimiste du monde. On pense qu'il passa ses dernières années dans la misère, à Francfort. Il souffrait, croit-on, de paranoïa, et en 1527, il s'enfuit à Halle où il mourut de la peste. Peu d'artistes s'inspirèrent de son style, seul Hans Baldung Grien lui en emprunta quelques éléments superficiels.

273 HANS BALDUNG GRIEN, Les Trois Ages de la femme et la mort, 1509-1511
Peut-être cette allégorie de la vanité humaine faisait-elle partie d'une série de la « Danse de mort ». Tandis que la femme, peinte à la Dürer, se contemple dans le miroir, la mort brandit un sablier au-dessus de sa tête et la saisit par le voile qui dissimule sa nudité. En bas, à gauche, un enfant joue aussi avec ce voile qui a probablement une signification symbolique remontant au Moyen Âge, où un Cupidon voilé symbolisait la luxure. La vieille femme, à gauche, tente d'empêcher la mort d'agir. Ce genre d'allégorie, typiquement allemand, était inconnu en Italie, à l'époque.

Hans Baldung Grien

L'œuvre de Hans Baldung Grien (v. 1484-1545) est fort importante et variée, embrassant à la fois des peintures mythologiques et religieuses, des vitraux, des illustrations de livres et des dessins. La façon dont il représente les femmes et la mort est généralement très érotique et parfois obscène, dans ses tableaux comme dans ses gravures sur bois, en particulier dans *La Chute*. Le contraste brutal et violent entre les personnages féminins pleins de volupté, et les squelettes voraces, avides, malfaisants, est saisissant. On peut y voir l'influence de l'apprentissage du peintre auprès de Dürer, mais aussi la prédilection que très tôt dans sa carrière, l'artiste manifesta pour le grotesque, le macabre hideux et démoniaque (Pl. 273).

Né à Schwäbisch Gmünd, dans le sud de l'Allemagne, issu d'une famille de lettrés, Baldung fit ses études à Strasbourg avant d'entrer dans l'atelier de Dürer vers 1503. Son *Retable de l'adoration des Mages* réalisé en 1507 (Gemäldegalerie, Berlin) porte sans ambiguïté la marque de Dürer. À partir de 1517, Strasbourg sera la ville adoptive de Baldung.

Vers la fin de la Renaissance se fit jour en Europe un intérêt pour la sorcellerie et le surnaturel, qui se traduisit dans les tableaux de certains artistes, dont Rosso Fiorentino. On retrouve ce même goût chez Baldung, en particulier dans la gravure sur bois de 1510, *Les Sorcières* dont les personnages ont certaines ressemblances avec ceux d'Altdorfer. Ses gravures sur bois plus tardives sont un peu différentes : les *Chevaux sauvages* (1534) et le *Palefrenier ensorcelé* sont peut-être des allégories de la luxure, mais ont aussi des connotations sinistres que l'on retrouvera plus tard chez Füssli (1741-1825). Baldung s'inspira beaucoup de la danse macabre médiévale, mais il y associa les thèmes plus modernes de la *vanitas* italienne.

L'œuvre maîtresse de Baldung fut le retable de la cathédrale de Fribourg, exécuté entre 1512 et 1516. Le panneau central du *Couronnement de la Vierge* rayonne de couleur et de lumière, et la composition frontale aux multiples personnages rappelle qu'à la même époque l'artiste travaillait avec notamment Dürer, Altdorfer, Cranach et Breu, à illustrer le livre de prières de l'empereur Maximilien. Ce retable est l'une des rares œuvres de Baldung qui évoque le *Retable d'Issenheim* de Grünewald, et sa *Nativité* est l'une des scènes de nuit les plus abouties de cette époque.

Baldung était aussi un talentueux portraitiste : son portrait le plus célèbre est la gravure sur bois qu'il fit de Luther en 1521. Le modèle est illuminé par l'aura du Saint Esprit, le drapé de l'habit de moine est traité dans une manière gothique. Les portraits de l'artiste du temps où il était à Fribourg sont peut-être les plus ressemblants et les plus pénétrants aussi comme en témoigne *le Comte palatin Philippe le Guerrier* de 1517, conservé à l'Alte Pinakothek de Munich. Hans Baldung y fait montre d'une perspicacité psychologique digne de Holbein.

La peinture suisse de l'époque était très liée à celle de l'Allemagne : il faut mentionner Urs Graf (v. 1485-v. 1527) qui fut longtemps mercenaire en Italie, et est connu surtout pour ses gravures, ses dessins de soldats et de prostituées aux vêtements très élaborés.

La peinture à Augsbourg : les Holbein, Burgkmair et Amberger

Aujourd'hui encore Augsbourg conserve bien des merveilles, vestiges de sa splendeur et de sa richesse passées. La ville, il est vrai, était à la Renaissance la grande rivale de Nuremberg. Il s'y trouvait de puissantes familles de banquiers et de marchands comme les Fugger, les Peutinger et les Welser, qui non seulement édifièrent de magnifiques bâtiments, mais se révélèrent des mécènes éclairés et des collectionneurs. En outre, la culture s'épanouit d'autant mieux à Augsbourg que l'empereur Maximilien en fit sa ville de prédilection. Dès lors les idées venues d'Italie y trouvèrent un terrain favorable, et contribuèrent à former de merveilleux artistes comme le portraitiste Christoph Amberger. Vécurent également à Augsbourg les Holbein, père et fils, puis Hans Burgkmair.

Hans Holbein l'Ancien (v. 1465-1524) acquit une notoriété considérable en Allemagne, tandis que son fils devait devenir l'un des plus grands portraitistes d'Europe. Holbein l'Ancien séjourna sans doute aux Pays-Bas avant de se fixer à Augsbourg, car son œuvre porte la trace de l'influence de Van Der Weyden et de Gérard David, surtout quand il peint des personnages très longilignes. Ces influences apparaissent clairement dans l'*Autel de saint Sébastien,* réalisé entre 1515 et 1517 et conservé à l'Alte Pinakothek de Munich qui est, par son élégance, l'un des chefs-d'œuvre de la maturité du peintre. Ses portraits très aboutis et très sensibles, ainsi que ses dessins eurent certainement une importance considérable sur la formation de son fils.

Hans Holbein le Jeune (v. 1497-1543) évolua dans un monde complètement différent de celui de son père. Il fut le dernier grand peintre de la Renaissance allemande. Holbein vécut sous le règne de l'empereur Charles Quint dont il aurait pu facilement devenir le peintre de cour. Mais au lieu des commandes religieuses qui avaient rempli la carrière du père, le fils peignit presque exclusivement des portraits à la suite du mouvement iconoclaste de la Réforme. Avec son frère Ambrosius, il s'établit à Bâle vers 1514-1515, puis à Lucerne en 1517-1518 où il collabora avec son père à la décoration à fresque de la façade d'une maison, aujourd'hui détruite, appartenant à la famille Von Hertenstein. En 1516, il peignit un diptyque représentant le bourgmestre de Bâle, *Jakob Meyer et sa femme,* où les deux personnages sont représentés sur un fond d'architecture renaissance (Öffentliche Kunstsammlung, Bâle). Il exécuta ces portraits à la détrempe et à l'huile sur un support de bois de tilleul, inaugurant ainsi une technique pour laquelle il garderait une grande prédilection.

Son merveilleux portrait de *Boniface Amerbach* exécuté en 1519 (Pl. 290) suggère que l'artiste avait voyagé en Italie car cette œuvre témoigne d'une vision plus ample et d'un style plus doux, que l'on retrouvera dans ses portraits ultérieurs. On sait qu'Holbein vint en France en 1524, et qu'il y vit les tableaux de Raphaël des collections royales. L'influence du peintre italien se sent dans la *Madone du bourgmestre Meyer* de 1526, conservée au Schlossmuseum de Darmstadt, et dans sa série de xylographies des *Simulacres de la mort* qui ne furent tirées qu'en 1538 à Lyon, à cause des interdits de la Réforme.

Très vite, Holbein fut attiré par l'art du portrait : dès 1517, dans l'*Adam et Ève* en buste de l'Öffentliche Kunstsammlung de Bâle, les personnages bibliques sont inspirés de personnes réelles, traités en partie dans le style de Dürer et de Baldung Grien. L'influence de l'Italie est encore très présente dans le *Christ mort* (Pl. 274). Outre ses portraits, Holbein exécuta près de mille deux cents gravures sur bois et sur cuivre, il fit aussi des dessins de vitraux et décora des façades de maisons.

En 1520, Holbein devint citoyen de Bâle et épousa une veuve, Elisbeth Schmid, dont il eut quatre enfants. C'est à cette époque qu'il peignit son grandiose *Retable Oberried* pour la cathédrale de Fribourg, puis le célèbre portrait *Érasme de Rotterdam* (Pl. 14). Précisons qu'il travaillait à l'époque pour Érasme et dessinait les illustrations de son livre, *Éloge de la folie*.

Hans Holbein le Jeune partit pour l'Angleterre en 1526 grâce à Érasme qui l'avait recommandé à Thomas More. À son retour à Bâle, l'iconoclasme de la Réforme battait son plein et malgré certaines commandes officielles, le peintre dut se résoudre à chercher du travail ailleurs. Il partit donc en 1532 pour s'établir définitivement en Angleterre (*cf.* chapitre 6). L'Allemagne perdait ainsi son plus grand portraitiste. Le magnifique portrait de Georg Gisze (Pl. 291) reflète la transition entre sa vie en Allemagne et sa carrière européenne, et annonce la richesse du style qu'il adopterait en Angleterre.

Le troisième artiste d'envergure qui travailla à Augsbourg durant cette période est Hans Burgkmair l'Ancien (1473-1531). Il apprit son métier avec Schongauer à Colmar et probablement se rendit à Milan et Venise avant de revenir s'établir dans sa ville natale en 1498, année où il épousa la sœur de Holbein l'Ancien. Peut-être se rendit-il une seconde fois en Italie car l'on retrouve une lointaine influence de Léonard de Vinci et même de Michel-Ange dans son œuvre. Il séjourna aussi à Bruges, d'où une vision de l'art plus ample que celle de son beau-frère. Comme Dürer, il collabora au *Cortège triomphal,* vaste frise en l'honneur de l'empereur Maximilien, comprenant plus d'une centaine de gravures sur bois. Son œuvre la plus aboutie est le *Retable de saint Jean,* un tableau qui porte la marque des idées italiennes que, du reste, il introduisit à Augsbourg.

Les portraits de cour des maniéristes italiens étaient de plus en plus connus dans le nord de l'Europe, et le fait que Charles Quint ait pris Titien comme portraitiste dut certainement inciter les peintres allemands à moderniser leur style. À Augsbourg, ville qu'affectionnait l'empereur, le seul portraitiste qui réussit à trouver un style international abouti est un élève de Burgkmair, Christoph Amberger (v. 1505-1561). Amberger rencontra Titien à Augsbourg en 1548 et dès lors, il eut pour objectif d'approcher la grandeur vénitienne, ce qu'il réussit magnifiquement dans ses portraits de Charles Quint du Staatliche Museen de Berlin et de Christoph Fugger (Pl. 9). Exécuté en 1541, la manière évoque ici Bronzino. Chez Amberger, on trouve une forme stylisée de représentation à l'opposé de l'approche plus directe et sobre d'Holbein.

La peinture aux Pays-Bas

Parce qu'au XVIe siècle, les Pays-Bas et l'Allemagne appartenaient au même empire, l'art dans les deux pays est difficilement dissociable. Les informations, les œuvres d'art et les artistes circulaient en effet librement à l'intérieur de l'empire. Le climat à peu près paisible qui régna durant la première partie du siècle permit aux arts de s'épanouir, mais la situation de paix, hélas, ne dura pas. L'empereur Philippe II exerça une répression brutale du protestantisme aux Pays-Bas. Grâce aux tribunaux d'Inquisition qu'il avait mis en place, des milliers de personnes périrent. En 1566, les protestants néerlandais décidèrent d'exterminer l'Inquisition et avec elle, l'Église catholique dont ils détruisirent toutes les œuvres d'art. S'ensuivit une répression sanglante de la part des catholiques qui inspira peut-être à Bruegel son tableau *Les Mendiants,* peint en 1568 et conservé au Louvre.

274 HANS HOLBEIN LE JEUNE, Christ mort, 1521-1522
Ce panneau constituait probablement la prédelle du Retable Oberried *d'Holbein, qui était un diptyque. L'œuvre échappa aux destructions des iconoclastes en 1529, et se trouve maintenant dans la cathédrale de Fribourg et la prédelle au musée de Bâle. Le Christ, tel qu'il est représenté ici, est sans doute inspiré de ces sculptures que l'on exposait durant la Semaine Sainte. Il montre bien les sentiments religieux puissants que la Réforme ne permit pas à des artistes comme Holbein d'exprimer artistiquement.*

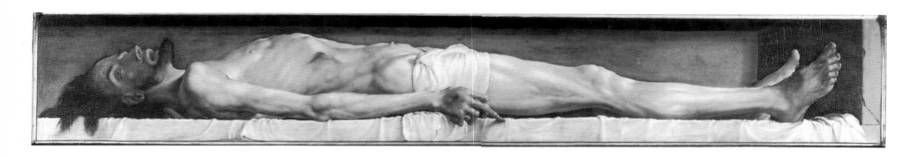

Anvers qui, au XVᵉ siècle, n'était qu'un centre artistique mineur, supplanta Bruges dont l'accès au port s'était ensablé, et devint la première place marchande et le premier port des Pays-Bas. Nombre de splendides tableaux flamands qui se trouvent aujourd'hui en Espagne et au Portugal furent acquis à cette époque à Anvers par des marchands espagnols et portugais venus faire des affaires. Ces gens-là, qui étaient de véritables collectionneurs, durent s'intéresser aussi à la peinture plus ancienne, ce qui explique le regain d'intérêt que connut la peinture de Van Eyck. Sur le plan économique autant que sur le plan artistique, la réputation d'Anvers s'accrut très vite. De ce fait beaucoup de peintres s'y installèrent. Les registres de la guilde des peintres contiennent des informations très intéressantes, les écrits du peintre néerlandais Karel Van Mander (1548-1606) qui travailla essentiellement à Haarlem sont également une source précieuse. Il est l'auteur d'un ouvrage en trois parties *Het Schilderboek (Le Livre des peintres)*, publié en 1604, qui contient plus de cent soixante-dix biographies d'artistes allemands et hollandais depuis Van Eyck, des vies de peintres italiens depuis Cimabue, et enfin une partie technique et théorique sur la peinture. On a souvent appelé Van Mander le « Vasari hollandais ».

Metsys, Patinir, Joos Van Cleve et Mabuse sont les plus grands peintres hollandais des premières décades du siècle. La peinture flamande cependant n'égala jamais celle du XVᵉ siècle, et à l'exception de Pieter Bruegel, il n'y eut aux Pays-Bas aucun génie de la stature de Dürer. Peu à peu plusieurs villes devinrent des centres connus où l'on pouvait trouver des peintres de qualité : Anvers, Haarlem, Leyde, Bruges et Strasbourg. L'art de cour était concentré à Bruxelles et à Malines, deux villes où s'était installée la régence de l'empereur.

La caractéristique majeure de la peinture hollandaise et flamande à cette époque est l'intérêt que les peintres portaient à l'Italie et leur avidité à en assimiler les principes. Cette passion pour l'Italie donnerait au siècle suivant les peintres « caravagesques » du Nord. Elle s'explique en partie par le fait que durant les années 1510-1520, les cartons de tapisserie de Raphaël pour la chapelle Sixtine (Pl. 205) se trouvèrent dans les ateliers de tissage de Bruxelles. Grâce à ce chef-d'œuvre, les peintres du Nord furent confrontés avec le style tardif de la haute Renaissance, puis, avec l'arrivée et la diffusion de gravures italiennes, commença à s'élaborer le style maniériste d'Anvers. Les peintres qui adoptèrent ce style, sans céder aux exagérations qui avaient caractérisé le maniérisme italien à ses débuts, furent appelés des romanistes. Le plus important d'entre eux est Jan Van Scorel (1495-1562). Il voyagea en Italie, alla à Jérusalem et à Chypre et revint à Utrecht en 1524 où il travailla dans un style classique influencé par Raphaël, Michel-Ange et les peintres vénitiens. La plupart de ses tableaux religieux ont disparu, mais il eut beaucoup d'influence en particulier sur ses élèves Maarten Van Heemskerck et le talentueux Anthonis Mor dit Antonio Moro, qui connut un succès international (Pl. 297).

275 QUENTIN METSYS, Les Amants mal assortis, vers 1520-1525
Cette scène du genre, une des toutes premières, est fondée sur une maxime d'Érasme. Le vieil homme se laisse persuader que les attentions dont il fait l'objet de la part de la jeune femme sont sincères, alors qu'elle le vole. La morale de l'histoire est qu'il est facile de dépouiller un sot. Ce thème était très populaire dans l'art de l'époque, et le complice de la femme, ce personnage du fond à gauche avec un bonnet à longues oreilles, fait peut-être référence à des écrits de Sébastien Brunt. Les peintres italiens ne tardèrent pas à traiter des sujets semblables. Ce mélange de grotesque et de beauté trouvera son apogée dans les tableaux de Marinus Van Reymerswaele (Pl. 298).

Quentin Metsys

Quentin Metsys (ou Metsijs, ou Massys, 1466-1530) naquit à Louvain. Vers 1510, il était le premier peintre d'Anvers, et contribuait beaucoup à la toute récente importance artistique de la ville. Il connaissait Érasme et fit son portrait en 1517, avec le philosophe Petrus Aegidius, dans un diptyque dit le *Diptyque de l'amitié*, que lui avait commandé Thomas More, en Angleterre. Il semble avoir mené une carrière très réussie et sans accroc, eut douze enfants de deux mariages différents ; deux de ses fils devinrent peintres.

Comparé à celui de son contemporain Dürer, le style de Metsys est fermement ancré dans le XVᵉ siècle, et sa première œuvre datée, la *Légende de sainte Anne* (1507-1509, musée royal des Beaux-Arts, Bruxelles) est bien dans cette tradition. Son merveilleux *Saint Christophe*, probablement réalisé vers 1504-1505 (musée royal des Beaux-Arts, Anvers), témoigne d'une originalité nouvelle dans l'utilisation de la lumière, du *chiaroscuro*, peut-être inspiré de Léonard de Vinci, et dans le rendu de la perception psychologique. C'est à cette époque que Metsys se montra très ouvert aux idées venues d'Italie, en particulier à celles de Léonard. On peut imaginer que peut-être, il entreprit un voyage en Italie. Il semble aussi qu'il ait bénéficié de l'influence de Dürer, mais son éclectisme naturel lui fit choisir les éléments de style du peintre allemand qui lui convenaient. Il sut avec bonheur associer des conceptions du XVe siècle avec d'autres plus modernes : ainsi sa *Vierge à l'Enfant avec les anges* de l'Institut Courtaud de Londres et *Le Prêteur et sa femme* du musée du Louvre sont encore empreints de subtils rappels d'un art flamand plus ancien. Rubens acquit ce tableau.

Metsys s'intéressait d'abord à la représentation de l'homme qu'il traite souvent avec une simplicité désarmante, en particulier dans ses merveilleux portraits de notables d'Anvers, dont l'un des plus beaux exemples, un *Portrait de femme,* réalisé vers 1510-1515, se trouve au Metropolitan Museum of Art, à New York.

Curieusement, Metsys aimait les motifs de grotesques, comme le montre *La Vieille Femme* de la National Gallery de Londres, dont le visage aux traits hideux et le décolleté fripé, attristant, ont certainement une signification allégorique. On retrouve cet intérêt pour les motifs de grotesques dans le tableau traité d'une manière plus naturaliste, *Les Amants mal assortis* (Pl. 275).

Metsys s'intéressa peu au paysage, et il fut apparemment très satisfait de collaborer avec Joachim Patinir qui peignait des paysages dans lesquels Metsys insérait des personnages (Pl. 294). Cette façon de travailler à deux était déjà très répandue à la fin du Moyen Âge, et redevint populaire en Europe du Nord, puis au XVIIe siècle avec des artistes comme Claude Lorrain.

Joachim Patinir

Joachim Patinir (ou Patenier, ou Patinier, v. 1485-1524) est connu surtout parce qu'il fut le premier peintre à s'intéresser au paysage pour lui-même. En d'autres termes, il fut le premier peintre paysagiste : Dürer utilisa le terme pour la première fois, l'appliquant à Patinir. Comme dans le cas de Metsys, Patinir dut le succès de sa carrière en partie à la prospérité nouvelle d'Anvers, même s'il travailla sans doute auparavant à Bruges. En 1515, il était inscrit comme maître indépendant à la guilde des peintres d'Anvers.

Patinir traita avec beaucoup d'ampleur la nature, peinte comme si elle était vue du ciel. Il plaçait dans ses paysages de petites figures de saints ou de minuscules personnages comme dans le triptyque de La *Pénitence de saint Jérôme, avec le baptême du Christ et saint Antoine* du Metropolitan Museum of Art de New York. Certainement l'artiste choisit-il ces deux saints parce qu'on les représentait souvent dans des paysages de nature, puisqu'ils avaient été ermites. Les personnages de Patinir sont toujours représentés avec un certain réalisme en rapport avec les paysages dans lesquels ils sont intégrés. Quant aux paysages, ils ne sont pas destinés à traduire un climat psychologique ou dramatique comme le recherchaient les peintres de l'école du Danube. Patinir restitue une atmosphère faite d'une minutieuse gradation de la couleur, utilisant des bleu vert profonds pour les premiers plans, qui se dilueront dans des tons plus clairs et presque froids dans le lointain.

Gossaert et les maniéristes d'Anvers

Au vu de ce qu'il peignit plus tard, on s'étonne que Jan Gossaert (v. 1478-1533) ait commencé à travailler à la manière de Hugo Van der Goes et Gérard David, et qu'il ait sans doute appris son métier à Bruges. C'est l'un des artistes les plus étonnants de son temps, ses tableaux tardifs l'apparentent à ceux que l'on a appelés les maniéristes d'Anvers. On le connaît aussi sous le nom de Mabuse, parce qu'il était né à Maubeuge, dans le Hainault. Il est inscrit comme maître à la guilde d'Anvers en 1503, et en 1508-1509, il entreprend un voyage en Italie avec Philippe de Bourgogne. Ce dernier devint le mécène de Gossaert à Suytburg et à Utrecht dont Philippe fut l'évêque.

Avant son départ pour l'Italie, Gossaert peignit l'*Adoration des Mages* de la National Gallery de Londres, qui montre déjà combien le peintre était à l'aise avec les personnages représentés à la manière classique, situant chaque figure dans un espace bien défini, agrémenté de détails minutieusement observés et de riches effets de texture. Après son séjour à Rome, Gossaert sut intégrer les éléments caractéristiques de la peinture italienne à celle du Nord, et d'après Vasari, il fut le premier à introduire aux Pays-Bas le nu dans les sujets mythologiques, alors en vogue en Italie.

À son retour de Rome, vers 1510-1511 Gossaert peignit le merveilleux *Triptyque Malvagna* (Pl. 276). Il s'agit de l'un des joyaux de l'art flamand, encore empreint d'une influence gothique. Quelques années plus tard, le *Saint Luc peignant la Vierge* de Prague porte la marque de l'art italien : pour la première fois, il situait ses personnages dans un splendide cadre d'architecture classique. Peu après, il peignait le pseudo-classique *Neptune et Amphitrite* du Staatliche Museen de Berlin, puis en 1521, s'inspirant de Raphaël, le tableau *Vénus et Cupidon* au musée royal des Beaux-Arts de Bruxelles, et enfin en 1527, son chef-d'œuvre, *Danaé* (Pl. 295).

L'œuvre *Neptune et Amphitrite* faisait partie d'une série de tableaux représentant des couples mythologiques, commandée à Gossaert et à Jacopo De' Barbari par Philippe de Bourgogne pour son château de Suytburg. De' Barbari, qui mourut probablement en 1516, laissa de ce fait Gossaert achever la série. Les réminiscences classiques de ces tableaux montrent bien l'influence de De' Barbari et sont un bon exemple de la façon dont les peintres du Nord surent traiter un type de nu inspiré de l'art italien sans se départir complètement de l'approche allemande de Dürer. Ces nus sont empruntés à des gravures et des reproductions de tableaux, dont probablement celles de Marcantonio Raimondi, et certainement jamais dessinés d'après nature.

Gossaert fut aussi très influencé par la sculpture italienne : on le voit à sa façon de représenter les têtes et les membres de ses personnages, et c'est sans doute ce qui séduisit les mécènes humanistes du Nord. Ses tableaux tardifs traitant de thèmes mythologiques l'apparentent au groupe des maniéristes d'Anvers.

Gossaert, qui fut l'un des portraitistes les plus doués de son temps, connut avec ce genre le sommet de sa gloire dans les années 1520, lorsqu'il fit les portraits de membres de l'aristocratie et de lettrés. Son *Diptyque Carondelet* du musée du Louvre marque une étape importante dans son approche psychologique du portrait. Carondelet était le mécène et le protecteur d'Érasme. Autre portrait intéressant, les *Vieux Époux* de la National Gallery de Londres, qui se veut subtilement caricatural. En vérité, le peintre était plus à l'aise avec des modèles socialement importants, comme on peut en juger avec son superbe *Baudouin de Bourgogne* qui date du milieu des années 1520 (Gemäldegalerie, Berlin).

Le maniérisme d'Anvers s'amorça durant la première décade du siècle pour prendre plus d'importance après 1520. Un groupe de peintres de moindre envergure comme

276 JAN GOSSAERT (MABUSE), *Triptyque Malvagna*, 1510-1511
Gossaert peignit ce petit triptyque, précieux comme un bijou, à son retour d'Italie, et c'est l'une des œuvres les plus merveilleuses de ce genre réalisée à cette époque. Sur le panneau central, la Vierge et l'Enfant sont entourés d'anges musiciens représentés à l'italienne, encadrés pour les panneaux latéraux de sainte Catherine et de sainte Dorothée. Au fond est représentée la Chute de l'homme avec des personnages inspirés de la Petite Passion de Dürer. On notera la merveilleuse architecture gothique dans laquelle s'inscrivent les personnages, et l'atmosphère magique du paysage de fond. La Vierge évoque les Madones de Gérard David, mais on ne trouve pas encore trace de l'intérêt que le peintre portera plus tard à l'art antique ni dans les détails architecturaux, ni dans le traitement des figures.

Jan De Beer et Jan Van Dornicke adoptèrent un style ornemental situant des scènes de nuit, particulièrement des nativités, dans des décors d'architecture fantastique, et y intégrant des personnages longilignes aux poses sophistiquées assez semblables à ceux que peignaient les maniéristes italiens à l'époque. Le travail de ces peintres eut certainement une influence sur les grands maîtres d'Anvers.

Joos Van Cleve

Van Cleve ou Van Cleef (Joos Van Der Beke, v. 1490-1540) naquit probablement à Clèves, dans la région du Bas-Rhin, et s'installa à Anvers où il est inscrit comme maître-peintre en 1511. On l'a longtemps identifié au Maître de la Mort de Marie, à cause de deux tableaux sur ce thème qui se trouvent à Cologne et à Munich. À l'instar de ses contemporains d'Anvers, Van Cleve était un éclectique. Il eut rapidement beaucoup de succès et de notoriété, et entre 1515 et 1525 fut doyen de la guilde des peintres de la ville. Sans doute à cette époque était-il le premier peintre d'Anvers. Patinir mourut en 1524, et d'après Van Mander, il avait collaboré avec Van Cleve au *Repos après la fuite en Égypte*, aujourd'hui au musée royal de Bruxelles.

Rétrospectivement, la carrière de Van Cleve semble avoir eu une ampleur internationale, mais on manque d'informations sur le sujet pour en avoir la certitude. Ce sont certainement ses portraits qui séduisirent le plus ses

277 Joos Van Cleve, Margaretha Boghe, vers 1518
Ce portrait formait une paire avec celui de Joris Vezele. Ils ont été exécutés pour le mariage de Margaretha et de Joris. Le modèle tient un œillet, le symbole des fiançailles, ainsi qu'un rosaire. La façon dont la jeune femme remplit tout l'espace du tableau, la pureté d'expression du modèle, et la manière très directe dont il est représenté sont typiques de Van Cleve et laissent à penser que peut-être il se rendit en Italie.

contemporains (Pl. 277), et sans doute fut-il influencé par Dürer. Il reçut aussi des commandes italiennes comme l'importante *Épiphanie* de la Gemäldegalerie de Dresde, qu'il peignit à Gênes. On pense aussi qu'il travailla en France après 1530, où il fit le portrait de François Iᵉʳ et de sa femme utilisant la manière française associée à la technique du *sfumato* de Léonard de Vinci qui, à l'époque, était très prisée en France (*cf.* chapitre 6). Ces tableaux font aujourd'hui partie de la Johnson Collection de Philadelphie et de la Royal Collection de Hampton Court.

Les autres peintres d'importance qui travaillèrent à Anvers sont Pieter Coecke Van Aelst (1502-1550) et Jan Sanders Van Hemessen (v. 1500-v. 1575). Coecke Van Aelst, qui voyagea jusqu'à Constantinople, porta un très grand intérêt à la peinture italienne, et surtout à celle de Léonard de Vinci. Il adopta certains traits stylistiques des maniéristes d'Anvers, puis s'orienta vers un style plus personnel et plus rationnel. Van Hemessen peignit souvent des illustrations de paraboles et de proverbes, et fit des portraits qui évoquent, par leur genre caricatural, certaines œuvres de Metsys.

La peinture à Bruxelles

C'est Bernard (ou Bernaert, ou Barend) Van Orley (v. 1490-1541) qui représente le mieux le goût de la cour de Bruxelles. Durant sa carrière, il travailla de mille et une manières pour cette cour, peignant des portraits, des cartons de vitraux, de tapisseries, influencés par les projets de Raphaël dont il supervisa l'exécution. Il conçut le dessin des célèbres *Chasses de Maximilien* du Louvre. Il rencontra Dürer en 1520-1521, et sa peinture s'en ressentit beaucoup. Il intégra aussi à l'influence du maître allemand, des éléments italiens. La peinture de Van Orley contient certains traits du maniérisme d'Anvers. L'artiste en effet affectionnait l'architecture fantastique qu'il utilisait comme fond de ses tableaux comme dans le *Retable de Job,* réalisé en 1521 et conservé au musée royal de Bruxelles.

Vers 1516, Van Orley peignit l'un des plus beaux portraits de Charles Quint, conservé au musée des Beaux-Arts de Budapest.

Parmi les autres artistes qui travaillèrent à la cour de Bruxelles, il faut citer Jan Mostaert (v. 1475-1555) qui fut peintre de cour pour la régente Marguerite d'Autriche avant 1519 à Malines. Il réussit à introduire des éléments du nouveau style hollandais dans son art typique de Haarlem. Hélas, la plupart de ses tableaux furent détruits dans le grand incendie de Haarlem en 1576. Citons aussi Jacob Cornelis Van Oostsanen (1470-1533) qui affectionnait les compositions aux multiples personnages qui fourmillent dans les premiers plans de ses tableaux et se livrent à diverses activités. Le style de Van Oostsanen est proche de celui de Cornelis Engelbrechtsz, le premier peintre de Leyde dans le nord des Pays-Bas.

La peinture à Leyde

À la fin du XVᵉ siècle, Leyde commençait à occuper une place artistique importante, connue surtout pour sa peinture, et cette importance irait croissant au siècle suivant. Le premier peintre de la ville était Cornelis Engelbrechtsz (1468-1533), qui avait été apprenti à Bruxelles où il fut sans doute influencé par l'art sophistiqué de la cour. Il semble qu'il soit retourné à Leyde en passant par Anvers, et que le maniérisme d'Anvers avec ses formes étirées, ses effets de couleurs et ses détails insolites, l'ait beaucoup intrigué. Les coloris exceptionnels de ses tableaux de petits formats lui permirent de réaliser des images remarquablement denses (Pl. 278).

nous a laissé de lui une description fort attachante prétend qu'il travaillait souvent dans son lit, mais il parle peut-être à tort de la superficialité de ses tableaux, probablement déconcerté par la façon dont l'artiste utilisait la lumière. Outre ses gravures sur bois, sur métal, ses eaux-fortes et ses dessins, Lucas de Leyde fut un pionnier enthousiaste de la peinture de genre sans implications religieuses ni allégoriques (Pl. 279). Cette peinture de genre connaîtra vite un très grand succès en Allemagne et aux Pays-Bas, avec des peintres comme Pieter Aertsen (Pl. 296), et deviendra caractéristique de l'Europe du Nord. Même des tableaux religieux chez Lucas de Leyde sont parfois traités sur le mode du genre comme pour *La Danse devant le veau d'or,* réalisé au milieu des années 1520 (Pl. 280). On y constate aussi une exceptionnelle habileté à relier les personnages au paysage montagneux dans lequel ils s'inscrivent, élément de composition qui annonce déjà les débuts de l'art baroque.

Les œuvres de Maarten Van Heemskerck, Pieter Aertsen et Frans Floris constituent comme une transition entre Lucas de Leyde, Jan Van Scorel et la génération à venir, qui s'ouvrirait aux grandes innovations du XVIIᵉ siècle. Heemskerck (1498-1574) se rendit en Italie vers 1532-1535, où il rencontra Michel-Ange : rencontre décisive qui le marquerait définitivement, à son retour à Haarlem. La transformation que cette rencontre opéra dans sa manière de travailler est évidente si l'on compare certains des portraits qu'il fit avant ce voyage en Italie : le *Portrait de famille,* réalisé probablement vers 1530 et conservé au Staatliche Kunstsammlungen de Kassel rappelle encore Scorel, et le ravissant *Autoportrait* (Pl. 305) qui date d'après

278 CORNELIS ENGELBRECHTSZ, Constantin et sainte Hélène, après 1517

L'empereur Constantin le Grand aurait vaincu en 312 son ennemi Maxence « sous le signe de la Croix » ; sa mère, sainte Hélène, aurait trouvé la Vraie Croix et l'aurait faite transporter à Constantinople. Le panneau ci-dessus faisait sans doute partie d'un retable. Peut-être avait-il un rapport avec ce qui fut supposé être une relique de la Vraie Croix qui arriva à Leyde en 1517. La stylisation très poussée de ce tableau suggère des influences à la fois gothique et maniériste.

Engelbrechtsz fut le maître de Lucas de Leyde (1494-1533), un artiste dont on prétend qu'il était un graveur chevronné dès l'âge de neuf ans. Il n'avait que quatorze ans, en 1508, lorsqu'il exécuta la première gravure qu'on lui attribue avec certitude *Mahomet et le moine.* Durant sa vie très courte, Lucas de Leyde fut un peintre fort apprécié et de grand talent, comme en témoigne le triptyque du *Jugement dernier* exécuté en 1526-1527 et conservé au Stedelijk Museum de Leyde. Son œuvre gravée, qui porte l'influence de Dürer, contient parfois des éléments d'architecture splendide, comme dans l'*Ecce Homo* de 1510, et eut une grande influence jusqu'en Italie.

Lucas de Leyde se rendit à Anvers en 1521, et il rencontra Gossaert à Middleburg en 1527. Van Mander qui

279 LUCAS DE LEYDE, Joueurs de cartes, vers 1514

Lucas de Leyde s'était déjà essayé à des scènes de genre semblables à celle-ci avec le Jeu d'échecs, tableau réalisé vers 1510 et conservé à Berlin. Ce type de sujet montre l'intérêt grandissant des peintres pour les scènes de la vie de tous les jours. Ici en effet, le sujet n'a d'autre signification que de mettre en garde le spectateur contre les dangers du jeu. C'est grâce à des tableaux comme celui-ci que les scènes de genre furent peu à peu connues en Italie du Nord.

280 LUCAS DE LEYDE, La Danse devant le veau d'or,
vers 1525-1528
(Ci-dessus) Vasari préférait Lucas de Leyde à Dürer. Le peintre
réussit ici un équilibre parfait entre les paysages profonds et la foule
des personnages. Sa façon de situer le thème majeur du tableau au
second plan est typiquement maniériste, alors que le premier plan est
occupé par des scènes de genre chargées d'un sens moral et
symbolique. La profusion des détails et la richesse des couleurs des
vêtements témoignent de l'influence de la haute Renaissance.

281 MATHIAS GRÜNEWALD, Petite Crucifixion, vers 1511-1520
(À gauche) L'angoisse qu'expriment les personnages de face est très
soigneusement différenciée. Le drapé des vêtements ainsi que leurs
couleurs intenses, vives, ressortent sur le fond sombre afin
d'accentuer l'atmosphère de drame du tableau.

282 MATHIAS GRÜNEWALD, Retable d'Issenheim, 1512-1515
(À droite) Réalisé pour la chapelle des Antonins d'Issenheim, ce
retable est certainement le chef-d'œuvre de Grünewald. Ce retable
« à transformations » comporte de nombreux volets que l'on ouvrait
en fonction des fêtes religieuses. La scène de la Crucifixion, au
centre, est flanquée de saint Sébastien et de saint Antoine. Puis si l'on
ouvre le panneau central, le retable présente une Annonciation,
l'Incarnation du fils de Dieu et la Résurrection. Si l'on ouvre les
seconds volets, on découvre saint Athanase, saint Antoine et saint
Jérôme, la Visite de saint Paul à saint Antoine dans le désert et
enfin la Tentation de saint Antoine sur les panneaux latéraux. Il
émane de cette œuvre un sens terrible de la souffrance que
contrebalancent la beauté des anges et l'espoir de la Résurrection.
Pareille intensité de l'émotion est sans précédent dans la peinture
européenne de l'époque.

son retour d'Italie. Ce dernier tableau marque une étape dans l'attitude des peintres du Nord envers l'Italie et les arts de l'Antiquité, car ici l'artiste se détourne du maniérisme d'Anvers pour s'orienter vers la culture purement méditerranéenne. Les deux cahiers d'esquisses que Heemskerck remplit en Italie montrent combien il s'imprégna de l'art et de l'architecture romaine antique, un peu comme le feraient plus tard les artistes des XVIIIᵉ et XIXᵉ siècles.

L'intérêt toujours plus grand pour la peinture de genre, qui marque une étape supplémentaire par rapport à la représentation de détails symboliques si nombreux dans les tableaux du XVIᵉ siècle, est l'une des évolutions les plus remarquables de la peinture du milieu du XVIᵉ siècle en Europe, en particulier aux Pays-Bas bien sûr, mais aussi en Italie. Ces scènes s'inspiraient directement de la vie bourgeoise de nouvelles sociétés de marchands, qui prisaient ce type de représentations. Il fallut cependant des années avant qu'apparaisse une pure peinture de genre. Pendant longtemps, dans de nombreux tableaux, les scènes de genre avaient des implications religieuses ou allégoriques : ainsi la fameuse *Danse des œufs* de Pieter Aertsen du Rijksmuseum d'Amsterdam peinte en 1557. Pieter Aertsen (1508-1575) fut le premier peintre de sa ville natale, Amsterdam, et d'Anvers. Son style est bien affirmé, accumule les détails réalistes, et ses compositions sont rigoureuses. Contrairement à de nombreux peintres réalistes de la période pré-baroque, Aertsen donna toujours à ses personnages une très grande dignité (Pl. 296), comme on le faisait à la Renaissance.

En Allemagne et au Pays-Bas, au XVIᵉ siècle, la tradition du portrait s'inspira essentiellement du grand portraitiste international Antonio Moro (1517-1576). Moro sut trouver l'équilibre parfait entre la *hauteur* des maniéristes italiens, leur luxe de détails et une psychologie fine. Il voyagea dans tout le Saint Empire romain germanique et se rendit également en Angleterre en 1554 où il réalisa l'un des plus beaux portraits de cour du siècle, *Marie Tudor* au musée du Prado à Madrid. Son *Autoportrait* (Pl. 297) témoigne de son talent et de son habileté à associer une atmosphère vénitienne et l'attention aux détails, caractéristique de la peinture du Nord.

Les portraits de Frans Floris (1515-1570) sont empreints d'un naturalisme plein de retenue qui annonce les œuvres de peintres hollandais ultérieurs tels que Franz Hals, comme le montre avec vigueur le *Portrait d'une femme âgée* ou *La femme du fauconnier,* exécuté en 1558 et conservé au musée des Beaux-Arts de Caen. Floris, comme Heemskerck avant lui, avait été littéralement subjugué par Rome où il était allé en 1541 pour assister au dévoilement du *Jugement*

283 BERNARD VAN ORLEY, Saint Mathieu, vers 1512
Van Orley fut l'un des premiers peintres de cour à adopter les idées maniéristes dans sa période de maturité. De ce fait, il élabora un style assez sophistiqué, ne négligeant jamais les décorations architecturales et autres détails parfois très présents. Dans ce retable, il sut habilement concilier les idées italiennes et les concepts de l'art du Nord.

dernier de Michel-Ange à la chapelle Sixtine. Son expérience et ses voyages attirèrent de nombreux élèves dans son atelier, après son retour à Anvers. L'un d'eux, Martin de Vos (v. 1531-1603), qui alla lui aussi étudier à Rome, Florence et Venise, devint l'un des principaux peintres italianisants d'Anvers, après la mort de Floris.

Pieter Bruegel l'Ancien

La peinture hollandaise du XVIᵉ siècle trouve son aboutissement dans l'art magnifique de Pieter Bruegel (ou Breughel, v. 1525-1569). Bien que solidement ancré dans les traditions hollandaises, Bruegel possède une stature unique. Connu sous le nom de Bruegel l'Ancien parce qu'il inaugura une longue lignée de peintres, il fut pour certains, dont Van Mander, un grand illustrateur comique doublé d'un peintre populaire, surnommé parfois « Bruegel le paysan ». Des recherches récentes cependant ont révélé qu'il était en réalité un être sensible, très cultivé et très au fait des événements intellectuels et politiques majeurs de son temps. Lorsque Van Mander raconte que Bruegel s'habillait comme un paysan pour observer de plus près la vie rurale, on imagine qu'il avait une approche subtile et sensible des sujets qu'il aimait peindre, comme le prouve le merveilleux dessin exécuté à la fin de sa vie, *Artiste et connaisseur* de l'Albertina de Vienne. Son œuvre a trouvé un écho profond et continu tout au long de notre siècle, et certains de ses tableaux sont parmi les représentations les plus célèbres de l'art européen.

Ce que nous savons de Bruegel se limite à ce qu'en rapporta Van Mander, et à ce que suggèrent ses tableaux datés. Ainsi, bien qu'il soit un des peintres les plus importants de son époque, il demeure assez mystérieux. Contrairement à ses contemporains, il ne peignit pas de portraits, genre que sans doute il n'aimait pas, et l'on peut s'en étonner lorsque l'on sait qu'il travailla pour des commanditaires célèbres autant qu'exigeants. Parmi eux, citons le cardinal de Granvelle, ministre de Philippe II et Niclaes Jonghelinck d'Anvers, qui possédait seize tableaux de Bruegel, et qui vers 1565, lui commanda la série des *Mois*. Bruegel était aussi doué comme peintre que comme graveur ou dessinateur. D'après Van Mander, il était né à Brueghel, près de Bréda, mais cela n'est pas prouvé, et il apprit son métier avec Pieter Coecke Van Aelst dont il épousa la fille. Entre 1551 et 1553, il voyagea en France, en Italie et en Sicile, mais était de retour à Anvers en 1555.

Curieusement, il semble être resté insensible aux séductions de l'Italie et du monde antique, et l'on peut en déduire que son art était authentique et spontané. Il faudra attendre la fin de sa vie pour qu'il peigne des personnages de grande taille. À Rome, il travailla avec l'un des plus grands artistes de l'époque, le miniaturiste Giulio Clovio (Pl. 259), dont on dit qu'il acquit plusieurs tableaux de Bruegel. Bruegel ne peignit jamais de personnages de style classique, et l'on ne trouve dans ses dessins que des paysans et des personnages grotesques en marge de la société qui

n'étaient certainement pas des esquisses préliminaires pour d'autres personnages.

Comme dans le cas de Dürer, le retour d'Italie de Bruegel qui passa par les Alpes devait se révéler une source d'inspiration féconde. Il fit en effet de nombreux dessins de paysages remarquables. En 1556, l'artiste fut dessinateur pour le graveur Hieronymus Cock, et dessina entre autres cette année-là *Les gros poissons mangent les petits*. Avec *Les Sept Péchés capitaux* (1558) il se fit connaître du public en tant que graveur.

Les premiers tableaux de Bruegel sont des paysages et des vues de mer qui, par le point de vue en hauteur qu'a adopté le peintre, évoquent Patinir. *La Chute d'Icare* (1555) du musée royal des Beaux-Arts de Bruxelles est empreint d'une magie unique, et reprend des thèmes que l'on trouve amorcés dans les dessins de paysages alpins. Suivent des tableaux assez influencés par Bosch qui sont des scènes avec de nombreux personnages destinées à illustrer des proverbes sur la folie humaine : dans les *Proverbes flamands* (1559, Gemäldegalerie, Berlin), sous le comique de surface, apparaît la tristesse de la vie humaine. *Le Combat de Carême et de Carnaval* (1559) et les *Jeux d'enfants* (1560), œuvres du Kunsthistorisches Museum de Vienne, adoptent aussi un point de vue très élevé pour donner au spectateur l'impression qu'il ne participe pas aux scènes représentées, qui pourtant lui sont familières. Ces deux œuvres préfigurent, par bien des aspects, les tableaux futurs du peintre.

284 PIETER BRUEGEL L'ANCIEN, Chasseurs dans la neige, 1565
Il s'agit de l'un des cinq tableaux d'un ensemble décoratif inachevé commandé par Nicolas Jonghelinck pour sa maison d'Anvers. Participa également à cet ensemble le peintre Frans Floris. L'objectif était de représenter toute l'année par six tableaux (le panneau relatif à avril-mai est perdu), chacun symbolisant une période de deux mois. Ces Chasseurs dans la neige furent probablement la première œuvre de la série achevée : elle devint par la suite l'archétype de la représentation de l'hiver. On notera le point de vue très élevé, les tons assez assourdis et les arbres qui s'estompent dans le lointain. Sans doute, pour ce tableau, le peintre s'est-il inspiré de ses dessins des paysages alpins.

Vient ensuite la période la plus créative et la plus originale de Bruegel. Après son installation à Bruxelles et son mariage en 1563, les personnages prennent moins d'importance dans ses tableaux, remplacés par la nature omniprésente. Cela est clair dans la série des *Mois* dont les cinq tableaux se trouvent maintenant à New York, Vienne et Prague. Dans ceux-ci, le paysage est conçu de façon plus moderne que dans les tableaux antérieurs. Enfin avec *Les Deux Singes* (1562, Gemäldegalerie, Berlin) et *La Tour de Babel* (Pl. 286), le propos du peintre est de montrer la futilité de l'existence.

Bruegel traita les thèmes religieux avec pathétique. En 1564, il peignit le *Portement de croix* (Kunsthistorisches Museum, Vienne), et l'*Adoration des Mages* (National Gallery, Londres). Comparée à la version de Dürer

(Pl. 287), celle de Bruegel apparaît bien pessimiste, et la foule qui sert de décor est menaçante. De cette époque à peu près date sa *Mort de la Vierge* (Upton House, Banbury) scène de nuit peinte en grisaille qui, grâce à un effet de perspective exagéré à la façon des maniéristes, crée l'impression que la scène se passe à une distance indéfinissable dont nous sommes séparés par une zone d'obscurité.

Bruegel est surtout connu pour ses scènes de la vie paysanne, bals de mariage, fêtes campagnardes, chasses... Dans les dernières années de sa vie, il traita à la fois des scènes aux multiples personnages comme dans le *Repas de noces* (Kunsthistorisches Museum, Vienne) ou le *Pays de Cocagne* (Alte Pinakothek, Munich), et des scènes à personnage unique comme dans le *Proverbe du dénicheur* (1568, Kunsthistorisches Museum, Vienne). Dans les deux genres, les personnages ont le modelé solide des figures de la haute Renaissance, et leur « idéalisation » tient à ce qu'ils représentent des archétypes du monde paysan. De ce fait, ils sont empreints d'une certaine dignité. Et si le peintre glisse dans ses tableaux des allusions philosophiques, il le fait avec tant de subtilité qu'il faut attentivement observer le visage des personnages pour se rendre compte qu'ils n'appartiennent pas à la peinture de genre, mais relèvent plutôt de ce que l'on pourrait appeler une « allégorie naturelle ». C'est en cela que Bruegel diffère de ses contemporains et que son œuvre bien que s'inspirant des idéaux de la Renaissance les transcende.

285 PIETER BRUEGEL L'ANCIEN, La Parabole des aveugles, 1568
Ce tableau illustre une citation tirée de l'évangile de saint Mathieu : « Si l'aveugle conduit l'aveugle, tous deux tomberont dans le fossé. » La phrase fait allusion bien sûr à l'aveuglement de l'âme insensible aux vérités de la religion. Celle-ci est symbolisée par l'église dans le paysage de fond.

286 PIETER BRUEGEL L'ANCIEN, La Tour de Babel, 1563
Niclaes Jonghelinck possédait seize tableaux de Bruegel dont l'un était une version de ce thème, ou peut-être même celui-ci. Deux ans plus tard, il commanda la série des Mois au peintre. L'architecture de la tour s'inspire probablement en partie du Colisée.

287 ALBRECHT DÜRER, Adoration des Rois, 1504
*L'artiste réalisa cette composition pour Frédéric le Sage.
Les personnages, la perspective et les ruines classiques du
décor montrent que Dürer connaissait le tableau que fit
Léonard de Vinci sur le même thème. Avec cette œuvre,
s'achève la période qui précéda la seconde visite de Dürer
en Italie. Frédéric était l'un des Électeurs allemands les plus
respectés et les plus pieux, et Dürer, comme Cranach, fit
son portrait gravé.*

288 ALBRECHT ALTDORFER, Nativité de la Vierge,
1520-1521
*Ce thème fut rarement traité avec une église pour décor, et le
lit de sainte Anne, à gauche, évoque presque un autel. Le
personnage qui entre, à droite, est tronqué, procédé de
composition qui deviendra courant dans les tableaux
maniéristes allemands. Pour la couronne d'anges qui volent
au-dessus de la scène, Altdorfer s'est peut-être inspiré de
Cranach. Les couleurs très intenses et les effets d'ombre et de
lumière donnent plus de force à la scène.*

289 ALBRECHT ALTDORFER, La Bataille d'Alexandre, 1529
*Ce tableau représente la bataille qu'Alexandre livra contre Darius
en 333 av. J.-C., mais il faut y voir aussi une allégorie du conflit
des forces humaines face au dynamisme des forces de l'univers.
On identifie parfaitement le personnage d'Alexandre le Grand dans
l'axe de la corde qui pend du cartouche : il oblige Darius à s'enfuir
sur son chariot tiré par trois chevaux.*

290 HANS HOLBEIN LE JEUNE, Boniface
Amerbach, 1519
(Ci-contre) Holbein peignit ce portrait
l'année de son voyage en Italie. Amerbach,
qui était le fils du grand imprimeur de Bâle
Johannes Amerbach, devint plus tard
professeur de Droit romain à l'université de
cette ville. Il était un ami proche d'Érasme
et son héritier, et il fut aussi un grand
admirateur de Holbein. Il sauva d'ailleurs
plusieurs tableaux du peintre de la furie
destructrice des iconoclastes. Ce portrait
est particulièrement intense et fut peut-être
le premier tableau d'Holbein après qu'il eut
été admis comme maître dans la guilde des
peintres, le 25 septembre 1519.

291 HANS HOLBEIN LE JEUNE, Georg Gisze, 1532
(Ci-contre) Le peintre fit le portrait de ce marchand
allemand alors que ce dernier avait trente-quatre
ans. On le voit ici dans son officine, à sa table de
travail. Il passait certainement beaucoup de temps à
Londres où on trouve son nom dans certains registres
commerciaux. Holbein choisit de le représenter
entouré de superbes natures mortes toutes en
rapport avec sa profession, un cachet, un encrier en
étain, des plumes d'oie, une balance d'orfèvre et
autres objets luxueux comme ce tapis de table, et le
vase en verre de Venise contenant entre autres des
œillets. Les œillets sont le symbole de l'amour et de
la fidélité, peut-être ce portrait fut-il commandé au
moment des fiançailles de Georg Gisze et de Kristine
Krüger.

292 LUCAS CRANACH L'ANCIEN, Judith, vers 1530
(À droite) En Europe du Nord, Cranach fut le
peintre de la Renaissance qui peignit le plus de nus
féminins. Il eut aussi beaucoup de succès avec ses
personnages de femmes aux vêtements très
sophistiqués et aux coiffures élaborées, souvent tirés
de la Bible ou de l'histoire classique. Ici Judith,
superbe héroïne de l'Ancien Testament, arborant un
somptueux chapeau orné de plumes : on admirera
les détails de sa robe et de ses bijoux.

293 JAN VAN SCOREL, Sainte Marie-Madeleine, vers 1529
(Ci-dessus) Il s'agit de l'une des plus jolies représentations de Marie-
Madeleine. Bien que l'artiste soit un peintre nordique, il utilise un
format rectangulaire souvent associé aux peintures vénitiennes
mettant en scène un personnage inscrit dans un paysage. Cette mise
en page, les vêtements luxueux de la sainte et son air à la fois serein
et ambigu créent une atmosphère picturale proche du classicisme
italien.

294. JOACHIM PATINIR et QUENTIN METSYS, La Tentation de saint
Antoine, vers 1520-1524
(Ci-dessous) On sait que les deux peintres travaillèrent à cette
œuvre, dont le paysage est l'un des plus spectaculaires de l'époque.
On y trouve plusieurs caractéristiques du pinceau de Patinir, comme
la succession claire de plans soigneusement différenciés. Le point de
vue très élevé, le paysage varié et le ciel à l'étrange luminosité sont
remarquables.

295 JAN GOSSAERT, Danaé, 1527

Danaé fut enfermée par son père Acrisios d'Argos dans une chambre
d'airain afin d'empêcher que se réalise la prophétie de l'oracle de
Delphes selon laquelle Acrisios périrait par la main du fils de sa fille.
Cependant Zeus qui aimait Danaé pénétra dans la chambre,
métamorphosé en pluie d'or, et l'enfant qu'ils conçurent fut Persée.
Corrège et Titien traitèrent tous les deux ce thème, représentant
Danaé nue allongée. Gossaert au contraire la montre vêtue, et

provocante, et a sans doute voulu faire de ce tableau une allégorie de
la Chasteté tentée par la richesse. Dans un décor d'architecture
fantastique, avec des colonnes de marbre scintillant formant un demi
cercle, Danaé dans une robe bleue est saisissante. Le traitement du
corps marmoréen est admirable. Ce chef-d'œuvre de Gossaert
appartint probablement à l'empereur Rodolphe II de Prague, qui
avait des goûts très sophistiqués.

296 PIETER AERTSEN, La Cuisinière, 1559
(Ci-contre) L'art de Pieter Aertsen est contemporain de l'esthétique
maniériste. Dans ses tableaux de genre, il confère une dignité à ses
personnages qui renvoie aux principes de la haute Renaissance, mais
qui annonce aussi le réalisme baroque. Ces scènes de genre sont
parfois l'illustration de maximes morales, ou le prétexte à un
symbolisme chrétien, comme c'était la mode à l'époque. Mais le
peintre allie tous ces éléments avec beaucoup de subtilité et souvent
même avec humour. On trouve rarement chez Aertsen des éléments
de grotesque comme chez ses contemporains. Le tableau ci-contre,
remarquable, montre une scène de la vie quotidienne, qui n'est pas
dénuée de noblesse grâce à la monumentalité du personnage, mais
aussi à la beauté de la cheminée classique.

297 ANTONIO MORO, Autoportrait, 1558
(Ci-contre) Moro connut Charles Quint et son fils Philippe II à
Bruxelles en 1550, et pendant les quatre années qui suivirent, il fut
peintre de cour, travaillant à Rome, Lisbonne, Madrid et Londres. Il
partagea cette fonction avec Titien puis Coello (1642-1693). Moro
peignait dans un style du Nord bien différencié, avec un trait ferme,
donnant à ses portraits une forte présence. Il aimait le réalisme des
costumes. La grandeur austère de ses tableaux plaisait beaucoup à la
cour d'Espagne. Il réalisa entre autres un portrait de Marie Tudor en
1554 (musée du Prado, Madrid) qui lui valut d'être fait chevalier.

298 MARINUS VAN REYMERSWAELE, Saint Jérôme, 1521
Marinus Van Reymerswaele demeure unique pour le caractère
presque caricatural de ses portraits, dont le tableau ci-dessus est une
illustration parfaite. Le peintre aimait aussi la peinture de détails et
les natures mortes.
Saint Jérôme, un des quatre pères de l'Église, est représenté ici
travaillant dans son bureau. Le livre devant lui est ouvert sur une
enluminure du Jugement dernier, et le crâne et la chandelle sur le
bureau mettent l'accent sur le thème de la mort.

Chapitre 10

La fin du maniérisme et les débuts du baroque

La Renaissance a commencé en Italie et c'est là d'abord que ses effets se manifestèrent dans toute leur ampleur. Elle s'épanouit ensuite dans le reste de l'Europe sous des formes bien différentes en produisant des effets spécifiques selon les traditions et les cultures locales. Les idéaux de la Renaissance perdurèrent en Europe du Nord bien après que le style baroque eut été adopté en Italie et surtout en Europe centrale. Dans le même temps, la France et les Pays-Bas qui devaient leur éveil artistique à l'Italie, s'en tenaient encore pour certaines formes au maniérisme.

On convient généralement que la Renaissance en Italie s'acheva avec la mort de Raphaël en 1520 et celle du Corrège en 1534, Michel-Ange et Titien qui moururent respectivement en 1564 et 1576, n'étant que les survivants d'une période achevée. Ils étaient restés fidèles aux idéaux de la Renaissance, tandis que les autres peintres contemporains avaient cédé aux sophistications du maniérisme. En revanche, la mort de Dürer en 1528 n'eut pas la même signification puisque les concepts de la Renaissance trouvèrent leur épanouissement en Allemagne au moment de la

299 ANNIBALE CARRACCI, Galerie Farnèse, Rome, vers 1597-1600

Le cardinal Odoardo Farnèse commanda à Annibale Carracci des fresques pour la voûte de la galerie, sans doute en l'honneur du mariage de Ranuccio Farnèse et de Margherita Aldobrandi en 1600. La fresque centrale, le Triomphe de Bacchus et d'Ariane *illustre la transformation qu'opère l'amour sur les dieux (Vénus, Mars et d'autres), les monstres tels que Polyphème, et l'humanité. Annibale, qui s'est en partie inspiré de la décoration de la chapelle Sixtine, a assemblé ses fresques de telle sorte qu'elles ressemblent à des tableaux accrochés à la voûte du plafond, et les a entourées d'angelots, de médaillons de bronze en trompe-l'œil et de magnifiques adolescents également en trompe-l'œil. Bellori, le biographe d'Annibale définit le thème de ces fresques comme étant « la guerre et la paix entre l'amour céleste et l'amour terrestre, selon les principes de Platon ». En alliant des éléments issus du classicisme à une palette très riche, inspirée en partie des peintres vénitiens, Annibale a réussi à créer ici une œuvre d'art qui symbolise le passage de la Renaissance au baroque.*

maturité de l'artiste. On le voit bien, il serait donc inexact de réduire la notion de Renaissance à une période précise, à des endroits précisément circonscrits et surtout à des idées et des concepts rigides et strictement définis. Cette approche peut se révéler à peu près valable pour le baroque, le rococo et le néo-classicisme, mais la Renaissance est une réalité trop vaste pour être ainsi réduite.

L'analyse que fit Vasari du maniérisme et son insistance sur les « principes » artistiques sur lesquels il insistait conduisirent à penser que le maniérisme avait peu de rapport avec les idéaux de la Renaissance. Nous avons pourtant vu que le style maniériste s'élabora à partir d'éléments déjà présents au tout début de la Renaissance, et qu'il s'ancra et mûrit dans la grande période des idées humanistes.

En Italie, la transition entre la Renaissance tardive, le maniérisme et le baroque fut plus sensible et plus tangible qu'ailleurs, et cela en partie en raison d'une forme de réaction contre le maniériste de la part de quelques artistes et théoriciens.

De même qu'aux XVᵉ et XVIᵉ siècles, l'Italie avait été la première à s'ouvrir aux idées de la Renaissance, elle fut la première à adopter le style baroque. Vasari pensait qu'après Michel-Ange, l'art ne pourrait plus évoluer sinon à partir du style de Michel-Ange lui-même. S'agissant du maniérisme, il ne se trompait pas, mais il n'avait pas prévu que des artistes de la fin du XVIᵉ siècle reviendraient à l'art de la haute Renaissance pour y puiser leur inspiration.

Les réactions aux exigences de la Contre-Réforme et de « l'Église militante », qui souhaitait que l'art religieux soit plus précis et plus conforme aux dogmes dans tous les lieux de culte publics, ne furent pas les mêmes dans toutes les régions d'Italie, moins encore dans les autres pays catholiques. Contrairement à l'opinion communément admise, « l'art jésuite », assimilé à tort à l'art baroque, était à l'origine sobre et didactique, reflétant l'approche jésuite qui se voulait rationnelle et intellectuelle et l'image que l'église entendait donner d'elle. La principale église jésuite à Rome, l'église du Gesú, construite entre 1568 et 1575, dont la décoration est considérée aujourd'hui comme le type même

300 FEDERICO BAROCCI, Madone du peuple, 1576-1579
Barocci, qui était un peintre d'Urbino, fut très influencé par le Corrège
dont il s'inspira tout en effectuant de nombreux dessins d'après
des modèles vivants. Il réussit ici, avec talent, à donner une réalité
tangible à des événements miraculeux. Les personnages célestes
se distinguent à peine des personnages terrestres : en cela, l'art
de Barocci marque une transition entre les principes de composition
de la Renaissance et du baroque naissant. Il est vrai que les
théoriciens de la Réforme catholique demandaient précisément
des représentations artistiques capables de rendre accessibles aux gens
ordinaires les événements sacrés et l'histoire religieuse. Barocci peignit
ce grand retable pour la Confraternità dei Laici à Arezzo.
De nombreux dessins préparatoires de cette grande huile sur toile
sont conservés au British Museum, à Berlin et aux Offices :
ils permettent de comprendre la manière de travailler de Barocci
et l'évolution de son projet du bozzetto de Chatsworth à la version
finale. Comme le faisaient les peintres de la Renaissance, Barocci
a étudié soigneusement toutes les positions des personnages grâce
à de multiples dessins. Le petit enfant à gauche est en outre très
nettement inspiré de Raphaël. Barocci se révèle de plus être un brillant
coloriste, usant de la couleur pour mettre en valeur le caractère
dramatique de la composition. L'artiste fut parmi les premiers
peintres à perfectionner le dessin au pastel.

de l'exubérance baroque, avait été prévue à l'origine sans le moindre ornement afin de ne pas distraire les fidèles de leur recueillement.

À Florence, Vasari, pourtant grand adepte du maniérisme, supervisa la décoration du *studiolo* du grand-duc François Iᵉʳ de Médicis, au Palazzo Vecchio, entre 1570 et 1572. À cette décoration, collaborait Santi di Tito (1536-1603) qui déjà se détournait résolument des manifestations les plus extrêmes du maniérisme pour adopter un style plus directement inspiré de la nature. Très vite, à Florence, l'imitèrent Jacopo da Empoli (1551-1640) et Ludovico Cigoli (1559-1613), au moins au début de leur carrière, et tous deux sont considérés comme les « réformateurs » de la peinture florentine de l'époque. Cigoli chercha son inspiration non dans les maîtres du milieu du siècle, mais chez le Corrège, Titien et les peintres vénitiens. Sous bien des rapports son modèle et précurseur fut Federico Barocci (v. 1535-1612, pl. 300), un peintre méconnu et sous-estimé qui se tint toujours en marge du grand courant de l'art italien au XVIᵉ siècle. C'est lui qui, chaque fois qu'il avait commande d'une œuvre importante, lança la mode d'exécuter une petite réplique peinte à l'huile du tableau qu'il envisageait, un bozzetto, afin de montrer à son client ce que serait l'œuvre définitive mais peut-être aussi pour en avoir une idée bien précise. Cette pratique devint courante durant la période baroque.

Ces peintres à leur tour marquèrent les deux plus grands artistes de la fin du siècle Annibale Carraccci, dit Carrache (1560-1609) et Michelangelo Merisi da Caravaggio, dit le Caravage (1571-1610). C'est dans les tableaux de ces deux grands maîtres que l'on trouve les premières traces de l'art baroque, et en vérité, c'est à partir des éléments novateurs qu'ils apportèrent à leur art, que s'élaborèrent certaines caractéristiques de ce nouveau style. Cependant, chacun à sa façon demeurait l'héritier des grands principes esthétiques de la Renaissance, et c'est ainsi qu'ils constituèrent le lien le plus tangible entre le début et la fin du XVIᵉ siècle. La superbe *Pietà et les saints* de la Galerie nationale de Parme, peinte en 1585 par Annibale, considérée à juste titre comme le premier tableau baroque, allait avoir un impact formidable sur les peintres à venir.

Outre le Corrège et les peintres vénitiens, Annibale s'était aussi beaucoup intéressé à Raphaël, Andrea del Sarto et à Michel-Ange dans ce que ce dernier a de plus classique. Annibale, son frère Agostino (1557-1602) et leur cousin Lodovico (1555-1619) étaient originaires de Bologne : ils furent donc au contact des idées que développaient le cardinal Gabriele Paleotti (1522-1597). Ils avaient probablement lu son *Discours autour des images sacrées et profanes* publié en 1582 : il est important de comprendre que le ton de cet ouvrage, comme celui d'autres traités parus à la même époque, différait du tout au tout des écrits sur l'art parus au siècle précédent, en particulier ceux d'Alberti et de ses contemporains. Il s'agit plutôt, pour l'évêque de la Contre-Réforme, de définir les idéaux de la peinture contre-réformée, les propos sur l'art voulaient avant tout être didactiques et s'attachaient essentiellement à définir le

301 GRECO, L'Enterrement du comte d'Orgaz, 1586-1588

L'artiste réalisa ce tableau pour l'église paroissiale de Santo Tomé de Tolède, afin de commémorer un miracle légendaire qui survint en 1323, lorsque saint Étienne et saint Augustin apparurent aux funérailles de Gonzalo de Ruiz, comte d'Orgaz. Les deux saints déposèrent le corps du défunt dans la tombe pour rendre grâce à la vie pieuse et charitable que ce dernier avait menée. Ce miracle fut officiellement reconnu par le roi en 1583.

Sur ce tableau, tandis qu'un prêtre chante un hymne, le corps est porté en terre par les deux saints, et un ange guide l'âme d'Orgaz vers le Christ en gloire dans le ciel. La Vierge et saint Jean-Baptiste sont prêts à intercéder auprès du Christ en faveur du défunt. La glorification des saints comme intercesseurs est bien conforme à l'esprit de la Réforme catholique. Greco connaissait parfaitement l'iconographie catholique contemporaine.

contenu des œuvres. À Milan, le cardinal Federico Borromeo (1564-1631) joua le même rôle que Gabriele Paleotti à Bologne.

On a souvent taxé les Carrache d'« éclectisme » car, en effet, ils surent emprunter aux peintres qui les avaient précédés des éléments de style, de couleur, de technique. De même, ils reprirent certaines poses pour leurs personnages ou des éléments de composition. Mais ils y ajoutèrent un naturalisme délibéré et authentique qui devait les libérer, eux et les peintres qui les suivraient, des contraintes et de la sophistication maniéristes. Annibale fut le précurseur du paysage classique qui allait connaître son apogée avec Claude Lorrain au XVIIᵉ siècle. L'intérêt novateur qu'il portait à la nature le conduisit à la caricature et à la peinture de genre. Ses premiers tableaux sont surprenants par la manière directe et crue dont l'artiste aborde ces

302 ANNIBALE CARRACCI, *Boucherie*, vers 1582-1583
Il s'agit de l'un des premiers tableaux d'Annibale. On y voit sa passion pour le détail naturaliste soigneusement observé, à la limite de la caricature. On retrouvera cette caractéristique dans ses dessins Sa Crucifixion avec la Vierge et saints Bernardin, François, Jean et Pétrone *qui date de la même période et que le peintre réalisa pour Santa Maria della Carità de Bologne, montre aussi combien Annibale aimait à représenter la nature avec une approche directe, bien loin des idéaux maniéristes. La plupart de ses premières œuvres sont de la même veine, mais très vite, le peintre allait associer à ce style des éléments de la haute Renaissance : voilà sans doute pourquoi on taxa les Carracci d'éclectisme.*

thèmes comme la *Boucherie* (Pl. 302) évoque certains tableaux hollandais, en particulier ceux de Pieter Aertsen (Pl. 296) et de son élève Joachim Bueckelaer (v. 1535-1574).

À l'opposé de ce réalisme, qui jusque-là était une sorte de prérogative de l'art du Nord, la plus belle œuvre d'Annibale est la décoration à fresque de la galerie Farnèse (Pl. 299). Si l'on trouve dans ces fresques une forme d'exubérance annonciatrice de l'art baroque, s'y reconnaissent aussi des réminiscences de la peinture de la Renaissance, et l'on comprend que ce soit une œuvre-clé de l'art du XVIᵉ siècle.

Caravage, originaire de Lombardie, est presque contemporain d'Annibale Carracci, et comme lui, il sut dépasser les conventions. Il avait étudié les peintres classiques, et s'était intéressé au style de Giorgione et de ses disciples, en particulier Lotto et Savoldo. C'est probablement grâce à eux qu'il s'était découvert une passion pour les effets de lumière à la fois mystérieux et spectaculaires, qu'il sut utiliser comme personne avant lui. Il partit très tôt à Rome, mais contrairement à Annibale qui y avait été appelé par la famille Farnèse, il n'avait pas de mécène, aussi connut-il des débuts difficiles, mais peu à peu, à force de travail, il finit par acquérir une petite notoriété, doublée d'ailleurs d'une réputation douteuse. En 1606, au cours d'une rixe, son caractère violent le poussa à commettre un meurtre.

Dans ses premières œuvres, qui représentent des diseuses de bonne aventure ou de mélancoliques et sensuels adolescents, ou encore des natures mortes parfois pourrissantes (Pl. 306), Caravage utilise déjà un nouveau

303 VICENZO CAMPI, La Marchande de fruits, vers 1580
Campi qui s'inspirait de peintres comme Aertsen et Bueckelaer,
semble avoir peint ses premières natures mortes avec des
personnages à la fin des années 1570. On peut comparer son style
à celui du peintre contemporain vénitien Bassani. Les deux artistes
s'intéressaient beaucoup à la nature morte pour elle-même.
Ce goût, nouveau, les singularise et les distingue d'un peintre
comme Archimboldo, qui utilisait les natures mortes pour créer
des formes humaines fantastiques.

langage pictural. Vers 1600, son art atteint sa maturité :
c'est l'époque des grands chefs-d'œuvre pour la chapelle
Contarelli de l'église Saint-Louis-des-Français à Rome, ou
pour la chapelle Cerasi de l'église Sainte-Marie-du-Peuple,
mais aussi des retables grandioses comme *La Mort de la
Vierge* du Louvre. Caravage met en scène des personnages
et des groupes aussi imposants que ceux d'Annibale,
quoique d'un réalisme assez brutal qui choqua certainement les autorités religieuses de l'époque, et le fit rejeter.
Comme dans les œuvres d'Annibale des mêmes années, les
personnages du Caravage rappellent les figures de la peinture religieuse de la haute Renaissance. Curieusement, les
imitateurs du peintre furent peu sensible à cette filiation.
En grands innovateurs qu'ils étaient, Annibale et Caravage
savaient l'importance du passé, et voyaient dans la clarté
picturale de Raphaël et de Michel-Ange le chemin qui les
conduirait à la spiritualité et à sa représentation plus forte
et directe. Annibale eut une influence profonde et durable
en Italie, alors que le style de Caravage se répandit rapide-

ment dans toute l'Europe, surtout en Espagne et aux Pays-
Bas. Dans ces deux pays, le peintre italien fut peut-être à
l'origine de la rupture avec le maniérisme tardif, permettant ainsi l'émergence d'un art baroque aux manifestations
bien différenciées, voire nationales, dont Rembrandt et
Vélasquez seraient les plus illustres représentants.

Sous la papauté de Clément VIII, Rome retrouva dans le
domaine de l'art, la place prépondérante qui était la sienne
au début du XVIᵉ siècle. Les arts plastiques, durant les deux
siècles qui suivirent, retrouvèrent dans la Ville éternelle
tout leur éclat. Au même moment, on idéalisait les époques
fastueuses de Jules II et de Léon X. Des peintres de toute
l'Europe venaient en grand nombre à Rome et y étaient
accueillis avec enthousiasme. Dès le XVᵉ siècle, les artistes
venaient à Rome, attirés par les vestiges de l'Antiquité classique. À la fin du XVIᵉ siècle, on venait à Rome pour y
admirer aussi des œuvres d'art majeures, qu'il s'agisse de
fresques ou de tableaux religieux.

Durant la seconde moitié du siècle, de nombreux
peintres du Nord s'installèrent à Rome : ainsi, le paysagiste
flamand Paul Brill (1554-1626), avec l'Allemand Adam
Elsheimer (1578-1610), joua un rôle essentiel dans l'évolution de la peinture de paysages. Ces artistes, qui peignaient
dans la tradition de Bruegel, surent allier le style des paysagistes allemands avec certains éléments du maniérisme
flamand tout en cherchant leur inspiration dans l'art italien
et dans la nature romaine.

De tous les peintres étrangers qui vinrent en Italie y
apprendre leur métier, et y chercher leur inspiration, Greco

304 ISAAC OLIVER, Jeune Femme en costume de masquarade, 1610
Isaac Oliver fut le plus célèbre miniaturiste de son époque et jouit d'une réputation internationale. D'origine française, il avait bien connu l'art européen lors d'une visite à Venise en 1596. Il est aussi très prisé pour avoir fait des copies de miniatures de maîtres anciens. Ce portrait d'une jeune femme qui porte un costume de masquarade tiré des Masques de reines de Ben Jonson montre bien la dimension internationale du style de l'artiste, et l'on y retrouve des réminiscences des fêtes des Médicis à Florence.

est certainement le plus remarquable. Son art n'appartient pas franchement à la tradition maniériste pas plus qu'il n'est à proprement parler baroque, et pourtant il se rattache à celui de la Renaissance. On en est d'autant plus sûr depuis la récente découverte des écrits du peintre. En vérité, Greco échappe à toute classification, il est un « produit » atypique de la Renaissance tardive, et surtout de l'intense ferveur provoquée par la Réforme catholique.

El Greco (Domenikos Theotocopoulos, 1541-1614) était connu sous le nom du « Grec de Tolède » car il était né en Crète, une île qui appartenait à Venise depuis 1204. Il séjourna à Venise en 1568, puis partit pour Rome, avant de s'établir définitivement à Tolède en 1577. La raison de ce départ en Espagne s'explique sans doute par le peu de succès que le peintre connut en Italie. De son vivant comme après sa mort, les critiques d'art espagnols le jugeraient capricieux et fantasque.

Dans la peinture vénitienne, ce furent sans doute les aspects presque expressionnistes du style du Tintoret qui séduisirent le plus Greco. En revanche, Michel-Ange ne l'intéressa jamais. Les deux versions de *Jésus chassant les marchand du Temple* de la National Gallery de Washington et du Minneapolis Institute of Arts, ainsi que son portrait de Giulio Clovio (Pl. 258) illustrent la manière italienne de Greco mais préfigurent également la palette aux couleurs froides et les corps aux formes allongées de sa période tolédane. Notons que les expressionnistes allemands du début de notre siècle ont considéré Greco comme leur précurseur.

En Espagne, il reçut commande de plusieurs tableaux grandioses de format immense, en particulier le *Martyre de saint Maurice* des années 1580-1582, conservé à l'Escurial à Madrid. Cette composition de près de 4,50 mètres de haut conjugue la monumentalité et l'ampleur de la Renaissance et un traitement de l'espace maniériste. On retrouve dans *L'Enterrement du comte d'Orgaz* (1586-1588, pl. 301) un écho des compositions de la Renaissance. Les personnages sont cependant plutôt statiques, contrastant avec l'agitation du monde céleste. L'extrême ferveur religieuse qui émane de l'œuvre de Greco contribue à la beauté de ses tableaux. Il est vrai que le peintre était contemporain des grands mystiques, *sainte Thérèse d'Avila* et *saint Jean de la Croix*. D'après le critique Paul Guinard, les problèmes qui hantaient le Greco étaient ceux d'un homme de la Renaissance et le poussaient à rêver de poésie et à s'interroger sur la science et sur les aspects techniques de son art.

305 MAARTEN VAN HEEMSKERCK, Autoportrait, 1553
Heemskerck passa quatre ans à Rome à partir de 1532 et ainsi se familiarisa avec l'architecture antique et moderne de la ville qu'il reproduisit dans ses cahiers d'esquisses. Ces dessins de la reconstruction de la basilique Saint-Pierre sont particulièrement intéressants. Si l'artiste traita la plupart de ses tableaux religieux sur le mode maniériste, le portrait que l'on voit ci-dessous est étonnamment naturaliste, et témoigne de l'admiration de Heemskerck pour les grandioses ruines romaines. L'artiste a souhaité associer vigoureusement le modèle avec sa source d'inspiration.

306 CARAVAGE, Corbeille de fruits, vers 1596
Il s'agit de l'unique nature morte réalisée par Caravage :
l'attribution de la Nature morte *de la National Gallery de*
Washington par Longhi à Caravage est en effet fortement contestée
par nombre de spécialistes. On voit ici l'extraordinaire talent de
Caravage à rendre les matières, les textures et la lumière ainsi que sa
science des effets illusionnistes. Le panier dépasse de l'étagère où il
est placé et semble entrer dans notre propre espace, un effet que l'on
retrouvera souvent chez les peintres baroques, mais généralement
sur une plus grande échelle. Ce tableau témoigne aussi de l'intérêt
grandissant, au XVIe siècle, pour le genre de la nature morte comme
moyen d'expression, puisqu'il s'agissait d'investir les choses humaines
et périssables de significations symboliques : ainsi un fruit
pourrissant pouvait-il être associé à la brièveté de la vie.

Le souci de réalisme des peintres nordiques du XVIe siècle
n'affecta jamais Greco malgré son impact sur la peinture
italienne. Il est vrai que les préoccupations et les tourments
spirituels que connaissait l'Espagne ne contribuaient pas à
orienter l'art vers une veine plus naturaliste. N'oublions pas
que l'Inquisition devait y durer encore longtemps. Ce
réalisme ne toucha pas non plus le monde de rêve de ce que
l'on a appelé la « Renaissance élisabéthaine » en Angleterre
(Pl. 304). On a même dit que, tandis que la littérature
accueillait les idéaux de la Renaissance, la découverte de
l'homme, l'une des grandes idées humanistes, était complè-

tement absente de la peinture anglaise de cette époque, qui
restait soumise à de rigides impératifs et aux critères d'un
art de cour.

En dernier ressort, la période que l'on classe sous l'appellation générale de Renaissance ne peut être vraiment
comprise que si l'on analyse les différents éléments et les
divers aspects qui la composent. Mais en dépit d'une telle
approche, notre perception de la Renaissance varie en fonction de perspectives nationales et historiques. Notre
compréhension moderne de la Renaissance a été façonnée
notamment par les écrits de Jacob Burckhardt, au milieu du
siècle dernier. Comment s'étonner alors que nos interprétations soient changeantes et que chacun de nous mettent
davantage l'accent sur tel ou tel aspect caractéristique de
cette période ? Ces partis pris sont donc justifiés, mieux ils
sont souhaitables.

Une vérité néanmoins demeure : la Renaissance, terme
qui couvre les changements qui affectèrent la civilisation
européenne aux XVe et XVIe siècles, fut une période qui mit
un terme à un modèle de société médiéval, et qui s'attacha
à définir la place de l'homme dans un monde fini, délimité
et connu. Les reproductions que nous avons choisies pour
ce livre, ou du moins la majorité d'entre elles, veulent illustrer cette conception nouvelle ainsi que l'idée, si chère à
Vasari, que la Renaissance fut un progrès constant vers la
perfection.

Bibliographie

CATALOGUES

La Miniature hollandaise : Le Grand Siècle de l'enluminure du livre dans les Pays-Bas septentrionaux, bibliothèque royale Albert Ier, Bruxelles, 1971.

L'École de Fontainebleau, Grand Palais, Paris, 1972.

Bruegel, une dynastie de peintres, musées royaux des Beaux-Arts, Bruxelles, 1980.

The Splendours of the Gonzaga, Victoria and Albert Museum, Londres, 1981.

Drawing in the Italian Renaissance Workshop, British Museum, Londres, 1983.

The Genius of Venice 1500-1600, Royal Academy of Arts, Londres 1983.

From Borso to Cesare d'Este. The School of Ferrara 1450-1628, Matthiesen Fine Art, Londres, 1984.

Splendeurs d'Espagne et les villes belges : 1500-1700, palais des Beaux-Arts, Bruxelles, 1985.

Andrea del Sarto, Dipinti e Disegni a Firenze, palais Pitti, Florence, 1986.

Michel-Ange dessinateur, musée du Louvre, Réunion des musées nationaux, Paris, 1989.

Mantegna, Royal Academy, Londres, 1992.

Venise au siècle de Titien, Grand Palais, Paris, 1993.

Hans Memling, Groeningemuseum, Bruges, 1994.

Le Jeune Michel-Ange, National Gallery, Londres, 1994.

Aux premières lueurs de la Renaissance, Metropolitan Museum of Art, New York, 1995.

OUVRAGES GÉNÉRAUX

ACIDINI-LUCHINAT C., Benozzo Gozzoli, La Chapelle des Mages, Gallimard-Électa, Paris, 1994.

ALBERTI L. B., De la Peinture, Traduction et édition par J.-L. Scheffer, Macula, Paris, 1992.

ANDRES G., HUNIZAK J. et TURNER R., L'Art de Florence, Bordas, Paris, 1989.

ANTAL F., Florence et ses peintres, Gérard Monfort, Paris.

ARÉTIN P., Lettres sur l'art, traduction de A. Chastel, Paris, 1988.

ARGAN C. G., Brunelleschi, Macula, Paris, 1991.

ARGAN C. G., CONTARDI B., Michel-Ange architecte, Gallimard-Électa, Paris, 1991.

BABELON J.-P., Châteaux de France au siècle de la Renaissance, Flammarion-Picard, Paris, 1989.

BAXANDALL M., L'Œil du Quattrocento, Paris, 1983.

BAYON D., L'Architecture en Castille au XVIe siècle, commandes et réalisations, Klinksieck, Paris, 1967.

BEC C., Florence, 1300-1600 : histoire et culture, Presses universitaires de Nancy, Nancy, 1986.

BEGUIN S., Tout l'œuvre peint du Tintoret, Paris, 1971.

BERENSON B., Italian Pictures of the Renaissance : the Venetian School, 2 vol., Londres, 1957.

ID., Lotto, Londres, 1956.

ID., Les Peintres de la Renaissance, traduction de L. Gillet, Gallimard, Paris, 1953.

BIALOSTOCKI J., L'Art du XVe siècle des Parler à Dürer, Le Livre de Poche, Paris, 1993.

BLUNT A., Art et architecture en France 1500-1700, Hazan, Paris, 1983.

ID., La Théorie des arts en Italie de 1450 à 1600, Paris, 1966.

BOONE D., L'Âge d'or espagnol, Ides et calendes, Paris, 1993.

BRAUDEL F., Le Modèle italien, Flammarion, Paris, 1994.

BRIGANTI G., Le Maniérisme italien, Gérard Monfort, Paris, 1994.

BURCKHARDT J., Civilisation de la Renaissance en Italie, Le Livre de Poche, Paris, 1958.

BURKE P., La Renaissance en Italie, Hazan, Paris, 1991.

CAMPBELL L., Portraits de la Renaissance, Paris, 1991.

ID., Van der Weyden, New York, 1980.

CASTELNUOVO C., Portrait et société dans la peinture italienne, Gérard Monfort, Paris, 1993.

CENNINI C., Il libro dell'arte, traduit de l'italien par C. Deroche, Berger-Levrault, Paris, 1991.

CHAMBERS D. S., The Imperial Age of Venice, 1380-1580, Londres, 1970.

ID., Painters and Artists in the Italian Renaissance, Columbia, 1971.

ID., Patrons and Artists in the Italian Renaissance, Londres, 1970.

CHASTEL A., Art et humanisme à Florence au temps de Laurent le Magnifique, Paris, 1982.

ID., L'Art français. Temps modernes, 1430-1620, Flammarion, Paris, 1994.

ID., L'Art italien, Flammarion, Paris, 1982.

ID., Chronique de la peinture italienne à la Renaissance, 1280-1580, Office du Livre français, Fribourg-Paris, 1983.

ID., Le Grand Atelier d'Italie, 1460-1500, Paris, 1965.

ID., La Grottesque, Le Promeneur, Paris, 1988.

ID., Mythe et crise de la Renaissance, Skira, Genève, 1989.

ID., Renaissance méridionale en Italie, 1460-1500, Gallimard, Paris, 1965.

ID., Le Sac de Rome, Paris, Gallimard, 1984.

ID., Tout l'œuvre peint de Léonard de Vinci, Flammarion, Paris.

CHATELET A., Les Primitifs hollandais, Office du Livre français, Fribourg-Paris, 1980.

CLOULAS A., Greco, Fayard, Paris, 1993.

COUSIN J., L'Art de dessiner, Inter-Livres, Paris, 1987.

DÜRER A., Journal de voyage aux Pays-Bas pendant les années 1520 et 1521, Maisonneuve et Larose, Paris, 1993.

ID., *Lettres et écrits théoriques. Traité des proportions,* textes traduits et présentés par P. Vaisse, Hermann, Paris, 1964.

DVORAK F., *Hans Holbein le Jeune : sanguines, craies, dessins à la pointe d'argent,* Cercle d'art, 1987.

FAURE E., *Histoire de l'art, l'art renaissant,* Gallimard, Paris, 1988.

FOCILLON H., *Tout l'œuvre peint de Piero della Francesca,* Flammarion, Paris, 1990.

FRANCASTEL P., *La Figure et le Lieu. L'ordre visuel du Quattrocento,* Paris, 1967.

FREEDBERG S. J., *Painting in Italy, 1500-1600,* Londres, 1983.

FRIEDLAENDER W., *Maniérisme et anti-maniérisme dans la peinture italienne,* Gallimard, Paris, 1991.

FRIEDLANDER M. J., *De Van Eyck à Breughel, les primitifs flamands,* Paris.

GEBELIN F., *Les Châteaux de la Renaissance,* Paris, 1927.

ID., *L'Époque Henri IV et Louis XIII,* Paris, 1969.

GOMBRICH E.-H., *L'Écologie des images,* Gallimard, Paris, 1983.

GRUBER A. (sous la direction de), *L'Art décoratif en Europe. Renaissance et Maniérisme, 1480-1630,* Citadelles-Mazenod, Paris, 1994.

HARTT F., *David de Michel-Ange : le modèle original retrouvé,* Gallimard, Paris, 1988.

HEYDENREICH L., PASSAVANT G., *Éclosion de la Renaissance en Italie, 1400-1460,* Gallimard, Paris, 1972.

ID., *Le Temps des génies, Renaissance italienne, 1500-1540,* Gallimard, Paris, 1974.

HOLLANDA, F. de, *De Pintura antigua, 1548, Les Dialogues de Rome,* traduction et notes de J. Frèches, Paris, 1973.

HOPE C., *Titian,* Londres, 1980.

JESTAZ B., *L'Art de la Renaissance,* Citadelles-Mazenod, Paris, 1984.

KLEIN R., CHASTEL A., *La Forme et l'intelligible,* Gallimard, Paris, 1983.

LANE F. C., *Venise : une République maritime,* Flammarion, Paris, 1988.

LECAT J.-P., *Le Siècle de la Toison d'or,* Flammarion, Paris, 1989.

LÉONARD DE VINCI, *Traité sur la peinture,* Textes traduits et présentés par A. Chastel, avec la collaboration de R. Klein, Berger-Levrault, 1987.

LÉVÊQUE J., *L'Art de Fontainebleau,* Paris, 1984.

LONGHI R., *L'Atelier de Ferrare,* Gérard Monfort, Paris, 1992.

McCORQUODALE C., *Bronzino,* Londres, 1981.

MARNAT M., *Michel-Ange,* Gallimard, 1974.

MEISS M., *La Peinture à Florence et à Sienne après la peste noire,* Hazan, Paris, 1994.

METROPOLITAN MUSEUM OF ART, *La Renaissance : France et Europe du Nord,* Gründ, Paris, 1988.

METROPOLITAN MUSEUM OF ART, *La Renaissance italienne,* Gründ, Paris, 1987.

MICHEL-ANGE, *Poèmes,* Traduction de P. Leyris, Gallimard, Paris, 1992.

MURRAY P., *L'Architecture de la Renaissance italienne,* Thames and Hudson, Paris, 1990.

ID., *Michel-Ange,* Thames and Hudson, Paris, 1994.

MURRAY P., MURRAY L., *L'Art de la Renaissance,* Thames and Hudson, Paris, 1991.

PACHT O., *Le Paysage dans l'art italien,* Gérard Monfort, Paris, 1991.

PALLUCCHINI R., *Véronèse,* Mondadori, Milan, 1984.

PANOFSKY E., *Dürer,* Hazan, Paris.

ID., *Essais d'iconologie : les thèmes humanistes dans l'art de la Renaissance,* Gallimard, Paris, 1987.

ID., *L'Œuvre d'art et ses significations,* Paris.

ID., *La Perspective comme forme symbolique,* Éditions de Minuit, Paris.

ID., *Les Primitifs flamands,* Hazan, Paris.

ID., *La Renaissance et ses avant-courriers dans l'art d'Occident,* Flammarion, Paris, 1993.

PANOFSKY E., PANOFSKY D., *Étude iconographique de la galerie François Ier à Fontainebleau,* Gérard Monfort, Paris, 1992.

PHILIPPOT P., *La Peinture dans les anciens Pays-Bas aux XVe et XVIe siècles,* Flammarion, Paris, 1994.

PIGNATTI T., *Carpaccio,* Genève, 1958.

RICHMOND R., *Michel-Ange : la chapelle Sixtine redécouverte,* Herscher, 1993.

RIEGL A., *L'Origine de l'art baroque à Rome,* Klincksieck, Paris, 1993.

ROSAND D., *Peindre à Venise au XVIe siècle : Titien, Véronèse, Tintoret,* Flammarion, Paris, 1993.

RUSKIN J., *Les Pierres de Venise,* Hermann, Paris, 1983.

SARTRE J.-P., « Le Séquestré de Venise », in *Les Temps modernes,* n° 141, nov. 1957 (Tintoret).

SCAILLIERZEZ C., *François Ier et ses artistes dans les collections du Louvre,* Réunion des musées nationaux, Paris, 1992.

SCHLOSSER J. von, *La Littérature artistique,* Flammarion, Paris, 1984.

SETTIS S., *L'Invention d'un tableau : La Tempête de Giorgione,* Éditions de Minuit, Paris, 1987.

SEZNEC J., *La Survivance des dieux antiques,* Flammarion, Paris, 1980.

SHEARMAN J., *Andrea del Sarto,* 2 vol., Oxford, 1965.

ID., *Mannerism. Style and civilization,* Penguin Books, Londres, 1967.

TOLNAY C. de, *Tout l'œuvre peint de Michel-Ange,* Flammarion, Paris, 1986.

VAISSE P., *Dürer,* Fayard, Paris, 1995.

ID., *Tout l'œuvre peint de Dürer,* Flammarion, Paris, 1988.

VALCANOVER F. (introduction de), *Titien,* Liana Levi, Paris, 1990.

VASARI G., *Vies,* traduction de A. Chastel, 12 vol., Berger-Levrault, Paris, 1981-1988.

WARBURG A., *Essais florentins,* Klincksieck, Paris, 1990.

WITTKOWER R., *Art et architecture en Italie : 1600-1750,* Hazan, Paris, 1991.

WÖLFFLIN H., *Renaissance et Baroque,* Gérard Monfort, Paris, 1985.

ZERI F., *Le Mythe visuel de l'Italie,* Rivages, Paris, 1986.

ID., *La Peinture au fil des jours,* Art Édition, Paris, 1990.

ZERNER H., *Tout l'œuvre peint de Raphaël,* Flammarion, Paris.

Table des illustrations

103 DOMENICO GHIRLANDAIO, *Portrait d'un vieillard et d'un jeune garçon,* v. 1488
bois, 63 × 46 cm
Musée du Louvre, Paris (The Bridgeman Art Library, Londres)

104 ANDREA MANTEGNA, *Chambre des époux* (détail du plafond), 1465-1474
fresque
Palais ducal, Mantoue (Scala, Florence)

105 ANDREA MANTEGNA, *Chambre des époux* (détail), 1465-1474
fresque
Palais ducal, Mantoue (Scala, Florence)

106 GIOVANNI BELLINI, *Le Doge Leonardo Loredan,* v. 1501
bois, 61,6 × 45,1 cm
The National Gallery, Londres

107 GIOVANNI BELLINI, *Giovanni Emo,* v. 1475-1483
tempera et huile sur bois, 48,9 × 32,2 cm
National Gallery of Art, Washington D.C., collection Samuel H. Kress, 1939 (n° 1224)

108 ANTONELLO DA MESSINA, *Saint Jérôme dans un intérieur,* 1474
bois, 45,7 × 36,2 cm
The National Gallery, Londres

109 VITTORE CARPACCIO, *Chasse dans la lagune,* 1490-1496
huile sur bois, 75,4 × 63,8 cm
Paul Getty Museum, Malibu, Californie

110 VITTORE CARPACCIO, *Deux dames sur un balcon,* 1490-1496
huile sur bois, 94 × 64 cm
Musée Correr, Venise (The Bridgeman Art Library, Londres)

111 VITTORE CARPACCIO, *Jeune chevalier,* 1510
huile sur toile, 218,5 × 151,5 cm
Musée Thyssen Bornemisza, Madrid

112 PIERO DI COSIMO, *Construction d'un palais,* v. 1515-1520
huile sur bois, 82,6 × 196,9 cm
The John and Mable Ringling Museum of Art, Sarasota

113 LE PÉRUGIN, *Le Christ remettant les clefs de l'Église à saint Pierre,* 1482
fresque
Chapelle Sixtine, Vatican (Scala, Florence)

114 BENOZZO GOZZOLI, *Procession des Mages,* 1459-1460
fresque
Palais Médici Riccardi, Florence (Scala, Florence)

115 SANDRO BOTTICELLI, *Allégorie du printemps,* v. 1478
bois, 203 × 315 cm
Musée des Offices, Florence (Scala, Florence)

116 SANDRO BOTTICELLI, *Naissance de Vénus,* 1484-1486
huile sur toile, 175 × 279,5 cm
Musée des Offices, Florence (The Bridgeman Art Library, Londres)

117 SANDRO BOTTICELLI, *Minerve et le Centaure,* v. 1480
huile sur toile, 207 × 148 cm
Musée des Offices, Florence (The Bridgeman Art Library, Londres)

118 LÉONARD DE VINCI, *Dame à l'hermine,* 1485-1490
tempera sur bois, 55 × 40,4 cm
Czartorysky Museum, Cracovie (Scala, Florence)

119 LORENZO COSTA, *Concert,* 1487-1500
bois, 95,3 × 75,6 cm
The National Gallery, Londres

120 MELOZZO DA FORLÌ, *Ange musicien,* 1478-1480
fresque
Pinacothèque, Vatican (Scala, Florence)

121 GENTILE BELLINI, *Procession sur la place Saint-Marc,* 1496
huile sur toile, 367 × 745 cm
Galerie de l'Académie, Venise (Scala, Florence)

122 CARLO CRIVELLI, *Annonciation,* 1486
bois transposé sur toile, 207 × 146,7 cm
The National Gallery, Londres

123 JAN VAN EYCK, *L'Homme au turban rouge,* 1433
bois, 25,7 × 19 cm
The National Gallery, Londres

124 LE MAÎTRE DE FLÉMALLE, *Sainte Véronique,* v. 1430-1434
bois, 151,5 × 61 cm
Stadelsches Kunstinstitut, Francfort (Artothek, Munich)

125 JAN VAN EYCK, *Vierge dans une église,* v. 1425
bois, 31 × 14 cm
Staatliche Gemäldegalerie, Berlin (Artothek, Munich)

126 JAN VAN EYCK, *La Vierge au chanoine Van der Paele,* 1434-1436
huile sur bois, 141 × 176,5 cm
Groeningemuseum, Bruges (The Bridgeman Art Library, Londres)

127 PETRUS CHRISTUS, *Portrait de jeune fille,* v. 1460-1473
bois, 29 × 22,5 cm
Staatliche Museen, Berlin (Jorg P. Anders, Berlin)

128 ROGIER VAN DER WEYDEN, *Portrait de femme,* v. 1450-1460
bois, 36,2 × 27,6 cm
The National Gallery, Londres

129 ROGIER VAN DER WEYDEN, *Jugement dernier,* v. 1444-1448
bois, 215 × 110 cm
Hôtel-Dieu, Beaune (Giraudon, Paris)

130 DIRCK BOUTS, *Triptyque de Grenade,* v. 1450-1455
huile sur bois panneau central, 191 × 145 cm
Chapelle royale, Grenade (Arxiu Mas, Madrid)

131 HUGO VAN DER GOES, *Adam et Ève (Chute de l'Homme),* v. 1468-1470
bois, 33,8 × 23 cm
Kunsthistorisches Museum, Vienne

132 GEERTGEN TOT SINT JANS, *Saint Jean-Baptiste dans le désert,* v. 1490-1495
bois, 42 × 28 cm
National Galerie, Berlin (Artothek, Munich)

133 et 134 HUGO VAN DER GOES, *Panneaux Bonkill,* v. 1478-1479
bois, 78 × 38 cm
Holyrood © 1994 Sa Majesté la Reine
En prêt à la National Gallery of Scotland, Édimbourg

135 HANS MEMLING, *Retable de saint Christophe,* 1484
bois, 123 × 156 cm
Groeningemuseum, Bruges (The Bridgeman Art Library, Londres)

136 GÉRARD DAVID, *Mise en croix,* v. 1480-1485
bois, 48,3 × 94 cm
The National Gallery, Londres

137 JÉRÔME BOSCH, *Montée au Calvaire,* v. 1501-1502
huile sur bois, 74 × 81 cm
Musée des Beaux-Arts, Gand (Scala, Florence)

138 JÉRÔME BOSCH, *Le Jardin des délices,* v. 1505
bois, 220 × 389 cm
Prado, Madrid (Arxiu Mas, Madrid)

139 MARTIN SCHONGAUER, *Montée au Calvaire,* v. 1480
burin, 28,4 × 43,4 cm
Christie's, New York

140 ROGIER VAN DER WEYDEN, *Annonciation,* v. 1435
bois, 86 × 93 cm
Musée du Louvre, Paris (Réunion des musées nationaux, Paris)

141 ROGIER VAN DER WEYDEN, *Déposition de croix,* v. 1438
bois, 220 × 262 cm
Prado, Madrid (Arxiu Mas, Madrid)

142 JAN VAN EYCK, *La Vierge au chancelier Rolin,* v. 1434
panneau central, 66 × 62 cm
Musée du Louvre, Paris (Giraudon-Bridgeman Art Library, Londres)

143 ROGIER VAN DER WEYDEN, *Saint Luc dessinant la Vierge,* v. 1435-1437
huile et tempera sur bois, 137,5 × 110,8 cm
Museum of Fine Arts, Boston. Don de M. et Mme Henry Lee Higginson

144 JAN VAN EYCK, *Les Époux Arnolfini,* 1434
bois, 81,8 × 59,7 cm
The National Gallery, Londres

145 PETRUS CHRISTUS, *Saint Éloi à l'étude,* 1449
huile sur bois, 99 × 85 cm
The Metropolitan Museum of Art, New York, collection Robert Lehman 1975 (n°.1.10)

146 JÉRÔME BOSCH, *Le Chariot de foin,* 1495-1500
huile sur bois, 135 × 200 cm
Prado, Madrid (Arxiu Mas)

147 JÉRÔME BOSCH, *La Mort de l'avare,* v. 1485-1490
huile sur bois, 93 × 31 cm
National Gallery of Art, Washington D.C., collection Samuel H. Kress

148 DIRCK BOUTS, *Dernière Cène,* 1464-1467
panneau central, 180 × 151 cm
Saint Peter, Louvain (The Bridgeman Art Library, Londres)

149 JAN VAN EYCK, *Le Retable de l'Agneau mystique,* 1432
fermé 350 × 223 cm, ouvert 350 × 461 cm
Cathédrale Saint-Bavon, Gand (Giraudon, Paris)

150 LE MAÎTRE DE FLÉMALLE, *Tryptique de l'Annonciation de Mérode,* v. 1426
huile sur bois, panneau central, 64,1 × 63,2 cm
The Metropolitan Museum of Art, New York, The Cloisters Collection 1956 (56.70)

151 HUGO VAN DER GOES, *Retable Portinari,* 1474-1476
panneau central, 253 × 304 cm
Musée des Offices, Florence (Scala, Florence)

152 GÉRARD DAVID, *Annonciation,* sans date
bois, 40 × 32 cm
Stadelsches Kunstinstitut, Francfort (The Bridgeman Art Library, Londres)

153 HANS MEMLING, *Homme à la médaille,* v. 1475-1480
huile sur bois, 29 × 22 cm
Musées royaux des Beaux-Arts, Anvers (Scala, Florence)

154 HANS MEMLING, *Bethsabée,* 1484
bois, 191,5 × 84,6 cm
Staatsgalerie, Stuttgart

205 RAPHAËL, *Le Christ remettant les clefs de l'Église à saint Pierre*, 1515-1516
gouache, 343 × 532 cm
Victoria & Albert Museum, Londres (The Bridgeman Art Library, Londres)

206 FRA BARTOLOMEO, *La Vierge et des saints, Retable Carandolet*, v. 1511
bois, 260 × 230 cm
Cathédral de Besançon, (Giraudon, Paris)

207 GIOVANNI, ANTONIO BOLTRAFFIO, *La Vierge à l'Enfant*, fin 1490
bois, 83 × 63,5 cm
Musée des Beaux Arts, Budapest (Artothek, Munich)

208 LÉONARD DE VINCI, *Sainte Anne avec la Vierge, l'Enfant Jésus et saint Jean-Baptiste*, v. 1498
crayon noir avec rehauts de blanc,
141,5 × 104,6 cm
The National Gallery, Londres

209 ARISTOTILE DA SANGALLO d'après Michel-Ange, *Bataille de Cascina*, v. 1542
grisaille, 76 × 132 cm
Holkham Hall, Norfolk (The Bridgeman Art Library, Londres)

210 MICHEL-ANGE, *Sainte Famille avec saint Jean-Baptiste*, ou *Tondo Doni*, 1503-1504
bois, diamètre 120 cm
Musée des Offices, Florence (Scala, Florence)

211 RAPHAËL, *Madone d'Albe*, 1511
huile sur bois transposée sur toile, diamètre 94,5 cm
National Gallery of Art, Washington D.C., collection Andrew W. Mellon

212 GIOVANNI BELLINI, *Vierge du pré*, v. 1505
huile sur bois transposée sur toile, 67,3 × 86,4 cm
The National Gallery Londres

213 ANDREA DEL SARTO, *Sainte Famille avec saint Jean enfant*, v. 1530
huile sur bois, 135,9 × 100,6 cm
The Metropolitan Museum of Art, New York, Maria De Witt Jesup Fonds, 1922 (nº 22.75)

214 RAPHAËL, *Le Triomphe de Galatée*, 1511
fresque
Villa de La Farnésine, Rome (Scala, Florence)

215 GIOVANNI BELLINI, *Vénus au miroir*, 1515
bois, 62 × 79 cm
Kunsthistorisches Museum, Vienne

216 SEBASTIANO DEL PIOMBO, *La Mort d'Adonis*, v. 1512
huile sur toile, 189 × 295 cm
Musée des Offices, Florence (Scala, Florence)

217 MICHEL-ANGE, *La Sibylle de Libye*, 1511
fresque
Chapelle Sixtine, le Vatican (Scala, Florence)

218 MICHEL-ANGE, *Voûte de la chapelle Sixtine*, 1508-1512 (après restauration)
fresque
Chapelle Sixtine Vatican (© Nippon Television Network Corporation Tokyo 1991)

219 TITIEN, *L'Amour sacré et l'Amour profane*, v. 1514
huile sur toile, 120 × 280 cm
Galerie Borghèse, Rome (Scala, Rome)

220 GIORGIONE, *Vénus endormie*, v. 1510
huile sur toile, 108,5 × 175 cm
Gemäldegalerie, Dresde (Artothek, Munich)

221 TITIEN, *Les Trois Âges de l'homme*, 1516
huile sur toile, 99 × 150,7 cm
Collection Duc de Sutherland, en prêt à la National Gallery of Scotland, Édimbourg

222 LE CORRÈGE, *Assomption de la Vierge*, 1526-1528
fresque
Duomo, Parma (Scala, Florence)

223 LE CORRÈGE, *Martyre de quatre saints*, 1524-1526
huile sur toile, 158,5 × 184,3 cm
Galleria Nazionale, Parme (Scala, Florence)

224 LE CORRÈGE, *Io*, 1531
huile sur toile, 162 × 73,5 cm
Kunsthistorisches Museum, Vienne

225 ALESSANDRO MORETTO, *Portrait présumé du comte Sciaua Martinengo Cesaresco*, v. 1545-1550
huile sur toile, 113,7 × 94 cm
The National Gallery, Londres

226 GIAN GIROLAMO SAVOLDO, *Sainte Marie-Madeleine près du Sépulcre*, v. 1528-1530
huile sur toile, 86,4 × 79,4 cm
The National Gallery, Londres

227 SODOMA, *Les Noces d'Alexandre et de Roxane*, 1516-1517
fresque
Villa de la Farnésine, Rome (Scala, Florence)

228 AGNOLO BRONZINO, *Vénus, Cupidon, la Folie et le Temps*, v. 1545
bois, 146,1 × 116,2
The National Gallery, Londres

229 MICHEL-ANGE, *Jugement dernier*, 1536-1541
fresque
Chapelle Sixtine, le Vatican (Scala, Florence)

230 MICHEL-ANGE, *Conversion de saint Paul*, 1542-1545
fresque
Chapelle Pauline, le Vatican (Scala, Florence)

231 JACOPO PONTORMO, *Déposition* v. 1525-1528
bois, 313 × 192 cm
Santa Felicità, Florence (Scala, Florence)

232 PARMESAN, *Madone au long cou*, v. 1535
bois, 216 × 132 cm
Musée des Offices, Florences (Scala, Florence)

233 PERIN DEL VAGA, *Dix mille martyrs*, 1522-1523
crayon et encre rehaussés de blanc et d'aquarelle, 36,4 × 33,9 cm
Albertina, Vienna

234 ROSSO FIORENTINO, *Christ soutenu par les anges*, v. 1525-1526
huile sur papier, 135,5 × 104,1 cm
Museum of Fine Arts, Boston, fonds Charles Potter Kling

235 AGNOLO BRONZINO, *Déposition*, 1545
huile sur bois, 268 × 173 cm
Musée des Beaux Arts, Besançon (Scala, Florence)

236 TITIEN, *Bacchanale des Andriens, achevée en 1522*
huile sur toile, 175 × 193 cm
Prado, Madrid (The Bridgeman Art Library, Londres)

237 TITIEN, *Diane et Callisto*, 1556-1559
huile sur toile, 187 × 204,5 cm
Collection du duc de Sutherland en prêt à la National Gallery of Scotland, Édimbourg

238 TITIEN, *Diane et Actéon*, 1556-1559
huile sur toile, 184,5 × 202,2 cm
Collection du duc de Sutherland, en prêt à la National Gallerie of Scotland, Edimbourg

239 LE TINTORET, *Miracle de l'esclave libéré*, 1548
huile sur toile, 415 × 541 cm
Galerie de l'Académie, Venise (Scala, Florence)

240 PAUL VÉRONÈSE, *décor peint de la villa Barbaro, Maser*, 1561
fresque
Villa Barbaro, Maser (Scala, Florence)

241 PAUL VÉRONÈSE, *Triomphe de Venise*, 1583
huile sur toile, 904 × 580 cm
Palais ducal, Venise (Scala, Florence)

242 JACOPO BASSANO, *Adoration des Mages, début des années 1540*
huile sur toile, 183 × 235 cm
The National Galery of Scotland, Édimbourg

243 NICOLÒ DELL'ABATE, *Un Concert*, 1548-1552
fresque
Palais Poggi, Bologne (Scala, Florence)

244 PELLEGRINO TIBALDI, *Adoration des bergers*, 1548-1549
huile sur toile, 157 × 105 cm
Galerie Borghèse, Rome (Scala, Florence)

245 PARMESAN, *Portrait de jeune femme ou L'Esclave turque* v. 1522
bois, 67 × 53 cm
Galleria Nazionale, Parma (Scala, Florence)

246 LORENZO LOTTO, *Andrea Odoni*, 1527
huile sur toile, 104 × 101 cm
Collections royales © 1994 Sa Majesté la Reine

247 LORENZO LOTTO, *Le Frère Gregorio Belo de Vicence*, 1547
huile sur toile, 87,3 × 71,1 cm
The Metropolitan Museum of Art, New York, Fonds Roger 1965 (65.117)

248 RAPHAËL, *Transfiguration*, 1518-1520
huile sur bois, 405 × 278 cm
Pinacothèque, Vatican (Scala, Florence)

249 JACOPO PONTORMO, *Joseph en Égypte*, 1517-1518
bois, 96 × 109 cm
The National Gallery, Londres

250 RAPHAËL, *Portement de croix ou Lo Spasimo di Sicilia*, 1517
huile sur toile, 318 × 229 cm
Prado, Madrid (Arxiu Mas, Madrid)

251 ROSSO FIORENTINO, *Portrait d'un jeune homme*, v. 1528
bois, 120 × 86 cm
Musée de Capodimonte, Naples (Scala, Florence)

252 AGNOLO BRONZINO, *Portrait de Giovanni de Médicis enfant*, 1545
bois, 58 × 45 cm
Musée des Offices, Florence (Scala, Florence)

253 AGNOLO BRONZINO, *Laura Battiferri*, fin des années 1550
huile sur toile, 83 × 60 cm
Palazzo Vecchio, Florence (Scala, Florence)

254 TITIEN, *Assomption de la Vierge*, 1516-1518
bois, 686 × 361 cm
S. Maria Gloriosa dei Frari, Venise (The Bridgeman Art Library, Londres)

255 TITIEN, *Portrait de l'Arétin*, 1545
huile sur toile, 98 × 78 cm
Galerie Palatine, Florence (Scala, Florence)

256 TITIEN, *Pietà*, 1576
huile sur toile, 352 × 349 cm
Galerie de l'Académie, Venise (Scala, Florence)

257 FRANCESCO SALVIATI, *Le Triomphe de Camille*, 1543-1545
fresque
Palazzo Vecchio, Florence (Scala, Florence)

Index